Citações sobre o livro Walking the Talk

Andrea Marquez,
Vice-Presidente de Gente & Gestão da Bunge

"Inspirador, mostrando de forma pragmática o impacto da cultura nos resultados de negócio."

Paula Harraca,
Executiva, Conselheira de Empresas e Autora

"Carolyn Taylor é a principal referência mundial quando o assunto é Cultura Organizacional. Na sua obra, ela compartilha uma metodologia prática e profunda para gerenciar e transformar uma cultura, baseada em décadas de experiência junto a líderes e empresas dos mais variados setores. Walking the Talk *é um livro fundamental para CEOs e lideranças que queiram fazer da sua cultura organizacional uma vantagem competitiva estratégica única e sustentável."*

Flávio Pesiguelo,
Vice-Presidente de Pessoas e Cultura da Natura &Co América Latina

"Uma abordagem simples, profunda e focada nas prioridades do negócio. Ideal para mobilizar nossos líderes neste momento de turnaround. *Tem sido uma jornada incrível e de aprendizagem coletiva."*

Francisco Deppermann Fortes,
Ex-Vice-Presidente de Pessoas, Engenharia, SSMA e TI da Gerdau

"Carolyn conseguiu tornar tangível algo que para todos parece tão distante e de difícil compreensão. Leitura obrigatória para quem busca uma forma prática de fazer gestão de cultura organizacional."

José Renato Domingues,
Ex-Diretor Executivo de Pessoas e Sustentabilidade do Grupo Tigre

"Carolyn Taylor aborda a construção da cultura organizacional de uma perspectiva de aprendizagem, apresentando práticas através das quais os líderes das empresas questionam seus pressupostos e aprimoram seus comportamentos. Aprendem, com isso, a ser mais eficazes nas mudanças de cultura e ganham confiança para gerenciá-la em benefício dos objetivos estratégicos."

Celia Dutra,
Ex-Diretora de Recursos Humanos da Cosan

"A forma como Carolyn define cultura, seu impacto e suas alavancas trazem clareza única sobre o tema. Finalmente um livro que nos ensina como gerenciar a cultura da organização."

Elaine Zanatta Vasquinho,
Ex-Diretora de Recursos Humanos do Itaú BBA

"Este livro é um espelho da própria Carolyn: sintetiza, com maestria, a relevância e o desafio de tratarmos cultura organizacional com conceitos sólidos, espírito prático e sensibilidade."

Marita Bernhoeft,
Ex-Diretora de Comunicação, Educação e Recursos Humanos da BM&F BOVESPA

"Uma abordagem inspiradora, prática e aplicada ao negócio. Um livro excepcional e obrigatório para quem busca fazer gestão de cultura organizacional."

Paulo Novaes,
Ex-Diretor de Cultura Organizacional da Infoglobo

"Carolyn começa por descrever com clareza o que é Cultura dentro de uma organização e nos mostra sua importância na condução da estratégia. Ao mesmo tempo, vai nos conduzindo passo a passo pela jornada de conceituar e implantar a Cultura adequada aos nossos objetivos. Fica clara a grande responsabilidade que nós, leitores e líderes da organização, temos nesse processo. Porque tudo será feito por gente."

Marcelo Cardoso,
Ex-Diretor de Recursos Humanos, Estratégia, Sustentabilidade e Inovação do Grupo Fleury

"Carolyn consegue propor um modelo simples, elegante e prático para tratar de um tema subjetivo e implícito no qual todos estamos imersos, influenciando e sendo influenciados. Na minha experiência, aplicação deste modelo tem sido extremamente útil."

Walking the Talk

A Cultura Através do Exemplo

Carolyn Taylor

Walking the Talk

A Cultura Através do Exemplo

Tradução

Paulo Novaes
Ex-Diretor de Cultura Organizacional da Infoglobo

EDITORA
Labrador

Título Original em inglês: Walking the Talk – Building a Culture for Success

Tradução autorizada do idioma inglês da edição publicada por Random House
Primeira publicação no Reino Unido por Random House Business Books em 2005

Coordenação editorial
Pamela Oliveira

Assistência editorial
Leticia Oliveira

Projeto gráfico
Publit Soluções Editoriais

Revisão
Iracy Borges

Diagramação
Amanda Chagas

Imagens de capa
Random House

Capa
Random House adaptado
por Amanda Chagas

Dados Internacionais de Catalogação na Publicação (CIP)
Angélica Ilacqua CRB-8/7057

Taylor, Carolyn
Walking the talk : a cultura através do exemplo / Carolyn Taylor ; tradução de Paulo Novaes. -- 3. ed. -- São Paulo : Labrador, 2022.
432 p.

ISBN 978-65-5625-234-6
Título original: Walking the talk: Building a Culture for success

1. Cultura organizacional 2. Recursos humanos I. Título II. Novais, Paulo

22-1757 CDD 658.312

Índice para catálogo sistemático:
1. Cultura organizacional.

2ª reimpressão – 2023

EDITORA
Labrador

Editora Labrador
Diretor editorial: Daniel Pinsky
Rua Dr. José Elias, 520 - Alto da Lapa
São Paulo/SP - 05083-030
Telefone: +55 (11) 3641-7446
contato@editoralabrador.com.br
www.editoralabrador.com.br
facebook.com/editoralabrador
instagram.com/editoralabrador

Para Sam, Louise e Josie e a cultura
que construímos em nossa família

Sumário

Agradecimentos

Este livro é resultado de trinta anos de trabalho de equipes nas várias organizações nas quais trabalhei e gerenciei. Minha primeira empresa, a Corporate Vision, foi pioneira no trabalho em Cultura no Reino Unido e nos Estados Unidos, em uma época em que o assunto era desconhecido do vocabulário gerencial. Logo após a publicação da primeira edição inglesa deste livro, eu, por algum tempo, me associei à Axialent, onde introduzi minha metodologia de Cultura e tive a oportunidade de trabalhar com importantes clientes nos Estados Unidos e na América Latina. A Walking the Talk, fundada em 2009, é a empresa que estamos construindo para transformar o conteúdo deste livro em ferramentas práticas e em processos de gerenciamento de Cultura que possam ser utilizados por qualquer organização, em qualquer lugar.

Quando começamos a construir os modelos apresentados neste livro, existiam poucos trabalhos sobre Cultura disponíveis na comunidade de negócios. Eu e meus colegas dedicamos muitas horas à análise de dados sobre nossos diversos clientes, procurando entender o que fazia alguns líderes serem capazes de construir Culturas que entregam resultados enquanto outros não avançam além de pretensiosos discursos e lemas de guerra. Disso tudo nós tiramos nossas conclusões sobre o que realmente significava "walk the talk" e sobre a real influência dos líderes nesse processo.

Uma coisa extraordinária que descobri sobre meu pessoal é o quanto eles se preocupavam com nossos clientes. Para sermos eficazes temos que acreditar que a Cultura pode mudar e que os líderes podem fazer a diferença.

Essa fé no lado positivo da natureza humana fez com que nossos consultores fossem além de suas atribuições em seus esforços para descobrir as alavancas que permitiam cada cliente realizar mudanças. Nesse processo, nossas observações gradualmente iam se transformando em padrões e conclusões. Meu papel neste livro foi o de cristalizar esses padrões e organizá-los em uma estrutura que permitisse a construção do processo de gerenciar e construir a Cultura. Pelas longas horas ao redor de nossa mesa de reuniões e por todas as observações, relatórios, workshops e sessões de coaching, eu gostaria de agradecer a todas as nossas equipes ao longo de todo esse trajeto.

Devo especial agradecimento a Cristina Nogueira, pela minha recepção no Brasil e por proporcionar meus quase dez anos de trabalho com clientes locais que me ensejaram uma gradual admiração pelas peculiaridades da vida corporativa brasileira. Cristina é uma competente consultora e um maravilhoso ser humano que aprendi a conhecer ao longo de nossa parceria. Juntas, compreendemos o que o gerenciamento da Cultura poderia fazer pelos negócios e ela trabalhou incansavelmente para o reconhecimento da nossa marca no Brasil. Esta nova edição do livro em português deve-se muito à sua tenacidade e sua visão. Também no Brasil, Eric Michelucci e o time da Walking the Talk foram o melhor gerente de projeto que eu poderia desejar, não só no lançamento deste livro, mas também nos muitos projetos com nossos clientes.

Também gostaria de agradecer a Lynn Pearce, Martin Egan e Robert Clark, pela ajuda em transformar a metodologia deste livro em ferramentas utilizáveis por gerentes, o que, por sua vez, nos ajudou a refinar e atualizar os conceitos nas versões encontradas nesta edição.

Um agradecimento aos líderes da Infoglobo, que aceitaram ser apresentados no estudo de caso descrito no Capítulo 15 deste livro. O presidente, na época em que realizamos este trabalho, era Marcello Moraes, e Paulo Novis era seu antecessor, a quem também agradeço, assim como ao ex-diretor de RH, Paulo Novaes, e a Roberto Irineu Marinho, presidente das Organizações Globo, que gentilmente me concederam seu tempo para as entrevistas e posterior revisão deste capítulo. A disposição de Paulo Novaes de traduzir este livro para o português me deu a certeza de que os conceitos nele contidos seriam traduzidos de forma a aliar a valorização da sutileza da mensagem a um adequado estilo literário. Obrigada, Paulo, por esse verdadeiro trabalho de amor. A jornada cultural da Infoglobo foi apoiada por vários consultores da Axialent e da Fundação Dom Cabral. O pessoal da Infoglobo muito deve a eles, em especial a Sharon Ting, pelo seu importante trabalho de coaching com a equipe e por sua colaboração no processo de sucessão do CEO. Foi Ana Maria Diniz quem nos apresentou à Infoglobo, quando eu estava trabalhando na Axialent, e admiro sua visão do poder de transformação nas organizações que se dediquem a esse caminho.

Candido Bracher e Pedro Parente foram gentis ao aceitar escrever as palavras de introdução deste livro e nos ajudar a viabilizar seu lançamento. Ambos são líderes incontestes que atravessaram esta jornada cultural e, ao entenderem a importância de sua contribuição pessoal à transformação da Cultura, dedicaram-se com coragem a dar o exemplo pessoal para o benefício de suas organizações. Candido Bracher conduziu o Itaú BBA por uma esplêndida transformação, e Pedro Parente realizou o mesmo na Bunge, ao mesmo tempo que, juntos no board da BM&F Bovespa, influenciaram a jornada de mudanças nessa organização. Ambos atualmente estão em novos e ainda maiores papéis.

Obrigada por todo seu apoio, e o de suas equipes, ao nosso trabalho ao longo de todos esses anos. Meu mais importante reconhecimento às pessoas que foram retratadas em vários papéis através deste livro – são eles líderes de empresas no Brasil, na América Latina, nos Estados Unidos, no Reino Unido e na Austrália, com quem tive o privilégio de trabalhar ao longo da minha carreira. Sempre considerei um ato de confiança a permissão que me foi dada para trabalhar com eles, com suas equipes e com suas organizações. Sempre me senti honrada ao ser por eles convidada, mais ainda por trabalhar com eles como indivíduos, por terem me permitido lhes dar meu conhecido e franco feedback e lhes oferecer meus conselhos sobre como mudar a si próprios, influenciar seu pessoal e mudar suas Culturas. Eles me permitiram colocá-los em situações em que muitas vezes se sentiram desconfortáveis. Sei que eles participaram por ter a certeza de que eu trabalhava para seu bem e que nunca os deixaria em má situação. Agradeço por isso. Eu os deixei anônimos neste livro, pelas razões que explico na introdução, mas espero que eles gostem ao se encontrar no texto.

Há um elemento de fé para o sucesso em usar Cultura como elemento facilitador da estratégia de negócio, e há que se reconhecer os que ousaram escolher essa estratégia pessoal para atingir o desempenho exigido pelos seus negócios. As recompensas são consideráveis, e as vantagens competitivas, difíceis de replicar. Mas, sem dúvida, isso exige mais do líder do que os métodos mais tradicionais. Eu admiro um líder que enfrenta esse desafio.

Carolyn Taylor, 2017

Prefácio I

Ao longo de minha já longa carreira profissional, aprendi a respeitar e a valorizar um tema que para muitos era (e ainda é para alguns) considerado secundário: a Cultura das organizações. Escrevi propositadamente Cultura com letra maiúscula porque é isso mesmo: cada organização tem a sua própria Cultura, única, produto de sua história, tradição e evolução, e em muitos casos, dos valores de seus fundadores. Ou seja, por sua relevância e porque não existem duas iguais, tem de ser escrita com letra maiúscula.

Neste aprendizado, algumas coisas ficaram muito claras para mim: primeiro é que a Cultura organizacional existe independentemente de nossa vontade. Toda empresa tem sua Cultura. Segundo, cabe aos líderes decidirem se querem influenciá-la ou não, se deixam que a Cultura de sua organização seja definida ao acaso, ou se, ao contrário, querem ser protagonistas na construção de uma Cultura que valha a pena. E terceiro, a Cultura é fundamental para o sucesso (ou insucesso) das organizações.

Todos reconhecem a Southwest Airlines, uma empresa altamente bem-sucedida, que se diferencia das demais empresas aéreas por apresentar resultados excepcionais consistentemente. Por pura coincidência, em 2011 eu estava em um voo dessa empresa quando resolvi ler a revista de bordo e deparei com um artigo sobre "A Importância da Cultura", escrito por Gary Kelly, Chairman, Presidente e CEO da Southwest. Nele, o autor evidenciava que a Cultura é o que os torna bem-sucedidos, tanto na operação diária como também na incorporação de outras empresas. Ele destacava aspectos sobre o jeito de ser de seus colaboradores: espírito de guerreiro, servir com o coração, celebrar sucessos e ser apaixonado pelo que faz. Todos com atitude de dono, que trabalham em prol de um objetivo maior: atender bem os passageiros e gerar resultados. E insistia: foi o fato de cuidar da Cultura (foi o primeiro que vi escrever com letra maiúscula) desde o início das operações da empresa que permitiu chegarem ao reconhecido sucesso. Como esse, muitos outros exemplos demonstram a relevância da Cultura nas organizações mais bem-sucedidas.

Meu mais recente desafio em relação à Cultura começou em 2010, quando assumi a posição de CEO da Bunge no Brasil. A missão era realizar uma reviravolta na organização e implantar uma radical mudança no portfólio dos negócios da empresa no Brasil, com a venda das minas de insumos de fertilizantes, com a aquisição de cinco usinas de açúcar e com a integração de todos os negócios no país, anteriormente distribuídos em quatro empresas. Transformamo-nos na sexta maior empresa do setor real do Brasil, com faturamento de cerca de US$ 17 bilhões e mais de 20 mil colaboradores. A grande questão era como mobilizar todos os nossos colaboradores, que vinham de organizações e Culturas muito diferentes, para um mesmo propósito relevante e gratificante. Não tive nenhuma dúvida em reconhecer que a resposta estava em colocar a gestão de nossa Cultura como uma das minhas três prioridades, assumindo a liderança desse processo direta e pessoalmente. Aqui começava essa desafiante jornada.

Ao longo destes últimos anos, procuramos compreender o que deveriam ser os atributos de nossa Cultura organizacional. Percorremos as etapas indispensáveis dessa fase, sempre contando com parceiros relevantes: iniciamos com um diagnóstico da Cultura vigente, resgatamos a essência da organização, revisitando nossa Visão, Missão e Valores. Mapeamos o nosso ecossistema, identificando todos os nossos *stakeholders*, e definimos os atributos que gostaríamos de ver reconhecidos em nossa marca corporativa. À medida que compartilhávamos as ações e os resultados com nossos colaboradores, havia uma adesão genuína e crescente, renovando o orgulho de pertencer à Bunge.

Uma dúvida, no entanto, assolava-me: como passar da fase do diagnóstico e do planejamento para a implantação bem-sucedida? Como mobilizar todos os nossos milhares de colaboradores na direção dessa indispensável mudança? Como manter o "momentum" e o entusiasmo por meses a fio de maneira a consolidar a mudança?

Sou daqueles que acredita que certa dose de sorte, associada às escolhas corretas, é indispensável ao sucesso de qualquer empreitada.

Naqueles dias, e sem saber o que estávamos fazendo na Bunge, Candido Bracher, presidente do Itaú-BBA, telefonou-me e insistiu que eu deveria conhecer Carolyn Taylor, e que ele a colocaria em contato comigo. Candido é um dileto amigo e um grande profissional, razão pela qual levei sua recomendação a sério. Carolyn ligou e marcamos um primeiro encontro, no qual ela me apresentou a metodologia de sua autoria "Walking the Talk" e me presenteou com seu livro de mesmo nome.

Comecei a lê-lo, e seja porque a leitura é extremamente agradável e didática, ou por causa do meu grande interesse e preocupação com o tema, concluí a leitura em pouco tempo. Para mim ficou muito claro, como gostamos de dizer, que Carolyn "sabe das coisas" quando se trata de processos de mudança cultural. Concluí que a resposta para as minhas dúvidas estava ali, naquele livro sábio e precioso, lúcido e *straight to the point*.

Longe de mim querer passar a ideia de que a metodologia resolve tudo e que transforma a jornada em uma brincadeira de rodas. É um processo que demanda fôlego e descortino, persistência e determinação. É também impossível mudar a Cultura de uma empresa se a mudança não começar pela própria liderança. As crenças, os valores e forma de agir da liderança são, com certeza, os maiores influenciadores na formação cultural. Se não houver entendimento e engajamento da liderança, você estará perdendo tempo, dinheiro e credibilidade. "Walking the Talk" se aplica primordial e principalmente aos líderes.

Mas, sem dúvida nenhuma, a metodologia tem nos ajudado a tornar nossa jornada cada vez mais concreta e percebida por nossos colaboradores como uma mudança necessária e benéfica para todos, e não somente para a empresa, pois a cada dia percebemos que o que estamos discutindo e implementando em nossa companhia é extremamente útil e eficaz também em nossa vida pessoal.

As três grandes fontes de mensagens formadoras da Cultura de uma organização, que o livro aborda com profundidade – comportamentos, símbolos e sistemas –, precisam estar em nossa mente e em nosso cotidiano, pois são elas que dão vida à Cultura que desejamos e aceleram o engajamento dos colaboradores nesse desafio. Assim, seja numa decisão crítica, ou apenas em um gesto com o colaborador, devemos reforçar as crenças e os valores que fortalecem os comportamentos desejados e que transformam a organização. Desenvolver padrões que passam a ser replicados, dentro e fora da empresa, tendo a liderança como exemplo a ser seguido nos novos padrões, é fator fundamental para a aceleração da mudança. Somente assim veremos a Cultura desejada tornar-se realidade.

Há muitas coisas de grande utilidade para o processo de mudança cultural que, ao ler o livro, você conhecerá. Vou citar apenas uma delas, o comportamento "Acima da Linha", que proporciona à pessoa a habilidade de dar respostas maduras aos problemas e às situações difíceis de seu cotidiano, e de assumir a responsabilidade pelo seu próprio destino. Ao adotarmos este comportamento em nossa empresa, verificamos como é poderoso no estímulo a interações positivas, na criação de sólidos vínculos e no fortalecimento da confiança entre as pessoas.

Assim como a própria Carolyn e sua metodologia, é preciso ser pragmático, objetivo e, sobretudo, ter foco, para que essa transformação cultural aconteça, trazendo os resultados esperados. Estamos no meio do processo, longe ainda de poder proclamar vitória, mas é incrível ver como a nossa aspiração começa a se concretizar em ações, engajando as pessoas!

Essa tem sido uma extraordinária jornada pessoal. Somos muito habilidosos em fazer discursos, mas descuidados na sua prática. O caminho é longo e complexo, requer decisões difíceis e habilidade de fazer os "trade-offs" corretos. O sucesso é pavimentado por pequenas e inúmeras vitórias, mas retrocessos também fazem parte do percurso. A determinação e o senso de propósito serão fundamentais para que, ao fim e ao cabo, você tenha em sua organização a Cultura que almeja e que certamente está ao seu alcance.

Boa leitura!

Pedro Parente
Ex-Presidente e CEO, Bunge Brasil
Ex-Presidente da Petrobrás

Prefácio II

Cultura corporativa é um tema apaixonante e ao mesmo tempo capaz de gerar certa frustração, uma vez que ela será sempre uma obra inacabada. A Cultura de uma empresa é – e precisa ser – um elemento vivo. Não é possível lançarmos as bases de uma Cultura e esperar que elas permaneçam imóveis. Ao contrário, esses elementos precisam evoluir com a organização e absorver o espírito do tempo, embora sem jamais perder a sua essência. Eu pude acompanhar esse processo de perto, pois tive o privilégio de ver uma Cultura surgir do zero com o nascimento de uma nova empresa.

O BBA Creditanstalt, uma das instituições que deu origem ao Itaú BBA, iniciou suas operações com um grupo de cerca de 20 pessoas, em 1988. As crenças e os valores que orientam a nossa forma de agir até hoje estavam presentes já naquele momento, com aquele pequeno grupo. Em 2002, quando se juntou à área *corporate* do Banco Itaú, o BBA Creditanstalt contava com cerca de 600 pessoas. A fusão elevou o contingente de profissionais do banco para mais de duas mil pessoas, e se por um lado lançou as bases da instituição líder que somos hoje, por outro nos trouxe grandes desafios ligados à nossa Cultura – que precisava refletir aquele novo momento.

Foi no meio desse processo que tive contato com o trabalho de Carolyn Taylor. Nossa primeira reunião ocorreu em 2005, justamente quando o banco iniciava o trabalho de revisitar sua Cultura corporativa. Com Carolyn, fizemos a primeira avaliação de Cultura do Itaú BBA e entendemos que o momento exigia uma nova abordagem do tema. Os valores e as crenças das instituições que constituíram o Itaú BBA eram comuns e deveriam ser preservados, mas a forma como eles se traduziam em atitudes do dia a dia dos profissionais precisava evoluir. O apoio de Carolyn foi fundamental ao longo de todo esse processo. Com uma experiência sólida no mercado mundial e um olhar perspicaz e muito peculiar sobre o tema, ela foi e continua sendo uma parceira muito próxima.

Este livro recebeu o título que melhor resume a visão de Carolyn Taylor. *Walking the Talk* demonstra, com exemplos concretos, colecionados ao longo de muitos anos de experiência com empresas dos mais diferentes perfis, que Cultura corporativa não se constrói com palavras de ordem nem com o tradicional conjunto de visão, missão e valores. Não é algo óbvio. Não é algo que apenas se diz ou se escreve. Não é algo para ser gravado em uma placa de granito a ser pendurada na recepção da empresa. Ao contrário, é uma obra que precisa ser erguida com as atitudes, grandes e pequenas, de todos na instituição, a cada dia.

Cultura tem a ver com gente, com a forma como as pessoas respondem às circunstâncias cotidianas. Ela orienta a forma como as pessoas criam, relacionam-se e se posicionam diante de desafios. Quando uma empresa é pequena, como nós já fomos um dia, talvez seja suficiente elencar as atitudes esperadas das pessoas e contar com um reduzido grupo de apóstolos que as pratiquem e divulguem. No entanto, quando as instituições crescem e se tornam mais complexas, o desafio aumenta exponencialmente. Crescer com uma Cultura forte é um processo muito difícil, embora fundamental.

Recordo que, em uma das nossas sessões de trabalho com Carolyn, assistimos ao filme *Doze Homens e uma Sentença*, dos diretores Sidney Lumet e Reginald Rose. A obra mostra com enorme clareza a importância de lidar com ideias diferentes, transformando choques de opiniões em algo construtivo. Naquele dia, ficou claro para mim que um líder precisa saber lidar com a diversidade de pensamentos e transformar isso em riqueza para o conjunto da organização.

Outro aprendizado importante no desenvolvimento de uma Cultura forte é a questão das escolhas que fazemos. Uma Cultura corporativa forte é, por definição, uma Cultura excludente. Há pessoas que se identificam com determinados valores e outras que não se identificam – e não serão capazes de se identificar um dia. Estas acabarão deixando a instituição, e esse processo fortalecerá a Cultura estabelecida. Sobre essa questão, Carolyn tem uma frase extraordinária: "A Cultura de uma empresa se cristaliza muitas vezes não apenas pelo que ela faz, mas pelo que deixa de fazer em nome de algo em que de fato acredita".

No Itaú BBA, procuramos e fazemos as nossas escolhas sempre de forma muito clara. É um processo difícil, mas extremamente recompensador.

Como disse, o tema Cultura é apaixonante e rico de nuances que nos surpreendem e desafiam a cada instante. Nesse sentido, a obra de Carolyn Taylor é uma bússola extremamente confiável para os que desejam entender melhor essa questão crucial para o êxito das organizações.

Candido Bracher
Ex-Presidente e CEO do Banco Itaú BBA
Ex-Presidente do Itaú Unibanco

Introdução

A PROPOSTA DESTE LIVRO

Este é um livro "mão na massa". Ele vai acompanhá-lo passo a passo, desde a sua decisão de adotar Cultura como um imperativo estratégico, ao longo do processo que se desenrola em um período de três a cinco anos, detalhando o que deve ser abordado em cada fase. Ele mostrará como enfrentar os aspectos mais desafiadores: como mudar os outros e como mudar a si mesmo. Ele transformará em carne e osso o título *Walking the Talk*, mostrando a você como isso é feito na prática.

"Walk the talk" é uma daquelas expressões literalmente intraduzíveis do inglês, um achado idiomático cujo sentido – ajudado pela rima – traz forte apelo. Usada tradicionalmente na literatura de negócios, traduz a força com que a colocação em prática do seu discurso modela a Cultura da sua empresa e do seu negócio. Um conceito que esta edição em português reforça em seu subtítulo *A Cultura Através do Exemplo.*

Ao fazer isso, o livro constrói um plano de ação. Você pode usar esse plano como ponto de partida para montar e gerenciar seu projeto pessoal, com você no assento do piloto. Você não mais estará naquela posição embaraçosa de saber que Cultura é importante, mas, não sabendo como gerenciá-la, acaba por tomar decisões erradas ou protela a ação com a desculpa de que "talvez isso não seja tão importante para nós agora".

Muitos já devem ter trabalhado em sua Cultura. Este livro, que constrói o processo de maneira sequencial, permitirá que você avalie o que já foi conseguido, mapeie os próximos passos e identifique os pontos que não foram abordados ao longo do caminho e como eles sinalizam as dificuldades que você está enfrentando na velocidade de implantação.

Recentemente, grandes êxitos e fracassos – Apple e Lehmann Brothers são exemplos – foram atribuídos à Cultura. Já está bem documentada a existência de uma forte correlação entre Cultura e desempenho. Os benefícios de uma grande Cultura incluem estar em posição de encantar os clientes e os funcionários, aumentar a responsabilidade, trazer inovação, velocidade de resposta e austeridade. Uma grande Cultura transforma pessoas antes consideradas medíocres em extraordinários realizadores.

Tudo isso se resume no aumento de receitas ou na redução de custos, caso você esteja em uma empresa que busca resultados financeiros. Ou em melhorias de desempenho e efetividade em uma empresa pública ou em uma sociedade desportiva. Cultura foi um tema pouco estudado nos anos 1990 e, ainda hoje, muitos líderes não têm certeza de que a Cultura de sua empresa esteja de fato alinhada aos seus desafios.

Minha paixão por este trabalho vai além dos benefícios imediatos que traz às organizações e seus acionistas. Eu estaria fazendo isto da mesma forma somente pelo prazer da jornada e pela melhoria de qualidade de vida resultante do mergulho nos ensinamentos deste livro, tanto pessoalmente quanto daqueles que pude influenciar.

A disciplina de mudança cultural levou um longo tempo para ser tomada com seriedade pela comunidade dos negócios, porque aqueles que adorariam ter a oportunidade de agregar valor às pessoas não conseguiram estabelecer com clareza a sua relação com o desempenho, coisa que vem mudando nos últimos anos. Liderança e RH não são mais atividades marginais, mas o jeito de conduzir os negócios. Os executivos finalmente se deram conta da importância do fator Cultura, embora pouco ainda se saiba sobre como mudar uma Cultura enferma ou, ainda, como assegurar que a Cultura seja um fator impulsionador, e não uma restrição ao crescimento da empresa. Este livro é para aqueles que atingiram esse ponto. Ele é um guia prático de como conduzir um processo de mudança cultural que traga resultados. Minha experiência mostra que poucas pessoas sabem na verdade como fazê-lo.

Você pode influenciar a Cultura de várias posições dentro da organização. Alguns de vocês estarão no topo da pirâmide, ostensivamente no melhor lugar para liderar a Cultura, embora não tenham certeza de que sua mensagem está permeando a empresa a fundo e com a velocidade necessária. Outros estarão em uma função de RH, e deles se espera, devido à sua orientação para pessoas, que escolham as ferramentas para impulsionar a Cultura – embora sabendo que muitas delas estarão fora de seu controle. Muitos serão gestores espalhados pela organização com vontade de apoiar o seu pessoal construindo para eles o ambiente ideal para que possam desenvolver todo o seu potencial, mas frequentemente frustrados pela Cultura reinante em volta deles, e com a dificuldade em influenciar mudanças mais amplas. Outros podem estar fora da organização, como um membro do Conselho, um fornecedor ou um cliente – preocupados que a Cultura atual possa estar pondo a empresa em risco, mas sem saber quais são as perguntas certas a fazer para obter a resposta que satisfaça suas preocupações. E você pode ser um funcionário motivado que observa quantas oportunidades estão sendo desperdiçadas pela maneira como a empresa está sendo conduzida. Ou um consultor que espera criar valor. Este livro é para todos vocês.

Grande parte da literatura disponível sobre Cultura está escrita na perspectiva do espelho retrovisor, ou seja, olhando para trás. Uma organização conseguiu excelentes resultados, e os envolvidos descrevem como o fizeram. Partindo do fim e olhando para trás, parece uma linha reta. Mas deixe-me assegurar-lhes que, do ponto de vista de quem está iniciando a jornada e olhando para a frente – uma posição na qual espero que muitos de vocês estejam agora –, parece muito mais uma forte neblina; o processo é dar um passo de cada vez, parando para respirar e continuando para a frente. De fato, muitos dos líderes que conheço confessariam que se trata de um processo através da cerração e que é somente quando a história é escrita que a imagem finalmente fica nítida. Pelo fato de minha carreira ter sido construída em uma posição ao lado de tais líderes, ao longo de suas jornadas, eu conheço a diversidade das experiências pelas quais passaram. Inevitavelmente, o elemento de tentativa e erro esteve sempre presente. Nem todos os degraus levam-no para a direção correta, mas após algum tempo você olha para trás e reconhece o longo caminho percorrido. Contudo, este livro fornecerá uma ampla gama de alternativas para sua escolha, uma espécie de mapa de uma jornada típica, de modo a ajudá-lo a fazer escolhas dentro de um quadro lógico. Muitos estarão já no meio do caminho e poderão encontrar sua posição atual dentro do mapa, descobrir quais as partes do trabalho já completadas e quais as oportunidades para ganhar mais velocidade.

O processo tem uma sequência lógica, mas ser lógico não significa ser fácil. É direto, na medida em que envolve um processo, uma série de passos e um conjunto de alavancas, que devem ser acionados consistentemente ao longo do tempo. Eu os apresentarei de modo a permitir que cada um veja o processo passo a passo, conduzindo a um resultado predeterminado. É claro que as coisas não acontecerão exatamente assim, porque lidamos com pessoas e com suas emoções, e isso nunca é um processo linear. Contudo, ter um manual como referência o ajudará a se orientar no caminho quando você achar que está velejando à deriva.

Uma dificuldade está em você ser também uma das alavancas no processo de mudança; outra é a sua equipe de gestores seniores. É um processo de condução pelo exemplo. Cultura, como eu comentarei em seguida, é criada e sustentada por seres humanos, seus valores, necessidades, aspirações, medos e comportamentos. Uma vez que você compreenda como esses fatores interagem na criação da nova Cultura e quais mecanismos estarão disponíveis para criar a Cultura necessária, você estará em uma posição privilegiada para conduzir esse processo. Embora seja cômodo culpar a equipe sênior por muitas coisas – seja você ou não um membro dessa equipe –, é um jogo completamente diferente montar uma estratégia para incentivar a mudança cultural deles. Voltaremos a esse assunto.

MINHA EXPERIÊNCIA EM CULTURA

Tenho trabalhado nesse campo por quase trinta anos. A organização que fundei e dirigi por muitos anos, a Corporate Vision, fornecia consultoria sobre mudança cultural, trabalhando com os clientes para ajudá-los ao longo da jornada. Posteriormente, filiei-me a uma organização multinacional em que tive a oportunidade de trabalhar em empresas de várias partes do mundo. Mais recentemente, em uma empresa com a marca Walking the Talk, construímos um conjunto de ferramentas de gerenciamento corporativo que oferecemos sob licença a consultores que as implantam junto a seus clientes. Tive a oportunidade de presenciar algumas mudanças culturais espetaculares, outras superficiais e alguns tristes fracassos. Também conduzi minha própria companhia por meio de muitas transições.

Quando comecei minha empresa no início dos anos 1980, Cultura não era um termo usado dentro das organizações. Raramente uma empresa possuía um declarado conjunto de valores. Começamos a estudar Cultura por causa da frustração que sentíamos em não conseguir impactar mais profundamente nossos clientes. Fazíamos um bom trabalho na construção de equipes e no desenvolvimento de gerentes, mas descobrimos que havia uma força ambiental mais forte do que equipes ou líderes individuais: a Cultura.

Notamos que pessoas que conhecíamos em uma organização, ao mudar de emprego, começavam a se comportar de maneira completamente diferente. Funcionários cujos valores e estilo natural havíamos observado apresentavam mudanças significativas de características na nova empresa. Líderes poderosos, capazes de tomar decisões que mudavam o rumo de suas companhias, pareciam impotentes em uma nova cultura.

A partir de nossa ampla experiência, desenvolvemos nosso próprio enfoque da Cultura e passamos os quinze anos seguintes ajudando líderes a construir a Cultura que eles desejavam. Quanto mais trabalhávamos, mais claro se tornava o impacto que a Cultura tem sobre o desempenho e a grande oportunidade que isso significava para companhias que desejavam ampliar seus horizontes, dar novo impulso ao seu crescimento, desenvolver uma vantagem competitiva ou uma maneira de melhor servir aos seus clientes.

Se você está lendo este livro, provavelmente deve ter tido esses mesmos pensamentos. Você sabe, quase instintivamente, que Cultura é importante. Pode-se avaliar quanto sua Cultura impacta sua empresa em termos de atrasos, frustrações, negligência, riscos e duplicação de esforços. Você sabe quão estressante e desgastante isso pode ser e provavelmente presenciou colegas deixarem a empresa por pura frustração e desespero. Mas, o que fazer?

COMO ABORDAR ESTA JORNADA

Há algumas maneiras de pensar que o ajudarão no caminho. De forma nenhuma elas representam um mapa completo do modelo de liderança, mas sem elas você ficará desorientado.

O palco e a plateia: o observador e o participante

Você é um membro da sua Cultura. Você está imerso nela todos os dias. E pretende influenciá-la. Para conseguir isso, você precisa ser capaz de ao mesmo tempo participar e observar sua própria participação. Ronald Heilfetz e Martin Linsky, em seu livro *Leadership on the Line* (Heifetz & Linsky, 2002), referem-se a isso como estar ao mesmo tempo na plateia e no palco. Dançar no palco e observar a dança da plateia ao mesmo tempo é uma habilidade que você terá de desenvolver. A maioria desempenha um dos papéis mais facilmente que o outro. Para ser um eficiente líder cultural você deve fazer os dois.

Quando observa a causa e o efeito e percebe os padrões de comportamento que definem a sua Cultura, ainda que simultaneamente esteja imerso nela, você pode introduzir novas influências e observar seu impacto. Ao mesmo tempo, está praticando o seu discurso. Você estará participando no palco, e cada passo que dá confirma ou contradiz suas palavras sobre Cultura.

A responsabilidade da liderança

Isso se refere tanto a você como indivíduo quanto à sua organização. Se você pretende assumir uma posição de liderança em Cultura, deve se tornar um modelo daquilo que pretende criar. Isso requer mudanças. As características de liderança que o impulsionaram à sua atual posição ou às que lhe foram úteis em sua empresa anterior quase certamente não serão suficientes para conduzir a próxima jornada. A vontade de aprender é uma habilidade crucial para mudar a cultura.

Para que as coisas mudem, primeiro eu preciso mudar.

Você precisa assumir a responsabilidade pela reação dos outros, em vez de culpá-los pela sua falta de visão. Os juízes sobre sua habilidade em praticar o seu discurso serão sempre os seus colegas.

Tenha em mente a analogia do palco/plateia e o que significa assumir as suas responsabilidades ao longo da leitura deste livro. Isso o ajudará a lhe dar um caráter pessoal, o que é essencial para que você coloque em prática o seu discurso.

RESUMO

Ao término da leitura deste livro, você:

- Saberá se uma mudança cultural é realmente um caminho que você e a sua empresa devem considerar.
- Compreenderá as escolhas que devem ser feitas para focar seus esforços.
- Esclarecerá muitos dos mitos sobre Cultura e aprenderá técnicas bem diretas para utilizar em seu lugar.
- Saberá a sequência dos passos que deve tomar, quanto tempo será necessário e os investimentos e retorno esperados.
- Aprenderá o seu papel de líder do processo e o que significa praticar o seu discurso.

E aí, vamos lá?

Seção 1

PREPARANDO-SE PARA A JORNADA

A primeira seção deste livro fornece a você as ferramentas necessárias para o entendimento do processo de transformação cultural. Ele trata do que é necessário saber, e fazer, para garantir que estejamos devidamente preparados, treinados e equipados para essa jornada. O objetivo desta seção é nos preparar para percorrer o caminho sem esmorecer ou sermos tentados a desistir. Muitas organizações que falharam na condução do processo aprenderam que a segunda tentativa será duplamente mais árdua, uma vez que terá de enfrentar também o natural ceticismo dos funcionários.

A jornada de mudança cultural é longa e vai requerer um considerável investimento de tempo e de energia emocional. Não é algo para ser feito apressadamente ou como uma ação reflexa a uma contingência de negócio.

É preciso primeiro construir uma sólida base estrutural que permita conceituar Cultura como um dos fatores-chave do seu negócio, tais como visão, valores, estratégia e resultados.

É fundamental o entendimento do processo como um todo – em que prazo os resultados serão obtidos, que nível de investimento de tempo e recursos será necessário e, principalmente, a extensão do envolvimento pessoal.

Um plano de trabalho detalhado é o primeiro passo. Quais os desafios do cenário de negócios? Que tipo de Cultura a organização precisará para enfrentá-los? Como é a Cultura atual da empresa e que impacto ela tem nos resultados atuais?

Quando esse levantamento estiver pronto, será necessário entender o nível de comprometimento dos executivos-chave com o projeto. Que nível de adesão será necessário e como saber quando ele será atingido?

O objetivo desta seção é construir um guia por meio desses estágios preliminares. A seção seguinte mostrará como construir e conduzir um Plano de Mudança da Cultura, e ao final discutirá alguns casos particulares de mudança e seus procedimentos específicos.

1

Desmistificando Cultura

O QUE É CULTURA?

Cultura é o conjunto de padrões de comportamento que são encorajados ou permitidos ao longo do tempo. É o resultado das mensagens recebidas sobre como se espera que as pessoas se comportem. As culturas se desenvolvem em qualquer comunidade de pessoas que passam tempo juntas e que são unidas por objetivos, rotinas, necessidades ou valores comuns. Culturas existem em países, em empresas, em clubes esportivos, em escolas, em famílias, em comunidades religiosas, em profissões e em grupos sociais.

Nós, humanos, somos basicamente animais tribais; nosso modelo mental é construído para nos adaptar à nossa tribo. Interpretamos os sinais sobre o que é necessário fazer para adequar o nosso comportamento. Isso é uma estratégia de sobrevivência. Se não tivermos sucesso, ou deixamos a tribo, ou ela nos expulsará. Na medida em que mudamos para nos adaptar à nossa nova tribo, nós, por outro lado, reforçamos essas normas tribais ou os seus comportamentos consentidos, assim reforçando a Cultura.

O processo é conduzido pela pressão dos colegas. Os atuais membros da tribo, preocupados com a ameaça representada por um recém-chegado, trabalharão em conjunto para evitar que o novo membro balance demais o barco, expondo assim eventuais fraquezas de cada indivíduo.

As normas de comportamento evoluem em longos períodos de tempo e são influenciadas por diversos fatores, tais como os valores ou as crenças que aglutinaram a comunidade originalmente, a natureza da atividade que os mantém unidos, os heróis e líderes do passado e do presente, os eventos históricos, os traumas e sucessos, as condições físicas e geográficas e as demandas e comportamentos dos agentes externos – clientes, acionistas, competidores e muitos outros.

Observamos Culturas que levam as pessoas a operar no mais alto nível de seus potenciais emocionais e intelectuais, onde o grupo obtém realizações superiores à soma de seus membros e os funcionários colaboram entre si e incentivam o sucesso dos seus colegas. Tais grupos extraem resultados extraordinários de pessoas comuns. Por outro lado, notamos também Culturas que conseguem transformar grupos de pessoas bem-intencionadas em monstros egoístas, invejosos e vingativos.

Normas de comportamento tornam-se parte do subconsciente coletivo, sobrevivendo por muito tempo depois que o propósito original desaparece; muitas vezes, essas normas podem nem mesmo ser úteis para as atuais necessidades da comunidade – e isso é frequentemente observado nas empresas. Por outro lado, Culturas tendem a perpetuar-se, pois os comportamentos já estabelecidos nas comunidades influenciam e transformam os novos membros. Assim, a mudança exigirá uma liderança extremamente forte e focada ou, ainda, um coordenado trabalho de membros influentes do grupo, de modo que a empreitada seja realizada no prazo desejado.

Enquanto os padrões de comportamento estão no subconsciente dos membros atuais do grupo, os recém-chegados os percebem nitidamente, mas seu instinto de sobrevivência os fará adaptar-se rapidamente à Cultura predominante. Os membros do grupo podem estar conscientes das principais características da Cultura reinante, mas raramente são capazes de entender a sua origem, muito menos terão suficiente confiança, poder ou determinação para atuar como agentes de mudança. Manter comportamentos próprios que sejam estranhos à comunidade exige alta energia e autoestima. É de se esperar, portanto, que a maioria das pessoas se adapte às normas, desde que, é claro, elas não afrontem princípios básicos de integridade pessoal. Se alguém, por exemplo, vem de uma Cultura em que as pessoas se expressam abertamente nas reuniões e entra em uma nova empresa onde as pessoas são contidas, é natural que ele, dentro de algum tempo, tenda a se manifestar com mais moderação. Ele se cansará de ser o único a se manifestar e observará que muitos usarão sua franqueza contra ele. Sua voz perderá credibilidade e ele construirá uma reputação negativista. Nesse ponto, muitos se adaptam ou saem.

Culturas são mantidas por meio de troca de mensagens que sinalizam comportamentos esperados. Elas vêm de várias fontes e muitas são não verbais. Um mito muito difundido diz que a Cultura da empresa tem forte relação com as declarações de valores corporativos que podem ser encontradas, por exemplo, nos Relatórios Anuais. Mas, a menos que a empresa tenha ativamente trabalhado na aplicação prática desses valores, eles não constituirão nada além de uma intenção. Uma louvável intenção, e uma boa coisa para ter, mas que quase certamente não descreve a Cultura tal como ela de fato é.

Para ter uma ideia de como as mensagens são captadas, imagine uma criança nascida, digamos, na Itália. Quando ela completar cinco anos, será inconfundivelmente italiana nos seus gestos, expressões e na maneira como se relaciona com os outros. Como isso acontece? De alguma forma, essa criança captará sinais de como proceder, e esses sinais serão diferentes, por exemplo, dos captados por uma criança inglesa. Esse processo é maravilhosamente descrito no livro *An Italian education* – Parks[1], 1995, de Tim Parks, escritor inglês que observou seu filho nascido na Itália, de sua esposa italiana, desenvolver-se como um italiano.

Assim, Cultura tem a ver com o que é valorizado, ou ao menos tolerado. Essas mensagens mostram o que é valorizado, o que é importante, o que as pessoas em volta fazem para serem aceitas, valorizadas e recompensadas.

Essas mensagens vêm de três áreas principais:

- *Comportamentos* – o comportamento observado nos outros, especialmente aqueles que nos parecem importantes.
- *Símbolos* – os eventos observados, os artefatos e as decisões aos quais as pessoas atribuem significados.
- *Sistemas* – os mecanismos para gerenciar pessoas e tarefas.

1 Sem tradução no Brasil (N.T.).

Dois pontos a reforçar:

- Cultura é relacionada *a mensagens* – o gerenciamento da Cultura tem a ver com o gerenciamento das mensagens. Se pudermos identificar, e mudar, uma quantidade significativa das fontes dessas mensagens, modificaremos a Cultura.
- Cultura tem a ver com o que é *realmente* valorizado – ou seja, o que é demonstrado pelo que as pessoas fazem, e não pelo que elas dizem. Quando o "dizer" e o "fazer" não estão alinhados, é o "fazer" que modela a Cultura.

COMO OS VALORES INFLUENCIAM A CULTURA

Trabalhando com mudança cultural você obterá novos conhecimentos sobre como funcionam as organizações. Principalmente, permitirá ver o seu funcionamento em termos de causa e efeito. Como líder dessa jornada cultural, você aprenderá a operar simultaneamente no palco e na plateia, observando o que acontece e anotando:

- Os valores subjacentes que estão influenciando a ação.
- Como os outros estão interpretando essa ação.

Para liderar a mudança cultural precisamos saber como os valores funcionam de fato e também como eles agem por meio dos comportamentos, símbolos e sistemas da empresa.

O que são valores?

Ao trabalhar com Cultura é necessário ter muito claro o significado da palavra "valor", visto que a utilizaremos com frequência. Logicamente, a palavra "valor" descreve exatamente o que é um valor: é *aquilo que valorizamos*. O que é importante para nós? Como sociedade, valorizamos integridade porque observamos que as pessoas que trabalham com senso de integridade tendem a agir de forma a beneficiar o coletivo. Em uma observação mais acurada, os valores contêm um ingrediente que põe o coletivo à frente, ou pelo menos ao lado, do interesse individual.

Mas há aí uma armadilha. Por meio do nosso comportamento, revelamos que, na prática, valorizamos um conjunto diferente de atributos. Proclamamos valorizar a sinceridade, mas ao mesmo tempo valorizamos nossa autoestima. Isso pode nos induzir a evitar a verdade se sentirmos que isso vai nos tornar impopulares. Assim, o verbo "valorizar", que em última instância é o que guia nossas ações, transforma-se em "aquilo que é importante para nós". O fato é que o conjunto das coisas que valorizamos contém muito mais atributos do que aqueles que descreveríamos como valores.

Isso não é uma discussão semântica. Essa questão está no cerne dos desafios que os líderes enfrentam ao influenciar a Cultura. Cultura, não esqueçamos, é a manifestação do que é realmente valorizado. Se uma empresa valoriza evitar o confronto mais do que valoriza a sinceridade, sua Cultura certamente refletirá isso. Isso acabará por influenciar, por exemplo, o processo interno de avaliação de desempenho. Podemos ficar aqui e discutir o quanto quisermos se sinceridade é um valor hierarquicamente superior a relações amigáveis, mas isso será somente conversa. A prática mostrará a todos que evitar o confronto é mais valorizado pela empresa.

Tendo trabalhado com esse dilema por muitos anos, descobri que é melhor utilizar a palavra "valor" para abranger uma gama maior de atributos do que é usual. Desta linha de raciocínio resultam dois grupos de valores. O primeiro nos é familiar. São as características que enobrecem e beneficiam o coletivo de modo que a maioria das empresas gostaria de praticá-los. Vamos chamá-los de **valores nobres.**

Grupo 1: Valores Nobres

- Desempenho
- Foco no cliente
- Trabalho em equipe
- Integridade
- Honestidade
- Meritocracia

- Disciplina
- Inovação
- Cumprir a palavra dada
- Consciência ambiental
- Desenvolvimento do pessoal
- Controle de custos
- Rentabilidade
- Crescimento
- Serviço
- Cuidar do próximo
- Relacionamento
- Gerenciamento de riscos
- Perseguir a excelência
- Melhorias contínuas
- Alegria
- Lealdade
- Equilíbrio

Trata-se de uma lista inspiradora em termos de sua ambição. Ela traduz nossa intenção de estabelecer padrões sobre o que é ou não aceitável. Ela constrói a desejada estrutura de comportamentos. São valores que beneficiam a todos igualmente e, por esse motivo, são conhecidos como **valores nobres**.

Para entender o quadro geral, contudo, temos de elaborar uma segunda lista, outro conjunto de atributos que valorizamos. Embora formalmente não os mencionemos como valores, constituem também coisas importantes para nós, no nível mais individual. Vamos denominá-los **valores egoístas.**

Grupo 2: Valores Egoístas

- Dinheiro
- *Status*
- Independência
- Evitar confusões

- Evitar conflitos
- Poder
- Vencer à custa do outro
- Ter boa imagem
- Ter a maioria a seu lado
- Popularidade
- Controle
- Ter sempre razão

Esta segunda lista de valores está mais a serviço do ego que a primeira. Constitui um conjunto de atributos que nem sempre estarão a serviço de um bem maior. Contudo, eles têm um papel importante na vida das organizações. Se observarmos o comportamento dos outros, nós o veremos influenciado por ambas as listas. O mesmo acontece quando o nosso comportamento é observado pelos outros. Quando os líderes são acusados de não praticarem o seu discurso, isso é decorrente do uso predominante da segunda lista. Eles demonstrarão pelo seu comportamento que valorizam, por exemplo, mais a popularidade do que a sinceridade.

A primeira lista nos beneficia, mas também aos demais. Já a segunda também nos beneficia, mas potencialmente à custa dos demais. Os valores desejados pela empresa serão, sem dúvidas, retirados da primeira lista. Mas, para entender como a empresa de fato se comporta, é preciso entender como as duas listas de valores interagem para criar a Cultura que determina o comportamento. Muitas Culturas mostram (pela prática) que a segunda lista tem normalmente um papel mais preponderante que a primeira.

Foi difícil decidir em qual das duas listas colocaria a palavra "lucro" mas concluí que poderia estar em ambas. Pode-se ver o lucro como algo que beneficiará a todos e, neste caso, ele estará incluído na lista dos valores nobres. Contudo, se a empresa der ao lucro uma importância exagerada, especialmente por aqueles que pessoalmente têm mais a ganhar com isso, ele estará listado na segunda.

A questão para refletir é:

O que a sua empresa não está disposta a fazer em nome do lucro?

A resposta a essa questão revelará pistas indicativas da hierarquia dos valores da organização. Se o lucro for o único motivador, a organização vai se tornar egoísta, em detrimento dos demais interessados. Com a experiência que adquirimos ao lidar com conceitos de valor, veremos que eles não são apenas meios para um determinado objetivo (lucro, por exemplo), mas constituem objetivos em si mesmos. Se, por exemplo, honestidade e serviço ao cliente estiverem no topo das suas prioridades, a empresa assim se comportará, mesmo à custa do lucro. Empresas que agem assim serão vistas como confiáveis, uma imagem valorizada que se traduzirá em lucro em médio prazo; não é, entretanto, com esse objetivo que uma empresa orientada a valores funciona – elas agem assim porque essa é a coisa certa a fazer.

Temos observado que as sociedades nas quais nossas empresas atuam têm revelado ultimamente uma forte inclinação para o materialismo e o egoísmo. Isso torna nosso trabalho em Cultura mais difícil, pois nossos funcionários entram na empresa influenciados pelos valores mais amplos da sociedade. As diferenças entre esses dois conjuntos de valores foram bem estudadas por Tim Kasser no livro *The high price of materialism* – Kasser, 2002.[2]

Sem uma liderança eficiente, corremos o risco de cair nessa mesma vala comum, colocando nossas necessidades egoístas à frente do bem da comunidade. Mas há um ponto a considerar quando quase todos agem assim. Poucos de nós estamos dispostos a morrer para defender nossos princípios, embora alguns o tenham conseguido ao longo do tempo. Mas a velocidade em que isso ocorre é o determinante para a qualidade de uma Cultura.

Os funcionários podem até dizer que mantêm certos valores, mas seu comportamento revela outra realidade. A seguir, o caso de um cliente.

2 Sem tradução no Brasil (N.T.).

David passou quase toda a sua vida prezando a independência como um de seus valores mais importantes. Ele trabalha no setor de tecnologia, tendo começado sua carreira na área comercial, onde a independência é encorajada enquanto trouxer resultados. Ele gosta de estar no controle, e isso é mais fácil de conseguir quando se mantém isolado. Isso fica claro tanto no trabalho quanto na sua vida pessoal. David acredita que a empresa tende a criar restrições às suas iniciativas e, assim, se mantém tão isolado quanto possível. A empresa reconhece seus bons resultados, mas tem também apontado o custo organizacional decorrente da falta de colaboração entre sua área e as demais. A empresa adotou o trabalho em equipe como um dos seus valores, e David costuma dizer que concorda com isso. A realidade mostra que ele, na verdade, está se referindo à equipe por ele liderada. Na última vez em que o vi, senti que ele ainda não havia percebido quão delicada era a sua situação. Ele tinha sucesso, a despeito de seu estilo pessoal, mas a organização não mais achava isso suficiente. David teve de trabalhar suas crenças internas de modo a estreitar os laços de colaboração com os seus pares na organização. O problema é que ele no fundo ainda acredita que trabalhar com o grupo reduz a sua eficiência e, a menos que ele se disponha a mudar seus valores internos, tenderá, em situação de pressão, a retomar os antigos hábitos de independência.

A hierarquia de valores

Imagine uma empresa industrial que tenha Segurança e Desempenho como valores organizacionais. Ambos são valores nobres – um relacionado ao propósito do funcionário, e o outro, ao retorno aos acionistas. Que decisão deverá o gerente de produção tomar ao saber que há um risco de segurança na linha de fabricação em uma semana em que a produção já está atrasada? Como avaliará os riscos conflitantes que ele corre? Sua decisão dependerá de quão clara é a orientação da companhia sobre o balanceamento desses dois valores, bem como da sua hierarquia pessoal de valores.

Situações como essas são conhecidas como dilemas de valores. Elas nos forçam a balancear um valor contra outro, a fazer escolhas e a tomar decisões. Temos de construir nossa própria hierarquia de valores – todos são importantes, mas quando chega a hora, alguns importam mais do que outros.

Um desafio em nossa jornada cultural será descobrir quais os valores reais da organização e aqueles que estão impregnados nos funcionários. Muitas pessoas nem ao menos sabem quais são os seus valores, ou então pensam possuir valores que, no entanto, não praticam no dia a dia. Será que você conhece alguém que diz que valoriza a saúde, mas que pratica hábitos pouco saudáveis? Ou que diz valorizar a família, mas age de forma a prejudicá-la? Pois é.

Temos de aprender a ouvir com atenção aquilo que é realmente valorizado na empresa. Frequentemente será diferente do que gostaríamos de ouvir. Mais adiante mostrarei como ajustar a hierarquia de valores de modo a mover os valores mais apreciados para os degraus mais altos da hierarquia, deslocando para baixo os menos desejados.

Anos atrás, tive uma experiência pessoal sobre hierarquia de valores na relação com meus sogros. Meu sogro tinha recebido recentemente um diagnóstico de câncer terminal, e toda a família se reuniu em sua casa durante um fim de semana na Páscoa. Embora ninguém comentasse nada, sabíamos que aquela poderia ser a última vez em que estaríamos juntos. Ele iria para o hospital na semana seguinte, e os prognósticos não eram nada animadores. Meus sogros sempre gostaram muito de esportes, um valor compartilhado por toda a família deles. Esse não era o caso da minha, e meus valores eram muito diferentes. Acontece que naquele fim de semana havia um importante jogo do campeonato. Assim, com a naturalidade a que estavam acostumados, eles nos convidaram a sentar diante da televisão para assistir ao jogo, com os pratos sobre os joelhos. No intervalo, entre as análises dos comentaristas, meu sogro nos disse rapidamente o quanto gostava de nós e o prazer que sentia por estarmos todos juntos; logo começou o segundo tempo, e voltamos a olhar para a tela.

Refletindo sobre esse dia, pensei que ver um jogo na televisão não seria para mim a coisa mais importante a fazer naquela noite. Eu imaginaria todos sentados à mesa, conversando e compartilhando um dia tão significativo.

Mas, para eles, o esporte era o valor mais importante, e isso os unia. Uma hierarquia de valores bem diferente.

Às vezes, quando conto essa história, algumas pessoas me perguntam qual era o jogo que estávamos vendo. Como se isso importasse! Mas me faz pensar se de fato a hierarquia de valores dos meus colegas e clientes não seria mais parecida com a dos meus sogros do que com a minha!

Como saber o que é realmente valorizado?

Há um método rápido para saber o que é realmente valorizado:

- Veja como a empresa gasta o seu tempo e seus recursos.
- No caso de um funcionário, analise sua agenda e o extrato do seu cartão de crédito.

Todos concordamos que os valores da lista nobre são indispensáveis. Nós acreditamos que eles são importantes para o propósito dos clientes, acionistas e funcionários. Apesar de talvez não concordarmos inteiramente com a segunda lista, nós certamente lá encontraríamos alguns valores que são importantes para nós.

Mas o que acontece quando a situação nos força a escolher um valor em detrimento de outro? A orientação que os funcionários recebem é encontrar uma solução que atenda a todos. Isso pode parecer fácil, mas a minha experiência e observação me ensinaram o contrário. Todos temos uma hierarquia de valores, mesmo que não admitamos isso. E essa hierarquia fica clara quando temos que fazer escolhas.

A situação mais indicativa é quando os recursos são escassos e temos de decidir como utilizá-los. Tempo e dinheiro são recursos finitos, portanto, temos de usá-los no que acreditamos ser o mais importante para nós.

Tivemos de fazer sacrifícios para custear a educação dos nossos filhos? Talvez reduzindo nossas férias ou morando em casas menores? Nesse caso, estamos mostrando que valorizamos mais a educação do que o prazer, ou valorizamos mais os nossos filhos do que a nós mesmos. As discussões mais difíceis em uma relação acontecem normalmente por causa de dinheiro –

são essas as situações que mais expõem os nossos valores. Se você e o seu parceiro têm valores diferentes, vocês certamente discutirão sobre como gastar o dinheiro. Conversar em tese sobre valores, em vez de fazê-lo no calor das situações particulares, pode ajudar na construção da relação entre duas pessoas.

A mesma coisa vale para o uso do tempo. Vamos assistir à televisão, conversar em família ou sair com amigos? Sempre uma decisão baseada na hierarquia de valores.

O mesmo se aplica às organizações. Ninguém tem tempo suficiente, e nas reuniões não conseguimos tratar de todos os assuntos. Que assuntos colocar na agenda? Trata-se de uma decisão baseada em valores, e os assuntos que escolheremos serão os que valorizamos mais.

E quando é necessário reduzir custos, o que é cortado primeiro?

Escolhas dessa natureza revelam que todos nós – indivíduos ou organizações – temos hierarquia de valores. Procuramos atender ao maior número deles de cada vez, mas cada vez que temos de fazer uma escolha, ela será baseada em nossa hierarquia de valores.

É precisamente a natureza da nossa hierarquia pessoal de valores que nos caracteriza como indivíduos. Ela modela quem somos e como operamos. Similarmente, a hierarquia de valores de uma organização é o que a torna única. Embora as declarações de valor explícitas de muitas companhias possam ser parecidas, é o peso que cada uma atribui a cada valor, somado à lista de valores não declarados, que posiciona a empresa no seu ambiente de negócios.

Esse conceito não é bem entendido. Ao não considerarmos o impacto da hierarquia dos valores, nossos esforços de permear valores por meio da organização tenderão a falhar.

Imagine que sua organização tenha três valores:

- Pensar fora da caixa.
- Agir com integridade.
- Apoiar-se mutuamente.

Cada funcionário na organização filtrará os três valores pela sua própria hierarquia, que é muito mais longa e complexa. Como resultado desse processo, duas coisas podem acontecer:

1. Eles interpretarão os três valores de uma forma pessoal.

Alguém pode imaginar que, se um funcionário não está atingindo suas metas, seria uma falta de integridade mantê-lo naquela função, pois isso poderia prejudicar toda a equipe. Outro pode achar que o correto seria prover muito suporte e *coaching* ao funcionário, pois integridade para ele é o mesmo que ajudar as pessoas a terem bom desempenho.

2. Eles criticarão a interpretação de valores do seu colega sob a ótica de sua própria hierarquia.

O colega é percebido como "resistente aos valores", pois a resposta dele a uma situação particular não está alinhada com a sua própria. Diferentes ordenações dos três valores podem também ocasionar sensíveis diferenças nas reações de duas pessoas.

Quando começamos a discutir como desenvolver a organização de modo que ela esteja alinhada com os seus valores, trabalhar com o conceito de hierarquia torna-se muito importante.

Aqueles que vão liderar o processo de mudança verão que o conceito de hierarquia é extremamente útil na condução do processo. Entender o conceito e aprender a usá-lo é o veículo ideal para estabelecer as regras de entendimento mútuo, tornando menos subjetivas as percepções sobre as ações de cada um.

A Cultura da empresa são as normas de comportamento que estabelecem o que é aceitável. As normas revelam o que é valorizado de fato. A hierarquia de valores da empresa é percebida pelas mensagens recebidas pelas pessoas. Elas as recebem por meio de comportamentos, símbolos e sistemas. Elas mostram o que é realmente importante – a "prática" em ação. A observação fará com que as pessoas percebam o que é realmente valorizado. Caso essas conclusões não pareçam alinhadas com os valores publicados, os líderes serão acusados de não agirem segundo o que pregam. Eles não estarão praticando o seu discurso.

A seguir falarei sobre como o uso da palavra "valor", no seu mais amplo sentido, é essencial ao gerenciar um processo de mudança cultural.

O SEU DNA

No âmago do seu conjunto de valores está a essência da organização. As escolhas que são feitas ao longo do tempo interagem para construir a sua individualidade, o seu instinto essencial. Estive mesmo algumas vezes a ponto de chamá-la de alma da organização. Haverá sempre uma ou duas características tão fundamentais que constituem a base da personalidade da organização.

Ao longo do nosso trabalho de consultoria em uma empresa, é frequente descobrirmos isso. Quando apresentamos nossas conclusões, sentimos na audiência se o que descobrimos é realmente uma parte do DNA da organização. Haverá na sala um senso coletivo de familiaridade à medida que o grupo escuta algo que já sabia instintivamente, mas que nunca havia sido exposto abertamente.

Em um de nossos clientes, uma empresa de tecnologia, o DNA apontado pela pesquisa poderia ser traduzido pelos termos "sóbrio" e "confiável". Quando apresentamos isso ao grupo, um murmúrio percorreu a sala – eles sabiam que era a pura verdade! No entanto, ultimamente estavam contratando técnicos ambiciosos e criativos que, quando chegavam, entravam rapidamente em frustração. A experiência mostrou que eles precisavam buscar um perfil diferente, profissionais que fizessem as entregas esperadas, mas com estilos mais discretos. Assim, eles teriam maior credibilidade interna e se adaptariam mais facilmente.

O DNA de uma organização não mudará, a despeito dos esforços dedicados à mudança cultural. Pode-se mudar o diretor-geral, toda a diretoria, a estratégia, as políticas de remuneração e o posicionamento das marcas.

Mesmo assim, o DNA permanecerá imutável. Se descobrirmos o que é, conseguiremos uma importante arma para o trabalho de mudança – não porque poderemos combatê-la, mas porque poderemos usá-la como aliada.

Recentemente almocei com o fundador de uma organização que, aos seus 80 anos, continua sendo um ícone para a organização. Ele me falou sobre os primeiros dias da empresa, quando ele e alguns poucos amigos eram recém-chegados ao país. Quando a empresa ganhou seu primeiro contrato – estava no negócio de construção – eles trouxeram do exterior grandes grupos de imigrantes e, posteriormente, suas esposas e famílias. Até padres vieram. Porque eles eram estrangeiros em um novo país, formaram comunidades muito fechadas e sentiam a empresa como parte de sua família. De certa forma, assim permanece até hoje. O instinto essencial da empresa é baseado nas relações de cooperação interpessoais semelhantes às de uma família. Isso tem suas vantagens, mas por outro lado pode impedir que decisões difíceis sejam tomadas. Um eficiente trabalho de mudança cultural terá de aprender a utilizar essa característica básica como aliada, pois ela nunca desaparecerá.

COMPORTAMENTOS, SÍMBOLOS E SISTEMAS: SEUS VALORES EM AÇÃO

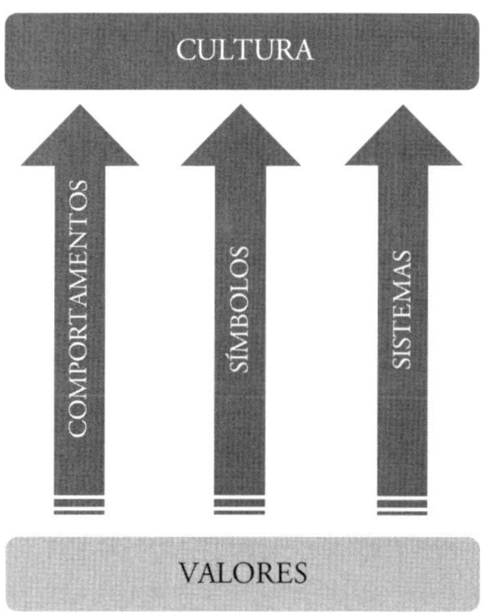

Seus valores sustentam o que acontece na sua organização, apesar de provavelmente seu pessoal não estar consciente dessa relação. São necessárias certas habilidades e um processo disciplinado de análise para compreender o papel dos valores nas ações cotidianas. Eles agem em três canais: Comportamentos, Símbolos e Sistemas. Eu fornecerei alguns exemplos e voltarei a eles em mais profundidade assim que começarmos a trabalhar no Plano de Mudança da Cultura.

Comportamentos

O comportamento de cada um é reflexo de seus valores. Se valorizarmos boas relações interpessoais, seremos polidos, atenciosos e até poderemos nos abster de dizer coisas que possam causar atrito na relação. A força do valor cordialidade será testada sempre que alguém nos provocar. Se realmente o valorizarmos, resistiremos à tentação de revidar. Caso contrário, explodiremos sob qualquer provocação.

Se de fato valorizarmos o serviço ao cliente, não venderemos algo que acreditamos que não lhe trará benefício. Esse valor será testado sempre que estivermos com dificuldade de fechar nossa meta de vendas mensal – a síndrome do fim do mês será o maior teste da força do valor.

Durante o processo de mudança cultural, teremos de trabalhar profundamente as mudanças comportamentais, as nossas próprias e as dos outros, e isso vai requerer mudanças nos nossos conjuntos de valores.

Comportamentos e valores dos líderes devem ser a primeira prioridade, porque o processo de mudança cultural só decolará de fato quando o comportamento dos líderes for percebido como alinhado ao discurso.

O comportamento de um líder sênior tem um impacto duplo. Ele impacta sua vizinhança próxima, mas também mostra a todos que esse é o comportamento de alguém que está em uma posição de comando na organização. Outros tenderão a imitar esse comportamento, e assim a Cultura será reforçada.

É preciso ter sempre em mente a força encorajadora que o comportamento dos líderes – e isso inclui o seu – tem sobre o processo de mudança. Há milhões de comportamentos aparentes em cada dia da organização. A tabela a seguir mostra aqueles com o maior impacto cultural:

Comportamento do líder	Impacto na cultura
Humildade, disposição para reconhecer os próprios erros.	Abertura, aprendizado.
Disposição para ouvir as opiniões da base.	Foco do cliente.
Delegar e cobrar compromissos.	Responsabilidade.
Saber dizer *não* e aceitar um *não* como resposta.	Disciplina; controle de risco.
Aceitar desculpas pelo não cumprimento de objetivos.	Falta de comprometimento.
Favorecimentos, proteção.	Politicagem.
Matar o mensageiro.	Encobrimento.

Veremos também casos em que o comportamento do líder foi interpretado de maneira negativa, embora a intenção tenha sido boa. Isso pode ser frustrante, mas precisamos estar dispostos a ouvir os comentários e aceitar o fato de que, em relação à Cultura, a percepção é o mais importante.

Observamos que, em um de nossos clientes, a diretoria era percebida como indisciplinada e com falta de foco estratégico (eles estão voando – foi um dos comentários). Tudo começou com a contratação de uma pessoa do mercado e com uma consequente mudança na estrutura organizacional, criando um novo cargo para acomodá-lo. Isso foi percebido pelos funcionários como uma decisão que contrariava uma reorganização implantada no ano anterior alegadamente para dar maior foco estratégico ao negócio.

Esse movimento foi interpretado como um exemplo de Cultura de apadrinhamento. Essa percepção tinha, de fato, algum fundamento. Contudo, nas discussões que se seguiram, em decorrência do processo de mudança cultural, ficou claro que o recente pedido de demissão de um gestor sênior tinha criado uma fraqueza no plano de sucessão. Era uma razão bastante plausível, mas, infelizmente, falhas no processo de comunicação tinham permitido o crescimento dos boatos.

Precisamos entender os diversos comportamentos porque, teoricamente, eles podem ser mudados com certa facilidade. Eles não necessitam de um projeto de dois anos e mudanças de processo como um novo sistema mais preciso e transparente de apuração de resultados operacionais. Contudo, mudar o comportamento das pessoas traz outro conjunto de desafios que abordarei mais tarde neste livro.

Muitos são tentados a acreditar que Cultura é algo que ocorre independentemente das principais atividades do negócio. Ao contrário, a Cultura é formada e reformada por tudo que é feito nos negócios. Cada comportamento e cada decisão manda uma mensagem, que é interpretada pelas pessoas na organização como um reflexo do que é valorizado, moldando, assim, outros comportamentos e decisões. Tudo a ver com "praticar o seu discurso".

Símbolos

É importante entender os símbolos, pois a interpretação dos eventos é afetada por uma percepção preexistente do que é valorizado. Como no exemplo da contratação externa que gerou uma reestruturação, a decisão será analisada por meio do filtro de como a Cultura é vista. Os símbolos serão usados como validação dos valores percebidos – nem sempre com razão.

Típicos símbolos culturais são situações nas quais escolhas devem ser feitas – normalmente pela liderança – sabendo-se que não se conseguirá atender a todos os valores ao mesmo tempo. Nesse caso, o uso do tempo e a alocação de recursos tornam-se poderosos atos simbólicos. Por exemplo, o tamanho dos escritórios e a distribuição de áreas tornam-se simbólicos, porque representam escolhas que foram feitas dentro de uma limitada disponibilidade de espaço. Uma decisão por um layout aberto, por exemplo, terá um forte simbolismo.

Outros poderosos símbolos são os rituais construídos ao longo do tempo. Muitas Culturas marcantes entendem o poder de aglutinação dos rituais e os usam de modo efetivo para manter unida a comunidade. Pense nos rituais associados às grandes religiões do mundo. Rituais têm um importante papel na construção de uma nova Cultura. Assim, uma análise dos existentes hoje dirá muita coisa sobre os comportamentos e o senso de identidade do grupo. Nos últimos dez anos, a crescente participação da mulher nos altos escalões das empresas tem exigido uma revisão dos rituais existentes, tão habituais que os homens nem os notavam. Hábitos de trabalho não compatíveis com crianças, por exemplo. Mudar uma Cultura muito masculina exigirá mudanças nos rituais.

Finalmente, os símbolos são enfatizados por meio das histórias correntes. Histórias transformam símbolos em lendas, tais como momentos decisivos do passado e eventos heroicos e seus personagens. As lendas acabam por se tornar mais importantes do que os próprios eventos. Os grandes mestres da Cultura entendem o poder das lendas e dos atos simbólicos. Elas funcionam porque são a manifestação dos valores subjacentes da organização.

Os indivíduos e as organizações, quando submetidos à pressão, revelam explicitamente em seu comportamento os valores que mais prezam. Em nossa sociedade, os contos de fadas são utilizados na educação das crianças, e em toda religião as parábolas e as lendas descrevem os valores em ação. David McClelland, em sua pesquisa sobre os valores subjacentes de uma Cultura empreendedora, estudou os contos de fadas e as histórias infantis de Culturas e Impérios por meio dos séculos e as correlacionou com épocas de crescimento econômico (McClelland, 1961). Suas descobertas, descritas no livro *The achieving society*[3], são excelentes exemplos de como valores e Culturas têm consequências econômicas.

---

3 Sem tradução no Brasil (N.T.).

Para entender os símbolos de uma organização, temos de analisar as seguintes áreas:

- Onde o tempo é dedicado.
- Onde o dinheiro é investido.
- Quais as prioridades em tempos de pressão.
- Quais grupos ou indivíduos são favorecidos e por quê.
- Quais são os temas de seus rituais e lendas.

Símbolos se tornam uma importante plataforma no processo de desenvolvimento da Cultura. Podem ser sinais de generosidade, de irreverência ou de firmeza de princípios em situações de extrema pressão, mas, principalmente, eles serão o indicador de quão profundos são certos valores. Para todo mundo é fácil manter um valor durante tempos de paz, mas durante uma disputa a solidez dos nossos valores será testada na prática. São as situações em que se define o caráter das pessoas e das organizações.

Toda grande companhia tem um registro dessas histórias. As pessoas falam sobre elas todo o tempo e assim se tornam o maior amplificador de Cultura que poderemos conseguir.

Sistemas

A terceira fonte de mensagens é constituída pelos sistemas que suportam nossa organização. Estou usando o termo sistema na sua mais ampla acepção, abrangendo os mecanismos gerenciais que controlam, planejam, avaliam e recompensam a empresa e seus funcionários.

Sistemas são diferentes de comportamentos ou símbolos porque são o resultado de decisões históricas. Alguém no passado tomou decisões que moldaram seus sistemas. Mudá-las e projetar novos sistemas toma tempo e assim tendem a ficar atrasados em relação a mudanças nos valores e modelos mentais.

Vamos supor que a empresa decida rever os seus valores de modo a privilegiar o cliente. No entanto, verificamos que os sistemas de informação tinham sido desenhados para coletar dados por produto, e não por cliente.

Como poderemos de fato entender os nossos clientes se não sabemos nem ao menos quais produtos cada um consome e qual a história do seu relacionamento conosco? Como municiar cada representante de área sobre as preferências de seus clientes naquela região? Implantar um CRM (Sistema de Gestão do Cliente) que possa entender melhor as necessidades de cada um poderá levar anos, mesmo que coloquemos o seu desenvolvimento no topo da lista de prioridades. Sem considerar que, nesse meio-tempo, o governo pode aprovar uma nova legislação fiscal que exija um esforço concentrado para adequar os sistemas contábeis, provocando naturalmente mais adiamentos.

Você herdou um conjunto de sistemas que foram moldados nos valores de outra época. Eles influenciam o comportamento e o modelo mental do pessoal e os forçarão a determinados comportamentos mesmo que todos estejam cientes de que não são adequados à nossa visão do futuro. Quanto maior a organização, maior será esse efeito. Se, por exemplo, somos parte de uma organização multinacional e estamos trabalhando para mudar a Cultura da filial em determinado país, a frustração será quase certa. Mas precisamos entender como um sistema influencia o comportamento.

Os sistemas legados também influenciam os valores, particularmente se os funcionários sentirem que as lideranças ainda os valorizam, aparentemente endossando os valores antigos. Outras vezes, eles são usados como justificativa para a lenta progressão do processo de mudança cultural. Na verdade, atribui-se a eles mais importância do que merecem. Na minha experiência, alinhar os valores aos comportamentos e símbolos fará mais pela mudança cultural do que, por exemplo, a mudança da política de remuneração. Contudo, os sistemas fazem parte do quadro geral.

Muitos sistemas corporativos formam parte do painel cultural da organização e deverão ser revistos no processo de transformar a Cultura em uma ferramenta de produtividade.

- Os sistemas de recursos humanos.
- O sistema de planejamento.
- A contabilidade e os relatórios de resultados.

- Os sistemas de comunicação interna.
- Os sistemas de controle dos clientes.
- Os sistemas de avaliação.
- A estrutura organizacional.

A empresa tem um conjunto de sistemas que são o reflexo das prioridades e valores da época em que foram concebidos. No entanto, quando ela decide de verdade mudar seu modo de pensar e em decorrência mudar sua hierarquia de valores, ela pode, sim, mudar seus sistemas, e o faz rapidamente. Mas se as mudanças não acontecerem profundamente na organização, os investimentos em sistemas não acontecerão. Por exemplo, empresas marcadas por traços culturais de permissividade e paternalismo inevitavelmente terão sistemas de gestão da informação pouco eficientes ou mal implantados. Isso porque nunca foi muito importante para elas conhecer o desempenho de cada indivíduo. Se conhecessem, seriam forçadas a agir. Portanto, a desculpa de que os sistemas não são muito eficientes evita que medidas mais duras e antipáticas tenham de ser tomadas.

Uma das divisões de uma organização que conheço apresentava resultados econômicos que não pareciam plausíveis ao observador externo. Mas ela era a menina dos olhos do diretor-geral. Ele havia feito carreira naquela divisão e tinha sobre ela uma visão emocional. Em um nível subconsciente, ele não desejava que os dados pudessem revelar o real resultado. Assim, os investimentos em tecnologia necessários para tornar os relatórios gerenciais mais precisos nunca receberam suficiente prioridade, a despeito da pressão de outras unidades que precisavam de investimentos para crescer. Somente depois da aposentadoria daquele executivo e da posse do seu sucessor os sistemas foram remodelados e os resultados finalmente apontaram os problemas. Como todos esperavam, isso resultou em uma mudança de estratégia e radical reestruturação. No entanto, muito espaço tinha sido perdido para a concorrência ao longo dos anos como resultado de uma Cultura inadequada.

Em outras ocasiões, os sistemas podem estar à frente dos valores. Isso acontece quando um novo responsável pela tecnologia entra na empresa e implanta uma inovadora versão do sistema como resultado da experiência trazida do mercado. Tal movimento revelará uma fascinante característica de uma Cultura forte: ela fará com que os usuários distorçam o novo sistema de tal modo que ele acabará por se encaixar nas normas vigentes.

Analisemos o exemplo de um novo sistema de gerenciamento de resultados instalado em uma empresa cujos traços culturais eram a burocracia e a tolerância. O novo sistema foi projetado e instalado, e os gerentes, treinados no seu uso. As novas regras previam a criação de metas para cada atividade e assim os gerentes acabaram por estabelecer em torno de 35 objetivos por funcionário. Como resultado, em vez de se implantar um eficiente processo de administração por resultado, criou-se uma grande confusão. Uma quantidade enorme de dados foi gerada ao se tentar estabelecer um método de acompanhar todos esses objetivos. Finalmente chegou-se a um processo, mas, depois de tanto alvoroço, o programa foi perdendo força ao longo do exercício. Ao término do ano, muitos gerentes continuavam a dar notas acima da média para a equipe como um todo, alegando que as medições não eram válidas. Para coroar, o diretor-geral decidiu distribuir gratificações usando seu próprio sistema de avaliação, que não tinha nenhuma semelhança com o sistema utilizado durante todo o ano. Decidiu também que a alta gerência não receberia gratificação alguma. No segundo ano, as coisas começaram a voltar ao modelo anterior, e no terceiro o diretor de RH, desgostoso, deixou a empresa. As coisas se acalmaram, até que um novo diretor assumiu com outro leque de ideias avançadíssimas.

A relação entre comportamentos, símbolos e sistemas

Nenhuma das três fontes de mensagem consegue se distanciar muito das outras antes de ser arrastada de volta ao normal. Certas circunstâncias, em particular a entrada de pessoas com paixão pela mudança, podem levar uma das três a se destacar por algum tempo. Contudo, se não houver um projeto cultural bem estruturado, o modelo trará gradualmente tudo de volta ao equilíbrio.

No fim, é a mudança na hierarquia de valores de uma massa crítica de pessoas em posição de influência e poder que assegura mudanças permanentes. O resto deste livro é a respeito de como conseguir e depois sustentar essa mudança por meio de ações simultâneas em várias fontes de mensagens de modo a criar na empresa uma percepção de que as coisas estão mudando de fato. Quando isso acontece, o processo de mudança se acelera rapidamente. No início, parece que estamos empurrando uma pedra morro acima e, de repente, alcançamos o topo e a pedra começa a se mover muito depressa. Isso vai acontecer no segundo ou terceiro ano. Segurem-se.

2

UM PANORAMA DA JORNADA

Em termos gerais, a jornada terá a seguinte sequência:

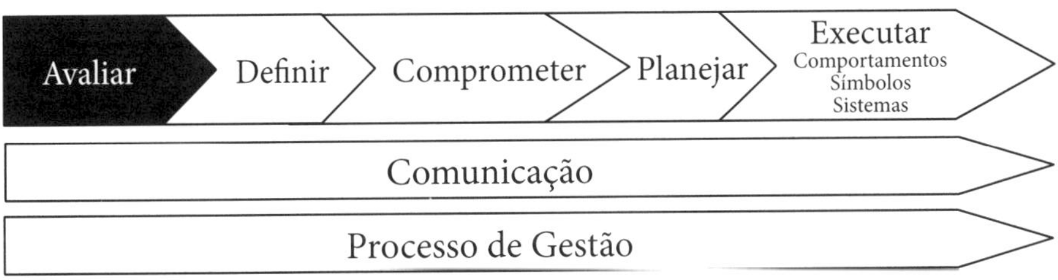

Primeiro, é preciso entender a Cultura atual da empresa e seus impactos no desempenho. Em seguida, descrever a Cultura desejada, os valores que a suportam, e fixar os objetivos do projeto; desenhar um plano de execução baseado em comportamentos, símbolos e sistemas. Em paralelo, e ao longo do processo, conduzir uma estratégia de comunicação e estabelecer os mecanismos de gestão e acompanhamento que vão assegurar que o processo será gerenciado com disciplina e rigor. Este capítulo vai mostrar uma visão panorâmica do processo como um todo.

Para realizar uma mudança séria, mensurável e palpável na sua Cultura, preveja um cronograma de três anos de trabalho. Você pode conseguir mudanças reais em alguns padrões específicos de comportamento antes disso, mas começar o processo prevendo menos de três anos seria colocar em risco todo o investimento. Uma transformação cultural em uma organização de grande porte pode ser ainda mais longa.

Isso significa três anos a partir do momento em que se toma a decisão de abordar Cultura de maneira consciente, focada e com recursos bem dimensionados. Neste ponto você provavelmente já terá iniciado a caminhada há algum tempo. A maioria das organizações que tomam a decisão de investir em Cultura de modo consciente já vinha experimentando algumas iniciativas nos anos anteriores que, de algum modo, já impactaram a Cultura. De fato, para estar em posição para uma decisão consciente sobre a Cultura você já deve ter percorrido um bom trecho da trilha do autoconhecimento.

Um de nossos clientes ingressou na empresa como diretor-geral e de imediato percebeu que havia muitas mudanças que gostaria de fazer. Seu primeiro ano no cargo consistiu em tomar uma série de difíceis decisões. Teve de limpar o terreno e vendeu uma série de negócios. Comandou uma reestruturação da companhia privilegiando medidas que trouxessem maior clareza na responsabilidade por resultados. Estabeleceu desafiadoras metas de desempenho e processos de medição e avaliação com uma transparência até então inexistente.

Depois de um ano, ele concentrou sua atenção em cultura. Vocês acham que a Cultura que encontramos em nosso diagnóstico era a mesma que o diretor tinha herdado no ano anterior? Certamente não. Instintivamente, e sem imaginar mudanças na Cultura, ele já havia começado a introduzir a Cultura da responsabilidade por resultados, ao menos nos níveis executivos.

Mas agora ele queria muito mais. Queria implantar uma política de foco no cliente e disseminar por toda a organização o enfoque em responsabilidade. Finalmente, queria deixar um legado cultural que sobrevivesse à sua gestão. Planejamos uma jornada de três anos, a contar do momento em que ele tomou essa decisão.

Uma jornada típica

Não existe uma receita ou fórmula mágica para mudar uma Cultura. Contudo, existem alguns elementos essenciais para todos. Pense neles como etapas, e que algumas levarão um ano ou dois. Em algumas empresas a primeira poderá ser vencida rapidamente, e as demais, demorar muito mais. Ou vice-versa. Depende do tamanho da empresa, do nível de compromisso e da intensidade da motivação para a mudança. O Capítulo 15 descreve uma companhia que transformou sua Cultura em um período de três anos. Eles estão muito bem agora, embora sejam os primeiros a dizer que ainda falta muito a ser feito. Trata-se de uma viagem sem fim. Contudo, estão previstos marcos ao longo do caminho que lhes permitirão saber que estão caminhando no ritmo previsto.

Primeira etapa

Esta etapa consiste em estabelecer a força impulsionadora ao mesmo tempo que se posicionam as travas que dificultarão o retrocesso.

É o momento de descobrir como é a sua organização e o que a faz pulsar. Para tanto, realiza-se um levantamento da Cultura vigente. Os dados são obtidos por meio de pesquisas e de entrevistas em profundidade com os funcionários. A tabulação dos dados lhe permitirá conhecer os elementos-chave da Cultura, descobrir as principais alavancas que devem ser acionadas para acelerar o processo e também fornecer os indicadores de referenciais que lhe permitirão futuramente avaliar o progresso.

Com os resultados da pesquisa, você poderá refinar a avaliação da Cultura desejada para o futuro. É importante que neste momento se estabeleça uma cuidadosa ligação da Cultura desejada com os objetivos do negócio e com os comportamentos necessários para atingi-los.

Construir o plano é o grande objetivo desta etapa. Isso inclui o plano de negócios, as atividades previstas para os próximos dois anos, os mecanismos de gerenciamento do projeto e de avaliação de progresso, as responsabilidades e os custos. O Plano de Cultura é a ferramenta que vai ajudá-lo a transformar sua visão em realidade. Ele desnuda a Cultura e entrega resultados para os negócios.

Aqui é necessário executar um grande processo de comprometimento. Isso exige liderança. Quanto mais o pessoal compreender o que se pretende, tanto maior torna-se o seu compromisso e o de seus executivos-chave, assegurando a contínua prioridade que todos darão ao projeto, mesmo diante de outras prioridades do negócio. A organização precisa ser envolvida, conhecer os resultados da pesquisa e saber aonde quer chegar. A diretoria e a equipe sênior devem formalmente comprometer-se com o plano. Todo esse processo de comprometimento tem dois propósitos: buscar o envolvimento dos funcionários no processo e criar pressão para manutenção do processo, mesmo nas crises.

> Ao final da primeira etapa você deverá ter conseguido:
>
> - Uma nítida imagem do que existe e do que se deseja mudar.
> - Um plano de mudança com recursos suficientes para os próximos dois anos.
> - Um sólido processo de comunicação para toda a empresa.
> - Uma equipe sênior que sinta que algo mudou na relação entre eles.
> - Comprometimento do acionista, do diretor-geral e da diretoria com uma jornada de três anos.

Segunda etapa

Nesta segunda etapa falaremos sobre o processo de mudança da maneira de pensar, de sentir e de se comportar das pessoas. Também sobre como colocar em prática os facilitadores-chave que apoiarão a Cultura no futuro. Dependendo do tamanho da organização, esta etapa pode se estender por dois ou três anos.

Ao longo desse período, você estará focado em introduzir iniciativas concebidas para ajudar seu pessoal a repensar suas crenças e valores para que possam mudar seu comportamento na direção prevista. Trata-se de um grande programa de educação, destinado inicialmente aos líderes e depois expandido para a organização assim que a liderança se sentir capacitada para a tarefa.

Você trará algumas pessoas de fora, escolhidas por sua adequação ao perfil desejado, que substituirão aquelas que não se ajustam.

Os grupos de liderança devem ser trabalhados intensamente. Este é definitivamente o ano de colocar em prática o discurso. Devemos obter palpáveis resultados com esse nível, e antes de consegui-los, é melhor não passar para a próxima fase.

O trabalho feito até aqui com os líderes lhe dá a confiança de que serão apoiados quando passarem a conduzir por si mesmos o processo nos próximos níveis. Como resultado, alguns tomarão iniciativas que trarão impactos culturais positivos muito além das expectativas.

A segunda etapa demanda a introdução de novos rituais. Rituais influenciam comportamentos sem necessariamente exigir que todos estejam a bordo em um primeiro momento. Exemplos de rituais em organizações incluem mais disciplina nos horários, seminários sobre comunicação, novas técnicas de aprendizado e resolução de problemas.

Equipes funcionais, com responsabilidade pelos principais processos da organização que impactam a Cultura – tais como RH, Finanças, Planejamento, Controle de Riscos e Jurídico –, estarão envolvidas nesta segunda etapa no redesenho dos seus principais processos de modo a ajustá-los às demandas apontadas no diagnóstico de Cultura.

Ao término desta etapa, você deverá ter conseguido:

- Mudança de comportamento observado em 80% dos executivos e em 40% dos seus gerentes.
- Os principais mecanismos relativos à gestão de desempenho já redesenhados e em funcionamento.
- Um pipocar de iniciativas locais muito além do esperado no plano original.
- Novos rituais instalados e apoiando novos comportamentos.

Terceira etapa

Este é o começo de um longo processo de melhorias contínuas e metas mais ambiciosas para seu plano de Cultura. A terceira etapa implica refrear o ímpeto por novas expectativas e usar a pressão dos colegas para acelerar a transformação. Neste ponto você já deve ter dado a todo seu pessoal a oportunidade de se alinhar com seus objetivos. Você deixou claros os comportamentos desejados, você sabe avaliar o progresso e fornece apoio e informação. Aqueles dispostos a mudar já o terão feito. Você agora precisa decidir o que fazer com aqueles que não vão conseguir acompanhar a mudança. A presença deles na empresa emperra a

Cultura e, portanto, o plano de negócios; sua contribuição passa a ser inferior ao seu custo.

Este é um processo gradual que é acompanhado pela instalação dos novos processos de RH, financeiros, informação, planejamento e gestão de riscos que suportam a Cultura desejada.

Treinamento, comunicação e rituais continuam a acontecer e novos grupos de funcionários serão apresentados à etapa três com especial ênfase.

Há um momento nesta fase em que o processo como um todo subitamente parece caminhar com mais facilidade. É como se estivéssemos pedalando na subida e, depois da última curva, chegássemos ao topo da montanha; a estrada a partir daí começa a descer. Você pedala menos, e a velocidade aumenta. O fardo de construir a Cultura começa a ser compartilhado por um grupo crescente de colaboradores. Este ponto de inflexão frequentemente acontece bem depressa. Gente suficiente já está embarcada, e a resistência começa a diminuir. Ao sentir que chegou o momento, explore-o ao máximo. Acelere os trabalhos. Tome as decisões difíceis. Use a oportunidade para seguir adiante.

Ao término desta etapa, você deve ter conseguido:

- Aqueles que não se adaptam à nova Cultura não permanecem na empresa por mais de seis meses.
- Todos conseguem verbalizar com clareza o que torna essa Cultura tão especial, e a maneira como se comportam ajuda a construir e fortalecer a cultura.
- Evidências de uma vantagem competitiva baseada na sua Cultura começam a ficar claras para os clientes e o mercado de trabalho.

O INVESTIMENTO

O custo deve ser medido tanto em tempo quanto em dinheiro.

Mudar uma Cultura requer energia mental e tempo para reflexão, necessita planejamento, mas, acima de tudo, requer tempo para que as pessoas consigam avaliar o que os novos valores significam para elas. A mudança cultural é principalmente um processo de equipe. Ao trabalhar juntas, elas abreviam o ponto de inflexão. Ela exige que as pessoas mudem e elas o farão melhor se estiverem bem acompanhadas – a companhia daqueles que passam pelo mesmo processo e compartilham os mesmos valores. Assim como tirar férias permite que olhemos nossa vida de uma perspectiva diferente, passar mais tempo com os colegas nos permite examinar e realinhar nossos valores.

Para uma iniciativa que terá tamanho impacto em sua empresa, deve-se incentivar cada funcionário a dedicar dois ou três dias por ano exclusivamente a essas reflexões e os gerentes a dedicar seis a oito dias ao mesmo exercício.

As equipes devem também assumir que precisam dedicar tempo para discutir como está seu relacionamento e as mensagens que comunicam com seu comportamento. Talvez uns adicionais dois dias por ano.

Suas reuniões periódicas talvez devam alocar algum tempo para tratar do tema Cultura e deve-se incentivar seminários de comunicação de vários tipos.

Você necessitará de recursos dedicados exclusivamente a gerenciar seu plano de Cultura, de modo a assegurar que um processo tão importante quanto esse tenha o rigor necessário.

Para garantir o sucesso, a Cultura deverá estar sempre entre as três ou quatro mais importantes prioridades da sua agenda ao longo do período de execução em que as grandes mudanças estão acontecendo. Se o tema não conseguir essa prioridade, corre o risco de perder a batalha de dedicação dentro da organização e, assim, fracassar.

Por último, os investimentos necessários. É difícil estimar um número, mas pense na verba de marketing que sua empresa investe todos os anos ao trabalhar a percepção e o comportamento dos clientes. Investir algo parecido para conseguir os mesmos resultados com seus funcionários pode ser um bom parâmetro. Muitas empresas gastam mais dinheiro em manutenção dos aplicativos de seus sistemas de informação do que estariam dispostas a investir na mudança do modo de pensar e reagir dos seus funcionários. Não é surpresa que tão poucas empresas conseguiram realizar seus sonhos em Cultura organizacional.

Se mesmo assim insistirem em um número, eu estimaria R$ 2.000,00 por funcionário por ano. Isso cobre:

- Pessoas dedicadas ao planejamento, gestão e execução do Plano de Mudança da Cultura.
- Consultoria externa para apoiar o processo de diagnóstico e mapeamento das mudanças de atitude necessárias.
- Adequação dos processos-chave de apoio (tais como sistemas de gestão de desempenho).
- Processos de comunicação.

Mostrarei ao longo deste livro como esses recursos devem ser aplicados. Mas é importante transmitir a ideia da magnitude da empreitada que se está planejando e como ela se compara a outras atividades. Faça o exercício seguinte para se conscientizar de como o projeto de mudança cultural se compara com outros investimentos em seu negócio:

- Cultura: R$ 2.000,00 por empregado/ano.
- Projetos de TI previstos para os próximos três anos.
- Gastos em marketing e reposicionamento de marca.
- Projetos de reengenharia de processos.
- Custos de recrutamento e seleção.

É claro que você pode executar as primeiras fases do processo cultural sem investir algo parecido com essa quantia de dinheiro e tempo. É perfeitamente viável realizar o Diagnóstico de Cultura e elaborar um projeto de negócio considerando os benefícios potenciais da mudança e aí decidir se vale a pena continuar. A questão é que a maioria das empresas não necessariamente segue esse caminho lógico. É comum que comecem com toda a artilharia, publiquem declarações de valores por toda parte e, então, passem a acreditar que o trabalho está terminado, ou se mantenham distraídas com outras prioridades.

Se você decidir seguir este caminho passo a passo, a coisa mais importante é comunicar suas intenções aos funcionários que estarão envolvidos. Desse modo, não serão levantadas expectativas não realistas que, posteriormente, causarão desapontamento e ceticismo.

VALE A PENA?

Alguns líderes assumem o cargo – seja ele de diretor-geral, diretor regional ou gerente de RH – com uma preconcebida convicção de se dedicar à Cultura. Parecem existir várias causas para essa convicção. Se você se encontra nessa situação, veja se já passou por algumas dessas experiências:

- Você já vivenciou um processo de mudança cultural e percebeu, em primeira mão, benefícios suficientes que o convenceram de que esse investimento traria amplos retornos para a sua organização.
- Você se frustrou ao tentar pôr em prática o planejamento estratégico que escolheu e todas as evidências o levaram a concluir que o problema residia na Cultura vigente – seu pessoal simplesmente não se comportava de maneira a permitir que a estratégia fosse implantada com sucesso.
- Você notou os custos de uma Cultura inadequada – dificuldade em atrair e manter talentos, falta de agilidade em relação aos seus concorrentes ou uma incapacidade de resposta à mudança.
- Você acredita nas pessoas e no seu quase infinito potencial, se a elas for proporcionado um adequado conjunto de circunstâncias e um ambiente cultural.

Outros líderes consideram a Cultura como um dos prováveis investimentos nos próximos anos. Se você acredita estar neste grupo, talvez:

- Ouviu falar de outros executivos que executaram um projeto similar e, portanto, acredita que seria importante avaliar o retorno potencial em seu próprio negócio.
- Adotou uma nova estratégia ou enfrenta um processo de mudança, e sabe que isso exigirá mais foco em Cultura; exemplos seriam fusão,

globalização ou nacionalização, um importante processo de reengenharia ou uma mudança na estratégia de distribuição.
- Tem pessoas na sua equipe de liderança ansiosas para realizar a jornada e deseja obter mais informação para poder avaliar melhor se vale a pena apoiá-las nessa empreitada.

Muitas empresas com as quais tive contato descrevem sua Cultura como um dos potenciais fatores limitantes na implantação da estratégia desejada. Outras, em número bem menor, descrevem a Cultura como um fator habilitador ou uma vantagem competitiva.

Algumas organizações não estão dispostas a assumir o desafio porque seus líderes descrevem Cultura como uma coisa etérea. Este é tão somente um modo conveniente de fugir do fato de que eles, na verdade, não sabem bem o que é Cultura ou têm medo de se envolver em um assunto que pode se tornar uma ameaça pessoal.

Se você trabalha em uma organização cujo líder se encaixa nessa descrição, continue com a leitura, porque muitas vezes as pessoas têm medo daquilo que não entendem, e este livro vai lhe dar o conhecimento de técnicas para avaliar o que é preciso ser feito e descreverá os benefícios esperados em termos de retornos reais.

Assim, concluímos que há um grande número de organizações que veem sua Cultura como um entrave e poucas a veem como uma vantagem competitiva. Tendemos a colocar tempo e dinheiro nas coisas que valorizamos mais. Compare o quanto sua empresa investe em Cultura com o que ela investe em tecnologia ou publicidade, por exemplo. Seríamos obrigados a concordar que a maioria das organizações não valoriza a Cultura, e se esta é inadequada, é o resultado de anos de negligência.

Não existem muitas pessoas no mundo dos negócios que possuam um profundo e prático conhecimento sobre Cultura corporativa, seu impacto nos negócios e nas técnicas de mudá-la. Profissionais de recursos humanos, especialmente aqueles na função de desenvolvimento organizacional, estão mais atualizados; mas noto que mesmo aí há espaço para melhoria. Muitos executivos entendem de liderança e de comprometimento, mas em sua maioria não entendem a relação entre o que fazem, cada decisão que tomam e a Cultura de sua empresa. Sua experiência em liderar com sucesso mudanças de Cultura é limitada. As capacitações da empresa em lidar com a Cultura estão normalmente muito abaixo das existentes para gerenciar tecnologia ou marcas, embora todas essas funções tenham alto impacto no desempenho da empresa. Talvez isso explique por que são raros os exemplos de Culturas excepcionais, a despeito dos benefícios que elas podem gerar.

Reverter esse quadro exige investimentos adequados por um longo período. Como se pode garantir que, ao alocar recursos nessa área, obteremos os retornos desejados? Vale a pena estudar bem essa questão, e para respondê-la será necessário seguir os passos descritos nos próximos dois capítulos.

Neles encontraremos as evidências que vão ajudá-lo a decidir se os investimentos em Cultura se justificam.

- Seus concorrentes são mais ágeis, mais inovadores ou mais enxutos que vocês?
- Vocês estão perdendo talentos ou tendo dificuldade em recrutá-los porque o ambiente de trabalho é frustrante?
- Existe uma oportunidade para, na sua área de atuação, diferenciar seus produtos visando uma melhor experiência de seus clientes?
- Gastam-se tempo e dinheiro com excesso de iniciativas, má execução ou muito retrabalho?
- Há desconfiança de que seus funcionários agiriam ou poderiam agir de forma a colocar em risco a sua organização?
- E a mais importante das indagações: os líderes em posições-chave demonstram abertura para a eventual possibilidade de aprender a mudar a si próprios? Eles poderiam praticar o próprio discurso? (E, se você é um deles, isso quer dizer – você!)

Não será necessário contar com um grande número de líderes que atendam a esses requisitos, mas você precisará de alguns, bem como da crença de que outros podem mudar.

Os primeiros capítulos deste livro vão capacitá-lo a montar o plano de negócios, entender o tamanho da oportunidade e o nível do investimento (em dinheiro, pessoal, esforço e tempo) necessário para conseguir o retorno.

Se a conclusão for não seguir adiante, esta terá sido uma decisão empresarial adequada. Sua organização foi prudente ao examinar a Cultura como uma oportunidade potencial de investimento que apresenta um retorno em médio prazo.

Não se estará mais no campo da ignorância, da desinformação, da falta de entusiasmo, dos modismos ou do ceticismo. Meu objetivo é aportar conhecimento de modo que se consiga estabelecer o entendimento das condições de viabilização do projeto de Cultura.

Mesmo se a decisão for negativa, considere este livro um excelente investimento, pois foram grandes as economias:

- Milhões em investimentos superficiais em Cultura.
- Grande frustração e embaraço ao desistir depois de grandiosos eventos de lançamento.
- Tempo gasto em discursos inexpressivos sobre Cultura para pessoas que nem ao menos podem dizer que não estão interessadas em um tema aparentemente tão importante.
- Perda de talentos frustrados por não verem o projeto decolar.

Dizer não é uma boa decisão. Saber dizer não é uma característica de Culturas marcantes. Dizer sim é também bom, desde que seja levado a sério!

QUAL É A SENSAÇÃO?

Líderes que abordam a Cultura parecem estar motivados de duas formas diferentes: racional e intuitiva. Seu plano de negócios lida com o racional. Para aqueles mais intuitivos, eis como se sentirão ao enfrentar o desafio.

Primeiramente, será sua experiência de liderança mais memorável. Nossa memória é formada por experiências que contêm emoção. E esta é seguramente uma jornada emocional.

É necessário acreditar que este caminho realmente trará retorno. A despeito de tudo o que eu disse na seção anterior, é difícil encontrar provas cabais de que melhores Culturas consistentemente entregam melhores resultados aos acionistas. Sabemos, embora não o admitamos, que é possível obter resultados usando uma ampla gama de artifícios em curto prazo, nem sempre sob a inspiração de valores mais elevados. Não que indiquem falta de ética (bem, há algumas exceções), mas a mensagem que é enviada aos funcionários fica distante dos comportamentos alinhados com valores tais como trabalho em equipe, responsabilidade, foco no cliente etc. Os resultados podem também acontecer por fatores externos ao negócio, tais como condições favoráveis de mercado e mudanças nas políticas de regulamentação.

Cultura é uma estratégia para produzir resultados tanto em curto como em longo prazo mas, certamente, não será a única para conseguir resultados em curto prazo. Assim, embora nosso plano de Cultura mostre resultados, não se pode negar que eles não poderiam ter sido conseguidos por outros meios.

Assim, ter fé é fundamental. E também ter um senso de missão – um desejo de deixar para seus funcionários uma empresa que seja um bom lugar para trabalhar, para os clientes uma boa empresa para se negociar, e para os acionistas uma equipe competente e preparada para o futuro. Esse legado poderá ou não ser reconhecido durante sua gestão.

Fé e vontade de deixar um legado são motivações de origem emocional que nos deixam com uma sensação interna de propósito. O legendário jogador de críquete australiano Donald Bradman acreditava que os jogadores deveriam se comportar como guardiões e que sua tarefa era cuidar para que o esporte terminasse maior que quando começaram a partida. Se você é motivado por esse tipo de sentimento, você estará bem posicionado para exercer o papel de líder de Cultura. Assim você terá a vantagem de ser persuasivo ao obter o comprometimento de outros.

Um bom lugar para trabalhar

Mudar a Cultura é também um ato egoísta, ao tornar a sua vida mais fácil e divertida. Uma boa Cultura elimina muitos dos elementos estressantes e emocionalmente desgastantes do trabalho cotidiano. Li uma vez sobre o presidente de um país que havia passado por um golpe de Estado e dizia que se sentia como se todos os mecanismos do poder que ele havia tentado estivessem desconectados do motor. Nada respondia. Tenho conversado com muitos presidentes de empresa que reportam o mesmo sentimento ao se sentarem na cadeira do poder. Como conseguir ação? Fazer acontecer e colocar em prática a estratégia? A Cultura é uma excelente ferramenta para isso. Quando sua Cultura começar a vibrar, você sentirá que o mecanismo está bem engrenado.

O trabalho se converteu no principal meio de expressão da nossa criatividade. Isso foi o que me motivou a estudar as mudanças culturais – a visão de que o trabalho poderia se tornar um lugar onde as pessoas se sentissem estimuladas.

O processo cultural permite presenciar muitos momentos em que isso acontece. É um sentimento muito especial. Isso exige o melhor de nós, e a jornada pessoal causa transformações por si só.

Uma das minhas organizações favoritas é uma companhia industrial onde eu senti a vibração cultural assim que entrei. Todos na minha equipe sentiram o mesmo. Minha assistente, Christine, ficou amiga da assistente do diretor de operações e foi convidada a passar o dia ali. Cada pequena coisa sinalizava que aquele era um bom lugar para trabalhar. Todos a tratavam como igual, não havia senso de hierarquia. Na fábrica, todos a cumprimentavam ao passar, grupos puxavam cadeiras em círculo para discutir os procedimentos de segurança de cada um. Embora eu possa entrar em pormenores, foi o clima do lugar o que ficou em nossa memória. Christine me disse que tudo tinha acontecido em um período de três anos. Pela primeira vez, funcionários do chão de fábrica foram ouvidos, tratados como iguais e receberam autonomia para mudar as coisas que os frustravam. Depois de algum tempo, a autoconfiança deles aumentou e eles começaram a acreditar neles mesmos e ver o seu valor reconhecido.

Comparo isso à experiência da filha de um amigo em suas primeiras semanas de trabalho como trainee em uma grande multinacional. Ela começou cheia de entusiasmo, dedicação e confiança. Seu primeiro relatório, cheio de ideias, nas quais ela havia trabalhado por longas noites, não foi nem lido pelo chefe. O segundo foi criticado pelos seus colegas, pois continha várias recomendações de mudança, que lhes daria muito trabalho. No terceiro, sua autoconfiança estava baixa. A Cultura reinante começava a afetá-la. Para sua mãe, isso foi muito triste. Como profissional, eu podia observar o quanto isso estava custando ao seu empregador.

Liderar uma Cultura fornece uma extraordinária oportunidade de aprendizado e autoconhecimento. Você receberá muitos retornos, aos quais terá de responder. Analisará a fundo seu conjunto de valores e verá se eles estão de fato refletidos em suas decisões e comportamentos. Atrairá pessoas que vão pressioná-lo e desafiá-lo. Aprenderá a defender seu ponto de vista mesmo quando seus colegas, superiores ou acionistas não compartilham da mesma opinião. Você aprenderá a tirar forças lá do fundo para sustentar o que Jim Collins, no livro *Feitas para durar*, chamou de "a genialidade do E": transformando a Cultura E e entregando resultados em curto prazo.

Mas a jornada pode ser solitária e torná-lo alvo de culpa e resistência. Você está desafiando as pessoas no seu íntimo; um bom processo de mudança desafia a sensação de segurança das pessoas e as tira da zona de conforto. Portanto, você precisa decidir se quer enfrentar isso por três anos.

Pior que não começar é começar e depois perder o interesse. Além do desperdício de recursos, o processo vai despertar esperança nas pessoas. Ao despertar esse sentimento e depois não dar continuidade, você vai gerar um monte de sonhos destruídos. O ceticismo é o medo da esperança, e aqueles que a perdem tornam-se céticos. Pior – não será somente desta vez, mas acontecerá sempre que algum líder vier de novo com promessas de mudança. Você mesmo poderá enfrentar algum ceticismo como herança de tentativas frustradas do passado.

Você terá de tomar duras decisões sobre pessoas que conhece há muito tempo. Nem todos vão acompanhá-lo, alguns vão sair voluntariamente, outros deverão ser provocados ou mesmo demitidos. Você está disposto?

Quaisquer que tenham sido os direcionadores estratégicos da sua empresa que a levaram a tratar Cultura como uma vantagem competitiva, se você decidir apoiá-la, precisará estar realmente disposto a isso, independentemente da posição que ocupa na hierarquia.

Esta é uma decisão que só você pode tomar, e ela não deve depender do apoio que possa obter dos seus pares, pois atribuir aos outros a sua decisão lhe trará problemas mais adiante. Isso tem a ver exclusivamente com a sua intuição e a paixão que você sente por esse desafio. Você está disposto a pôr em prática suas ideias?

3

EM FRENTE AO ESPELHO

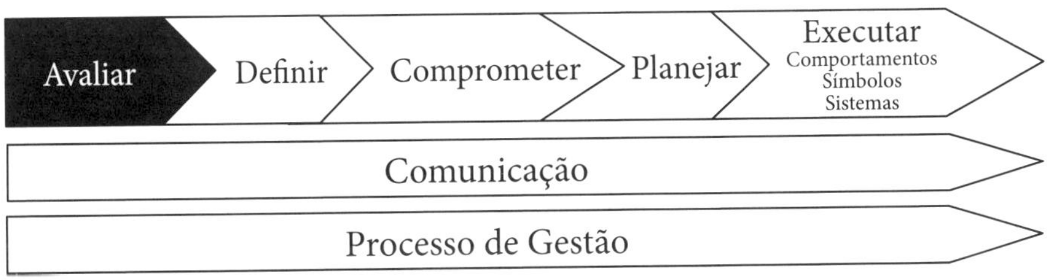

REALIZANDO O DIAGNÓSTICO CULTURAL

Um Diagnóstico Cultural é um tipo especial de pesquisa da sua Cultura que vai lhe permitir entender profundamente a Cultura atual. Este capítulo mostrará como isso é realizado e por que é importante. Vale fazer o investimento nesse trabalho, mesmo que você esteja impaciente para começar. Há muitas razões que justificam sua importância, que serão detalhadas mais adiante. Use-as como base para os objetivos do seu trabalho e ao preparar a equipe responsável pela condução do trabalho.

É aconselhável usar uma pessoa externa ou uma empresa especializada, pois seu pessoal interno é parte integrante da Cultura, assim como você, embora talvez você não se dê conta disso. Por essa razão, alguém externo estará em uma posição mais independente para dar retorno de como é a Cultura atual, e por quê. Mesmo um novo membro da equipe não estará em boa posição para dar retorno, pois isso poderá prejudicá-lo no futuro.

Existe política dentro das organizações, e dar retorno sobre Cultura pode gerar inimigos. As mensagens trazidas pela pesquisa podem ser difíceis de serem ouvidas pelos executivos, portanto, pessoas de fora estão em melhor posição para transmiti-las.

Existem três principais razões para realizar a pesquisa:

1. Entender quais mensagens o pessoal está recebendo.
2. Conhecer a fonte dessas mensagens por meio de comportamentos, símbolos ou sistemas e com o maior detalhamento possível; isso é essencial se você pretender elaborar mais adiante um Plano Cultural com temas específicos.
3. Estabelecer referências que possibilitem a posterior avaliação de progresso.

1. Entendendo as mensagens

Há lógica no comportamento das pessoas na sua organização. Certos padrões de comportamento são incentivados ou relevados. As pessoas se comportam da maneira que acreditam que vá lhes trazer sucesso. A empresa é a tribo à qual pertencem, e é importante que elas se assegurem de que são bem-aceitas pela tribo.

Muito disso está no campo do subconsciente, e é por essa razão que o diagnóstico é tão importante. É preciso um espírito bem aberto para ouvir as mensagens que eles estão recebendo, pois certamente não são as mensagens que a liderança pensa que foram transmitidas.

É muito mais fácil atribuir ao pessoal a culpa pelo mau entendimento, quando, na verdade, eles estão se comportando de maneira natural; este é o desafio associado a ouvir atentamente o retorno. Ouço frequentemente os líderes se queixarem sobre falta de competência, má atitude ou comportamento inadequado na organização – e fica implícito que "eles" é que devem mudar.

Um princípio fundamental deste livro é que as pessoas se comportam de determinada maneira principalmente pela influência do ambiente ao seu redor. Mude o ambiente e as pessoas também mudarão (ou deixarão a empresa). Esse princípio coloca a responsabilidade pelo comportamento nas mãos de quem envia as mensagens e daqueles que têm o poder de mudar as mensagens. Você precisa assumir a responsabilidade pelo comportamento atual.

2. Identificando as fontes das mensagens

Existem milhares de fontes de mensagem dentro da organização. Cada comportamento, cada decisão e cada ação envia algum tipo de mensagem para o pessoal. No entanto, há sempre algumas fontes que falam mais alto do que outras. Algumas delas podem ser antecipadas: o comportamento dos executivos e as políticas de remuneração, por exemplo. Outras são específicas de cada organização.

Seu Plano de Cultura deve ter como alvo as fontes mais influentes, que, se mudadas, terão o maior impacto nos comportamentos.

Identificar as fontes também ajuda os principais influenciadores a entender o seu papel na Cultura. Funciona como um espelho que permite aos gestores enxergar suas ações e comportamentos da maneira como os outros os interpretam. Eles podem estar incentivando determinados comportamentos sem se dar conta disso. A interpretação dos funcionários pode ser diferente da intenção dos gestores.

3. Fornecendo referências

É preciso avaliar o progresso que está sendo conseguido. O investimento é considerável, e o retorno deve ser mensurável. Cultura é uma experiência emocional e é preciso torná-la tangível. É essencial ser capaz de fornecer uma prova objetiva de um sentimento subjetivo de que as coisas estão melhorando.

No meio de um processo de mudança, é muito difícil lembrar como as coisas eram antes. A mudança pode parecer ter falhado quando se está no meio dela. A jornada cultural tende a deixar sempre uma contínua sensação de que há mais coisas a fazer. É fácil esquecer quando tudo já foi alcançado. Alguns padrões específicos de comportamento podem estar mudando, outros não. A periódica medição dos resultados é um reforço moral ao quantificar o progresso. E, se a medição não registrar nenhum progresso, pode ser uma arma útil para lidar com aqueles que pensam que já estão conseguindo resultados suficientes.

COMO MONTAR SEU DIAGNÓSTICO DE CULTURA

Qualitativa e Quantitativa

A pesquisa qualitativa solicita a opinião das pessoas por meio de conversas ou por escrito. As conclusões são descritivas. Já a pesquisa quantitativa pede às pessoas para responder a perguntas de múltipla escolha (sim, não, não tenho certeza etc.). Suas conclusões são numéricas. O diagnóstico deve incluir elementos quantitativos e qualitativos.

O elemento quantitativo é necessário para referência e para comparar resultados em diferentes áreas da organização.

O qualitativo fornece nuances, que exigem interpretação, e exemplos detalhados, dados que serão utilizados para a elaboração do Plano de Cultura. Algumas empresas acreditam que somente a ferramenta quantitativa permitirá atender a esse objetivo – mas eu nunca encontrei uma que fornecesse detalhes suficientes para uma abordagem seletiva.

Pesquisa Qualitativa

Avaliando ferramentas qualitativas, entende-se a diferença entre Cultura e clima. Muitas organizações utilizam uma ferramenta que serve mais como medida do clima do que da Cultura e, portanto, sua adoção não tem o rigor necessário para uma compreensão real da cultura.

O clima descreve como as pessoas estão se sentindo, quão satisfeitas estão e em que medida se sentem envolvidas com a organização. Pesquisa de comprometimento é também uma forma de pesquisa de clima. Existem muitos estudos sobre a relação entre satisfação dos funcionários, satisfação dos clientes e lucro. Assim, pesquisas de opinião e satisfação também são importantes, além de uma boa medida da competência da liderança. Uma pesquisa de satisfação conterá questões tais como:

- Você recomendaria esta empresa como um bom lugar para trabalhar?
- Os executivos estão fazendo um bom trabalho ao planejar o futuro?
- Você dispõe dos recursos necessários para executar o seu trabalho?

Pesquisas de clima são influenciadas pelo humor da organização, decorrente de eventos tais como rumores de corte de pessoal ou corte de despesas. Respostas a perguntas específicas em uma pesquisa de clima podem mudar por meio de uma atuação pontual sobre aquele tópico. Por exemplo, uma pergunta sobre o quanto as pessoas entendem sobre a visão da empresa pode ser influenciada por um amplo programa de comunicação sobre visão.

As questões sobre Cultura focam na percepção das pessoas sobre o que é valorizado por aqui e, em consequência, nas mensagens que recebem.

Por exemplo:

- Até que ponto se espera que as pessoas façam aquilo que prometem fazer?
- O ambiente encoraja as pessoas a apoiar o sucesso dos outros?
- É fácil permanecer no seu canto sem se meter em confusão?

E assim, ir ao coração das mensagens.

Pesquisas de Cultura medem o efeito dos comportamentos, símbolos e sistemas observados pelas pessoas na organização. Intervenções específicas vão influenciar esse efeito. Uma série de intervenções fará a balança pender para uma nova percepção. Vejamos um exemplo:

- Até que ponto se espera que as pessoas ganhem influência através da política?

Essa questão seria um ponto crucial se estamos pensando em uma Cultura baseada em meritocracia e transparência. O que é necessário fazer para melhorar os resultados nesse item? Vamos imaginar que os seguintes fatos foram observados nos últimos seis meses:

- Um conhecido bajulador que, em toda reunião, costuma repetir as coisas que todo mundo sabe e que o diretor adora escutar. O diretor muda visivelmente sua atitude com ele e passa a verificar se o discurso daquele indivíduo vem acompanhado por ações e resultados.

- Um funcionário eficiente e discreto, não dado à politicagem, é promovido para um cargo-chave.
- Em várias equipes, os dados de desempenho individuais são divulgados e discutidos. Justificativas e desculpas, antes aceitas normalmente, são rejeitadas firmemente pelos gestores das equipes.
- É combatida a prática de "reuniões preliminares" para costurar acordos, e assim a discordância acontece publicamente, sendo resolvida de forma clara e construtiva.

Quatro mudanças em mensagens. Uma mistura de comportamentos, símbolos e sistemas. Isso afetaria a atitude diante das perguntas anteriores (Até que ponto se espera que as pessoas sejam políticas para ter influência?) e seria mais um passo na direção de mudar a Cultura.

Em contraste, uma pesquisa de clima poderia incluir a pergunta:

- Você acredita que as promoções nesta empresa são justas?

Essa pergunta aponta para uma parte específica da mensagem "política", mas não conseguirá captar o conjunto de mecanismos informais que apoiam a agenda política. Se a organização dedicou grande esforço em revisar a política de promoções, a questão medirá se esse esforço foi bem-sucedido, o que não é suficiente para o nosso propósito.

Muitas vezes nos perguntam se há correlação entre os resultados das pesquisas de clima e Cultura. Há, mas não de forma direta. Resultados das pesquisas de clima podem melhorar se medidas específicas relativas ao tema forem tomadas. Mas a pesquisa de Cultura pode não mostrar alteração, pois muitas outras fontes de mensagens, tais como comportamentos e símbolos, podem contrabalançar o trabalho específico bem executado. Muitas vezes, uma melhoria de clima é um pressságio de melhorias na Cultura, mas apenas se tratarem das questões culturais mais amplas.

Por outro lado, uma pesquisa de clima pode revelar insatisfação, porque as pessoas estão resistindo à mudança, mesmo que a mudança seja parte do processo de alterar alguns valores fundamentais que transformarão a cultura.

Assim que os efeitos da mudança começarem a aparecer, algumas pessoas ficarão infelizes. Mas estas poderão ser aquelas que se espera que se sintam assim, pois são as que se agarram ao antigo conjunto de valores e resistem às mudanças.

O tipo de Cultura que se deseja pode não incluir somente pessoas satisfeitas. Estudos mostraram que uma Cultura construtiva gera um lugar melhor para trabalhar, mas isso não significa que todos estejam felizes todo o tempo. Um evento específico pode causar ruídos em uma pesquisa de clima.

Como regra geral, se a pesquisa de Cultura está melhorando, é provável que aconteça o mesmo com o clima. O inverso, porém, não é verdadeiro.

Selecionando sua pesquisa

A maioria das organizações usa sistemas de mercado para pesquisar a Cultura. Estes trazem três vantagens:

1. São respaldados por um processo de pesquisa e validação necessários para assegurar que as perguntas feitas gerem resultados lógicos que possam ser usados para definir a Cultura.
2. Permitem comparação com referências trazidas do mercado.
3. Permitem utilizar a ferramenta para medir as nuances da Cultura desejada utilizando a mesma estrutura com a qual se mede a Cultura existente.

Ao analisar as referências de mercado, leve em conta aonde quer chegar e o modo de pensar da sua empresa. Algumas companhias acham importante a comparação com o mercado, enquanto outras estão mais preocupadas com a criação do seu próprio caminho.

Ao considerar a ferramenta para avaliar tanto a Cultura existente quanto a Cultura desejada, certifique-se de que ela tenha flexibilidade que lhe permita projetar um futuro específico para a empresa. Algumas dessas ferramentas acabam por apontar todos os usuários para um determinado futuro, o que pode limitar sua criatividade.

Há ferramentas que medem a hierarquia de valores e mostram como decisões e comportamentos favorecem alguns valores mais do que outros.

Isso permite que se olhe para a força relativa das dimensões culturais. Todas, porém, poderiam ser consideradas valiosas dentro de determinadas circunstâncias. Por exemplo, sua Cultura é mais orientada a vendas ou a serviço, é individualista ou colaborativa?

Configurando a Pesquisa Quantitativa

Ao realizar uma pesquisa, há uma tendência de definir a demografia de modo que os dados possam ser analisados por vários ângulos. Diferenças de gênero, de idade, de tempo de serviço, níveis hierárquicos, departamentos etc. Às vezes, um excesso de cortes pode não ser tão valioso quanto pode parecer à primeira vista.

Para determinar os cortes adequados, leve em conta que tipo de informações os dados vão fornecer e como elas serão combinadas com os dados qualitativos. Na maioria das organizações os elementos essenciais da Cultura são vivenciados por todos na empresa, independentemente do departamento, da hierarquia ou do sexo. A diferença está no impacto em cada um, na hierarquia de valores e no equilíbrio entre uma mensagem e outra.

As fontes de mensagens têm largo alcance, e ninguém está protegido delas. Por exemplo, o sistema de planejamento orçamentário afeta a todos de alguma maneira. Também os sistemas de tecnologia. Da mesma forma, a acessibilidade e a visibilidade de alguns executivos podem afetar a todos ou ser percebidas de forma diferente em departamentos distintos, dependendo do tamanho da companhia, de sua estrutura, do grau de autonomia e do estilo dos líderes.

Assim, seus dados demográficos podem identificar diferenças, mas no planejamento da estrutura de dados, tente manter o foco no conjunto, em vez das partes. Para realmente mudar uma Cultura é necessário afetar o todo (veja o Capítulo 12 para mais informação sobre esse tema). Os cortes mais importantes são por departamento e hierarquia.

Os cortes por departamento identificarão as melhores práticas em sua organização. Isso permitirá fazer um acompanhamento para saber como determinada divisão criou aquela Cultura mágica que convive com um todo que ainda não conseguiu. A observação dessas melhores práticas será um insumo valioso para o Plano de Cultura.

Os cortes por nível hierárquico proporcionam importantes informações sobre a Cultura expressa na organização. Algumas vezes, o nível operacional tem uma melhor exposição à Cultura do que o nível gerencial. Outras vezes, acontece o contrário. Algumas apresentam um vale no meio. O corte por nível será importante para a concepção do Plano e será crucial nas medições subsequentes, pois informará como as mudanças culturais fluem na organização.

Será melhor não criar muitos níveis no processo, pois senão a análise dos resultados se perderá em detalhes. A mudança de Cultura, como já dissemos, é uma experiência para toda a comunidade, e é em grandes grupos que se pode avaliar de fato as mudanças. Perca-se nos detalhes e seus resultados serão afetados por idiossincrasias, que, enquanto interessantes, distraem-no do tema principal.

Minha recomendação é usar quatro níveis:

- Gerentes seniores (a diretoria e seus subordinados diretos).
- Média gerência.
- Supervisores e encarregados.
- Operacional.

Dependendo do tamanho da empresa, um quinto nível pode ser considerado.

Determinando quem deve participar

Não é necessário que todos participem. Pode-se obter uma resposta estatisticamente válida pesquisando 25% da linha de frente e 50% dos níveis de chefia. É aconselhável ouvir toda a gerência sênior, pois será necessário seu comprometimento desde os primeiros estágios do processo para ganhar tração.

Os resultados da pesquisa com a equipe principal vão fornecer uma informação vital sobre onde estão seus desafios culturais. Se o resultado for ruim, teremos de enfrentar um conjunto particular de desafios, de que voltarei a tratar mais adiante. A participação de todos é fundamental, de modo a não permitir que alguém diga não confiar nos resultados por não ter participado (eu sei que alguns vão achar isso impossível, mas eu lhe asseguro ter escutado essa resposta mais de uma vez!). E você vai precisar de todos eles.

Existem bons argumentos para defender a participação de todos, em todos os níveis, pelas mesmas razões, especialmente se o custo da pesquisa *per capita* não for significativo (o que não deveria ser, pois não é este um fator relevante no total do projeto).

Há também a alternativa de realizar a pesquisa por partes, começando com os escalões mais altos, com ou sem uma pequena amostra nas demais. Sugiro isso porque, uma vez envolvidas, as pessoas esperam uma resposta rápida. Haverá muito trabalho para mudar o comportamento dos gerentes seniores, por exemplo. Ao enfrentar esse grupo primeiro, resultados rápidos podem ser conseguidos e servirão como incentivo para a abordagem geral.

Por outro lado, há que se considerar que em nível operacional estão os destinatários finais da Cultura, pois eles constituem a interface entre a empresa e os clientes, e por esse motivo conseguirão ter a mais clara percepção de como a Cultura os impacta.

Um fator de decisão importante é a sua avaliação do grau de preparação da equipe de liderança do projeto. É importante conseguir suficiente dinâmica para uma arrancada eficiente, e isso depende da motivação dessa equipe. Outro fator de decisão é o nível de ceticismo na linha de frente para esse tipo de iniciativa. Se você estiver esperando forte resistência, especialmente devido a experiências fracassadas no passado, é melhor caminhar bem devagar.

Se, no entanto, você acredita que este é o momento e está otimista com os resultados da pesquisa, estenda a todos. Você terá uma visão completa da organização e envolverá as pessoas que mais tarde vão se tornar suas maiores apoiadoras.

Pesquisa Qualitativa

A pesquisa qualitativa provoca a opinião das pessoas por meio de uma conversa individual ou em grupos. Seu propósito é duplo.

1. Entender as sutilezas da sua Cultura, características exclusivas que fazem sua organização ser o que é. Não importa quão bom seja o trabalho

quantitativo, ele será baseado em alguma forma de pesquisa genérica e não identificará as características exclusivas. Por exemplo, uma Cultura de superação ou uma Cultura de custos. Diferentes formas de orientação a pessoas. Ganhar em equipe ou ganhar sozinho. Essas distinções tornam-se cruciais ao desenhar o Plano de Cultura.

2. Entender as peculiaridades que sustentam a sua Cultura – os comportamentos, os símbolos e os sistemas dos quais as pessoas captam as mensagens sobre o que é realmente valorizado. É preciso ser bem específico, a fim de conseguir a mudança mais tarde. Sua equipe ficará muito frustrada se o diagnóstico apontar a Cultura atual com traços de falta de responsabilidade por resultados sem mencionar exemplos específicos.

Por essas razões, a pesquisa qualitativa é absolutamente essencial no processo de diagnóstico da cultura. Ela será a fonte de toda a informação realmente valiosa para que se possa desenhar um bom Plano de Cultura. Você pode usar grupos focais ou entrevistas individuais. Os grupos de foco vão normalmente um pouco mais a fundo se forem bem conduzidos, porque as pessoas constroem sobre as ideias umas das outras. Em minha experiência, o ideal são duas horas de duração para ir além de conceitos superficiais e para se chegar às crenças profundas que estão por trás do comportamento cotidiano.

Selecionando as pessoas que serão entrevistadas

Para esse trabalho, é preciso selecionar pessoas que possuam um conjunto muito específico de características. Ao contrário de outras pesquisas, não estamos procurando uma amostra representativa de ponto de vista, pois isso será fornecido pela quantitativa. Eis os critérios para seleção:

1. Habilidade em observar a Cultura no trabalho. Você precisa de pessoas que, mesmo sendo parte da cultura, possam senti-la funcionar. Isso requer boa observação, habilidade em detectar padrões e saber ligar causa e efeito.
2. Uma atitude razoavelmente saudável. Pessoas totalmente negativas não serão capazes de observar. Isso não quer dizer escolher pessoas

que vejam tudo cor-de-rosa. Mas alguém com um martelo na mão também não será boa escolha.

3. Uma posição ou história na organização que lhe dê amplitude de visão. Pessoas em função de interface são boas. Assistentes de executivos têm grande perspectiva.
4. Pessoas novas na organização são valiosas por dois motivos: trabalharam em outras empresas e, portanto, têm a capacidade de fazer comparações. Novos funcionários ainda estão fora da dinâmica cultural, permanecendo assim por aproximadamente três meses.
5. Alguns veteranos. Eles nos fornecerão uma perspectiva de como aquela Cultura foi criada. Eles podem seguir o curso da história e falar sobre lendas e figuras históricas que os influenciaram ao longo do tempo.
6. Pessoas que conheçam o funcionamento dos principais sistemas técnicos (RH, finanças, gestão de riscos e tecnologia) para avaliar o impacto na Cultura. Faça também perguntas aos principais usuários desses processos.
7. Uma mistura de níveis e departamentos. Desejando comparar departamentos, selecione uma pessoa de cada um.

Considere entrevistar clientes e fornecedores. A experiência dos seus clientes é o resultado final de sua Cultura, e eles também podem aportar uma valiosa comparação de sua empresa com outras com as quais fazem negócio, incluindo diferentes áreas de atuação.

Fornecedores oferecem os mesmos serviços para uma ampla gama de organizações e podem lhe fornecer ótimas comparações. Fornecedores experimentam com frequência a parte mais rude da organização e são frequentemente subestimados como parceiros de negócio.

Com quantas pessoas precisaremos falar?

O número mínimo de participantes é calculado aproximadamente como a raiz quadrada do número de funcionários. É um número menor do que muitos imaginam, mas eu fico sempre surpresa quando noto o quanto as respostas se repetem. Você pode incluir mais gente se precisar descobrir sutilezas e se houver muitas Culturas diferentes em diversos locais da organização. Mas quando se considera que Cultura são as normas de comportamento da tribo, é de se esperar que haja muito em comum. Mas é sempre uma experiência extraordinária observar o desdobramento do processo.

Estabelecendo as relações com o desempenho

Peça aos entrevistados exemplos de como os traços culturais que eles estão descrevendo se relacionam com desempenho. Eles não terão dificuldades em fazê-lo. Procure em áreas como:

- Responsabilidade *x* custo da complacência.
- Rigor e aprendizado *x* custo da arrogância ou superficialidade.
- Velocidade e agilidade *x* custo da burocracia e atrasos.
- Atratividade para clientes e funcionários *x* custo de reposição.
- Simplicidade *x* custo da complexidade e da duplicação.
- Disciplina *x* custo da má gestão.

Tirando conclusões

Quando analisamos os resultados das entrevistas, seguimos este processo:

1. Ouvimos o que foi realmente dito.
2. Procuramos os valores que estão por trás do que foi dito.
3. Comparamos os resultados das entrevistas com os resultados da pesquisa.
4. Buscamos os temas comuns.
5. Rastreamos esses temas para detectar como se relacionam, buscando suas raízes.
6. Identificamos elementos que provavelmente nunca mudarão e que devem ser usados de forma construtiva.
7. Identificamos hábitos superficiais que provavelmente podemos mudar.
8. Procuramos diferenças entre áreas e níveis e confirmamos se elas são de grau ou de diferentes valores.
9. Construímos um quadro de comportamentos, símbolos e sistemas que sustentam esses valores.

10. Procuramos exemplos de impacto no desempenho e formulamos hipóteses sobre o custo mais amplo da cultura.

REPETINDO O DIAGNÓSTICO DE CULTURA

Recomendamos colher dados sobre Cultura uma vez por ano. Um ano é tempo suficiente para ver a mudança, mas não tanto tempo para que as pessoas não sintam a pressão da urgência em realizar as mudanças. Nessas repetições, a pesquisa qualitativa pode indagar especificamente se as iniciativas realizadas contribuíram para a mudança das mensagens sobre o comportamento esperado.

Tomadas de pulso em comportamentos específicos podem ser feitas mais frequentemente, trazendo informações sobre pontos específicos.

Como utilizar a metodologia do nosso Diagnóstico de Cultura para medir a mudança ao longo do tempo será tratado no Capítulo 12, que abordará as disciplinas de gestão necessárias para suportar sua jornada cultural.

RESUMO

O Diagnóstico de Cultura vai lhe dar uma visão inédita sobre a sua organização. Ele constituirá a primeira parte do processo de treinamento dos seus líderes. Para bem interpretar as informações, você vai precisar de uma compreensão dos elementos que compõem uma Cultura, e o diagnóstico vai lhe ensinar a ver as causas e os efeitos. Para chegar a um acordo, os líderes têm de assumir responsabilidade pessoal com a Cultura. Por meio de seus comportamentos e decisões, eles estão sinalizando uma teia de mensagens sobre aquilo que é valorizado. Pode ser que seus líderes não tenham estado presentes enquanto a Cultura estava sendo criada, mas eles hoje enviam mensagens que demonstram que concordam com o *status quo*.

O relatório de diagnóstico pode mostrar que é a primeira vez que os líderes recebem informação baseada em pesquisa e pode funcionar como um catalisador para a mudança, além de sugerir como isso pode ser feito. Vale fazer bem-feito, porque você vai se referir a ela muitas vezes ao longo dos próximos dois anos.

4

DEFININDO A CULTURA DESEJADA

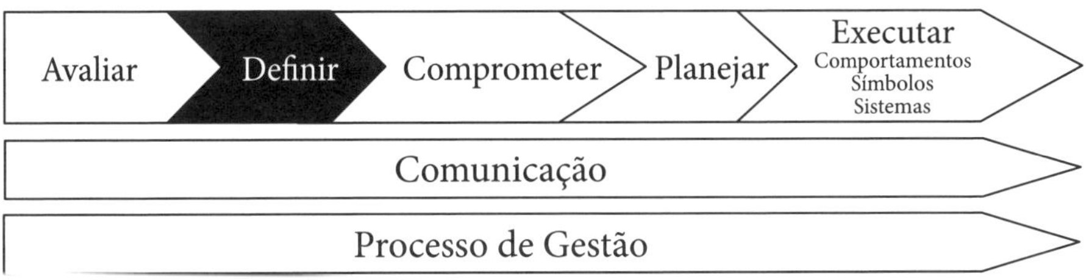

A definição de Cultura almejada é um processo que normalmente começa bem antes do Diagnóstico de Cultura e é refinado depois.

Algumas pessoas já devem ter uma visão sobre a Cultura que desejam, mesmo que isso não esteja totalmente disseminado entre os colegas. A tarefa agora é detalhar, comunicar e construir sobre a visão já formada em sua mente. Sua abordagem será pragmática e baseada nos imperativos de negócio que o conduziram até aqui.

COSTURANDO A RELAÇÃO ENTRE CULTURA E O IMPERATIVO DE NEGÓCIOS

Muitas iniciativas de Cultura falham por falta de um contexto estratégico. Cultura e valores parecem estar isolados do plano de negócios. As duas permanecem separadas na mente das pessoas. Sob pressão, os imperativos de negócio assumem o controle. Cada empresa tem um imperativo de negócio, normalmente decorrente de uma grande mudança de mercado. Falhar na solução do problema ou deixar de aproveitar uma oportunidade de negócio resultará em prejuízos muito maiores que o custo de realizar a mudança. Cada imperativo de negócio exigirá que as pessoas se comportem de maneira diferente da atual. Por exemplo, uma organização que almeje ser mais eficiente e enxuta vai demandar um eficiente processo de tomada de decisão, alta responsabilidade por resultados e disciplina. Definir seus imperativos de negócio de forma clara e sucinta é importante para o sucesso de sua jornada cultural, porque permite relacionar continuamente os objetivos do negócio e os da Cultura.

Às vezes, o imperativo de negócio não exige mudança, mas sim a preservação dos atributos que a fizeram ter sucesso até agora. Alterações no ambiente externo, rápido crescimento, muitas novas contratações ou a sucessão do fundador podem colocar a Cultura em risco, e ela precisa ser reposicionada nesse novo contexto (veja mais detalhes sobre esse cenário no Capítulo 14).

Muitas vezes a Cultura desejada contém elementos da Cultura atual, mas definidos de uma maneira nova. Vamos dizer que se tenha escolhido um trabalho em equipe como um dos valores-alvo. O trabalho a fazer é definir o porquê, o que e como fazê-lo.

Temos um cliente no setor de mineração. Eles têm várias áreas de extração do mesmo mineral separadas por grandes distâncias. O produto é embarcado para os clientes pelo porto. Cada local funcionava bastante bem como unidade autônoma. Devido ao isolamento, comunidades acabaram por crescer em volta de cada mina, e o gerente de operações tinha montado uma equipe competente. O desempenho era medido por tonelada produzida.

No entanto, um novo projeto logístico foi implantado para aumentar a produtividade no porto. Ele demandava maior controle das quantidades disponíveis de cada um dos subtipos de minério. Isso exigia um novo tipo de coordenação entre as diversas minas. Trabalho em equipe antes significava trabalhar em conjunto dentro de cada local. Agora, isso significa um esforço de cooperação entre todas as minas, de maneira que o tipo de minério desejado esteja preparado para o embarque assim que os navios entram no porto. Tudo isso foi uma exigência dos clientes. Essa nova maneira de trabalhar significava que, às vezes, uma das minas tinha praticamente de parar, enquanto outra tinha de trabalhar dobrado. Foi o decreto de extinção do gerente operacional local como o gestor de seu pequeno reinado.

A organização tinha agora o desafio de redefinir o trabalho em equipe. Tinha também de trabalhar o valor de foco no cliente e redefinir os indicadores de desempenho, de toneladas extraídas para toneladas embarcadas. Subitamente, todo esse esforço concentrado acabou por se tornar um impulsionador da Cultura. As toneladas embarcadas aumentaram em 20% no período de dois anos. Tudo por meio de uma pequena coisa imponderável chamada trabalhar em equipe.

A companhia Lion Nathan, cujo perfil está na parte final deste livro, tem "sociabilidade" como um de seus valores fundamentais. É um valor ligado ao seu produto, que é a cerveja. Também ligado à sua grande ameaça, que são os riscos ligados ao excesso de consumo de álcool. Eles desejavam que seus clientes vissem o seu produto como parte integrante do tecido social da sua vida, assim consumindo o produto dentro desse parâmetro. Seus clientes, na maioria proprietários de hotéis e restaurantes, constituíam um grupo social que possuía como visão tornar o mundo um lugar mais sociável. Eles descobriram que, ao trocar ideias, poderiam compartilhar suas melhores práticas e melhorar o desempenho. Tudo fazia muito sentido, e as pessoas puderam perceber que trabalhar em uma Cultura de sociabilidade poderia beneficiar os funcionários, os clientes e os acionistas.

Essa é a forma de trazer a Cultura para o topo de sua agenda de negócios. Como líder da mudança cultural, você precisa construir sua própria versão da história. Você precisa ter em mente que só você possui todas as referências específicas do negócio.

OS SEIS ARQUÉTIPOS

Ao longo dos anos, notei que a maioria das descrições de Cultura, tanto as atuais como as almejadas, podem ser organizadas em seis grupos. Vou chamá-los de Arquétipos de Cultura. Pesquisamos e testamos isso por muitos anos em uma ampla gama de organizações e confirmamos que cada imperativo de negócio exigia o apoio de determinada Cultura que poderia ser descrita por uma combinação de arquétipos. Diferentes organizações usam diferentes palavras para descrevê-los, mas, na hora de planejar seu caminho, esses arquétipos serão úteis para descrever a sua Cultura-Alvo.

Arquétipo	**Outras descrições**
Superação	Desempenho, responsabilidade, foco, velocidade, entrega, meritocracia, disciplina e transparência.
Foco do Cliente	Olhar externo, serviço, proatividade, confiabilidade, entrega, *feedback*, notabilidade e excelência.
Um Só Time	Colaboração, globalização, cliente interno e trabalho em equipe.
Inovação	Aprendizado, empreendedorismo, agilidade, criatividade, desafiar o *status quo* e melhorias contínuas.
Orientação a Pessoas	Delegação, desenvolvimento, segurança, cuidado e participação.
Propósito Maior	Responsabilidade social, sustentabilidade, cidadania, significado, comunidade e fazer a diferença.

Existem relações entre eles, e cada um depende de ao menos um ou dois dos outros para o seu sucesso. Se você fizer progressos consideráveis em um deles, inevitavelmente será envolvido pelos outros.

Os arquétipos são suportados por três qualidades essenciais, que descobri que existem em cada grande Cultura e que são indispensáveis para que os líderes façam a mudança acontecer, seja qual for o arquétipo escolhido como prioritário. Falaremos com mais profundidade ao término deste capítulo.

Responsabilidade	Senso de propriedade, não atribuir culpa e influenciar.
Princípios	Movido a valores, ético e íntegro.
Abertura	Curioso, não defensivo, autodesenvolvimento.

Fazendo a escolha da sua Cultura-Alvo

Depois de ter decidido ser de fato uma organização motivada por valores, você precisa escolher o foco do seu trabalho cultural.

Algumas organizações preferem ter como alvo todos os seis arquétipos ou suas variações. Pode-se entender a razão quando se vê os benefícios de cada um, que vou descrever nas páginas seguintes. A vantagem de adotar essa abordagem é que se enfrentam de uma vez todas as dimensões essenciais para uma Cultura excepcional e se reconhece também sua interdependência. Por exemplo, são precisos elementos da Cultura de Superação para ter consistência na entrega para os clientes, assim como a Cultura Orientada a Pessoas vai encorajar a inovação.

Por outro lado, é natural que uma hierarquização desses valores esteja acontecendo permanentemente, fazendo com que alguns arquétipos tenham prioridade sobre outros. Definir a Cultura-Alvo requer considerar se essa hierarquia precisa ser ajustada para atender aos imperativos do negócio. Deixar isso explícito ajuda o processo de tomar decisões. Como fazer isso será explicado mais adiante.

Analise cada um dos arquétipos, à medida que eles forem introduzidos, e questione-se sobre sua identificação com eles e a disposição para conduzi-los. Uma vez feito isso, troque ideias de forma organizada com seus líderes.

1. A Cultura de Superação

Diferentes organizações usam termos similares para descrever os elementos dessa Cultura. Para ilustrar, eu os agrupei:

Termos similares

Responsabilidade por resultados, desempenho, foco, disciplina, velocidade, meritocracia, boa gestão, transparência e rigor.

Uma definição

Uma Cultura onde se espera dos funcionários, das equipes e da empresa que entreguem o que se comprometeram a entregar.

Uma descrição

Prefiro o termo Cultura de Superação ao mais comumente usado Cultura de Desempenho. Isso porque "entrega" se associa mais diretamente com a "conclusão"; já "desempenho" pode também ser associado com qualidade do processo. Assim, concluir a tarefa ou fazer o que está combinado é o significado que daremos à Cultura de Superação ao longo deste tópico.

Responsabilidade por resultado é o valor requerido para que as pessoas realizem o seu compromisso. Isso é uma relação entre duas pessoas. Uma espera que a outra respeite o compromisso assumido de entregar resultados. Cada funcionário celebra um contrato tácito com a empresa. O contrato, quando definido com clareza pela organização (o que muitas vezes não acontece) versa sobre entregar determinado resultado em troca de um salário e, eventualmente, de um bônus por um resultado extraordinário.

A responsabilidade pode abranger os resultados e também as normas. O "que" e "como" é feito. A disciplina nessa abordagem é visível em Culturas vencedoras. As pessoas compreendem os parâmetros dentro dos quais devem trabalhar. Elas são avaliadas por claros resultados e, ao mesmo tempo, pelo cumprimento das normas e políticas da organização. A entrega é a combinação de ambos.

Os gerentes sabem como exigir responsabilidade do seu pessoal, e espera-se que o façam. Culturas de Superação aprenderam como exercer a responsabilidade mesmo dentro da complexidade de estruturas matriciais; assim funcionários podem ter diferentes responsabilidades atribuídas por diferentes pessoas. Elas assumem também a responsabilidade de lidar com os paradoxos inerentes a tais situações. Não possuir controle sobre todos os fatores intervenientes não é jamais uma desculpa para não entregar, e as pessoas aprendem a usar a influência, assim como o comando, para obter o que precisam para realizar seu compromisso.

Meritocracia é um valor nesse tipo de Cultura. Isso significa que a recompensa (tais como salário ou promoção) é atribuída usando um sistema baseado exclusivamente no mérito. Assim, a meritocracia não admite favoritismo ou discriminação baseada em sexo, idade etc. Também não admite recompensar funcionários que não entregam resultados.

A disciplina é forte nessa Cultura. Prazos são cumpridos, projetos seguem os cronogramas, e as pessoas comparecem no horário às reuniões com toda a informação necessária para a tomada de decisão.

Manter a palavra dada é outro traço cultural. Quando alguém negocia um objetivo, responsabiliza-se por um contrato de desempenho; a organização dependerá dele para entregar o combinado. Quando alguém diz "eu posso fazer isso", considera-se isso uma promessa. E as pessoas devem manter a palavra.

Abertura e transparência são valores na Cultura de Superação; ela exige uma rigorosa atenção aos fatos. Dados acurados, realistas e simples são valorizados, porque permitem melhores tomadas de decisão, boa análise de riscos e mensuração de resultados. As informações são compartilhadas por todos.

Velocidade e foco acontecem nessa Cultura porque meritocracia e cumprimento da palavra dada tornam-se os valores do grupo. As pessoas naturalmente tomarão mais cuidado com as coisas para as quais dizem sim. Elas sabem que, caso aceitem, a expectativa vai ser a entrega. O cuidado no aceitar implica maior foco. A distração causada por outras ideias, demandas ou solicitações é reduzida. A velocidade é decorrente do fato de as decisões não serem reabertas a todo momento. Talvez possa levar mais tempo para se chegar a uma decisão, mas todos se tornam mais conscientes em tornar a proposta realista. Discutem-se opções, cronogramas e riscos. É um debate proveitoso. Mas quando a decisão é tomada, ninguém mais discute, porque ela pertence a todos. Também o prazo de execução é reduzido nesse processo. De fato, uma das notáveis características das Culturas de entrega é que elas terminam o que começam.

Eis algumas práticas que ocorrem nesse tipo de Cultura e que enviam mensagens sobre o que é valorizado, reforçando a cultura.

Comportamentos

- O quadro de visão, estratégias e prioridades é combinado e comunicado.
- Desacordos são explicitados e resolvidos em grupos de trabalho.
- Debatem-se as decisões e os objetivos antes de se fechar um acordo.
- A cada ano aumentam os graus de exigência, com o apoio da organização.
- Não há desculpas para não entregar.
- Os funcionários fazem o que combinam – cumprem as promessas.
- Não há surpresas – eventuais erros e falhas na entrega são comunicados.

Símbolos

- Visão, estratégia e prioridades se mantêm consistentes por tempo suficiente para determinar o sucesso.
- O desempenho individual – métricas e resultados – é transparente a todos.
- As reuniões começam e terminam no prazo, sempre com decisões, que, por sua vez, são acompanhadas ao longo do tempo.
- Funcionários que não cumprem suas metas por mais de um ano são demitidos.

Sistemas

- A contribuição individual para a estratégia e para a equipe é definida explicitamente.
- As metas gerais definidas pela chefia são comunicadas no começo do processo de orçamentação.
- Indicadores simples e mensuráveis para cada uma das principais métricas são estabelecidos para cada pessoa.
- As informações utilizadas são diretas, realistas e factuais.
- O sistema de recompensa deve permitir bom destaque entre as melhores e piores avaliações de desempenho.
- Alinhamento preciso entre desempenho e premiação.

O racional de negócio
A Cultura de Superação traz muitos benefícios:

- Aumenta o potencial de desempenho de sua organização.
- Reduz o risco de não se atingir as metas.
- Aumenta a velocidade dos processos de decisão e execução.
- Melhora o foco, fazendo bem menos coisas, mas entregando.
- Aumenta a atratividade da empresa para pessoas com alto potencial de realização.

Características secundárias
É sempre útil construir sobre os pontos fortes que você já tem, e algumas organizações têm características que as predispõem a certas aspirações culturais. Com algum reforço positivo, ou pequeno ajuste, alguns traços de sua Cultura podem formar a base de suas aspirações. Ao pensar na Cultura desejada, considere também as informações obtidas no diagnóstico.

Traços da Cultura existente que apoiarão a meta de Superação
- Desejo de vencer.
- Busca da excelência.
- Esforço genuíno e trabalho duro.

Outros motivadores para escolher a Cultura de Superação incluem frustração com falta de foco ou de velocidade ou ainda uma crise de desempenho. Organizações atraídas por essa Cultura normalmente operam em um ambiente onde não é fácil crescer e o desempenho exige extrair cada gota de valor dos negócios atuais.

Crenças e valores pessoais
Como um líder que deseja pôr em prática o discurso, você precisa estar em posição de inspirar credibilidade. Se você já possui algumas das características listadas a seguir, você está mais próximo a essa Cultura.

Crenças exigidas dos líderes

- Não há desculpas. Ao assumir uma responsabilidade pessoal, sempre se encontrará um modo de contornar as dificuldades e cumprir os compromissos.
- Um contrato de emprego é um contrato de entregas, e não somente de esforço.
- A transparência do desempenho individual e suas consequências são justas.

Valores que devem ter prioridade em sua hierarquia pessoal:

- Meritocracia.
- Minha palavra é a minha garantia.
- Honestidade.

As quebras de contrato

Há alguns fatores que constituem uma barreira quase intransponível para uma empresa adotar uma determinada Cultura. Eu os chamarei de quebradores de contrato. Se eles existem em sua empresa, é melhor escolher outra Cultura que seja mais fácil de implantar. No caso da Cultura de Superação, uma barreira seria um diretor-geral que não está preparado para exigir responsabilidade por resultado nem para atuar nas consequências. Se essa pessoa é você, e você admite, é preciso decidir se está disposto a quebrar as barreiras internas que o impedem de agir dessa maneira. Se não for o diretor, avalie as chances de influenciá-lo. Um diretor-geral, que não toma atitude contra aqueles que consistentemente não entregam o trabalho no prazo, acabará por minar qualquer outro esforço que tentar na implantação desse tipo de Cultura.

Ao longo dos anos, acabei por conhecer Tony muito bem. Ele é presidente de uma companhia com cerca de 30 mil funcionários no ramo financeiro. Os negócios vinham crescendo bastante, com resultados satisfatórios, até que uma mudança no mercado tornou difícil entregar os bons resultados dos últimos anos. Tony é um excelente líder sob vários aspectos, mas tem um calcanhar de Aquiles – dificuldade em exigir responsabilidade. Isso ficou claro para mim quando facilitei uma reunião com a equipe e os pressionei sobre a contribuição deles para uma meta corporativa relacionada ao mercado. Tony achava que eles haviam se comprometido. Já a equipe tinha entendido as metas numéricas mais como intenções – havia uma série de circunstâncias que tornariam difíceis o atingimento das metas, e ninguém de fato se sentia responsável por elas. Ficou no ar a suposição de que o diretor financeiro acabaria tirando algo da cartola para assegurar que, no conjunto, o resultado seria atingido.

A falta de clareza era típica das discussões que a equipe tinha regularmente. O estilo de Tony permitia que isso acontecesse, embora ele não tivesse consciência disso. Ele ficava desconfortável quando tinha de conversar diretamente com um funcionário e cobrar dele a entrega de determinado assunto ou a resolução de determinado problema. Se conseguia superar essa dificuldade, ele se sentia novamente desconfortável quando o funcionário voltava com uma desculpa razoável, justificando por que a meta deveria ter sido reajustada. Uma das conversas que escutei alegava que a razão para a não entrega tinha sido causada por uma redução de preços pelos concorrentes. Tony aceitou esse argumento muito depressa. Se ele houvesse mantido firmemente sua posição, a equipe seguramente encontraria outro modo para entregar os resultados desejados. Mas, por Tony lhes ter dado uma saída mais fácil, eles não se esforçaram.

Tony provavelmente nunca conseguiria lidar facilmente com essas situações. Contudo, o que acabou permitindo que sua empresa desenvolvesse uma forte Cultura de entrega foi o seu reconhecimento dos seus problemas nessa área. Ele se submeteu a um processo regular de *coaching*, o que lhe permitiu aprender novas técnicas, métodos e disciplinas para realizar conversas difíceis com sua equipe. Sem a sua disposição para mudar, esse tipo de Cultura traria poucos benefícios, porque sua equipe sênior não era cobrada por suas responsabilidades.

2. A Cultura Foco do Cliente

Termos similares

Foco externo, serviço, capacidade de resposta, confiável, notável, ouvir.

Uma definição
Uma Cultura em que o conhecimento íntimo das necessidades de todos os clientes é a base de todas as decisões.

Uma descrição
Uma organização com Foco do Cliente é projetada de fora para dentro. Todos entendem os clientes. Há uma profunda empatia, que, no livro *Emotional intelligence*[4], Daniel Goleman descreve como a habilidade de ler o que a outra pessoa está sentindo. Os funcionários sabem como os clientes pensam e o que eles querem e entendem como o seu trabalho os impacta e como suas decisões são recebidas. A maioria das organizações tem mais do que um tipo de cliente, e algumas têm distribuidores ou parceiros (que, às vezes, incluem entre os clientes) além do consumidor final. Ao longo desta descrição, vou usar o termo "cliente" para todos esses. Quando há vários tipos de clientes, a tarefa de ser centrada no cliente torna-se mais complexa.

O que facilita o processo de decisão é focar no cliente. Qual será o efeito de nossa decisão para ele? Ela tornará mais fácil, mais rápida, mais barata ou mais agradável a vida dele? Com esse princípio, um grande número de atividades simplesmente desaparece. Quando melhorias são feitas em processos internos, e custos são reduzidos, esses recursos poderão ser aplicados em melhorias para o cliente ou repassados diretamente aos preços praticados.

Ouvir é a atividade principal. A linha de frente, que tem contato direto com o cliente, é encorajada a repassar os retornos recebidos dos clientes. Pesquisas de cliente são rigorosas e apresentadas aos mais altos níveis da organização. Os gerentes se reúnem regularmente com os clientes para ouvir suas queixas. A opinião dos clientes é levada muito a sério, e as causas são reportadas com as implicações. As antenas para o mundo externo são tão eficientes que as organizações acabam por perceber mudanças na visão dos clientes, antes de eles mesmos se darem conta disso.

4 No Brasil, *Inteligência emocional*. Editora Objetiva (N.T.).

Os níveis de delegação foram bem pensados, tendo em mente as pessoas que têm contato direto com os clientes, dando a elas o máximo de autoridade possível para que possam responder a especificidades de seus clientes. Qualquer que seja a motivação de satisfação do cliente – velocidade, flexibilidade, confiabilidade ou relacionamento –, a linha de frente estará preparada para atuar. Se a empresa não tiver flexibilidade para atender, o impacto sobre o cliente terá sido avaliado e comunicado ao cliente, de modo que suas expectativas possam ser alinhadas com aquilo que de fato vai ser entregue.

As organizações voltadas para o cliente têm um forte foco externo que se estende além dos seus clientes. Elas entendem a importância da mídia como uma ferramenta de comunicação para os clientes e funcionários, elas entendem a importância da marca e são obcecadas pela manutenção da integridade desta. Elas consideram os clientes como indivíduos e investem profundamente na segmentação para entender e atender da melhor maneira múltiplos segmentos de mercado. Em suma, essas organizações estão em sintonia com o sentimento dos outros, e essas competências as tornam ágeis e fáceis de negociar.

Elas estão cientes das promessas implícitas e explícitas que existem entre um fornecedor e seu cliente. Elas sentem quando as promessas não são cumpridas. Eu uso o verbo "sentir" deliberadamente, pois a relação delas é emocional, e quando elas decepcionam o cliente, sentem-se mal. A paixão é palpável em toda a organização. Ela fornece o impulso para a reta final que leva à criatividade, às melhorias contínuas, à capacidade de resposta e à confiabilidade – qualidades tão valorizadas pelo cliente.

A primeira característica que notamos em organizações voltadas para o cliente, aquela que as diferencia, é a atitude dos funcionários que não têm relação direta com o cliente. Seus conhecimentos e modelo mental os tornam indistinguíveis daqueles da linha de frente. Por exemplo, a equipe de finanças de uma organização de serviços do governo com a qual trabalhamos sabe exatamente o tempo despendido pelos clientes para entrar com os dados financeiros que eles exigem. Eles sabem o impacto que isso tem para os clientes e veem como prioridade reduzir esse tempo, seja por meio da simplificação de procedimentos ou pela coordenação dos seus pedidos. A motivação deles não é reduzir custos, mas melhorar a experiência do cliente.

Em uma empresa de varejo, o gerente do jurídico me deu uma longa explicação sobre os compradores, seus carrinhos de compra e seus filhos, e o que isso impactava em suas exigências para os estacionamentos. Com isso, ele negociou contratos com os administradores do *shopping center*, sendo sua perspectiva sobre o que era negociável baseada no conhecimento das necessidades do cliente. Não um conhecimento superficial baseado em alguns relatórios de pesquisa, mas uma compreensão profunda do que era importante para eles e suas implicações para o seu trabalho de negociação.

Em organizações centradas no cliente, todos possuem a mesma abrangência de conhecimento do cliente – as pessoas aplicam esse conhecimento com base em seu cargo, experiência e autoridade.

A seguir, algumas práticas que ocorrem nesse tipo de cultura e que enviam mensagens sobre o que é valorizado e reforçam a própria Cultura.

Comportamentos

- A gestão passa tempo suficiente com os clientes para falar com autoridade sobre suas necessidades.
- Funcionários dão aquele algo mais para satisfazer os clientes.
- Ouvir e dar retorno são comportamentos comuns.
- Apoiar os colegas em suas entregas e combinar os pontos de passagem do bastão são procedimentos normais.
- Os clientes são informados sobre as decisões tomadas em reuniões.

Símbolos

- Iniciativas para melhorar a experiência dos clientes e antecipar suas necessidades futuras estão no topo das prioridades de investimento.
- Funcionários sem treinamento não são colocados em contato com o cliente.
- Histórias e lendas sobre atendimentos que superaram a expectativa dos clientes são muito difundidas.

Sistemas

- A estrutura permite o máximo de flexibilidade e capacidade de resposta para diferentes grupos de clientes e necessidades.
- Resultados de pesquisas de satisfação de clientes têm o mesmo peso que os resultados de desempenho econômico.
- A satisfação do cliente é conduzida através de melhorias de processo, bem como contatos pessoais, e está inserida na concepção dos processos organizacionais.
- O treinamento é extensivo.
- Há rotatividade nos cargos de contato com os clientes.
- Os processos demonstram confiança nos funcionários e nos clientes.

O racional de negócio

Cada um dos seis arquétipos de Cultura aqui descritos é suportado pelos benefícios que traz aos negócios. Na Cultura Foco do Cliente:

- Aumenta a fidelidade do cliente, e consequentemente sua retenção.
- Coloca em posição de rapidamente perceber e responder a demandas dos clientes.
- Gera orgulho em todos os níveis, especialmente na linha de frente.
- Impõe a delegação e simplicidade, que se traduzem em redução de custos.

Traços da Cultura existente que apoiarão a meta de Foco do Cliente

- Uma linha de frente cuja lealdade ao cliente é tão grande quanto à organização – e às vezes até mais.
- Um viés de relacionamento, um gosto pelas pessoas.
- Humildade, falta de arrogância.

Organizações atraídas por esse tipo de Cultura operam em um ambiente onde há pouca diferenciação de produto. A diferenciação, por sua vez, acontece no nível de serviço e no toque humano. Por exemplo, serviços financeiros, serviços profissionais, serviço público e varejo.

Crenças que você precisa possuir intimamente ao liderar ou inspirar esse tipo de cultura:

- Aqueles que estão mais próximos do cliente sabem mais a respeito dele que você.
- É possível atender bem ao cliente e ter custos baixos.
- A percepção do cliente é a verdade (o cliente tem sempre razão).
- Um dia surgirá um concorrente que quebrará o paradigma de satisfação do cliente em seu negócio.

Valores que devem ter prioridade na sua hierarquia pessoal:

- Ouvir.
- Honrar.
- Relacionar-se bem.
- Aprender.
- Confiar.

As quebras de contrato

O assassino da Cultura centrada no cliente é a arrogância, a atitude “nós sabemos o que é melhor para você”, que resulta em forçar o cliente a se comportar, comprar ou aceitar o que é melhor para a organização e a rejeitar opiniões contrárias. Se você acredita que a arrogância dos seus funcionários-chave não pode ser influenciada ou mudada, não escolha esta opção.

3. A Cultura Um Só Time

Termos similares

Colaboração, globalização, cliente interno, trabalho em equipe e quebra de fronteiras.

Uma definição

Uma Cultura onde o bem comum tem precedência sobre o indivíduo e sobre os grupos.

Uma descrição

Na Cultura Um Só Time se espera que quando as pessoas tomam decisões, pensem antes na equipe do que no indivíduo. A tecnologia redefiniu a amplitude do significado Um Só Time à medida que ela permite a comunicação instantânea com todas as partes da organização. Há poucos bolsões dentro da organização onde as pessoas podem conduzir o seu trabalho sem depender dos outros. Mesmo assim, esse tipo de Cultura continua contraintuitiva. Tendemos a nos vincular naturalmente com aqueles que estão geograficamente mais perto de nós, e isso quer dizer a nossa equipe, a nossa área.

Construir essa Cultura requer um esforço considerável para aumentar a intensidade com que as partes se identificam com o todo. Eu gosto de dar o exemplo da União Europeia. Ser francês ou espanhol é muito mais importante do que ser europeu. Mas quanto mais as pessoas se considerarem europeias, tanto mais fácil será fazer funcionar a União. Mas, para isso, é necessário que as pessoas tenham razões para se sentirem europeias. Com exceção da Copa Ryder de golfe, os europeus nunca se reúnem para jogar como uma equipe única, ninguém torce pela Europa como uma entidade única.

Culturas Um Só Time têm, no entanto, desenvolvido com sucesso estratégias de identidade comum. Muito esforço é dedicado para gerar orgulho pelas realizações do todo. Quando as pessoas falam sobre "nosso caminho" ou "é assim que nós fazemos as coisas por aqui", é sobre a empresa que estão falando. Processos, rituais e terminologia são compartilhados por toda a empresa, e isso torna mais fácil que as pessoas se comuniquem. Há um esforço significativo devotado à gestão do conhecimento. Existem muitas oportunidades de ver o mundo através dos olhos de colegas de outros departamentos. As pessoas são treinadas para ver a organização do palco, mas também da plateia. Elas têm dupla cidadania, e as duas circulam à vontade.

Às vezes, é conveniente que as pessoas discutam a partir da perspectiva do seu departamento ou da sua unidade. Como equipe, elas têm de defender determinadas necessidades peculiares à sua área. Mas sempre entendendo que devem, ao mesmo tempo, olhar o conjunto e reconhecer como correta a decisão que leva em conta o bem comum.

Essas organizações, muitas vezes, apresentam estruturas matriciais, porém, ainda mais importante, elas têm um modelo mental matricial. Seu interesse pelas relações horizontais é tão forte quanto pelas verticais. Elas se preocupam com o sucesso de todos e seus processos de apoio e trabalham nessa direção; elas divulgam informações e oportunidades e compartilham serviços de apoio.

Os indivíduos são bons líderes de equipe, mas também bons membros dessas equipes. A equipe é a base da organização e é formada e reformada com frequência. Sua eficiência é alta. A discussão é acalorada, as pessoas se confrontam, mas quando se chega a uma decisão, todos a respeitam. Os processos da equipe são sólidos e compartilhados, os papéis dentro delas são bem definidos; a organização ajuda as pessoas a se comportar como bons membros de equipe.

Não existem bases que suportem a formação de silos ou feudos, pois eles não existem nesse tipo de cultura. Um benefício é que a relação entre as atribuições funcionais e de linha é bem estabelecida e os valores de ambas são respeitados. As pessoas confiam em outras áreas, entendem que elas são competentes no que fazem. Como resultado, elas aceitam que outros trabalhem em seu nome, bem como aceitam compartilhar responsabilidade por resultados, mesmo que alguns dos fatores intervenientes não estejam dentro do seu controle.

Eis algumas das práticas que ocorrem em uma Cultura Um Só Time, relembrando que práticas enviam mensagens que, por sua vez, reforçam a Cultura.

Comportamentos

- Problemas são enfrentados considerando o quadro maior.
- Conflitos de prioridades causados pela estrutura matricial são resolvidos de forma aberta e construtiva.
- Quando a decisão é tomada, as pessoas agem para suportá-la.

Símbolos

- O trabalho é feito em grupo, em nome do grupo, a menos que existam razões muito fortes para alternativas.
- As pessoas circulam por diversos cargos na organização, os gerentes abrem mão de bons recursos para outros departamentos e recebem outros em troca.
- Rituais e comportamentos comuns são observados em várias áreas.

Sistemas

- Os sistemas de remuneração encorajam as pessoas a apoiar o sucesso uma das outras.
- Estruturas e linhas hierárquicas reconhecem a dupla subordinação, as pessoas se responsabilizam por diferentes objetivos fixados por diferentes gestores.
- As pessoas não são penalizadas financeiramente por abrir mão de algumas coisas em benefício do todo.
- A avaliação por pares é uma importante parte da avaliação de desempenho.

O racional de negócio

- Os clientes recebem um serviço sem falhas, e os processos interdepartamentais funcionam efetivamente; os clientes têm acesso a uma base global de conhecimento.
- As informações fluem livremente entre as áreas de vendas e de suporte.
- As melhores práticas são compartilhadas entre as áreas, de modo que os padrões de desempenho crescem rapidamente.
- Os esforços não são duplicados, gerando uma estrutura enxuta.
- Recursos são rapidamente deslocados para onde são necessários.
- Fusões entre departamentos e equipes podem ser rápidas, e as sinergias esperadas são obtidas rapidamente.

Traços da Cultura existente que apoiarão a meta da Cultura Um Só Time

- O desejo de compartilhar.
- O desejo de se envolver.
- Uma tendência a uma visão mais abrangente.
- Um ambiente social, um toque humano.

Outros fatores motivadores podem ser:

- Grandes cortes de orçamento ou de estrutura, situações que implicam naturalmente maior dependência do outro.
- Um inimigo comum.

Com a globalização de seus clientes e uma crescente sofisticação nas tecnologias de apoio, organizações de tecnologia, consultoria e de engenharia têm adotado essa Cultura. Uma característica compartilhada pelas que têm sucesso é a falta de machismo e culto ao ego nos níveis gerenciais. As mulheres tendem a ser naturalmente colaborativas e mais inclinadas a esse tipo de Cultura, observada em casos em que elas têm alta participação nos níveis gerenciais.

Crenças pessoais que você precisa para liderar ou inspirar a Cultura Um Só Time:

- É dando que se recebe; ajudar os outros a ter êxito facilitará o seu próprio sucesso.
- A maior parte das pessoas é bem-intencionada; suas ações têm um motivo válido, mesmo que você não o tenha percebido ainda.
- As pessoas precisam se responsabilizar mesmo por aquilo que não controlam pessoalmente.

Valores que devem ter prioridade na sua hierarquia pessoal:

- Generosidade, compartilhamento.
- Cooperação.
- Confiança.
- Abertura.
- Diversidade.

As quebras de contrato

A maior quebra de contrato é a existência de príncipes, aqueles que se aferram aos seus pequenos feudos, viram as costas para os demais e encorajam o separatismo. Você vai encontrar muitos desses em sua organização, se ela tiver esse traço de Cultura. Para seguir adiante, você precisa estar confiante para enfrentá-los e, se necessário, substituí-los.

4. A Cultura de Inovação

Termos similares

Empreendedorismo, aprendizado, melhorias contínuas, criatividade, busca da excelência, crescimento.

Uma definição

Uma Cultura que se esforça para fazer o que nunca foi feito antes, para ser original e operar em altos padrões.

Uma descrição

As palavras que descrevem esta Cultura – aprendizagem, empreendedorismo, inovação, melhorias, busca da excelência – podem parecer descrever diferentes atividades, mas eu encontrei valores culturais e pessoais subjacentes muito similares. O fator determinante é a disposição para aprender, o desejo de criar algo novo, de tornar-se uma pessoa melhor para si mesmo. O sentimento dominante nessas organizações é o fascínio pelos produtos e serviços com as quais elas estão associadas. As equipes falam sobre eles todo o tempo, tanto no café como em reuniões formais. São obcecadas por encontrar uma forma nova e melhor.

Organizações inovadoras tendem a estar à frente de seus clientes, em vez de responder às necessidades deles. Elas são inventoras, inovadoras que criam as necessidades de seus clientes e que com frequência fomentam a evolução dos processos. O sucesso comercial costuma estar associado a essa postura, porém a Cultura não é impulsionada somente por isso, mas pelo simples prazer da busca da excelência. Steve Jobs se referia a eles como "os loucos, os desajustados, os rebeldes, os desordeiros; as peças redondas nos buracos quadrados, os que veem as coisas de forma diferente, os que não gostam de regras e não têm nenhum respeito pelo *status quo*".

Em tal ambiente, os erros são esperados, aceitos e usados. As pessoas estão acostumadas a errar; elas avaliam, discutem e trabalham com o erro. A aceitação do erro é um requisito para trabalhar aqui, embora o fracasso não seja visto como tal, mas como parte da jornada para o sucesso. Essas organizações trabalharam muito para redefinir o sucesso. Elas reconhecem que os seres humanos precisam do sentido de realização e usam marcos ao longo do caminho como sucessos a serem comemorados.

No entanto, visto que Culturas inovadoras dão frequentemente passos para o desconhecido, elas também desenvolveram excelentes processos de avaliação de riscos. Elas podem ser chamadas de mestres em gerenciamentos de riscos, pois sabem que deverão continuar a tomá-los. Um varejista inovador com o qual trabalhamos era excelente em experimentar novos produtos ou novos layouts de lojas. Ele planejava sua introdução, os experimentava em duas ou três lojas, media tudo que fosse relacionado com a mudança e dava um tempo. Se os sinais fossem bons, continuava. Se não, engavetava a ideia ou a repensava. Não havia vergonha nisso. Esse processo passou a ser um ícone da sua Cultura de Inovação.

Visões marcantes são uma parte importante dessa Cultura. As organizações conseguem manter uma visão por um longo período sem saber ao certo como chegar lá e sem ao menos ter evidências de que conseguirá chegar. A crença de que tudo é possível é suportada por um rigoroso processo de interpretação de sucesso nos experimentos-piloto.

A Cultura de Inovação não dá espaço para grandes egos que se agarram a pontos de vista e não conseguem recuar. A coragem de agir, e rapidamente corrigir, é a chave do sucesso. Há paixão por ideias, grande curiosidade e um modelo mental de experimentação. Boas ideias podem surgir em qualquer lugar e, portanto, a hierarquia não é valorizada. Os líderes dessas organizações veem seu papel como fomentadores de boas ideias e provedores de um adequado ambiente no qual as pessoas possam agir com autonomia e autoridade na busca de excelência em áreas onde possuem mais conhecimentos que seus chefes.

A busca de excelência por si mesma constrói um tremendo orgulho. Em um dos meus primeiros empregos tive o privilégio de trabalhar em uma cadeia de hotéis cujos padrões de excelência eram famosos. Alguns meses depois, conheci o chefe dos ajudantes de cozinha cuja tarefa, entre outras, era lavar pratos e talheres. Ele trabalhava nas entranhas da organização. Este homem tinha paixão por excelência, adquirida em muitos anos de trabalho na organização. Ele considerava a qualidade da prataria – que tinham aprendido a polir ao longo de muitos anos – como a coisa mais importante do hotel. Ele comentava, com um contido orgulho, que era a espinha dorsal do hotel. Se a sua equipe podia fornecer prataria de imaculada qualidade aos seus hóspedes, tudo daria certo. A qualidade do seu trabalho contaminaria todo o resto da organização. Assim ele via seu trabalho.

Essas organizações usualmente usam muito bem suas equipes. Elas são formadas e reformadas em torno de uma ideia ou um projeto. Elas recebem grande autonomia, e se espera que meçam seu progresso e a qualidade dos seus resultados. A sensação de propriedade é elevada, assim como a autoestima e a confiança em si mesmas. Espera-se que as pessoas se ajudem entre si e peçam ajuda quando necessário. Um cliente nosso celebrava "semanas de apoio" globais, em que pessoas de todo o mundo viajavam para participar de grupos de trabalho em unidades que haviam solicitado apoio. Esperava-se que elas solicitassem ajuda e que aqueles que pudessem ajudar o fizessem sem cobrar nada.

O conhecimento é compartilhado por toda a organização. As melhores práticas são mensuradas, e o conhecimento é compartilhado e solicitado. Se alguém está fazendo bem alguma coisa, todos querem saber sobre isso, e sistemas de comunicação e de gerenciamento do conhecimento são instalados pela organização de modo a facilitar essa prática.

Em outra organização, um processo chamado "sessão de debate" é um ritual estabelecido. Qualquer um com uma nova ideia ou projeto pode solicitar uma sessão e debater suas ideias livremente antes de levá-las adiante.

Culturas inovadoras não são arrogantes em relação a aprender. Ao ficar sabendo de alguém que faz alguma coisa melhor do que elas, vão correndo saber como estão fazendo isso. Mas são igualmente confiantes que conseguirão inventar algo se não houver nada lá fora que puderem aprender. Um cliente me disse recentemente que recebeu um prêmio e imediatamente uma enxurrada de ofertas de emprego partiram de um de seus concorrentes. Eles reconheciam a competência e queriam comprá-la por meio da contratação do grupo de pessoas responsáveis pelo projeto.

A seguir, algumas das práticas que existem em Culturas desse tipo, que, não é demais lembrar, enviam, por sua vez, mensagens sobre o que é valorizado, reforçando a Cultura.

Comportamentos

- A experimentação é encorajada.
- Ideias são desafiadas, as pessoas falam o que pensam.
- Os erros são considerados oportunidades de aprendizagem.
- As melhores práticas são difundidas na organização.
- As pessoas pedem ajuda.

Símbolos

- São comuns os rituais associados à aprendizagem, tais como círculos de qualidade.
- São incentivados grupos de criatividade para o desenvolvimento de ideias empreendedoras embrionárias.
- A experiência é valorizada, mas simultaneamente sangue-novo é sempre introduzido.
- Tanto o local de trabalho físico quanto o uso de tecnologia refletem práticas de ponta na gestão.

Sistemas

- Acompanhamento rigoroso (de dados, pilotos, testes e amostras de processo), com objetivo de melhorias.
- Os sistemas de gestão do conhecimento são amplos e bem utilizados.
- Todas as formas de retorno e comunicação são incentivadas.
- Inovação e geração de ideias fazem parte do gerenciamento do desempenho.
- A estrutura é pensada para encorajar a delegação, a autoridade e a hierarquia não autoritária.

O racional de negócio

- Gera inovação de produtos e posição de liderança no mercado, realiza entregas para os clientes.
- Atrai e retém talentos, pessoas não convencionais com ideias originais.
- Elimina os custos decorrentes da postura "não-inventado-aqui".
- Permite correção precoce de erros, reduzindo os custos crescentes das estratégias equivocadas, novos produtos ou projetos.

Traços da Cultura existente que apoiarão a meta da Cultura de Inovação

- Informalidade.
- Rigor intelectual.
- Disposição para mudar.

Organizações que adotam essa Cultura são aquelas em que a inovação de produto é uma real fonte de diferenciação, como as indústrias de tecnologia ou farmacêuticas. Pequenas empresas que procuram encontrar um nicho para competir com concorrentes muito maiores também tendem a adotar essa Cultura.

Crenças pessoais necessárias ao liderar ou inspirar esse tipo de Cultura:

- Que existe sempre uma maneira melhor de fazer as coisas.
- Que você não está sempre certo.
- Assumir que não sabe é um sinal de força, não de fraqueza.
- Que o erro é uma oportunidade de aprendizagem.
- Que as pessoas seniores não são as guardiãs de toda a sabedoria.

Valores que devem ter prioridade na sua hierarquia pessoal:

- Curiosidade.
- Busca da excelência.
- Abertura.
- Coragem.

As quebras de contrato
A Cultura de Inovação requer decisões de prosseguir mesmo sem dispor de todas as informações; requer tomar riscos controlados. Se a sua liderança tiver profunda aversão a risco e achar difícil dar o primeiro passo sem conhecer todos os fatos, esse tipo de Cultura não vai decolar. Uma mentalidade mesquinha também dificulta a inovação, assim como a mediocridade de espírito mata uma ideia antes que ela possa desabrochar.

5. Cultura Orientada a Pessoas

Termos similares
Delegação, desenvolvimento, segurança, cuidado, respeito, equilíbrio, diversidade, relacionamento e diversão.

Uma definição
Uma Cultura em que as pessoas são reconhecidas e apoiadas por sua própria individualidade.

Uma descrição
Uma Cultura que valoriza as pessoas e coloca a natureza humana dos funcionários no centro da sua operação. Ela nunca considera o seu pessoal como um "ativo" ou uma mercadoria que pertence à organização, mas como seres humanos que escolheram participar de suas atividades. Valorizar pessoas requer conhecê-las, e isso significa aplicar todas aquelas habilidades que fazem um relacionamento funcionar: ouvir, apoiar, valorizar, apreciar e respeitar.

Nas Culturas Orientadas a Pessoas, os funcionários se sentem bem, eles querem contribuir e dar aquele algo mais que vem com uma relação de confiança e respeito mútuo. Por serem bem tratados, eles tratam bem a organização e os seus clientes. Há uma sensação de troca justa; nessa Cultura haverá menos espaço para comportamentos egoístas tais como furtos, processos legais ou manipulação de regras em proveito pessoal.

Quando as pessoas se sentem valorizadas, dão o seu melhor. Esse tipo de Cultura aumenta o desempenho das pessoas, transformando-as em grandes realizadoras.

Muitos fatores contribuem para que o funcionário se sinta valorizado. A sua contribuição é significativa e reconhecida. Sua opinião é pedida e escutada. Existe confiança. Sua individualidade é encorajada e apoiada. Seu tempo é dedicado a desenvolver e apoiar os funcionários, seja dando segurança, flexibilidade no regime de trabalho ou, ainda, incentivando seu treinamento e aprendizado. As pessoas recebem autoridade, recursos e poder para tomar decisões – existe real delegação.

Por trás de tudo isso existe a crença de que os seres humanos reagem e contribuem melhor em um ambiente em que se sintam valorizados. Isso se aplica a todos os funcionários, independentemente de sexo, religião ou tempo de casa. Tais organizações não consideram a punição ou o método do "nade ou se afogue" como as melhores abordagens para a motivação. Isso não significa que sejam moles, mas sim cuidadosas.

A diversidade é um valor na Cultura Orientada a Pessoas. A diversidade não aceita que um indivíduo, ou grupo de indivíduos, imponha suas crenças, estilo ou modo de vida sobre os demais, pois ela não reconhece um grupo como superior a outro. Esse valor traz às empresas os benefícios de uma ampla gama de opiniões, abordagens e soluções de problemas e desafios. Ela cria uma curiosidade natural sobre o ponto de vista de outros, o que dá a elas vantagens em empatia com os clientes, habilidade em se associar com outros, passar por fusões ou se expandir para outros países.

Segurança, saúde e bem-estar dos funcionários são uma natural decorrência desse conjunto de valores. Um acidente fatal causado por condições inseguras de trabalho é um pecado mortal em uma organização em que as pessoas estão no centro dos seus valores. Lendo isso, alguém poderá pensar que, afinal, um acidente fatal seria grave em qualquer tipo de Cultura. Mas a prática em muitas organizações sugere que a proteção da vida dos seus funcionários não está em posição elevada na hierarquia dos seus valores. Para outras, a preocupação com a segurança tem sido o gatilho para uma mudança de mentalidade, com amplos benefícios dedicados ao cuidado de pessoas. Os benefícios financeiros decorrentes de medidas de segurança do trabalho são uma natural decorrência, mas não o motivo, de uma Cultura centrada em pessoas.

Esse tipo de Cultura costuma gerar um ambiente divertido. Há muitas risadas, as pessoas gostam da companhia das outras, elas aprenderam a se relacionar e reconhecem que um dos prazeres de ir para o trabalho é estar em companhia de pessoas agradáveis e talentosas. Mesmo em tempos difíceis, o humor prevalece.

Ver as pessoas não como quadros, mas como seres humanos, gera um forte igualitarismo nas Culturas que valorizam as pessoas. Pessoas mais seniores podem ter salários maiores, mas não são necessariamente pessoas melhores, portanto, não devem receber privilégios ou *status* que não os relacionados com a capacidade de fazer bem o seu trabalho.

As pessoas se sentem seguras em falar. Não se sentem intimidadas pelos seus chefes e sabem que serão ouvidas. Problemas, atividades ilegais ou baixo desempenho serão apontados. "Cartões amarelos" (termo usado por funcionários para sinalizar atividades que julgam estar fora das políticas da empresa) podem ocorrer.

Algumas organizações fortemente centradas nas pessoas têm uma aura de paternalismo, uma sensação de família, em que os funcionários são cuidados, a lealdade é forte e as chefias desempenham um papel de protetores. Essas Culturas eram mais comuns vinte anos atrás. Outras têm uma interpretação mais moderna a respeito de como valorizar as pessoas, em que a relação com a empresa torna-se uma relação entre iguais.

Valorizar as pessoas é a mais poderosa opção cultural ganha-ganha. Uma organização que realmente coloca o seu pessoal em primeiro lugar consegue de fato evitar que floresça o mal-estar que funcionários poderiam experimentar ao supor que todo esse aparato cultural seria, no fundo, um palavrório para simplesmente entregar resultados aos acionistas à custa dos funcionários.

Uma cadeia de hotéis cinco estrelas com a qual trabalhamos por alguns anos estabeleceu um paralelo entre como os funcionários eram tratados pelos seus supervisores e como a empresa tratava seus clientes. Por exemplo, se fossem tratados aos berros na cozinha, eles tenderiam a atender os clientes de modo frio ou hostil ao servir as refeições. O hotel chamou o processo de "tal fundo, tal frente da casa". Os funcionários, ao passar pelas grandes portas duplas de acesso ao restaurante, carregariam com eles o mesmo clima que reinava atrás do palco.

Eis alguns exemplos de práticas que ocorrem em uma Cultura Orientada a Pessoas. Práticas que enviam as mensagens que reforçam a cultura:

Comportamentos

- Líderes orientam, apoiam e ouvem seu pessoal.
- Pessoal júnior é tratado com o mesmo nível de respeito e interesse dos colegas mais experientes.
- Qualquer forma de comportamento desrespeitoso (intimidação, frieza, assumir o crédito no lugar do colega etc.) é combatida rapidamente.
- Opiniões divergentes são encorajadas; a opinião de todos é respeitada.

Símbolos

- Pessoas com comportamento não conformista e representantes de grupos de diversidade são escolhidas para funções-chave.
- Responsabilidade e liberdade de ação são delegadas de modo a permitir que as pessoas possam demonstrar sua competência (com as devidas redes de proteção embaixo).
- Os benefícios são igualmente distribuídos por meio de toda a hierarquia.
- Símbolos de *status* são raros (grandes salas, políticas de viagem diferenciadas etc.).

Sistemas

- O gerenciamento de desempenho é levado a sério e justificado pela importância em ter retorno, aprendizado e desenvolvimento.
- O treinamento é abrangente e com recursos suficientes.

- As políticas de equilíbrio vida-trabalho são bem estruturadas.
- A diversidade é prevista em todas as políticas de RH, sendo visíveis e mensuráveis.
- Os medidores de propósito dos funcionários são bem estruturados e espera-se que as metas sejam cumpridas (tais como segurança do trabalho, satisfação dos empregados etc.).
- Os mecanismos confiáveis existem para permitir denúncias de comportamento fora das normas (discriminação, assédio, furtos etc.).

O racional de negócio

A implantação da Cultura Orientada a Pessoas vai conseguir:

- Uma atrativa reputação de bom empregador.
- Melhoria no desempenho de cada funcionário.
- Redução na rotatividade de pessoal com consequente redução nos custos de recrutamento e seleção.
- Incentivo ao talento – meritocracia real.
- Cumprimento das políticas, o que permitirá a delegação dentro de certos limites.
- Excepcional compromisso da linha de frente, o que os clientes adoram.
- Comunicação abundante e de alta qualidade, incluindo a divulgação dos problemas – não há surpresas.
- Redução no comportamento antiético (furtos etc.).
- Redução ou eliminação de casos de demissão injusta, de discriminação ou de assédio sexual.

Traços da Cultura existente que apoiarão a meta da Cultura Orientada a Pessoas:

- Paternalismo.
- Lealdade.
- Consciência de segurança do trabalho.
- Um viés de relacionamento, um ambiente naturalmente social.

Organizações normalmente atraídas por esse tipo de Cultura terão frequentemente um grande número de funcionários de linha de frente (aqueles próximos aos clientes ou às oportunidades de melhoria); é provável também que tenham sido tratados ao longo do tempo como cidadãos de segunda categoria. O potencial aqui inexplorado será traduzido em melhoria nos serviços e vantagem competitiva no desempenho. Exemplos incluem varejistas, provedores de serviços, empresas industriais ou de manufatura.

Crenças pessoais que você precisa possuir ao liderar ou inspirar esse tipo de Cultura:

- Que as pessoas são naturalmente confiáveis.
- Que os outros podem contribuir com minhas ideias originais.
- Que a diversidade de sexo, idade, raça ou preferências sexuais contribuem para a efetividade da equipe.

Valores que devem ter prioridade na sua hierarquia pessoal

- Confiança.
- Igualitarismo.
- Diversidade.

As quebras de contrato

Algumas pessoas desconfiam das demais ou têm uma opinião exagerada de sua própria importância, o que torna para elas quase impossível valorizar o próximo. Se você ou outro elemento-chave da empresa que estiver liderando o processo (o diretor-geral, por exemplo), mostrar essas características, você vai ter de batalhar muito para dar credibilidade ao plano.

6. A Cultura de Propósito Maior

Termos similares

Responsabilidade social, preocupação com o meio ambiente, sustentabilidade e significado.

Uma definição

Uma Cultura em que se espera que as pessoas contribuam para o propósito de uma comunidade ampliada.

Uma descrição

A Cultura de Propósito Maior considera que a organização tem uma responsabilidade que vai além da satisfação dos seus clientes e se estende para a sociedade como um todo, ou pelo menos para as comunidades nas quais atuam. Elas podem se concentrar na sustentabilidade do planeta sobre as necessidades dos menos favorecidos, a contribuição que os seus produtos podem prover ao desenvolvimento econômico de nações e uma ampla gama de oportunidades para fazer a diferença.

Descobri que algumas organizações se dedicam ao propósito maior porque estão buscando as vantagens financeiras e de reputação decorrentes da percepção de estarem se dedicando à coisa certa a fazer. Algumas poderiam ser acusadas de falta de um motivo genuíno, enquanto outras têm profundos valores e têm essa Cultura como parte integrante do seu DNA. É ainda possível que a tenham adotado por razões comerciais, mas com o passar do tempo suas lideranças se tornaram tão apaixonadas pelo trabalho que acabaram por adotá-los como parte de seus valores intrínsecos.

A Cultura de Propósito Maior toca fundo em um motivador poderoso para um empregador, qual seja, o desejo de fazer a diferença. Ela pode proporcionar as maiores sensações de significado e propósito. Abraham Maslow descreveu a necessidade de autorrealização, que é satisfeita por meio do tipo de modelo mental e ação existente nesse tipo de organização. Tenho um cliente cujos empregados dedicam um dia por ano ao trabalho em projetos da comunidade; outro que envia grupos de empregados por até um mês para trabalhar em comunidades carentes. Um banco com o qual trabalhei assumiu a responsabilidade pela educação financeira de necessitados; neste caso, a educação consistia também em ensiná-los a não se endividar além das suas necessidades, o que no curto prazo poderia, inclusive, ter impacto em suas próprias receitas.

Quando publiquei a primeira edição deste livro, a Cultura de Propósito Maior foi incluída como parte dos valores da Cultura Foco do Cliente. No entanto, notei que nos primeiros anos do século XXI os valores dessa Cultura tomaram maiores dimensões na comunidade de negócios como um todo, assim como influenciaram toda uma nova geração de líderes. A pesquisa que conduzimos nos levou a concluir que existem diferenças significativas entre essas duas Culturas, suficientes para nos induzir a criar um novo arquétipo.

Algumas organizações têm a Cultura de Propósito Maior incorporada em sua Missão, como agências governamentais cujo propósito é executar as políticas de um novo governo democraticamente eleito. Essas organizações têm de trabalhar duro para equilibrar as necessidades de muitas partes conflitantes e de grupos comunitários, atendendo o interesse do maior número de funcionários.

Organizações que adotam essa Cultura têm de fazer contínuos malabarismos ao tentar acomodar necessidades conflitantes das partes interessadas. Seus objetivos de longo prazo entram em conflito com necessidades imediatas de seus clientes ou acionistas. Elas, muitas vezes, vão além dos requisitos mínimos legais em questões tais como meio ambiente; preocupações ambientais que afetam as próximas gerações podem exigir altíssimos investimentos.

Embora existam muitas dúvidas se os consumidores estariam dispostos a pagar mais para adquirir produtos de uma empresa com maior responsabilidade social, geralmente se considera que os benefícios para a reputação e o envolvimento dos funcionários são consideráveis. As melhores empresas desse tipo encontram o caminho de satisfazer suas aspirações culturais e, ao mesmo tempo, continuar rentáveis. Uma organização farmacêutica, por exemplo, reestruturou sua política de preços globalmente, de maneira a praticar menores preços na África, ao se associar com a Fundação Belinda & Bill Gates para eliminar doenças selecionadas.

Organizações com propósito maior são muitas vezes impulsionadas por uma Missão de transformar o mundo por meio dos serviços e produtos que oferecem. As empresas de tecnologia do Vale do Silício tornaram a informação acessível a milhões de pessoas, permitindo transformações políticas. Embora algumas dessas organizações sejam motivadas por sua Cultura, em outras os benefícios mais amplos foram resultado acidental de suas inovações.

Preocupações sobre mudanças climáticas têm estimulado muitas organizações a repensar o impacto da vida dos seus produtos desde a fabricação, distribuição e uso até o descarte. Para algumas, isso é assunto de conformidade legal, enquanto para outras a experiência fez com que elas se tornassem defensoras da causa da sustentabilidade.

Internamente, as organizações têm aprendido a dominar os desafios de usar o "E", em vez do "OU". O gênio do "E", tão bem descrito por Jim Collins no livro *Feitas para Durar*, já mencionado, é um atributo essencial dessas empresas. Elas continuamente lutam com as dicotomias de longo *e* curto prazos, satisfação dos clientes *e* da comunidade maior ou, ainda, crescentes demandas dos clientes *e* redução dos impactos ambientais. Esse tipo de pensamento requer a habilidade de lidar com a ambiguidade, resolver paradoxos *e* manter seus princípios. Múltiplos desafios de resultado a considerar simultaneamente. O comportamento tende a ser menos preto e branco, menos defensivo e mais aberto às alternativas. Aplicar intenso esforço em entender as necessidades da comunidade e então encontrar maneiras de atendê-las sem perder de vista a satisfação dos clientes e o cumprimento das metas financeiras.

O desempenho sustentável requer uma abordagem baseada em valores. Requer a manutenção de seus valores, mesmo sob intensa pressão para obter resultados em curto prazo, e idealmente atender a ambos os objetivos. Sustentabilidade é a arte de traçar esse caminho, e isso é a essência do arquétipo de Propósito Maior.

Eis alguns exemplos de práticas que ocorrem em uma Cultura de Propósito Maior, que criam as mensagens que reforçam a cultura:

Comportamentos

- Os funcionários são apaixonados por uma causa; eles vão além das necessidades imediatas para garantir que a causa seja cumprida.
- Parcerias e associações com organizações filantrópicas.
- Dedicar tempo e esforço para ajudar no bem-estar de outros.
- Atuar com perspectiva de prazo mais longo do que a concorrência.
- O bem do todo é levado em conta nas decisões do dia a dia.

Símbolos

- Patrocínio e contribuição financeira para causas que beneficiam o bem maior.
- Tempo do pessoal dedicado ao trabalho voluntário.
- Usar a voz e o poder de influência da companhia socialmente para o bem do todo.
- Investir em longo prazo, influenciando aqueles que um dia podem se tornar clientes, ou cujo apoio possa um dia se tornar importante.

Sistemas

- Métricas que considerem o impacto da base ambiental e social da organização na comunidade ampliada.
- Pesquisa e análise de desempenho econômico-financeiro em longo prazo que forneçam pistas do impacto das ações sociais e ambientais nos resultados do negócio.

O racional do negócio

Cada um dos seis arquétipos de Cultura é apoiado por razões que promovem a entrega de resultados. No caso, a Cultura de Propósito Maior:

- Motiva, atrai talentos e cria compromissos com a empresa que não estão relacionados à remuneração.
- Melhora a reputação e pode fornecer um ponto de diferenciação com a concorrência.

- Produz uma organização orientada para o futuro, em contato mais estreito com as tendências emergentes e com os clientes potenciais.

Traços da Cultura existente que apoiarão a meta da Cultura de Propósito Maior:

- Uma força de trabalho com tendência a se autoatualizar e que deseja fazer a diferença.
- Uma natural conexão com o mundo exterior.
- Generosidade e empatia com aqueles que não possuem voz forte; Cultura de tendência liberal.

Organizações que se sentem atraídas pela Cultura de Propósito Maior operam em setores de negócio cujos produtos e serviços impactam muitos e cuja reputação tem sido a ganância ou falta de consideração para os outros. Exemplos são os serviços financeiros, de mineração, do setor público ou empresas recém-criadas e lideradas por seus fundadores.

Crenças pessoais necessárias para liderar ou inspirar esse tipo de Cultura:

- A lei do Carma: toda ação gera efeito semelhante.
- Que um negócio tem responsabilidades para com a comunidade na qual opera.
- Que aqueles que mudam o mundo também se beneficiam disso.
- Que o lucro não é tudo.

Valores que devem ter prioridade na sua hierarquia pessoal:

- Generosidade.
- Cidadania.
- Fazer a diferença.
- Contribuição.
- Guardar em custódia (para as gerações futuras).

As quebras de contrato

O matador da Cultura de Propósito Maior é o egocentrismo e o anarquismo extremo, em que os líderes acreditam que todos devem cuidar de si mesmos e as organizações não têm responsabilidades para com os outros. Também aqueles que consideram que corporações devem somente obediência estrita à lei, em vez de a um conjunto de valores. Nesses tipos de ambiente, a Cultura de Propósito Maior torna-se inviável.

Algumas organizações optam por se concentrar em seus próprios clientes e não veem a necessidade de considerar a comunidade mais ampla que traz faturamento. A discussão é interessante à medida que pode haver um conflito explícito entre os dois grupos.

No nível mais pessoal, essa Cultura é um conceito que não é facilmente compreendido por líderes que, por falta de visão ou baixo nível de desenvolvimento pessoal, não se veem em um papel mais amplo associado a deixar um legado. Alguns chamam isso de visão míope do mundo ou visão menos consciente. Eu descobri que líderes necessitam de certa autoconfiança, de alta capacidade para enfrentar ameaças, de habilidade para enxergar demandas além do curto prazo imediato e de imaginar o futuro com uma visão ampliada.

QUALIDADES ESSENCIAIS

Assim, completamos a descrição dos seis arquétipos culturais, cada um deles sendo capaz de gerar enorme valor para as metas e aspirações da sua empresa, sendo elas de cunho financeiro, social ou esportivo. Embora seja tentador focar ao mesmo tempo os seis, eu acredito que você terá mais sucesso se focar aqueles que sejam mais críticos em relação ao futuro. Para a execução, é útil conhecer as qualidades essenciais.

Encontramos algumas qualidades que, por serem universais, serão importantes na implantação de cada arquétipo. Para incorporar um arquétipo, será necessário que essas qualidades estejam vivas dentro de seus líderes. Nós as consideramos requerimentos para a liderança do processo de mudança da Cultura. São elas:

Responsabilidade	Propriedade, não atribuir culpa, "acima da linha".
Princípios	Ação por meio de valores, ética, integridade.
Abertura	Curiosidade, postura não defensiva, aprendizado.

Responsabilidade

Qualidade essencial para os líderes do processo de mudança, porque nenhuma mudança ocorre a menos que as pessoas percebam que têm habilidade necessária para criar a mudança. Na Cultura atual, sempre haverá alguém para ser responsabilizado: os executivos, a diretoria, o RH, o passado etc. Enquanto alguém estiver preso ao comportamento de vítima, as coisas não mudarão. Um conceito-chave dentro da Qualidade Essencial de Responsabilidade é: "para que as coisas mudem, primeiro eu preciso mudar". Seja qual for a circunstância, sempre teremos escolha sobre como reagir.

Princípios

São essenciais para os líderes do processo de mudança porque são o sustentáculo da Cultura que será construída. O processo de mudança envolve fazer coisas de forma diferente, processo desconfortável e que pode criar conflitos. A menos que os líderes estejam ancorados por uma firme crença na importância da Cultura-Alvo e seus respectivos valores, podem descobrir que, quando a pressão aumentar, eles poderão tomar decisões oportunistas.

Abertura

É essencial para os líderes de processos de mudança porque você precisará estar aberto para receber retornos das pessoas e reconhecer que o que funcionava no passado não mais funcionará no futuro. Quando os líderes são arrogantes e defensivos, eles se fecham para a mudança pessoal e sua atitude tornará muito mais difícil que outros mudem.

DEFININDO AS ESPECIFICIDADES DA SUA META DE CULTURA

Meus arquétipos e qualidades são uma diretriz. Você vai querer descrever a sua Cultura com a linguagem que encontra eco em sua organização e seu pessoal. Enquanto você desenvolve essas declarações, eu o convido a usar palavras não usuais para descrever o que você quer dizer. Uma organização que conheço usa a palavra "espaço de cotovelo" para designar "delegação". Eles acreditam ser mais eficaz porque é mais descritiva, peculiar e um termo não tão usado quanto delegação costuma ser.

Sua meta de Cultura terá de servir para diversos fins, e por essa razão vale a pena levar isso em conta ao escrevê-la. Em primeiro lugar, deve servir ao imperativo de negócios e ser considerada como um documento vivo que pode ser ajustado ao longo do tempo. Ela terá de orientar a gestão da sua Cultura – seu plano, as iniciativas que você escolher para investir, as definições de diferenças entre a Cultura atual e a meta desejada. Ela será a base de comunicação para seus diversos públicos – seus funcionários, claro, mas também, em formato ajustado, para seus fornecedores, clientes e acionistas. Para fins de planejamento, a meta de Cultura precisa ser mais abrangente e conter vários elementos. Para a comunicação, pode ser bem reduzida. Vou descrever os elementos-chave para a mais completa, e depois você poderá usar resumos para outros fins.

Valores

Sua empresa provavelmente já tem um conjunto de declarações de valores. Durante minha carreira, tenho observado que isso se tornou bastante comum, especialmente em organizações maiores. Tal conjunto pode existir há algum tempo, e você deverá considerar se vale a pena alterá-lo ou construir a meta de Cultura em torno deles. Na maior parte dos casos, verifiquei que tais conjuntos haviam resistido bem à passagem do tempo e que mexer com eles poderia criar confusão. Manter os atuais valores tem ainda a vantagem de se poder dizer que a meta de Cultura está baseada em valores tradicionais. Por outro lado, se os valores estiverem associados a um passado do qual você pretende se afastar, algumas reformulações poderão ser muito úteis.

Ao serem apresentados ao quadro geral da declaração aos valores, todos tendem a concordar que estes seriam excelentes aspirações para conduzir a organização. Entretanto, apesar de conseguir que assinem embaixo, as aspirações não serão suficientes para se atingir a dinâmica necessária. Há que se descrever de forma mais detalhada a imagem da Cultura desejada. É um importante trabalho a fazer antes de planejar qualquer iniciativa importante de mudança.

Será necessário refletir mais especificamente sobre os pontos mais diferentes da situação atual. Suponha que, se dissermos ao pessoal que desejamos "trabalho em equipe", eles vão dizer que isso já é praticado. De fato, muito dos seis Arquétipos Culturais que estudamos, bem como das três Qualidades Essenciais, tendem a ecoar de forma positiva no íntimo das pessoas.

Ao participarem de uma pesquisa sobre comunicação, todos os gerentes ouvidos se posicionaram no extrato dos 50% melhores, e metade deles entre os 10% melhores! Ao nos compararmos com termos descritivos, nossa tendência é nos vermos plenamente ajustados. Assim, a meta de Cultura precisa ser mais detalhada.

Imperativo do negócio

Por que, especificamente, estamos fazendo isso? Qual é o direcionador de negócio e como ele se encaixa em nossa estratégia? Por que achamos que vamos bater os concorrentes com essa abordagem? Quanto dinheiro vamos economizar? Como isso contribuirá para ganhar mais clientes? Você terá reunido muitos dados ao construir seu plano de negócios para a cultura.

Peculiaridades

O que exatamente significa cada um dos valores no nosso contexto? Por exemplo, se escolhermos clientes, por que o fizemos? Todos os clientes ou somente os rentáveis? Clientes internos? E se meus clientes internos fizerem uma demanda que exigirá tempo e dedicação que me afaste de outra demanda dos clientes externos? Qual a implicação do Foco no Cliente no processo de venda? Devo dizer ao cliente que um produto mais barato de nossa linha seria o mais adequado para ele? E se o produto do concorrente servir melhor a ele? Se pararmos de empurrar produtos e passarmos a responder às reais necessidades dos clientes, haverá risco de redução no faturamento? Nós vamos enfrentar isso?

Valores em ação

Como isso funcionará para mim? O que você espera que eu faça de forma diferente do que faço no momento? De que maneira isso mudaria meu processo de decisão? Ou minha priorização? O que se espera que eu faça se receber pressão do meu chefe para agir de um modo que me pareça não estar alinhado a esses valores? O que acontecerá com aqueles que não agiram de acordo com esses valores? E como você saberá disso?

Crenças

Algumas organizações acham que descrever as crenças que elas querem compartilhar com seu pessoal pode adicionar valor à meta de Cultura. Crenças muitas vezes fornecem subsídios para a motivação. Procure na descrição dos arquétipos ideias sobre crenças-chave. Um cliente estava na 4ª posição no mercado por algum tempo quando sua organização se fundiu com a número 3, tornando-o imediatamente o líder de mercado. Eles descobriram que o trabalho sobre as crenças e comportamentos de um líder de mercado era um exercício muito útil para começar a descrever a nova Cultura. Seu pessoal teve de mudar a forma como eles se viam e o seu lugar no mundo. Para eles, isso significou ter mais confiança em si mesmos, deixando de gastar tempo observando o que os concorrentes faziam e dedicando mais tempo moldando o mercado por meio de suas próprias ações. A crença na sua própria confiança foi a chave para a mudança de sua Cultura.

Comportamentos

O plano será a descrição do que se deseja de uma forma tão clara e específica que, quando algum funcionário escutar você falando sobre isso, ele se dará conta de que ainda não estão trabalhando dessa forma. Descreva a Cultura em termos dos comportamentos esperados e não esperados. Você poderá usar os três tipos de comportamentos descritos no Capítulo 7. Sua lista nunca será exaustiva e vai evoluir quando mais gente for envolvida e começar a dialogar sobre a Cultura desejada, mas vai servir como fonte dos detalhes que as pessoas procuram e para definir suas expectativas. Pode ser útil adicionar algumas negativas. Como princípio geral, não sou favorável a negativas no contexto de Cultura, pois isso pode ser visto como a antítese de uma empresa movida a valores. Contudo, muitas vezes, elas facilitam o entendimento, pois são mais precisas e fáceis de seguir do que a versão positiva da mesma declaração. Por exemplo, "aqui não vazamos informação" é mais fácil de entender, e aplicar, do que a mais usada expressão "aqui prezamos a confidencialidade das informações".

Atributos – um lema

Uma ou duas simples e poderosas declarações ao descrever a meta de Cultura são muito úteis quando se trata de comunicação e memorização. Pessoas que lidam com marcas ou publicidade podem ajudar muito aqui, mas certifique-se de que a proposta tenha eco dentro de você. Isso é mais importante do que frases inteligentes, mas nas quais você não reconheça propriedade.

RESUMO

Construir a Cultura-Alvo que melhor se adapta à sua organização é uma jornada emocionante, na qual você deve envolver o maior número possível de pessoas. A descrição pode ser muito ambiciosa se comparada à situação atual; alguns cínicos em sua equipe podem chamá-la de "declaração maternal". Persevere. A declaração do seu intento cultural se tornará a âncora de todo o seu trabalho futuro. Ela diz às pessoas o que você quer e quais comportamentos serão incentivados. Quanto mais detalhada for, mais viva vai se tornar. Com o tempo, todos os seus líderes passarão a repetir isso do jeito deles; a essência, contudo, permanecerá a mesma.

5

INICIANDO A JORNADA

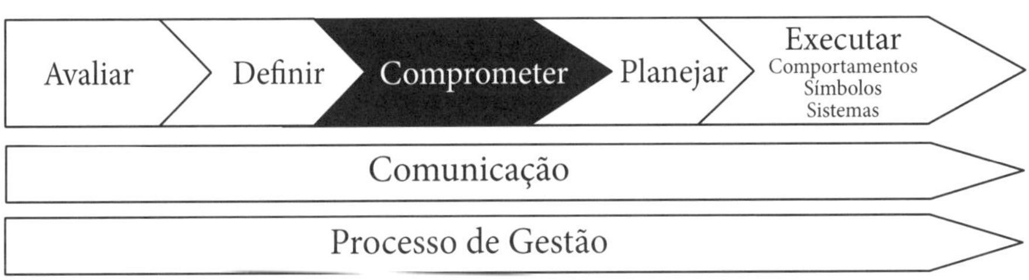

COMO COMEÇAR – O TRABALHO DA LIDERANÇA

Mudanças significativas de Cultura só podem ocorrer depois da mudança do modelo mental e do comportamento da diretoria ou da equipe de liderança. Mudança de Cultura não é algo que se conduza de baixo para cima. As organizações são naturalmente hierárquicas. Aqueles no topo têm mais poder do que os demais, e suas opiniões, decisões e comportamentos impactam mais pessoas do que qualquer outro indivíduo da organização. Cultura tem a ver com mensagens. As pessoas leem as mensagens e adaptam seu comportamento para atender ao que julgam ser a norma desejada. Mas quem estabelece as normas? Mais do que qualquer outro, é o chefe. Afinal, em uma hierarquia, o chefe tem o poder de determinar a carreira de seus subordinados, sua remuneração ou sua permanência na organização. São poucas as pessoas que consciente e continuamente desafiam os chefes. Isso não significa que nunca discutirão com o gestor – elas o farão se acreditarem que seus gestores apreciam esse comportamento ou que seu histórico de bom desempenho e resultados lhes deu esse direito.

A diretoria é importante porque, afinal, eles são os chefes finais. Mais ainda, suas decisões permeiam a organização, enviando sinais sobre o que é importante. Eles determinam onde os recursos serão empregados. Por exemplo, em uma situação de orçamento limitado, eles vão decidir se vão investir neste exercício em um novo sistema de CRM ou de Contabilidade. O quanto os sistemas internos são amigáveis para os clientes é decorrente de decisões tomadas ao longo dos últimos anos. A diretoria toma essas decisões diretamente ou por meio das expectativas que estabelecem para aquele sistema em particular.

E, finalmente, as decisões da diretoria têm forte impacto simbólico. Elas têm um longo alcance. Suas ações são amplificadas, e mais se lê nas entrelinhas do que na mensagem original.

> *"Walking the Talk"*
> *A diretoria impacta a Cultura por meio de seus comportamentos, símbolos e sistemas.*

Para nosso propósito, referiremo-nos à "diretoria" como o grupo que tem o maior impacto, por meio de seus comportamentos, símbolos e sistemas, sobre a Cultura que você está tentando mudar. Ao pensar sua estratégia, será necessário definir quem é esse grupo para os objetivos que se quer alcançar.

Em uma organização familiar, os membros da família podem ter mais influência do que os que detêm posições executivas. O Conselho pode ser mais influente do que os executivos ou podem ficar em segundo plano quando se trata de assuntos relativos à Cultura. Se sua organização é pequena, digamos, com menos de 50 pessoas, esse grupo será composto do diretor-geral mais uma ou duas pessoas. Em uma organização com 50 a 500 pessoas, provavelmente o diretor-geral mais a sua diretoria. Em uma estrutura de sócios, tal como uma empresa de consultoria, você deverá incluir todo o grupo de sócios como a equipe de liderança; isso significa que você, ou o responsável pelo processo, terá o trabalho de coordenação em suas mãos, já que não existe a figura de diretor-geral com autoridade para tal.

Acima de mil funcionários, poderá ser viável mudar a Cultura em uma parte da organização sem enfrentar a coisa toda. Isso é particularmente verdade se o departamento em questão for relativamente autossuficiente. Se, por exemplo, você for o líder de uma divisão geograficamente separada, ou com responsabilidade por seu P&L, poderá conseguir um resultado razoável e mudar vários elementos da sua Cultura.

Em empresas com mais de cinco mil funcionários, o líder de divisão pode conseguir um impacto considerável.

Fatores limitantes podem ser os sistemas globais ou corporativos. Um cliente nosso é o executivo principal responsável por um país, dentro da estrutura de uma grande multinacional. Essa organização, como muitas do seu tipo, tem várias práticas e políticas padronizadas em todo o mundo. O processo de planejamento e orçamentação é uma delas. Esse processo não se presta para criar o senso de propriedade de metas pelas pessoas que serão responsáveis pela posterior execução. Nosso cliente teve muito trabalho para criar um processo local que permite redistribuir os números entre eles. No entanto, isso criou outras dificuldades, pois a natureza matricial da estrutura implica que seu pessoal responda também ao chefe geral de produto. Assim, eles têm dificuldade em ser totalmente integrados com as aspirações culturais do executivo local.

Muitos terão de enfrentar versões parecidas em seu local de trabalho. Não se desespere. Mudança de Cultura não é uma operação tão cirúrgica quanto gostaríamos. O importante é descobrir quais as fontes de mensagens que você pode de fato influenciar e quais aquelas com as quais terá de conviver. No Capítulo 12 abordo mais detalhes de como mudar a Cultura pelo meio.

Você precisa ter uma visão analítica e determinar qual unidade organizacional ou nível é o lugar certo para impulsionar a parte da Cultura que você planeja mudar. É melhor definir metas culturais que você acredita poder executar, mesmo que sejam menos ambiciosas do que suas aspirações. Sua decisão dependerá de:

- Seu nível de independência e quantas são as alavancas de mudança que você pode controlar ou exercer forte influência.
- O tamanho do esforço que vai ser necessário para influenciar para cima – vale a pena fazer isso no início ou esperar até que alguns resultados comecem a aparecer?
- A natureza da mudança cultural que você pretende dependerá primariamente de comportamentos (que você pode influenciar mais fortemente) ou de sistemas (que podem estar fora do seu controle).

Então, pense bem como será formada sua equipe de liderança para o propósito desse trabalho. Já tem uma ideia? Este será o meu primeiro trabalho, e isso inclui você mesmo, assumindo que você faça parte da equipe; se não fizer, eu lhe mostrarei como influenciá-la.

A primeira parte do trabalho com a equipe de liderança

É melhor formar a equipe antes de entrar em muitos detalhes ao planejar como você vai dirigir o processo mais amplo de mudança. Seja você o líder da equipe, ou um membro da equipe responsável por uma linha de negócio, ou um gerente de uma função tal como RH, ou um especialista em desenvolvimento organizacional, a maneira de envolver a equipe nesses primeiros estágios vai determinar o tipo de plano que você vai criar.

Há quatro objetivos a conseguir com o grupo neste estágio:

1. Entendimento e aceitação da Cultura atual.
2. Confiança de que a Cultura almejada trará resultados para o negócio.
3. Compreensão do processo como um todo.
4. Reconhecimento do papel do grupo na Cultura, e o que terá de mudar.

O seu objetivo no longo prazo é alinhar os comportamentos e os valores do grupo à Cultura almejada.

Em minha experiência, esse último ponto – e o mais importante – não acontece da noite para o dia. Você tem de seguir adiante mesmo sem ter a certeza de que isso de fato aconteceu. No Capítulo 9 voltarei ao assunto, descrevendo como mudar comportamentos e valores, focando esses quatro pontos.

Escolhendo sua estratégia de influência

Vamos assumir que você, leitor, já conseguiu atingir os primeiros objetivos descritos. Nossa tarefa é pensar na melhor maneira de trazer os seus colegas para esse mesmo ponto. Aqui preciso fazer uma distinção entre os que são gerentes de linha, líderes de equipe e os que têm um papel técnico, ou funcional, onde a Cultura é um imperativo.

Como um líder de equipe

Se você é um gerente de linha com um time de subordinados, você está em uma posição forte. Lembre-se de que falamos antes sobre as razões para embarcar nesta jornada. Você já está convencido, talvez por uma experiência anterior, um senso intuitivo, ou uma forte razão estratégica, de que este é o caminho a tomar. Como líder, você vai descobrir que pode atingir os três primeiros objetivos, talvez com um pouco de ajuda externa para orientá-lo sobre os passos a tomar nesse processo.

Seu desafio é o quarto objetivo, fazer com que o grupo de líderes se dê conta da contribuição deles para formar a Cultura existente. A chave para isso reside na qualidade do seu diagnóstico de Cultura, no quanto ele conseguiu reproduzir o *status quo*. A melhor abordagem agora é seguir a lógica, usando comportamentos, símbolos, sistemas e exemplos hipotéticos. Você precisa identificar os membros do grupo em quem as pessoas confiam; eles servirão como importante fonte de informação e retorno. Poderia ser o gerente de RH, os consultores externos ou um pessoal mais jovem cuja opinião é ouvida.

A chave é entender que a maioria das pessoas não tem muito conhecimento sobre o impacto do seu comportamento sobre os outros, que a nossa influência tem largo alcance. Sempre existirão boas razões porque se adotou determinado curso de ação; é claro que não o fizemos para deliberadamente enviar mensagens não desejadas! Portanto, uma postura de ataque não será tão eficaz como uma exploratória. Nos estágios iniciais, busque o entendimento de que há uma forte influência do nosso comportamento e decisões sobre a Cultura mais ampla.

Encontre os seus pioneiros. Estes são os funcionários que já acreditam que esta abordagem é o caminho certo. Talvez sejam necessários somente um ou dois nos estágio iniciais. Durante esse processo, será fácil identificar os que não estão ainda convencidos; prefira, no entanto, concentrar seus esforços naqueles que já embarcaram, fortaleça sua crença, reforce sua confiança neles para que você tenha companhia no limbo. Essas são as pessoas que você precisa ajudar de modo a conseguir massa crítica.

Como influenciador, em um papel funcional

Se você estiver em uma posição de influência, mas não é um líder de equipes, seu desafio é maior, mas ainda realizável. Temos trabalhado com muitos profissionais de RH e gerentes de linha que estão procurando fazer mudança cultural e notamos que a maior barreira aparente são eles mesmos. Quanto poderia ser alcançado sem embarcar completamente esse indivíduo? A resposta é que algum progresso pode ser feito, mas você precisa ter em mente o estilo dele ao planejar os próximos passos.

Conheci uma equipe cujo líder era muito retraído, com falta de habilidade e vontade de exigir responsabilidade e com dificuldade de tomar decisões. Apesar disso tudo, conseguiu considerável progresso na implantação de uma Cultura de Superação ao trabalhar em conjunto com o chefe. Foi necessária uma grande colaboração entre eles, mas juntos conseguiram melhorar a eficácia de seus departamentos ao constituir uma equipe virtualmente autodirigida. Isso somente aconteceu porque se uniram e não fizeram jogo político para ganhar favores do líder.

Sua melhor abordagem é encontrar uma maneira de ganhar o coração e a mente do seu líder. Usando os processos descritos aqui, você deve alcançar os três primeiros objetivos: aceitação da Cultura atual, confiança de que a Cultura almejada trará resultados para o negócio e o conhecimento da jornada como um todo.

Tanto os líderes de equipe quanto os influenciadores devem olhar para o ponto de inflexão. Há um momento mágico durante esse processo quando o padrão comportamental da equipe começa a se inclinar para a nova Cultura e se distancia da antiga. Por algum tempo, parece que nunca acontecerá, mas subitamente acontece com rapidez. Uma nova pessoa na equipe, por exemplo, pode desequilibrar a balança ou um membro influente do grupo pode mudar de ideia.

Quando esse ponto de inflexão acontece, você poderá perceber dois ou três membros do grupo que ainda não estão a bordo. Mas eles vão se distanciar do ambiente social. Essas cabeças do passado entrarão em um processo de ostracismo. Você notará que nos próximos meses eles poderão deixar a empresa ou pedir para sair; mas o grupo de alguma forma vai colocá-los em uma posição de baixa influência, embora ainda possam precisar deles por alguma habilidade ou experiência específica.

Todos os seus esforços devem se dirigir à equipe. A melhor maneira de fazer isso é concentrar seus esforços naqueles que chegaram aqui com mais facilidade. O ponto de inflexão é decorrente da massa crítica – você não precisará contar com todos para atingi-lo.

CONSTRUINDO O PLANO DE NEGÓCIO PARA A MUDANÇA

Algumas organizações passam por uma crise, na qual fundamentam a necessidade de retrabalhar sua Cultura. Se sua organização atravessou um momento extraordinariamente difícil e os eventos que contribuíram para isso podem estar relacionados com facilidade à Cultura, construir o plano para a mudança torna-se mais fácil. Algumas empresas acreditam que a dinâmica para a mudança só poderá ocorrer ao se atingir o fundo do poço. Seu impacto cria o catalisador que obriga à tomada de decisões antes evitadas ou talvez traga um grupo de novos executivos com um claro mandato para a mudança. Essa situação pode produzir de fato uma nova Cultura, desde que o novo líder reconheça as alavancas da Cultura e faça mais do que simplesmente demitir uma porção de gente. Mudar, como iremos explorar em detalhe nos próximos capítulos, decorre de uma resposta emocional. A crise certamente fornece uma delas. Mas o plano pode ser também construído sem uma crise; Cultura pode ser motivada por uma inspiração tão boa quanto pelas sequelas de um desastre.

Aqueles que não são entusiasmados por uma Cultura são mais propensos a ser conquistados pela lógica do que pela emoção. Para esses, o plano de negócio se torna ainda mais importante. Veja como construir o plano para a mudança cultural.

O plano de negócio para a Cultura torna-se mais substancial quando os benefícios são mais amplos do que "tornar este lugar mais agradável para trabalhar". Parece que, em algumas comunidades de negócio, floresce a crença de que Cultura é uma "coisa confusa e etérea" a que nos dedicamos além de realizar negócios reais. Errado. Cultura é algo que se faz toda vez que uma decisão é tomada. Cultura é o que faz com que os seus projetos estourem o orçamento, seus planos sempre se atrasem, seus clientes fiquem frustrados e sua empresa fique cega a ameaças reais, até que estas a ponham de joelhos. Cultura é o seu negócio, não alguma coisa que se faz no tempo vago.

Seu plano de negócios para a Cultura deve se concentrar em pelo menos seis áreas. São aquelas em que a Cultura tem seu maior impacto:

Velocidade	• Capacidade de resposta a mudanças no mercado • Processo de tomada de decisão • Capacidade de execução
Responsabilidade	• Regularidade na entrega • Sem desculpas • Cumprimento
Rigor	• Falta de trabalho em grupo • Gerenciamento de riscos • Disposição para a mudança
Simplicidade	• Menos prolixidade • Menos adereços
Colaboração	• Evitar duplicação • Evitar feudos • Privilegiar o todo, em vez do indivíduo
Atratividade	• Reter talentos • Sólida marca como empregador • Fazer o cliente se sentir importante

Para montar o seu plano de negócio demonstrando os benefícios de mudar a Cultura, calcule os custos potenciais existentes nas seis áreas descritas e acrescente 20%. Você verá que as cifras impressionam e superam amplamente o estimado investimento em seu plano de Cultura. Essa porcentagem foi escolhida como um valor bastante conservador. Se você realmente transformar a sua Cultura, vai gerar números ainda mais expressivos.

Para fazer isso, você precisa entender quais características de sua Cultura atual causam problemas. Seu diagnóstico cultural deve apontá-las em detalhes.

Preparei uma visão geral dos pontos a investigar, analisando as **Culturas baseadas na ausência das características** presentes nos seis arquétipos culturais descritos no Capítulo 4. São coisas que ocorrem diariamente na maioria das organizações, trazendo custos para os acionistas mais elevados do que a maioria das pessoas imagina.

Características da ausência da Cultura de Superação
(Veja na página 63 a Cultura de Superação)
Fugir da responsabilidade é a mais forte característica dessa Cultura. Aqui a norma é que ninguém é responsabilizado por resultados específicos. Tal Cultura evolui quando se torna claro que os erros serão punidos, mas os bons resultados não serão recompensados. A prioridade é ficar fora dos problemas. O jogo se torna uma forma sofisticada de se livrar da batata quente, evitando ser responsabilizado quando o problema estoura.

Fatos que podem ser observados no dia a dia

1. Muita atividade. Ela acoberta a falta de responsabilidade para com o resultado. Estar ocupado é uma boa maneira de ficar fora de problemas. Faz-se um pouco de tudo, de maneira que ninguém especificamente possa ser acusado de ter feito algo errado. Culturas assim tendem a perseguir todas as novas oportunidades, estratégias ou segmentos de mercado.
2. A medição de resultados é complexa, e os objetivos são difusos, de modo que é difícil dizer se eles foram alcançados. Confusão é a melhor forma de falta de prestação de contas. Essas Culturas não aperfeiçoaram suas métricas, medindo coisas demais para acompanhar múltiplas atividades.

3. As decisões são lentas, e a complexidade está por toda parte. As apresentações são longas, e as respostas às questões não são claras. Privilegia-se o intelectual. Há muita conversa. Decisões demoram e, quando chegam, vêm sem convicção, sendo anuladas pouco depois. Uma decisão sempre envolve riscos e estes devem ser evitados.
4. Falta responsabilidade individual. São usadas equipes, em vez de indivíduos. Todo mundo se envolve em tudo. É raro que alguém tenha um assunto sob sua inteira responsabilidade. As reuniões se alongam, e as agendas ficam repletas. Há um excesso de consultores, de modo que eles virtualmente tocam o negócio. Os projetos não terminam nunca, pois seu escopo é constantemente ampliado.
5. Justificativas são dadas e aceitas. As empresas desenvolvem um complexo modelo de razões pelas quais o desempenho foi prejudicado. Essas justificativas descrevem eventos reais, tais como dificuldades de mercado, movimentos de concorrentes etc., sem mencionar o que a gestão está fazendo para antecipar e mitigar esses riscos.
6. Os responsáveis pelo mau desempenho não são claramente identificados, e nenhuma ação é tomada para puni-los. As pessoas não são demitidas, mas transferidas para outra área.

Impactos negativos no desempenho

- Falta de foco na estratégia; faz-se um pouco de muitas coisas; não se concentram investimentos em áreas para gerar vantagens competitivas.
- Não se descontinuam produtos deficitários, não se fecham divisões não lucrativas, nem se cancelam projetos que não estão caminhando bem.
- Falta cumprimento de normas, o que, em casos extremos, pode levar a práticas ilegais.
- Uma decisão que tarda a ser tomada resulta em retrabalho ou reanálises do projeto, com consequente adiamento de vantagens competitivas ou de oportunidades de redução de custos.
- Gestores dos quais se toleram longos períodos de baixo desempenho com impactos na produtividade e no moral da equipe.
- Uso excessivo e equivocado de consultores.

Características da ausência da Cultura Foco do Cliente

(Veja na página 69 uma detalhada descrição da Cultura Foco do Cliente).
Existem dois tipos de ausência da Cultura Foco do Cliente.

O primeiro tem como principal característica a burocracia voltada para dentro. Nesse caso, é como se o cliente realmente não existisse. A Cultura é construída em torno das necessidades e políticas dos funcionários. As regras são escritas para atender às necessidades de controle, e existem hábitos arraigados. O sucesso é definido pela manutenção da ordem, por não cometer erros, não correr riscos e pelo atendimento das exigências das chefias. Tais Culturas produzem obediência e convencionalismo, combinados com aceitação passiva. Em monopólios, sejam eles estatais ou privados, essas organizações podem ter sucesso por um longo tempo. A voz do cliente é irrelevante.

O segundo é mais agressivo: o dos empurradores de produto. Essas organizações são caracterizadas por arrogância e autoconfiança, o que lhes permite levar os clientes a comprar seus produtos e serviços. Essa abordagem também pode ser bem-sucedida, especialmente quando os concorrentes usam procedimentos similares. As técnicas de venda são eficientes, e os produtos, razoáveis. Essas organizações entendem dos seus clientes, mas com o viés de saber o que é preciso fazer para vender mais. Vender é um impulsionador mais forte do que prestar serviço. Sua abordagem no mercado é empurrar, e não atrair.

Fatos que podem ser observados no dia a dia

1. A mudança é lenta. A organização não responde à insatisfação do cliente e, em muitos casos, não o acompanha de forma significativa. Os clientes passam por frustração por longos períodos; quando a mudança acontece, é para tornar a vida do cliente ainda pior.
2. Muito tempo e dinheiro são investidos em atividades que não adicionam nenhum valor.
3. A organização investe muito em convencer os clientes a fazer o que ela quer, a comprar seus produtos e a usar seus serviços.

4. O cliente é visto por meio dos seus produtos, e não como pessoa. Isso é confuso para o cliente e caro para a empresa, que não consegue os benefícios de soluções integradas.
5. Os clientes se tornam incrivelmente frustrados, sentem-se prisioneiros, especialmente quando se trata de um monopólio ou serviço público, pois não há alternativas. A imagem da empresa no mercado e a falta de investimentos tornam difícil a contratação de pessoal competente, com reflexos ainda amais negativos nos serviços.
6. Como a mentalidade de prestar serviço é fraca, a cooperação interna também não funciona bem.

Impactos no desempenho

- O custo decorrente do baixo conhecimento que a gestão tem do que faz o cliente vibrar; são tomadas decisões que afastam ou frustram os clientes. O faturamento sente o golpe.
- As ocasiões em que não se reagiu rapidamente a ameaças dos concorrentes, ou por não enxergar a ameaça, ou por incapacidade de contra-atacar.
- Alterações nos hábitos dos clientes que não foram percebidas.
- Não é bem clara a relação entre os custos de retenção e aquisição de clientes.
- Os danos à sua marca e à sua reputação por atitudes insensíveis do seu pessoal.
- Aumentos extraordinários de custos em áreas sem relação com clientes, departamentos que criam atividades inúteis para justificar sua existência.
- Relacionamento ineficiente entre as áreas de frente e as de suporte, causando retrabalho.

Características da ausência da Cultura Um Só Time

(Veja na página 74 a descrição da Cultura Um Só Time).

Uma organização com esse tipo de Cultura tende a ser desarticulada.

Aparecer bem na foto é a principal característica observada no comportamento. A Cultura é construída em volta da glória de indivíduos e nesse processo atrai e cria grandes egos. Essa Cultura se desenvolve quando se torna óbvio que o profissional é valorizado ao atrair as atenções, e que isso nem sempre vem acompanhado de um bom desempenho. A prioridade se torna construir a própria imagem, valorizar o *status* e o sucesso individual.

O quanto esse sucesso está de fato relacionado a resultados financeiros ou outras realizações tangíveis dependerá de quão influente é o traço da Cultura de Superação nessa Cultura. Quanto menor, mais o individualismo aparecerá como brilho, em vez de trazer resultados. É o tipo de lugar onde "desempenhar" é mais usado na acepção de "representar" do que na acepção de "executar". Entretanto, se houver uma influência razoável do arquétipo Superação, é possível conseguir bons resultados, desde que o tipo de negócio não exija grande cooperação interna entre as áreas.

Fatos que podem ser observados no dia a dia

1. Feudos individuais que resultam em duplicação de esforços e falta de disposição em compartilhar informações e recursos com os demais.
2. Provincianismo, dificuldades com a globalização ou estruturas que requerem trabalhar em múltiplos grupos, tais como as matriciais. Falta de colaboração com pessoal de outras áreas ou divisões. Relutância em assumir responsabilidade por metas sobre as quais não possuem inteiro controle.
3. Competição interna, com muito esforço dedicado a mostrar o bom trabalho que fazem na sua área. As reuniões são ocupadas com apresentações e, se houver discussão, ela tende a assumir a forma de comentários críticos para diminuir o trabalho apresentado. Ninguém sai dessas reuniões melhor do que entrou, e, portanto, elas são um grande desperdício de tempo. Definição de metas se assemelha a um leilão.
4. Falta de apoio entre os pares. A gestão se resume à relação entre chefe e subordinado. Não se resolvem coisas entre colegas, tudo tem de ser levado aos escalões superiores. Uma área que enfrenta dificuldade não recebe ajuda, pois não há vontade de apoiar o sucesso dos outros.
5. As relações internas tipo cliente-fornecedor são fracas. Clientes internos não se sentem responsáveis por ajudar seus fornecedores internos.

Áreas de apoio têm dificuldade de equilibrar seu papel de apoio *versus* seu papel técnico ou de controle.

6. Reinvenção da roda. Aprender com os outros ou adotar suas metodologias não é habitual, gerando várias maneiras diferentes para executar os mesmos processos dentro da organização. Visão comum ou estratégias corporativas são difíceis de executar, pois as pessoas saem das reuniões em que isso foi combinado e continuam a fazer de seu próprio jeito.
7. Há desrespeito pelo valor dos outros, tanto com os indivíduos quanto com suas responsabilidades. Há sensação de existir cidadãos de segunda categoria. Dificuldades com a diversidade, como em fusões e aquisições, preconceito com mulheres e desprezo por determinadas funções dentro da organização.

Tudo isso impacta o desempenho dessas organizações, e é nesse clima que você encontrará o seu motivo para a mudança.

Impactos no desempenho

Ao trabalhar em seu Plano de Cultura, leve em conta as seguintes questões:

- Os custos de duplicação de esforços. Coisas como programas de treinamento, ou soluções de TI, sendo inventadas em muitas áreas simultaneamente.
- Definição de metas bombásticas, pela vontade de aparecer perante a chefia, em detrimento de outros.
- Adoção de estratégias divisionais que não estão em linha com a visão geral. Os custos do canibalismo, roubando clientes uns dos outros.
- Dificuldade na execução de projetos que são liderados por uma área, mas precisam da colaboração de outras, como o projeto de novos produtos ou sistemas de faturamento de clientes.
- Reclamações de clientes sobre problemas relativos à falta de colaboração entre áreas, tais como vendas diretas e on-line.
- Perda de talentos de áreas menos valorizadas, como em casos de fusão.

- Investimentos desperdiçados em projetos sem levar em conta o que outras áreas possam estar fazendo, como campanhas de publicidade sem aviso à produção, ou ao treinamento, causando perda de faturamento.

Características da ausência da Cultura de Inovação

(Veja na página 79 a descrição da Cultura de Inovação)

Organizações que não possuem o espírito empreendedor no cerne de sua Cultura apresentam algumas características peculiares. Sem uma Cultura de aprendizado e o crescimento esquecido no passado. Queixam-se de quão duro é o mundo, seus clientes, seus concorrentes, seus produtos e serviços e, assim, trabalham muito para moldar o mundo segundo sua vontade. Elas são frequentemente e, no seu entender, de forma inesperada, sobrepujadas por concorrentes com maior disposição para aprender.

Os funcionários encontrarão razões externas para explicar por que as coisas dão errado. Eles vão culpar outros, justificar, negar e se defender. Não estão abertos a retornos, sejam eles diretos ou indiretos. Sinais do seu mercado não são apresentados de forma coordenada e não chegam às pessoas que estão tomando decisões para o futuro. Os funcionários também logo perceberão que qualquer tentativa de mostrar isso aos gestores será recebida com argumentos defensivos.

Quando criança, eu gostava muito de quebra-cabeças. Havia sempre um deles em um feltro verde sobre a mesa, e todos nós sentávamos à sua volta para conversar e posicionar algumas peças. A família era fanática por quebra-cabeças; éramos tão fanáticos que era proibido olhar para a foto na tampa da caixa. Todo Natal minha avó, uma mulher formidável, que tratávamos por Gar, sentava-se diante do jogo logo ao chegar. Ela tinha, no entanto, um defeito fatal. Quando achava que determinada peça caberia em uma posição, ninguém a convencia do contrário, apesar de todas as evidências. Ela simplesmente forçava a peça na posição, reclamando da má qualidade moderna na fabricação dos jogos. Logo aprendemos a não questionar a sua sabedoria, embora na manhã seguinte sorrateiramente corrêssemos para corrigir seus erros de modo que fosse possível terminarmos o quebra-cabeças. Sempre me recordo dessas noites com Gar quando somos convidados por uma organização com uma Cultura de não aprendizado.

Uma organização não inovadora vive em uma bolha criada por ela mesma, o que se torna um problema ainda maior quando ela tem sucesso relativo. As sementes do seu futuro fracasso residem na arrogância decorrente de seu sucesso atual. Muitos consideram que a empresa está liderando as tendências, em vez de segui-las, o que é, de fato, o caso. Mas o que não é visível para quem está fora é quanta aprendizagem e quantas correções são necessárias para se tornar um criador de tendências. Essas organizações experimentam muitas abordagens até encontrar aquela que conduz ao sucesso. Eles não atolam no caminho.

Uma abordagem estreita leva à tolerância da mediocridade e não permite ver o declínio dos padrões de exigência. O suficiente se torna o bastante. À organização falta vontade de perseguir a excelência, assim, entregando aos clientes o que pode ser adequado, mas não encantador. Seu futuro dependerá do mercado – se os concorrentes também forem medíocres ou se a empresa estiver protegida por normas regulatórias do governo, ou ainda se o custo de entrada de novos participantes nesse mercado for proibitivo, ela poderá ter sucesso. Mas, no momento em que houver uma oportunidade, os clientes correrão para o concorrente mais inovador, moderno ou excitante.

Fatos que podem ser observados no dia a dia

1. A organização está a reboque das opiniões e necessidades de suas comunidades externas. Quando os indicadores começarem a refletir isso, ela reagirá reforçando sua atual posição ou seus produtos.
2. Há falta de disposição em reconhecer o erro e voltar atrás. Isso significa ficar amarrado a contratos, parcerias ou estratégias insustentáveis, ou perseguir projetos que claramente nunca terão sucesso.
3. Erros são repetidos pelo mesmo grupo de pessoas que não assumem a responsabilidade direta. Várias partes da organização tornam a repetir os mesmos pecados de seus colegas e predecessores.
4. O retorno não chega àqueles que poderiam agir.
5. Não é dada às pessoas a oportunidade de aprender com seus erros; a responsabilidade e a autoridade não andam juntas.

Impactos no desempenho
Os custos desse tipo de Cultura são decorrentes de:

- Atrasos em lançar inovações ou nunca fazê-las.
- Retrabalho causado pela repetição de erros, tanto em projeto de produtos quanto em execução de projetos ou falhas de entrega.
- Reinvenção da roda; diferentes departamentos trabalham nos mesmos assuntos, porque não há transferência de conhecimento entre as áreas.
- Burocracia, altos custos associados à má gestão de custos.
- Baixa qualidade de produtos manufaturados e nos serviços prestados, resultando em elevada taxa de desperdício, que não é reduzida ao longo do tempo. Falta de consistência e grandes variações no padrão de qualidade.

Características da ausência da Cultura Orientada a Pessoas
(Veja na página 84 a descrição da Cultura Orientada a Pessoas)
Quando uma organização não valoriza seu pessoal, ela se torna um lugar desagradável para trabalhar. As pessoas com iniciativa e autoconfiança simplesmente deixam a empresa. Não é um lugar que as pessoas escolhem para trabalhar se existirem outras opções.

Essas Culturas parecem desgastar as pessoas ao longo do tempo. Os funcionários entram na empresa cheios de entusiasmo, mas gradualmente esse espírito se esvai. Depois de alguns anos, eles nem mesmo consideram a possibilidade de sair, o que pode ser reflexo do mercado ou de seu estado de ânimo. Uma Cultura abusiva produz uma sensação de desamparo. As pessoas começam a assumir o papel de vítimas.

O ressentimento cresce. Funcionários se queixam de sua sorte. Suas conversas com os companheiros sobre as chefias e a companhia são amargas. Eles deixam sua consciência na portaria e passam o dia obedecendo a normas. Isso é particularmente real na linha de frente, onde regalias tais como *status*, poder e salários são menores e, portanto, não trazem compensação por viver em um ambiente insuportável.

As pessoas são vistas como problemas. Se um cliente reclama, os supervisores culpam o contato. Soluções sistêmicas ou de processo não são pensadas, pois os gestores estão imbuídos da mentalidade de culpar os outros. A falta de respeito com as pessoas e o não reconhecimento de seu desejo de contribuir estão na raiz dessa Cultura.

Fatos que podem ser observados no dia a dia

1. As pessoas fazem o mínimo necessário e não mais. Elas não vão dar aquele algo mais nem aos colegas, nem aos chefes ou clientes.
2. Falta de investimentos em treinamento e desenvolvimento resulta em baixa qualidade de serviço. Os funcionários não têm o conhecimento necessário para realizar bem o seu trabalho.
3. Os padrões são frouxos, as pessoas atrasam seus compromissos, não retornam ligações nem passam recados.
4. Ao serem promovidos a posições de chefia, criam paredes em volta e encontram maneiras de trabalhar em benefício próprio. Passam a tratar seus subordinados da mesma maneira como foram tratados.
5. Aproveitam-se sempre as oportunidades quando elas aparecem, para burlar o sistema, furtar, enganar e mentir.
6. Discriminação, assédio sexual e intimidação são comuns quando aqueles que atingem posição de autoridade usam seu poder.
7. Quando há oportunidade, as pessoas deixam a empresa. As vagas são frequentemente preenchidas externamente, pois não existem programas de treinamento e preparação de substitutos.

Impactos no desempenho

- Custos de recrutamento, seleção e treinamento.
- Perda da memória da organização como decorrência da perda de bons funcionários.
- Custo dos roubos e outros desvios de recursos da empresa.
- Mudanças de processos ou produtos não são adotadas e realizadas porque as pessoas não acreditam nas informações que recebem.

- Falta de retorno da linha de frente sobre problemas ou potenciais problemas; é um ambiente onde denúncias não são bem recebidas. Por exemplo, é conhecido o fato de que funcionários da NASA sabiam sobre problemas com os retentores da nave Challenger, mas não os levaram aos escalões superiores antes do desastre.
- Processos trabalhistas por funcionários que se sentiram maltratados.

Características da ausência da Cultura de Propósito Maior

(Veja na página 89 a descrição da Cultura de Propósito Maior)

Os membros da organização manifestam comportamento de insensibilidade para com a sociedade. Essa Cultura encoraja as pessoas a permanecer dentro dos limites que são visíveis para elas e têm impacto de curto prazo em seu trabalho. Os funcionários não conseguem perceber o ambiente maior no qual a empresa está inserida. Eles não estão cientes da opinião pública, de novas maneiras de pensar, tais como as preocupações ambientais, diversidade no trabalho ou sustentabilidade. Ou, no mínimo, desconhecem o papel que deveriam assumir na organização e no cotidiano do seu trabalho.

Organizações com essa Cultura tendem a operar com valores egoístas, não com os valores nobres. Elas acreditam que sua função é gerar resultados em curto prazo para as partes interessadas e que a responsabilidade de cuidar da sociedade é do governo ou das igrejas. A predominância de valores egoístas dentro da organização tende a transmitir isso aos funcionários. Faltam significado e propósito na organização; com isso, perde-se o senso de satisfação pessoal e realização que motiva as pessoas a fazerem coisas extraordinárias, que não podem ser substituídas por salário. Esse comportamento da organização pode resultar em comportamentos de seus funcionários que prejudicam sua reputação e, eventualmente, ferem a lei. O Propósito é substituído pelo Nada.

Não há mecanismos de aferição do impacto da empresa, seja ele social, ambiental ou espiritual. Essas organizações não vão muito além do mínimo de respeitar as normas legais de operação locais. Sua maneira míope de enxergar suas responsabilidades não lhes permite aferir as preocupações de seus clientes com as questões de sustentabilidade.

Fatos que podem ser observados no dia a dia

1. Não há preocupação com o legado, com o benefício em longo prazo que a empresa pode trazer para o mundo.
2. Falta investimento nos assuntos da comunidade, patrocínios com um genuíno desejo de contribuir e envolver os funcionários na comunidade.
3. As normas ambientais são frouxas, e há frequentes violações de requisitos básicos nessa área.
4. Há exploração de fornecedores ou uso de mão de obra barata.
5. Sente-se falta de alma, frequentemente observada na falta de entusiasmo dos funcionários com a missão da organização.

Impactos no desempenho

- Danos na reputação. A organização se torna desconectada da opinião pública, e acontecem erros que fazem com que a marca da empresa passe a ser associada a más práticas.
- Insatisfação dos clientes que consideram a ética como valor em seu processo de compra, ou dos acionistas em relação aos seus investimentos.
- Funcionários que valorizam o significado passam a ver a empresa como menos atraente. Isso é particularmente verdadeiro para os jovens.
- A empresa começa a receber multas relativas a disposições legais e ambientais.

Com toda essa informação, montar o plano de negócios ficou mais fácil. É importante mostrar como a Cultura motivará as pessoas a se comportar de modo a impactar o desempenho e também como os valores escolhidos afetarão a eficiência dos processos de investimento e de tomada de decisão. Com esses conceitos bem estruturados desde o início, a influência da Cultura no desempenho será muito maior do que o previamente imaginado por aqueles que viram o seu plano de negócio. O maior inimigo do trabalho em Cultura é a percepção de que ele foi concebido somente para deixar as pessoas felizes, quando isso é meramente um subproduto. Alguns nem mesmo ficarão felizes quando a Cultura começar a mudar. São aqueles que se sentem confortáveis em uma das Culturas descritas e podem achar que sacudir seu pequeno mundo pode ser muito ameaçador!

RESUMO

Chegamos ao fim da primeira fase da nossa jornada e da primeira seção deste livro. Neste ponto, você deverá ter:

1. Um entendimento da sua Cultura atual.
2. Uma descrição do que pretende.
3. Um motivo para mudar.
4. O entendimento amplo da jornada.
5. Uma equipe embarcada, ao menos intelectualmente.
6. Alguns companheiros de viagem totalmente comprometidos.

Esta etapa dura em torno de seis meses. Você agora está preparado para seguir adiante. A segunda seção deste livro vai lhe mostrar como prosseguir de onde está até a implantação da Cultura que você escolheu.

Seção 2

O PLANO DE DESENVOLVIMENTO DA CULTURA

Construir ou mudar a sua Cultura deve ser encarado com a mesma disposição e disciplina dedicadas a qualquer componente do seu negócio, seja sua estratégia de marketing, sua plataforma de TI ou sua estrutura de custos. Vai ser necessário um plano, ao qual se dedicarão recursos e e cuja execução será gerenciada. Não importa quão motivado você esteja, e mesmo que você seja o diretor-geral, o carisma da sua convicção não será suficiente. Muitos falharam nessa empreitada, e a análise dessas falhas mostra que foram subestimadas a dificuldade do entendimento do processo, a complexidade da execução, ou, ainda, em alguns casos, a falta de percepção de que você é parte do problema e da solução.

Vou chamá-lo de Plano de Desenvolvimento da Cultura. Ele vai indicar como você vai levar sua organização da sua posição atual – que você já conhece pelo Diagnóstico de Cultura (Capítulo 4) – até a posição almejada, detalhada na sua Cultura-Alvo (Capítulo 5). Como montar o plano de negócios para dimensionar o investimento que será necessário será descrito no Capítulo 6. A finalidade do Plano é demonstrar o retorno do investimento esperado, que será decorrente da implantação da Cultura-Alvo.

Seu Plano vai examinar o processo de como mudar as mensagens de comportamento recebidas e, em decorrência, mudar a Cultura. Vai detalhar os mecanismos à sua disposição – comportamento, símbolos e sistemas. Vai explicar como se pretende gerir o processo, quem será o responsável e como o progresso será avaliado.

Em linhas gerais, o Plano deve abranger os próximos três anos, com o primeiro em detalhe. Deve ser revisado a cada ano. A natureza da mudança do modelo mental e do comportamento humano é complexa, e, assim, são esperadas mudanças de rumo ao longo do processo. É difícil prever o ritmo do progresso, quais os grupos que avançarão mais rápido e quais os que resistirão com mais firmeza. À medida que os líderes forem adotando uma atitude motivada por valores, eles mesmos passarão a ser os agentes de mudança, levando-a a patamares até mais altos do que você mesmo teria imaginado. Mas isso, é claro, é exatamente o que você quer!

Esta Seção 2 do livro começará por mostrar um quadro de como as pessoas pensam, sentem e se comportam, o que lhe dará o conhecimento para montar um plano para influenciá-las. Os capítulos a seguir mostrarão como mudar o seu próprio comportamento e o dos outros, como usar os símbolos e sistemas para construir a sua Cultura e os processos de comunicação e de gestão.

6

A ESTRUTURA DA MUDANÇA

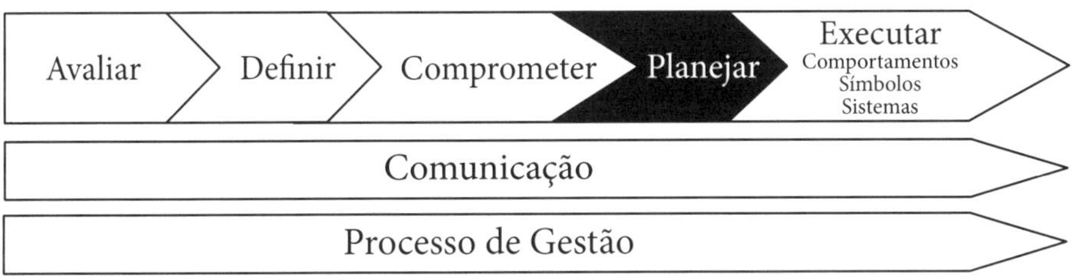

O comportamento está no cerne de qualquer Plano de Desenvolvimento da Cultura. Ele é também a chave do desempenho da sua empresa.

Sua Cultura é continuamente reforçada por meio dos comportamentos das pessoas, especialmente daquelas que estão em posição de influência. Elas se constituem nos modelos de referência. Todos observam seus comportamentos para saber o que é normal ou esperado. Para mudar a Cultura, é necessário mudar o comportamento de certo número de pessoas, mais especialmente daquelas em posição de influência. A liderança é sua primeira prioridade.

As pessoas se comportam do mesmo modo que pensam e sentem. Nossos pensamentos, nossas crenças, nossos valores e sentimentos – alguns profundos e inconscientes e outros superficiais e transitórios – são os agentes do nosso comportamento a cada momento. Essa nuvem de pensamentos que passa em nosso íntimo eu chamarei de modelo mental.

Para mudar a Cultura é necessário mudar o comportamento dos líderes, e para isso é preciso mudar seu modelo mental. Mas, como sabemos, esse modelo é influenciado pela Cultura atual, que está continuamente dizendo a eles para se comportar exatamente como o fazem agora.

> Seu plano precisa descobrir como fazer as pessoas se comportarem contraculturalmente pelo tempo suficiente para estabelecer uma nova norma. Daí eles trarão os demais com eles.

Esta é a estratégia fundamental para mudar a Cultura.

> Mudar o modelo mental dos líderes
> **Leva a**
> Mudar os comportamentos desses líderes
> **Leva a**
> Mudar o processo de decisão desses líderes, em linha com suas novas crenças e valores
> **Leva a**
> Pessoas atribuírem significados a essas decisões, associados a uma mudança nos valores
> **Leva a**
> Novas mensagens sendo recebidas por toda a empresa sobre o que é valorizado agora (apoiado por facilitadores de mudança, redesenhados simultaneamente)
> **Leva a**
> Outras pessoas na empresa a mudar os seus comportamentos para se ajustar às novas normas
> **Leva a**
> Reforçar ainda mais o fato de que a Cultura e os valores já mudaram
> **Leva a**
> Novos patamares de desempenho, resultados dos valores escolhidos

Aí está. É assim que funciona. Seu trabalho é montar e executar um plano para facilitar essa cadeia de eventos.

O QUE É COMPORTAMENTO E QUAL É O SEU EFEITO NO DESEMPENHO?

Nada acontece no contexto de negócios que não seja por meio de pessoas; é por isso que nos referimos a elas como o maior patrimônio da organização. Todas as pessoas da sua empresa passam grande parte do seu tempo no trabalho. O que elas fazem com esse tempo determina o desempenho da empresa. Todo o esforço associado à liderança, motivação, desenvolvimento organizacional, Cultura e outras atividades semelhantes tem como objetivo influenciar a maneira como os funcionários utilizam seu tempo no trabalho.

Tudo o que acontece na empresa é decorrente do comportamento de pessoas. A maneira como você e seus colegas se comportam determinará a estratégia a ser adotada, a disciplina na implantação, como alocar recursos e como liderar o projeto.

Nossos clientes sempre nos perguntam como provar a relação entre Cultura e desempenho. Nós achamos que o difícil não é provar a relação, mas, ao contrário, difícil é encontrar algo na empresa cujo resultado não dependa de comportamentos, que por sua vez são moldados pela Cultura.

O gráfico que representa isso seria como este:

O que nós fazemos (comportamentos) produz o que temos (resultados).

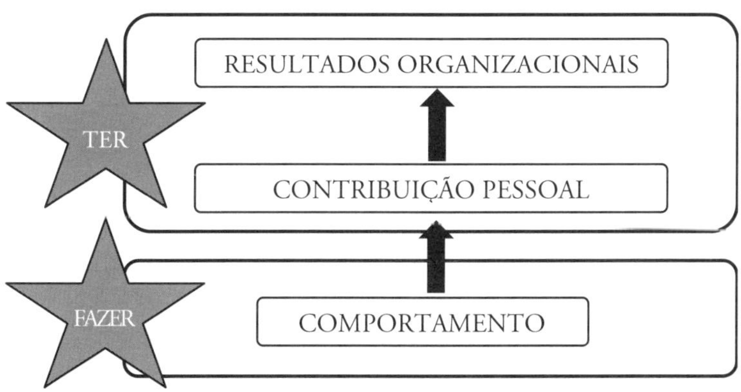

Cada comportamento produz um resultado específico. Um comportamento diferente produzirá um resultado diferente. Se você quiser resultados diferentes dos atuais, você terá de adotar comportamentos diferentes. Albert Einstein dizia que a definição de insanidade seria continuar a fazer o que sempre se fez e esperar um resultado diferente.

O objetivo de ter a melhor Cultura possível é criar um ambiente que extrai comportamentos do seu pessoal que são os mais adequados para os objetivos da sua organização.

O que é comportamento?

Comportamento é como eu atuo no mundo. É o que faço, o que é visível para os outros. As palavras "comportamento" e "ação" são usadas de modo impreciso para abranger toda espécie de atividade das pessoas no trabalho. Para planejar suas intervenções, você precisa ter clareza do que esses termos significam e o que você realmente está buscando mudar.

Analisamos muitas listas de comportamentos usadas pelas organizações para definir o que elas querem do seu pessoal. Concluímos que podemos agrupar o que as pessoas fazem no trabalho em três categorias:

1. Interação com os outros.
2. Uso do tempo.
3. Tomada de decisões.

Descreverei cada uma para mostrar como, mudando o modelo mental, muda-se também o comportamento e, portanto, os resultados.

1. Interação com os outros

Esta categoria inclui:

– a *qualidade* da interação:

- Amigável
- Brusca
- Clara

- Honesta
- Hostil
- Inspiradora

– e também o *conteúdo* da interação. Conteúdo é o que dizemos, ou escrevemos, ou fazemos com o nosso corpo (toque, riso, golpe, desvio de olhar etc.).

Aqui estão alguns exemplos entre as milhões de interações comportamentais:

- Diga a alguém que está insatisfeito com o seu desempenho, mas mantenha contato visual ao longo da conversa.
- Proteste contra uma proposta que lhe foi feita por e-mail.
- Sorria e pergunte a um cliente de modo amigável se ele está satisfeito com o seu serviço.
- Converse com entusiasmo sobre recentes sucessos em reunião com a equipe.
- Questione o funcionário do financeiro sobre a exatidão dos dados de vendas.

Embora alguns dos nossos comportamentos sejam bastante instintivos, certos modelos mentais aumentam nossa habilidade de monitorar e ajustar a maneira como interagimos com os outros. Por exemplo, se você criar um ambiente de confiança com alguém, os comportamentos mútuos mudarão. A maioria das pessoas é capaz de criar confiança sob determinadas circunstâncias e com apoio certo. Seu Plano de Desenvolvimento da Cultura vai criar as iniciativas para fornecer essas circunstâncias.

Da mesma forma, tendemos a evitar comportamentos que não nos dão confiança. Muitas vezes, essa falta de confiança é resultado de falta de habilidade. Se ensinarmos às pessoas a habilidade de dar retorno, aumentamos a confiança delas, e elas estarão mais propensas a fazê-lo. Seu programa vai incluir programas de formação em competências.

2. Uso do tempo

Nós todos passamos no trabalho uma determinada parte do nosso dia. Como escolhemos o que faremos com esse tempo? A cada minuto do dia estaremos fazendo escolhas de como utilizá-lo. Digamos que eu tenha meia hora antes da próxima reunião. Eu poderia:

- Ligar para um cliente. Mas, qual cliente? Aquele que gosta de mim ou o que está insatisfeito com o nosso serviço?
- Telefonar para o meu namorado.
- Fazer a lista do supermercado.
- Conversar com uma colega sobre um problema que está acontecendo.
- Revisar a apresentação de amanhã para o meu chefe.

E mais um milhão de outras escolhas. A escolha que eu fizer determinará meu resultado daquele dia e, em última análise, meu desempenho.

Como um funcionário gasta seu tempo é determinado pelo que ele considera importante, o que, por sua vez, é influenciado pela sua hierarquia de valores. Por exemplo, se alguém acreditar que atingir suas metas de vendas é mais importante do que ajudar um colega em seu novo projeto, e seu tempo é limitado, ele provavelmente não irá à reunião; ao contrário, vai ligar para mais um cliente. O seu Plano de Desenvolvimento da Cultura vai incluir iniciativas que reorganizarão a hierarquia de valores do pessoal e, portanto, mudarão as escolhas de como eles administram o seu tempo.

Como o tempo é gasto determina seu desempenho individual. Ninguém tem tempo suficiente, por essa razão estamos sempre fazendo escolhas sobre onde focar a nossa atenção. Para muitas pessoas, essas escolhas são bastante inconscientes. Outras delegam a tarefa de alocar seu tempo a outros. Suas assistentes ou seus colegas começam a programar suas agendas sem um rigoroso conjunto de critérios. A batalha pelo próprio tempo em uma grande organização, se ganha, será um grande fator de melhoria no desempenho.

A seguir, alguns exemplos entre os milhares de importantes comportamentos relacionados ao uso do tempo que contribuem para construir a cultura:

- Capacitação dos membros da equipe.
- Construir e comunicar a visão.
- Visitar clientes.
- Planejar e mitigar riscos.
- Procurar as melhores práticas e aprender como fazê-lo.
- Dar retorno sobre desempenho.

3. Tomada de decisões

Nós usamos nossa experiência, nossos valores e nossas crenças para fazer julgamentos o tempo todo sobre o melhor caminho a seguir. Por exemplo:

- Que recomendação fazer neste relatório?
- Qual dos dois contratar?
- Que objetivo dar a essa equipe?
- Devo pôr mais dinheiro nisso?
- Qual fornecedor escolher?
- Como precificar isto?

Decisões são tomadas com base em experiência e valores. A experiência nos diz o que funcionou antes e é acumulada para nos permitir escolher a melhor ação para o futuro. Já os valores nos dizem quais deveriam ser nossas prioridades e nossos critérios de decisão; portanto, se mudados, influenciarão nossas decisões.

A força da integridade e dos valores de diversidade em um de nossos clientes ajudou-os a tomar decisões difíceis sobre a demissão de um funcionário cujo comportamento para com as mulheres na festa de Natal foi abertamente sexual. Esse funcionário era um dos gerentes seniores, com um excelente desempenho em todos os aspectos. Ele acabou demitido por causa daquela noite. Um diretor-geral com um conjunto diferente de valores e crenças teria encontrado outra maneira de lidar com a situação (conforme você esteja lendo isto, consulte seus valores para imaginar o que você teria feito na mesma situação). Demitir aquela pessoa foi um comportamento.

Veja alguns exemplos de comportamentos nessa categoria que você pode almejar na sua empresa:

- Rejeitar condições de subemprego.
- Favorecer promoções internas sem considerar outros candidatos.
- Envolver toda a empresa ao escolher um novo software corporativo.
- Apoiar e se comprometer com uma decisão tomada pela equipe.
- Remover funcionários de baixo desempenho.
- Fechar uma divisão deficitária há longo tempo.

As três categorias que apresentamos (interação com os outros, uso do tempo e tomada de decisões) abrangem tudo com que cada um de nós contribui com a organização no dia a dia. Vou agrupá-las e chamá-las de "comportamentos" para nosso propósito aqui. Se você revisar a lista de comportamentos que foi levantada em seu processo de avaliação de desempenho, vai verificar que eles se inserem nessas categorias.

É possível ver a relação entre o comportamento e os resultados do trabalho de um funcionário, bem como o impacto no desempenho da organização. Veja o diagrama a seguir:

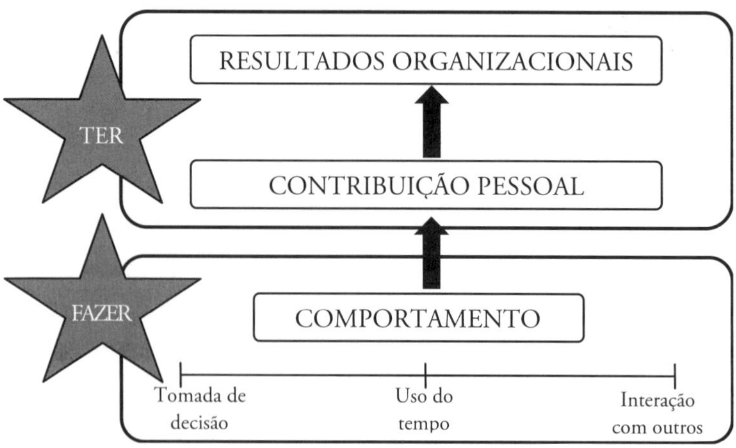

Como os comportamentos se agrupam para impactar o desempenho

Jô chefia um departamento do governo que oferece uma série de serviços. Alguns possuem excelentes padrões de qualidade, outros não. Nota-se também que as divisões com pior desempenho são as que possuem as maiores estruturas. Por muitos anos, Jô não dispunha de boas informações de desempenho por serviço, mas uma nova versão do sistema de gestão implantada há pouco tempo tornou essa informação disponível. Jô é considerada uma boa gerente, boa líder e respeitada pelos funcionários. Mas ela detesta tomar decisões difíceis. Ela é a clássica "boa gente".

Desde que os dados se tornaram disponíveis, Jô evitava tomar decisões em relação aos serviços com mau desempenho. Esse comportamento – evitar decisões – carrega uma porção de subcomponentes (como exercício, coloco entre parênteses a categoria do comportamento). Suas apresentações mascaram os problemas (categoria 3 – tomada de decisão), realocam despesas em outras áreas (idem) e fecham a discussão quando um membro de sua equipe tenta contestar os dados (categoria 1 – interação com os outros). Ela faz inúmeros relatórios ao Ministério dizendo que está tudo bem (categoria 2 – uso do tempo). Isso já dura um ano. Ficou claro para todos o que estava acontecendo, e, como resultado, uma Cultura de fugir da responsabilidade se espalhou pelo departamento.

Vejamos outro exemplo em que será possível analisar que mudanças de modelos mentais deveriam ocorrer para produzir um comportamento diferente e, portanto, um resultado diferente. A equipe de Tim tinha necessidade de informações atualizadas. Seu gerente de marketing era responsável por promoção de produto, o que requeria que as pessoas do atendimento estivessem preparadas para falar sobre qualquer produto assim que o cliente ligasse. Na última vez em que lançaram uma promoção, os atendentes só souberam disso quando os clientes começaram a ligar. Um deles teve, inclusive, de pedir ao cliente que lhe enviasse um e-mail com o anúncio da oferta especial de preço! Eles estimaram que a falta de informação para a equipe de vendas reduziu o faturamento em pelo menos 10% sobre o esperado.

Muitos tentaram levar ao conhecimento de Tim esse problema de falta de comunicação, mas ele os cortou com brincadeiras do tipo: "vocês já estão grandinhos e, portanto, são capazes de fazer as coisas por si mesmos" (categoria 1 – interação com os outros). Havia um item sobre promoções na pauta da reunião de gerentes anterior; no entanto, o item precedente da pauta se referia à preparação da reunião de Tim com a diretoria. Preocupado com a exatidão dos dados, Tim deixou que a reunião se alongasse de modo que ele ficasse confortável com os números que ia apresentar (categoria 2 – uso do tempo), e assim a discussão sobre promoções foi adiada (categoria 3 – tomada de decisões). O gerente de marketing não conseguiu uma discussão sobre o tema das promoções, mas não tinha sido a primeira vez, e Tim estava evitando ter essa conversa com ele (categoria 1 – interação). Mais tarde, no processo de avaliação, Tim o avaliou com conceito muito bom (categoria 3 – tomada de decisão), e o manteve na equipe por muito tempo, embora não apresentasse bons resultados no geral. Pode-se imaginar o impacto geral na equipe e na empresa.

Qual seria o modelo mental – crenças e valores – necessário para que Tim aumentasse o desempenho e enviasse novas mensagens culturais?

1. A comunicação entre os membros da sua equipe é importante, e é sua responsabilidade assegurar que isso aconteça; ele deveria questionar o entendimento e demonstrar suas expectativas nessa área.
2. Respeitar a agenda significa respeitar a importância relativa das coisas que temos para fazer e, assim, respeitar a equipe. Como chefe, Tim não tinha o direito de usar a reunião em seu benefício, ou seja, para fazer bonito na sua apresentação para a diretoria.
3. Honestidade nas avaliações de desempenho está no centro da Cultura de Superação. Avaliar bem alguém que não desempenha bem é desonesto e desmotiva a equipe.

Se Tim tivesse mantido esses valores, a organização teria obtido resultados muito diferentes, além do benefício de ter as equipes de marketing e vendas operando de forma coesa. O comportamento de Tim foi observado pelos outros; se tivesse mantido os valores, ele teria enviado mensagens sobre o que era valorizado e esperado na área e estabelecido uma nova norma cultural. Ela seria associada a:

- Desempenho.
- Espírito de equipe.
- Compromisso (no caso, com a agenda).

Esse é um exemplo simples, em que as relações entre comportamentos, crenças, valores e desempenho tornam-se aparentes.

MODELOS MENTAIS: OS IMPULSIONADORES DO DESEMPENHO

Isso nos leva à parte mais desafiadora e importante do seu Plano de Desenvolvimento da Cultura: mudar o modelo mental do seu pessoal. As pessoas fazem aquilo que são. Este nível do nosso modelo é chamado SER. O que uma pessoa É determina o que ela FAZ, que, por sua vez, determina o resultado que TEM.
SER – FAZER – TER

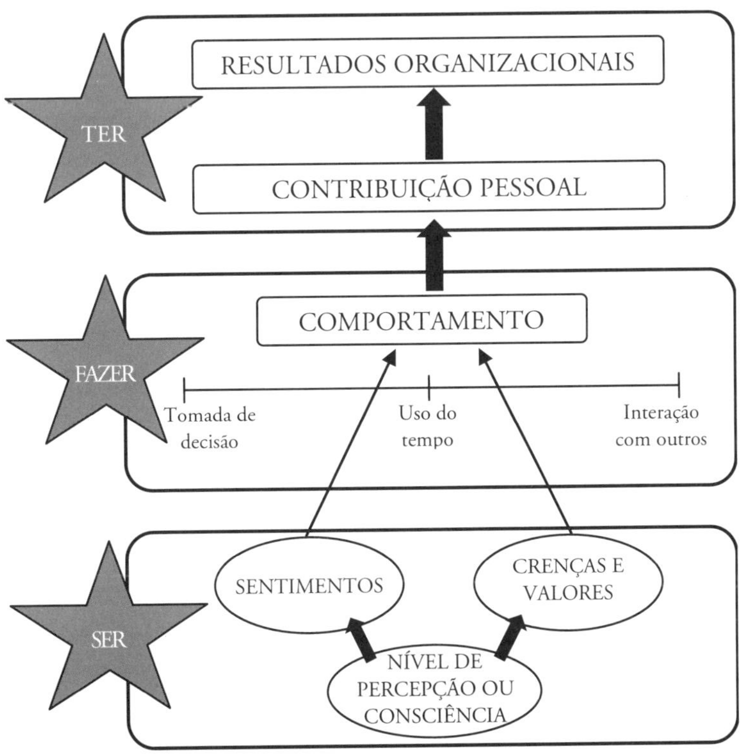

O nível SER, que denominei MODELO MENTAL, contém três elementos:

1. Sentimentos.
2. Crenças e valores.
3. Nível de percepção ou de consciência.

Para moldar o comportamento da sua organização é necessário entender cada elemento do nível SER, porque a mudança de comportamento é causada por mudanças no modelo mental.

Sentimentos

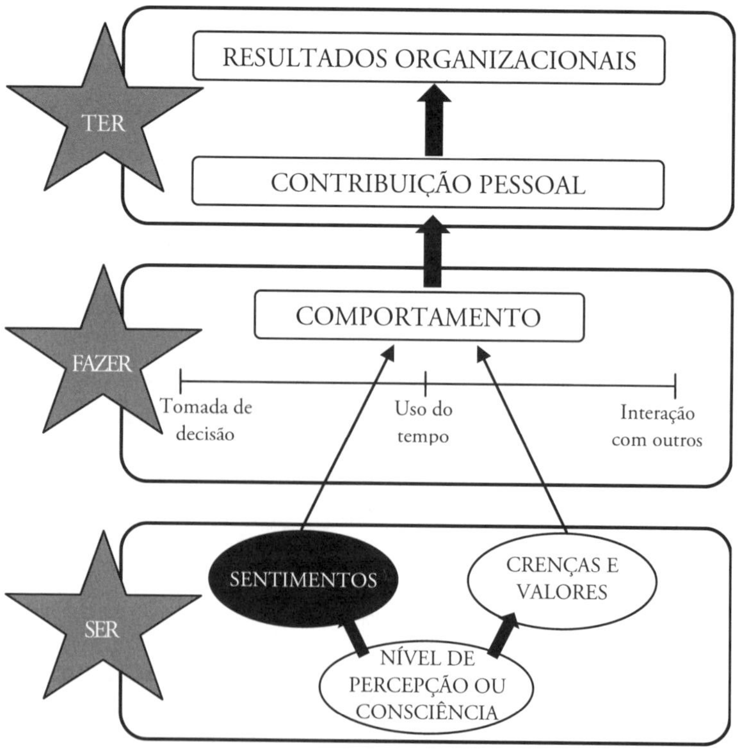

Como estou me sentindo determina o meu nível de envolvimento, o que significa quão envolvido eu me sinto. Isso determina quanta energia estou disposto a investir em qualquer situação. Determina minha emoção. Motivação (do latim *Motivu* – "que move") tem a mesma raiz que emoção. Se eu estiver emocionalmente envolvido em uma situação, vou responder com mais energia do que se estiver somente envolvido intelectualmente.

O envolvimento se torna a carga de energia por trás do meu comportamento. Se essa carga é positiva, vou mostrar comportamentos que são mais úteis e construtivos; se a carga for negativa, ou se houver pouca carga, meus comportamentos serão menos úteis, podendo no limite ser destrutivos.

Exemplos de tipos de sentimento que impactam comportamentos e resultados:

- Empolgação.
- Frustração.
- Ansiedade.
- Determinação.
- Nervosismo.
- Confiança.
- Desconfiança.
- Ceticismo.
- Cansaço.
- Irritação.
- Insegurança.
- Distração.
- Estresse.

Imagine duas possíveis reações de pessoas da equipe ao ouvir seu chefe detalhando seus planos para o exercício seguinte:

Reação A: sou novo aqui, sou ambicioso, este trabalho é uma oportunidade para me destacar; estou pronto para embarcar nessa jornada. Estou animado, entusiasmado, determinado.

Reação B: três anos atrás o chefe anterior veio com esse mesmo discurso. Tivemos um péssimo ano, porque ele tomou uma série de decisões estúpidas. Um monte de gente boa deixou a empresa. Estou muito cético em fazer de novo as mesmas coisas. Sinto-me desanimado, desconfiado, inseguro.

É evidente que essas duas pessoas vão se comportar de forma muito diferente diante de um pedido do líder.

Crenças e valores

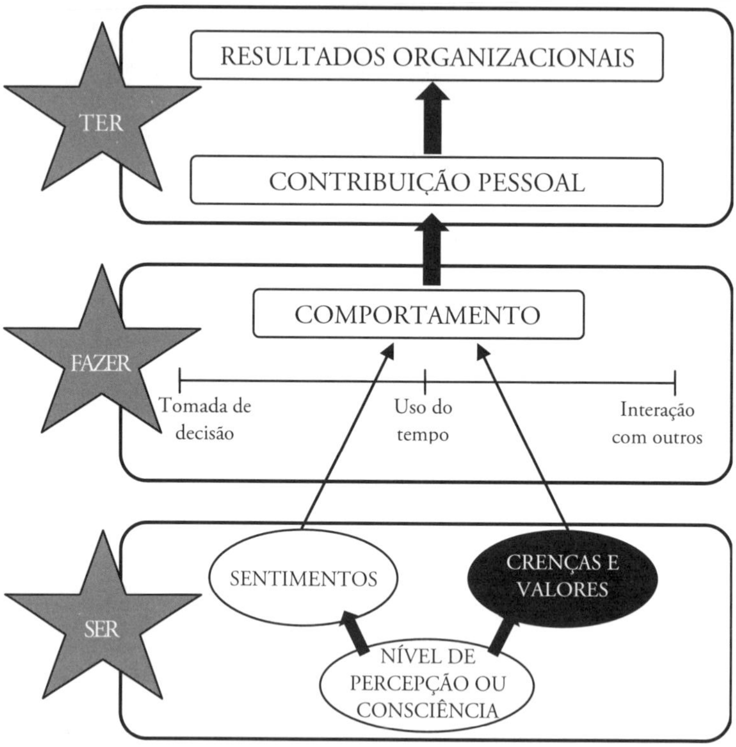

Crenças e valores vão dirigir essa carga de energia em determinadas direções. Eu abordei os valores no Capítulo 1 – aquelas arraigadas posições morais ou éticas que carregamos, relacionadas com o que entendemos ser "a coisa certa a fazer". Crenças são a nossa visão sobre o que é verdadeiro, sobre como o mundo funciona. Algumas delas são superficiais e conscientes, outras, muito mais profundas, e podemos nem ao menos estar conscientes de como elas afetam nosso comportamento. Frequentemente, por sermos animais contraditórios e ilógicos, as crenças e os valores não se alinham uns aos outros – temos uma crença superficial sobre alguma coisa, mas o nosso comportamento não coincide com essa crença porque temos também uma crença contraditória mais profunda. Quanto mais profunda – e muitas vezes mais inconsciente – ela estiver, tanto mais tenderá a prevalecer em situações de conflito. É o real impulsionador do comportamento.

Um velho amigo acredita ser importante desenvolver as pessoas, porém se recusa a delegar. Temos longas conversas sobre isso, pois também sinto em mim os mesmos conflitos. Com o passar dos anos, dado que ambos fomos aumentando a nossa autoconsciência, ele reconheceu que, enquanto superficialmente acreditava nas pessoas, no fundo ele tinha uma crença ainda maior na sua própria superioridade. Ele basicamente acreditava ser o melhor de todos e, assim, naturalmente assumia que faria a tarefa melhor do que todos. É esta última crença que está impulsionando seu comportamento. No meu caso, eu acreditava que precisava provar minha competência todo o tempo. Agarrar-me ao trabalho me permitia fazer isso. Em nosso caso, se quisermos realmente que nossa crença em desenvolver pessoas possa florescer, teremos de trabalhar duro para mudar nossas crenças mais profundas.

Exemplos de crenças que impactam comportamentos e resultados

- Não se pode confiar nos outros – se você quer bem-feito, faça você mesmo.
- O pessoal de Finanças não se preocupa com clientes.
- Se você fizer suficientes ligações, você conseguirá sua meta de faturamento.
- O mercado já vai melhorar.
- Meu chefe não gosta de ouvir más notícias.
- Para me dar bem aqui, preciso levantar os problemas abertamente.

Essas crenças foram formadas a partir de experiências que tivemos, a partir das quais tiramos conclusões, que podem ser diferentes das que outro poderia tirar das mesmas situações. Só porque muitas pessoas acreditam em algo, isso não faz com que seja mais ou menos verdade, ou necessariamente mais valioso que uma crença alternativa. Repare que não usei as palavras "certo" ou "errado" aqui. Algumas conclusões, e, portanto, crenças, se provarão mais úteis que outras no futuro. Com útil, neste contexto, quero dizer alcançar os resultados esperados.

Algumas crenças são mais racionais e, portanto, podem ser mudadas por meio de uma discussão lógica. Outras são mais emocionais e só poderão ser mudadas pelas experiências emocionais alternativas. Estas são vivenciadas mais como reflexos do que como crenças, embora provenham de uma profunda visão do mundo. São as mais difíceis de mudar.

Infelizmente, quando tenho certa crença, posso me comportar de forma a *causar* o resultado previsto pela minha crença. Um círculo vicioso então se forma. Por exemplo, se eu creio que as pessoas não são confiáveis, não estarei disposto a compartilhar informação com elas, o que tornará mais difícil para elas conseguir bons resultados. O fato de não terem conseguido bons resultados provará minha tese de que elas não eram confiáveis.

Além dessas crenças, temos nossos valores pessoais, que são as crenças profundamente arraigadas sobre o que é importante no mundo. Algumas pessoas possuem valores muito fortes, e nós as chamamos de pessoas movidas a valores, ou pessoas de elevados princípios. Para outras, valores são menos significativos para moldar o seu comportamento e elas tendem a ser mais influenciadas pelos seus sentimentos e crenças sobre aquilo de que precisam (dinheiro, por exemplo).

Exemplos de valores pessoais que impactam comportamentos e resultados

O valor de cuidar dos seus companheiros, ou afiliação. Isso ecoa por muitas partes da nossa sociedade, seja o orgulho nacional, torcida por um time de futebol, o desejo de ser membro de um clube ou um grupo de indivíduos que compartilham um conjunto de crenças e propósitos. Esse valor é fortemente ativado quando trabalhamos para uma organização.

O valor de ser fiel à palavra dada. Esse desempenha papel importante em assumir responsabilidade, entregar o que foi combinado, cumprir suas promessas. É uma peça fundamental na vida organizacional e nas relações entre a empresa e os clientes.

O valor do aprendizado. Isso está no cerne da disposição de coletar ideias e sucessos de outras partes da empresa, responder aos retornos recebidos e perseguir melhorias contínuas.

O valor da integridade. Isso fará com que as pessoas atuem honestamente mesmo quando têm a oportunidade de fazer o contrário, obedeçam às políticas do negócio, mantenham confidencialidade, respeitem as decisões tomadas em grupo e trabalhem no interesse da empresa que as emprega.

Pense em sentimentos, crenças e valores como o motor e o volante de um carro. Sentimentos, assim como o motor, determinam a potência disponível; crenças e valores, como o volante, orientam essa potência para determinada direção.

O nível de consciência

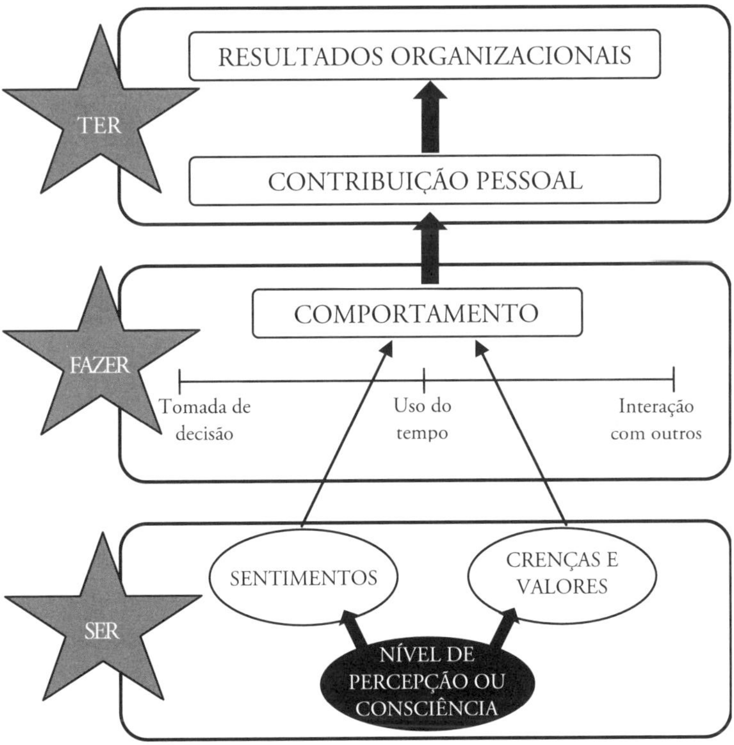

Na base do SER de cada um de nós está o nosso nível de percepção ou de consciência. Isso significa literalmente estarmos conscientes das outras partes do modelo e de como elas funcionam entre si. Uma pessoa inconsciente passa a sua vida se sentindo uma vítima dela. Ela não possui consciência de si mesma para ver a conexão entre ela e as experiências que vivencia no mundo. Uma pessoa consciente pode fazer essas conexões. Ela sabe que, para algo mudar, ela precisa mudar primeiro. Ela pode observar o funcionamento de sua mente o suficiente para mudar suas atitudes, quando elas não forem úteis.

Consequentemente, esses indivíduos serão mais propensos a ter crenças e valores úteis e edificantes para eles mesmos e para aqueles ao seu redor. Eles também serão mais propensos a produzir resultados satisfatórios, porque não operam no mundo da sorte, da probabilidade ou da magia, um mundo onde algum evento externo miraculoso ocorrerá para que tudo dê certo.

Se o nosso nível de consciência for alto, podemos observar o jogo que está sendo jogado pelos nossos valores, crenças e comportamentos que produzem os resultados na nossa vida. Nós teremos capacidade de sermos observadores da nossa vida e de nós mesmos, bem como participantes. Nós dançamos no palco, mas também nos observamos da plateia. Se pudermos fazer isso, o emaranhado de valores, crenças e sentimentos nos aprisionará menos. Estaremos em uma posição de força para ajustá-los quando eles não estiverem produzindo os resultados que esperamos.

O autoconhecimento ao longo do tempo nos levará a uma confiança interna que Abraham Maslow descreveu como autorrealização no livro *Motivation and personality*[5]. Ele descreve as pessoas autorrealizadas como:

- Tendo uma visão realista da situação, não personalizada nem muito pessimista ou otimista, capaz de distinguir entre o falso e o genuíno.
- Relativamente independentes da Cultura e do meio ambiente e menos suscetíveis à pressão social.
- Abertas à variedade étnica.
- Aceitando a si e aos outros.
- Tendo abertura e habilidade de ver as coisas com curiosidade, o que leva à originalidade e à criatividade.
- Espontâneas e com um senso de humor não hostil aos outros.

5 Sem tradução no Brasil (N.T.).

Isso seria um valioso conjunto de atributos para qualquer organização.

Um nível maior de consciência vem da autopercepção, quando se observam outras partes da sua mente executando suas rotinas. Aquela fração de segundo usada para recuar é o suficiente para permitir que você decida um comportamento diferente. Você realmente consegue ver-se atuando no próprio filme da sua vida e, ao mesmo tempo, dirigindo o processo. Como no filme *Groundhog Day*[6], em que Bill Murray tenta diferentes comportamentos aplicados à mesma situação para obter resultados diferentes, assim, um alto nível de consciência permite que você experimente comportamentos para produzir melhores resultados.

O nível de consciência determina o quão defensivo você é em sua resposta. Ele permite que você crie, em vez de reagir a determinadas circunstâncias de sua vida. Essa capacidade é extremamente importante para o processo de mudança de si mesmo. Sem ela, você é realmente uma vítima do seu modelo mental, e vai se sentir como se fosse o efeito do que a vida jogou em você. Nós chamamos isso de "ser vítima", que é, para algumas pessoas, um estado permanente do SER!

Um grande benefício colateral ao aumentar sua consciência é uma maior sensação de bem-estar. Ao desenvolver a capacidade de voltar atrás e assistir aos seus próprios comportamentos e reações você se sente mais centrado, menos sobrecarregado e mais feliz. Este é um bônus real ganha-ganha do seu trabalho em Cultura.

SER – FAZER – TER: A ESTRUTURA DA MUDANÇA

Vou usar o diagrama SER – FAZER – TER ao longo dos próximos capítulos para fornecer a estrutura para a construção do seu Plano de Desenvolvimento da Cultura. A empresa TEM uma Cultura, que está produzindo o desempenho que ela TEM. Uma grande influência sobre essa Cultura é o comportamento dos líderes da empresa, o que eles FAZEM. Você vai ter de remodelar como os seus líderes SÃO se quiser mudar o que eles FAZEM para conseguir os resultados que você TEM.

---

6 No Brasil, *Feitiço do tempo* (N.T.).

Essa remodelagem é chamada de mudança de modelo mental e será a principal fase do seu plano.

Para mudar a Cultura, você precisa mudar os modelos mentais no nível SER de uma massa crítica de pessoas. Isso significa cerca de 30% da força de trabalho nos primeiros três anos e de 60% a 70% dos gerentes. Há duas maneiras de mudar modelos mentais, mudar as pessoas ou mudar a atitude das pessoas. Será necessário fazer um tanto de cada uma. Conforme aumenta a massa crítica, mudam as expectativas ou as normas culturais. Fica mais claro o que é esperado agora. Neste ponto, aqueles que têm a capacidade de se comportar diferente, mas que não se atreviam a fazê-lo por temer ficar fora do grupo, começam a apresentar os comportamentos que se deseja, eles mudam no nível do FAZER. Observar isso vai lhe dar muito prazer. A mudança nessa população é o que acelera o processo de mudança com potência máxima.

Ao mesmo tempo, aqueles que se mantêm aferrados aos princípios e valores antigos se tornam muito visíveis. Este é o grupo que você vai ter de remover da empresa, por meio de incentivos ou mesmo algo mais forte. Alguns vão sair por vontade própria, pois sabem que não mais pertencem àquele ambiente. Outros vão se agarrar.

GRUPOS PRIORITÁRIOS NO SEU PLANO DE DESENVOLVIMENTO DA CULTURA

Quando seu objetivo é mudar a Cultura, seu alvo prioritário para mudança de modelo mental nos estágios iniciais são seus líderes. A natureza hierárquica das organizações significa que as mensagens enviadas pelos líderes têm mais influência na criação da Cultura. A fase inicial do seu trabalho deve ser, portanto, alterar as mensagens que os líderes enviam sobre o que é esperado.

Iniciar o trabalho com o pessoal da linha de frente será sempre dificultado pela Cultura na qual eles vivem. Por razões que já discutimos antes, esse pessoal estará disposto a mudar o seu comportamento para adaptá-lo à sua percepção do que é esperado. Assim, os supervisores e gerentes, ainda não expostos ao processo, tenderão a exercer grande influência na preservação do *status quo.*

A influência da liderança é particularmente forte em torno do que poderíamos chamar de valores organizacionais, tais como foco do cliente, trabalho em equipe, inovação e desempenho. Nessas matérias, as pessoas têm menos valores pessoais fora do ambiente de trabalho, fazendo com que a influência que elas recebem dos companheiros de trabalho seja mais importante. No caso de valores mais pessoais, como integridade, lealdade ou cuidar de outros, os funcionários tendem a se comportar mais segundo seus próprios valores.

O ponto de inflexão

A formação de uma coalizão de pessoas abertas às mudanças vai ajudá-lo a alcançar o ponto de inflexão a partir do qual as normas de Cultura começam a mudar e em que muitos dos que estavam em cima do muro começam a vir a bordo. É possível dar mais poder para aqueles que estão mais próximos ao modelo almejado, nomeando-os "embaixadores da Cultura" e dando-lhes um determinado papel no processo. Essa formação de grupos é importante para mostrar às pessoas que elas não estão sozinhas no processo de querer mudar; colocá-las em grupo vai lhes dar mais coragem e poder.

Como regra geral, inicie com a população de gestores. Inclua nesse grupo pessoas que tenham natural ascendência sobre seus pares, respeitadas pela sua experiência, seus conhecimentos técnicos ou seu desempenho.

Envolvendo a linha de frente

Quando uma organização começa a envolver a linha de frente, pode-se dizer que o processo de mudança está ganhando dinâmica. Grandes Culturas são sentidas na linha de frente tanto quanto nos níveis de chefia. Envolver a linha de frente é um passo significativo e é melhor fazê-lo quando os líderes estiverem alinhados e sinais de mudanças de comportamento começarem a ser observados. No entanto, não segure o processo para esperar que a liderança tenha tudo sob controle. Intenção e evidências de mudança já se constituem e são gatilhos para o próximo passo.

Envolver a linha de frente requer grande investimento de tempo e dinheiro. Por essa razão, é melhor esperar até que a liderança esteja convencida de que o investimento em Cultura terá retorno para o negócio. Uma vez envolvida a linha de frente, a Cultura se torna uma paixão e a característica intrínseca da sua organização. Cultura será assunto dos corredores. As pessoas terão orgulho do que foi conseguido e do caminho que a empresa está seguindo. Os benefícios para o negócio são entendidos e de conhecimento público.

Os gestores, às vezes, consideram que é necessária uma abordagem diferente para a linha de frente, por serem eles menos experientes, ou terem remuneração menor, ou pertencerem a sindicatos, ou, ainda, por possuírem menor aspiração profissional. Não concordo com essa abordagem. Há certa arrogância embutida nesses conceitos. "Por sermos líderes, temos maior capacidade de compreender programas mais avançados." A resposta deles aos componentes básicos do plano de Cultura – comportamentos, símbolos, valores, comunicação, sistemas – será tão favorável quanto a do grupo de líderes. Muitas vezes, a linha de frente manifesta uma abertura e um entusiasmo maiores do que o grupo de líderes, já mais cético por ter participado de várias experiências similares no passado.

O pessoal operacional tem as mesmas experiências, tais como confiança, medo, frustração, entusiasmo, dilemas, valores, culpas etc. Todos eles mostram a mesma gama de comportamentos e reações, assim, também vão se beneficiar ao serem apresentados a novas formas de ver a vida, vão se tornar mais orientados a valores, entendendo melhor o objetivo do trabalho. Nós notamos, nos vários países em que trabalhamos, que os líderes não apresentam um conjunto de comportamentos ou valores superiores aos da linha de frente. E, ao definir um novo conjunto de padrões e expectativas, as pesquisas anteriores tornam-se menos válidas, e, nesse sentido, todos voltam à estaca zero.

A ESTRUTURA PARA O SEU PLANO DE DESENVOLVIMENTO DA CULTURA

Agora que você conhece a estrutura segundo a qual a mudança ocorre, você pode começar a trabalhar na estrutura do seu Plano.

Você pode montar seu Plano levando em conta seis pontos:

1. A Cultura existente, a Cultura desejada, as lacunas entre elas e seu plano de negócios.
2. Iniciativas para mudar o modelo mental do pessoal, começando pela liderança.
3. Mudanças nos símbolos e sistemas a fim de reforçar as mensagens dos seus novos valores.
4. A estratégia de comunicação.
5. Como será medido o progresso da mudança.
6. A estrutura de gestão da jornada cultural.

O primeiro ponto já foi abordado em capítulos anteriores. Os próximos vão lhe fornecer os detalhes para que você tenha as condições para montar e executar o resto do Plano.

7

COMO MUDAR O SEU PRÓPRIO COMPORTAMENTO

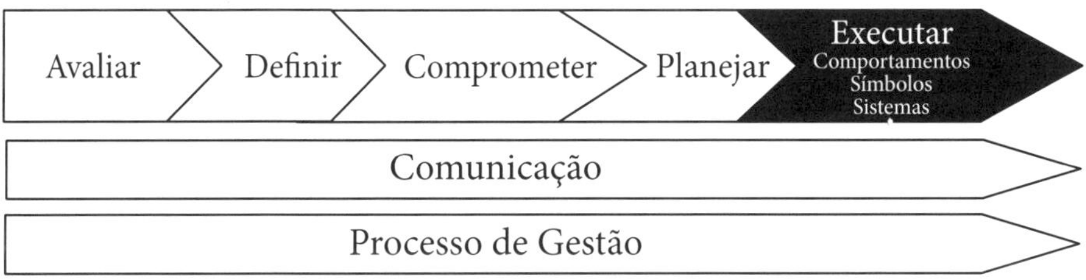

> *"Não diga nada. O que você é flutua sobre você – e faz tanto barulho que não consigo escutar o que você possa dizer ao contrário."*
> *Ralph Waldo Emerson*

Simplesmente não há mudança de Cultura sem a prática do discurso. Qualquer que seja o papel que você mantenha nesse processo, você tem de ser um exemplo do comportamento que deseja. Isso não significa ser perfeito em todos os sentidos, mas sim que quando o seu comportamento for inadequado, você deve estar consciente o suficiente para perceber isso e admitir para os outros.

Esse é um desafio para muitos líderes, porque eles vão argumentar, com razão, que já obtiveram sucesso em suas carreiras e por esse motivo seu comportamento deve estar adequado. Muitos são bem-sucedidos, apesar de seu estilo, mas nenhum muda a Cultura de sua organização sem alinhar o seu próprio comportamento ao que é exigido pela Cultura desejada.

Se você foi bem-sucedido no passado, terá sido dentro de uma Cultura que incentivou o tipo de comportamento que você exibia. Muitos líderes que conheço são realizadores agressivos e competitivos e são melhores liderando uma equipe do que como membros dela. Ao longo de suas carreiras, eles mostraram dificuldade em colaborar com os outros, mas suas organizações os recompensaram porque eles produziam resultados em suas próprias áreas, mesmo que, às vezes, à custa do todo. Esse tipo de líder não poderia chefiar uma *Cultura Um Só Time* sem mudar o seu comportamento.

Eu trabalhei bastante com Greg, gerente regional de uma empresa farmacêutica multinacional. Ele desejava uma *Cultura Um Só Time*. Como gerente regional, pode-se pensar que ele não precisaria trabalhar em equipe, mas ele era parte de uma equipe global. Sempre que mencionava seus colegas da sede da empresa, o fazia em termos depreciativos, acreditando que estava fazendo um trabalho melhor do que eles. Entretanto, seu pessoal não era estúpido, e todos podiam ver que Greg não estava pondo em prática o seu discurso. Quando fizemos a sua avaliação de liderança, os dados revelaram exatamente isso. Conseguimos fazer com que ele entendesse, mas nos tomou certamente um bom tempo!

Ao desempenhar um papel de liderança na Cultura, você tem de entender que está pessoalmente envolvido em fazer o tipo de mudança necessária. Você precisa andar mais rápido que os outros nessa direção. No mínimo, você precisa estar trabalhando consigo mesmo tão arduamente quanto você está trabalhando com todos os outros.

Pôr em prática o seu discurso exige que você mude o seu comportamento em qualquer ocasião, e não apenas quando você acha que está no centro das atenções. A única maneira de fazer isso é mudar o seu modelo mental. Se você não mudar no nível SER, poderá ser capaz de adotar alguns novos comportamentos em ocasiões especiais, mas o modelo mental que ainda carrega vai se evidenciar quando você não está concentrado, e os outros notarão a falta de consistência. Quando você muda seus sentimentos, seus valores e suas crenças conscientemente, a mudança de comportamento no nível de FAZER é automática, porque a força que estava por trás dele mudou. Essa é a única maneira de ter certeza de que você vai praticar o seu discurso.

Aqui apresentaremos algumas das melhores práticas para mudar o seu próprio modelo mental. Isso também fará parte de seu Plano, ao determinar como você pode ajudar outras pessoas a seguir alguns desses caminhos. Lembre-se, você tem uma vantagem aqui, você queria que isso acontecesse. Você é o que se chama de "exemplo vivo". Apesar disso, você vai achar esse trabalho bastante desafiador, porque ele vai empurrá-lo para fora de sua zona de conforto.

Há cinco caminhos para mudar modelos mentais. Você provavelmente vai querer trilhá-los todos em algum ponto da jornada.

Área de foco	**Tipo de prática**
1. Mudar crenças racionais baseadas no intelectual.	Exposição a dados e a argumentos racionais alternativos.
2. Mudar reações e crenças baseadas no emocional.	Desenvolvimento da inteligência emocional por meio de autoanálise, retorno, *coaching* ou terapia.
3. Tornar-se mais motivado por valores e construir a hierarquia dos seus valores.	Aumentar a autoconfiança e ouvir a intuição por meio de *coaching* e meditação.
4. Mudar seus sentimentos.	Aumentar a motivação positiva por meio de confiança, relacionamento e significado.
5. Mudar a consciência.	Criar oportunidades e praticar a autorreflexão.

Para muitas pessoas, esses caminhos, informalmente chamados de caminhos de desenvolvimento pessoal, são uma jornada de vida. Para alguns, o caminho de elevação da consciência tem um tom espiritual que talvez seja de fato uma busca do propósito da vida. Para outros, mais sensíveis às emoções, é um processo em que se entra como consequência de algum tipo de dor emocional e que conduz a uma viagem de descobrimento pessoal que traz muita alegria e desafio.

Devo confessar que tenho um viés pessoal. Meus primeiros anos foram passados na busca do meu desenvolvimento espiritual e emocional, e assim adquiri considerável prática nessas técnicas antes de entrar no mundo corporativo. A união de ambas as disciplinas tem sido o trabalho de uma vida para mim. O mundo corporativo, por sua vez, tem se mostrado cada vez mais consciente de que essa abordagem tem potencial para transformar, em vez de simplesmente mudar, Cultura e comportamento.

A transformação é um processo sem retorno. Ao saber que se pode produzir um resultado diferente se comportando de uma maneira diferente, não se pode voltar atrás. Assim, somos transformados. Eu me tornei uma pessoa diferente por causa desse novo saber. Isso é mais do que a mudança. Uma mudança pode ser revertida ou, ainda, mudar para uma terceira posição. Já uma transformação é permanente, e envolve uma dimensão maior que abraça a anterior. A internet, por exemplo, transformou o modo como nos sentimos e pensamos sobre a informação, bem como mudou o nosso comportamento. Se a internet desaparecesse amanhã, nós acharíamos outra maneira qualquer de conseguir acessibilidade à informação, pois já fomos transformados por esse conhecimento.

É esse nível de transformação que todos nós aspiramos em nossas iniciativas de mudança de Cultura. Para garantir o efeito permanente, precisamos de uma mudança interna, que mude para sempre a forma como vemos o mundo.

Assim, essa jornada pessoal vem como um alerta de saúde! Uma vez que você muda o que você sabe ser possível, tanto dentro de si mesmo como dentro de equipes e organizações, você não pode voltar atrás. Você descobrirá que a sua busca terá vida própria, para além das exigências de suas prioridades de negócios imediatos. Algumas organizações têm mesmo tomado a iniciativa de oferecer o programa para os cônjuges de seus funcionários, a fim de satisfazer o entusiasmo gerado em seu lar com o que estava ocorrendo no trabalho.

O QUE É NECESSÁRIO PARA MUDAR?

Você quase certamente vai precisar de alguma ajuda para entender o impacto que tem sobre a Cultura e como o seu modelo mental causa comportamentos que apoiam ou não o que é desejado. Você tem de encontrar uma maneira de ver a si mesmo por meio dos olhos de outras pessoas. Lembre-se de que estamos procurando as mensagens que as pessoas recebem a partir do seu comportamento, e estas geralmente serão diferentes das mensagens que se pretende enviar.

Existem muitas fontes das quais se pode receber esse retorno:

1. A partir de um instrumento de avaliação de 360 graus

Prós:
É anônimo e, portanto, suscetível de ser verdadeiro.
Pode ser projetado para a Cultura que você quer.
Proporciona um instrumento de medida da mudança.
A despersonalização dos dados é menos ameaçadora.

Contras:
Muitas vezes são um tanto vagos, aumentando o desejo de mais exemplos específicos.
Os dados podem despersonalizar e reduzir o impacto e a nitidez.
Qualidade mista de instrumentos.

2. A partir do seu diagnóstico de Cultura

Prós:
Fortes ligações com o impacto sobre a Cultura.
Permite visão de um grupo mais amplo.

Contras:
A menos que você seja o CEO, é mais provável ser atribuído ao grupo de gerência sênior e menos individualizado.

3. Pedir a colegas de sua confiança

Prós:
Vai lhe dar uma visão de apoio e equilibrada.
O questionamento em mais profundidade vai levantar detalhes que tornarão mais fácil decidir as ações.

Contras:
Colegas podem evitar alguns comentários, desejando não ferir ou desagradá-lo.
Colegas podem compartilhar uma visão que não é universal.
Se você adotar uma postura defensiva, haverá danos colaterias à relação.

4. Opiniões diretas do seu pessoal

Prós:
Demonstra sua verdadeira abertura e vontade de mudança.
Informações específicas do grupo que está mais próximo das mensagens.

Contras:
Requer disciplina real para não ficar na defensiva, o que seria altamente contraproducente.
É pouco provável que se encontrem elementos realmente importantes.

5. De um consultor externo ou treinador

Prós:
A experiência profissional fornece retorno construtivo.
Pode atrelar a avaliação com os possíveis impactos em Cultura e desempenho.
Trata-se de um observador mais imparcial do que o seu pessoal.

Contras:
Não vai vê-lo em ação em todas as circunstâncias.
Pode haver uma influência comercial.

Ouvindo as opiniões

O inimigo aqui é a defensiva. Na verdade, ela é o inimigo de todo o crescimento pessoal e da transformação. Defensiva é o ego gritando e lutando contra uma ameaça percebida. E do ponto de vista do ego, o retorno é uma ameaça. É uma ameaça para o arranjo confortável que você e seu ego estabeleceram ao longo dos anos. Esse arranjo é algo assim:

> Você: o mundo pode ser um lugar um tanto difícil, e é melhor não parecer muito vulnerável para evitar que alguém me machuque. Eu fui ferido dessa forma no passado (especialmente quando criança), e não é uma experiência agradável. Eu tenho medo de que isso possa acontecer de novo.
> Ego: certo. Então deixe-me construir um escudo protetor para que, da próxima vez que alguém tentar atingi-lo, você esteja preparado. Há uma série de escudos que podemos utilizar, tais como: "duro, de ataque" ou "intelectual e sem preconceito", ou, ainda, "humorista e flexível".
> Você: escolha o que você julga mais adequado.
> Ego (depois de muitas experiências de sucesso): eu estou indo bem, e parece que há mais ameaças potenciais do que pensamos inicialmente. Na verdade, esta parece ser uma boa maneira de viver a nossa vida.
> Você: (alguns anos mais tarde): o mundo não está respondendo da maneira que eu gostaria. Acho que não tem nada a ver comigo, tem?
> Outras pessoas: é tão difícil dar retorno para essa pessoa; achamos que não vale a pena!

O fato é que o escudo do ego e as respostas defensivas tornam-se um hábito, usado mesmo quando a ameaça é percebida e não real. Essas respostas são comumente agrupadas em duas categorias: luta ou fuga. E podem ser traduzidas por "vou comê-lo ou ele vai me comer", a partir de nossas raízes animais.

Alguns exemplos:

Lutar	Virar a mesa; menosprezar ou atacar o outro.
	Interromper, impedir que o outro fale.
	Prejudicar ou remover o outro mais tarde.
	Evitar situações ou conversas difíceis ou prejudiciais.
Fugir	Sair da sala, cancelar reuniões.
	Mudar de assunto, apelar para o humor em momentos-chave.

Todos nós temos áreas de maior sensibilidade. Elas são as partes de nós mesmos de que não gostamos e, portanto, sentimo-nos vulneráveis a respeito. A resposta defensiva do ego é natural. Seu desafio nessa situação é conseguir sentir a resposta subindo (a maioria das pessoas a sente em algum lugar do seu corpo, geralmente no estômago ou na garganta), manter o controle e FICAR ATENTO ao retorno.

Certa vez, facilitei uma sessão devolutiva muito desafiadora entre uma diretoria e alguns de seus subordinados diretos. Tomamos o cuidado de fazer um ensaio prático de antemão. Cada um dos diretores recebeu uma lista de "perguntas esclarecedoras", que são ótimas para receber retorno, pois elas o colocam em uma posição aberta, e seu colega se sente ouvido.

Exemplos de perguntas esclarecedoras:

- Você poderia falar mais sobre os motivos que o levaram a ter essa opinião?
- Como você percebe isso no dia a dia?

Questões proibidas:

- Qualquer sentença começando com "mas".
- Justificativas.
- Contra-ataques.
- Comentários condescendentes do tipo "ah, você não vê que..."

Eu teria trazido fita adesiva para vedar bocas, mas pensamos que poderia ser um tanto óbvio! Ao final, pensei que um ou dois deles estavam perto de um ataque cardíaco. Mas a transformação na relação foi extraordinária. O grupo se sentiu ouvido, creio que pela primeira vez. Só aquela sessão descarregou toda a energia negativa acumulada ao longo de meses, e limpou o ar para a exploração de novas possibilidades sobre como fazê-lo de forma diferente no futuro.

Usando o feedback que você recebe

Como você tem uma ideia clara sobre a Cultura que pretende implantar e os valores que a sustentam, deve focar os *feedbacks* nos comportamentos que estejam enviando as mensagens contrárias ao desejado.

Apresento aqui alguns *feedbacks* que ilustram obstáculos aos arquétipos de Cultura que definimos anteriormente. Eles se apresentam sob muitos disfarces, com palavras demais, exemplos específicos de comportamentos ou descrições generalistas:

Superação	Evitar ações duras contra os que mostram baixo desempenho.
	Falta de disciplina.
	Evitar tomada de decisão.
	Objetivos inconsistentes ou ausentes.
Foco do Cliente	Falta de empatia a respeito do impacto das decisões sobre os clientes.
	Falar sem escutar.
	Arrogância, conhecimento de todas as respostas.
Um Só Time	Falar mal dos colegas e de suas iniciativas.
	Isolamento.
	Pretender ser a estrela.
	Apunhalar pelas costas e fazer política.
	Fechado; não compartilha informação.
Inovação	Visão rígida; insensibilidade a opiniões divergentes.
	Falta de disposição de admitir erros.
	Aceitação do *status quo*.
Orientação a Pessoas	Falta de interesse pelos outros.
	Excessivamente controlador.
	Falta de delegação.

Pode-se notar que usei palavras de sentido negativo. Às vezes acho que os instrumentos de *feedbacks* são demasiadamente construtivos. Precisamos de uma pequena sacudida, se o ego aguentar. Saber que seu conceito foi 3,56 em "Delega adequadamente" pode ser um pouco brando para nossos propósitos. Saber que você é um obcecado por controle tem impacto muito maior!

Lidando com suas próprias justificativas

Seja o que for que você escutar, sua mente vai quase certamente construir um impressionante conjunto de razões pelas quais você precisa se comportar daquela maneira. Essas justificativas são o modo como o ego tenta protegê-lo. A maioria de nós tem mentes que nos tornam mestres completos nessa técnica. Uma das primeiras lições desse mestre é que toda boa justificativa tem de ser verdadeira.

John buscava tornar a sua construtora mais focada no cliente. O *feedback* que ele recebeu indicava que, em todas as grandes decisões que ele tomava, o controle de custos tinha prevalência sobre a necessidade do cliente. Na hora da verdade, o pessoal via que ele não colocava o dinheiro de acordo com o seu discurso. Sua justificativa foi boa: os acionistas esperavam um bom retorno no trimestre, e ele não podia pôr isso em risco. Embora comprometido com os clientes, as metas de receita não estavam sendo atendidas, e havia, portanto, necessidade de cortar custos para manter a margem compromissada. Era realmente uma boa justificativa, ficando difícil argumentar.

O truque está no "E". Para ser visto como realmente focado no cliente, John precisa encontrar uma maneira de entregar o resultado e continuar tomando decisões com o cliente em mente. Ele precisa se conscientizar de que mesmo uma boa justificativa não é suficiente; só assim ele encontrará maneiras de entregar resultados e satisfazer o cliente.

Há muitas alternativas para ele. Em primeiro lugar, orçar melhor. Fazer os cortes em atividades que não prejudiquem o cliente. Repensar o modo como o cliente foi tratado durante todo o tempo de vida do projeto. A criatividade só aparece ao decidirmos não usar os resultados de curto prazo como justificativa para decisões não baseadas no Foco do Cliente. Sem essa firme disposição, nem ao menos se conseguirá vislumbrar essas opções.

Eis algumas justificativas que você ouvirá dos outros – e de você mesmo:

- Não tenho tempo.
- Não quis dizer isso.
- Minhas intenções eram muito diferentes.
- Eles nunca estarão satisfeitos.
- Eles estavam se comportando da mesma maneira.
- Todo mundo está fazendo isso.
- Como posso acreditar neles se eles não são confiáveis?
- É somente uma boa prática de gestão.
- O mercado não está bom.
- Eles entenderam mal o que eu disse.
- Você não entende.
- Não temos suficiente informação. Pesquise mais.
- É o que se espera de mim.

Algumas dessas frases servem para mais de uma ocasião. Mas, se você está recebendo *feedback* de várias fontes, é necessário deixar de usar justificativas. Sua Cultura mudará somente quando houver a percepção de que você está de fato mudando. Seu desafio é fazer isso ao mesmo tempo que você lida com as demais responsabilidades do seu cargo.

Entendendo a ligação entre o seu feedback e a Cultura

Ao receber *feedback* de diversas fontes, você estará em posição de conversar com as pessoas sobre o que está ouvindo. Além de lhe dar um claro panorama sobre o que está acontecendo, elas serão capazes de ajudá-lo a ver as implicações futuras no seu projeto. Seu foco deve estar nos elementos do seu comportamento que causam o maior impacto na Cultura. Se você os identificar, pequenas modificações trarão grandes resultados.

As melhores iniciativas na mudança de Cultura são obtidas com um grande número de pequenas mudanças de comportamento. Imagine que você está no eixo de uma grande roda, olhando para o aro. Uma pequena inclinação de cabeça abarcará uma nova e extensa parte do horizonte. Pequenas mudanças no centro produzem grandes resultados.

TÉCNICAS PARA MUDAR O SEU COMPORTAMENTO

No começo deste capítulo eu comentei rapidamente que o seu comportamento (o que você FAZ) é decorrente de um ou mais dos motivadores no nível SER, tais como:

1. Por crenças racionais, ou intelectuais, sobre a melhor maneira de lidar com a situação.

Essas crenças são desenvolvidas pela experiência, aquilo que você aprendeu em anos no negócio. Elas podem ser bastante conscientes e bem articuladas: "Clientes respondem melhor a um telefonema do que a uma carta".

Ou, ainda, inconscientes e habituais: "Se eu frear, o carro vai parar, e isso é muito bom se o muro estiver próximo".

2. Por crenças não tão racionais com base emocional.

Estas são frequentemente generalizações aplicadas de forma indiscriminada a todas as situações: "Não sou suficientemente bom, as pessoas não querem ouvir minha opinião". Ou ainda: "Não se pode confiar na diretoria – ela apenas cuida dos próprios interesses".

3. Pela sua hierarquia de valores.

Entre duas alternativas, ambas atraentes, você escolherá aquela que estiver mais alta na sua hierarquia de valores. "Eu não concordo com o meu chefe, mas quero manter meu emprego e ele odeia ser contrariado" (entre sinceridade e segurança, a segunda é a mais importante).

4. Pelos seus sentimentos.

Estes podem ser transientes ou permanentes. "Eu não me sinto valorizado", "Sou um otimista", "Confio nessa equipe e quero contribuir".

5. Pelo seu nível de consciência.

Isso determina sua habilidade de observar a si mesmo e suas motivações e encontrar a mais adequada resposta comportamental. Também influencia a qualidade dos seus sentimentos.

Alguns modelos mentais são mais fáceis de mudar do que outros. Vamos fazer um pequeno teste. Defendemos aqui uma tese de que alguns comportamentos são menos propícios a mudanças na Cultura do que outros. Comportamentos que demonstram arrogância, por exemplo, falando como se sua opinião fosse mais valiosa do que a dos outros, não encorajam a apresentação de diferentes pontos de vista, particularmente dos mais novos e que, provavelmente, estão mais próximos ao cliente do que você.

Eu imagino que você esteja convencido com esse argumento. Portanto, pare de agir assim. Agora, imediatamente. Não mais arrogância, não mais interrupções, não mais dominação do ambiente com suas opiniões, não mais falta de atenção ao que é dito. É só isso. A Cultura mudou.

Funcionou? Ou você esqueceu? Ou a situação o obrigou a ser arrogante? Mas nós não tínhamos combinado que seria bom? Por que você fez, então?

Sabe o que mais? Acabamos de concluir que você não é o racional-intelectual que sua empresa está lhe pagando para ser. Você também tem um lado emocional. Você tem um ego. Você é irracional. Bem-vindo à raça humana. E, por falar nisso, todos na sua empresa também são seres emocionais; por esse motivo, somente dizer a eles para mudar o comportamento terá um impacto limitado.

Este é o ponto onde falham os livros de autoajuda. Se fosse fácil, todos nós estaríamos fazendo. O que podemos fazer é construir um sólido projeto de mudança que aponte os passos necessários para conhecer e mudar algumas dessas profundas motivações emocionais. Vou orientá-lo para mudar modelos mentais, e o seu trabalho será montar a estrutura que vai ajudá-lo a atravessar a mudança. Essa é a jornada.

1. Mudando sua crença racional-intelectual

Crenças dessa natureza são desenvolvidas pelo aprendizado do passado. Esse aprendizado ocorre de diversas maneiras:

- Experiências que o levaram a concluir sobre o que funciona e o que não funciona e que podem ser projetadas para situações futuras.

- Experiências de outras pessoas que você conseguiu que fossem compartilhadas com você. Ou elas lhe foram contadas, ou você leu sobre elas, ou aprendeu durante sua formação. Eles – o autor ou seu professor – também tiraram conclusões dessas experiências.
- Pontos de vista que você formou por meio de dedução ou intuição; eles podem não ter sido originados pelas experiências pessoais de alguém, mas, sim, ser resultado de uma série de dados e informações.
- Visões persuasivas que outras pessoas lhe transmitiram e que você adotou, consciente ou inconscientemente.

Mudar suas crenças intelectuais é relativamente fácil. Você consegue isso ao se expor a novas crenças que venham de uma fonte confiável, ou por meio de novas conclusões como resultado de novas experiências.

Fontes comuns de novas, e úteis, crenças:

- Livros, particularmente estudos sobre companhias de alto desempenho.
- Dados de pesquisas provenientes de fontes em que você confia.
- Observar pessoas que você respeita obtendo resultados por meio de abordagens diferentes das que você normalmente usaria.
- Receber conselhos de uma fonte confiável ou apoio de um líder respeitado.

Por exemplo, você pode ter uma série de crenças sobre motivação pessoal como resultado de recompensa individual. Essa crença levaria à conclusão de que um funcionário deve ser bem recompensado mesmo se a equipe à qual ele pertence não obtiver resultados. No entanto, você poderia observar uma equipe que trabalha com recompensa coletiva. Essa equipe parece muito motivada, mas quando você conversar com um de seus membros, ele vai lhe assegurar que a motivação de pertencer àquele grupo funciona tão bem, ou melhor, do que a motivação pessoal de vencer como indivíduo. Sua opinião quanto à recompensa por equipe poderia mudar baseada nessa vivência de uma história real.

A Cultura na qual você vive influencia suas crenças sobre comportamento adequado. Mudar para uma Cultura mais construtiva afetará essas crenças, e essa experiência será de grande valia no futuro. Mas, se você for um pioneiro na sua organização, não poderá depender da Cultura à sua volta para influenciar suas crenças sobre comportamento. Você necessitará de reforço de algumas das outras fontes citadas anteriormente.

2. Mudando crenças baseadas em emoções

Crenças baseadas em emoções são mais difíceis de mudar. Muitas não são nem ao menos vistas como crenças, mas de fato é exatamente o que são. Elas são usualmente formadas como resultado de uma experiência, ou várias delas, que foram dolorosas, e às quais não gostaríamos de ser expostos novamente. Algumas podem ter sido originadas ainda na infância. Tiramos delas conclusões generalistas que podem não ser racionalmente adequadas à situação atual. Porque as experiências passadas foram dolorosas, criamos um sistema defensivo e nos aferramos às crenças como defesas. Apresento aqui três exemplos muito diferentes.

a) Magie era uma amiga de muito tempo, absolutamente brilhante no que fazia. Ela era uma das melhores pesquisadoras de mercado do mundo, sendo a ela atribuídas algumas ideias inovadoras que transformaram marcas. Desde que a conheço, ela não parece estar satisfeita com sua equipe. No fundo, ela não tem confiança no grupo e frequentemente tenta fazer pessoalmente o trabalho deles. Os observadores externos admitem que pode haver um ou dois membros não muito realizadores, mas, no geral, consideram a equipe adequada e produzindo resultados comprovados. Como consequência de seus frequentes atropelos, sua equipe apresentou baixa motivação, e ela perdeu alguns dos seus talentos. Seus amigos e familiares se preocuparam com essa situação, mas, do lado de fora, era difícil ajudar. Sua desconfiança está claramente motivada por crenças que ela possui sobre a confiabilidade dos outros, decorrentes de situações do passado. Sua crença central poderia ser descrita como "Não se pode confiar nos outros, eles sempre vão querer passar por cima de você".

b) Muitos anos atrás, trabalhamos em um projeto de fusão de empresas cujo líder, Tim, não gostava de tomar decisões. Quando a situação ficava complicada, ele adiava as decisões, dedicando-se a outros assuntos. Em reuniões, ele permitia que as discussões no grupo se alongassem por muito tempo e, se não houvesse consenso, ele passava para o próximo assunto da pauta. Ele detestava tomar alguma atitude quando havia pontos de vista conflitantes dentro da equipe. Algumas vezes, isso se estendia por meses, o que era desastroso para obter as sinergias esperadas pela fusão; como resultado, o desempenho sofria. Ele deixava a equipe nervosa com esse comportamento. Tim não evitava decisões de maneira racional, e todos sentiam que, em determinados momentos, qualquer decisão seria melhor do que nenhuma. A crença de Tim tinha base emocional que poderia ser descrita como "Preciso satisfazer a todos, e se eu tomar uma posição, alguém ficará com raiva de mim". Ele não conseguia lidar emocionalmente com a raiva de outra pessoa. Infelizmente, ele negava ter esse problema, portanto, não se podia realizar um processo de *coaching* com ele. Acabou por ser atropelado.

c) Elaine era uma jovem consultora de vinte e poucos anos que contratamos. Ela tinha uma boa cabeça e era muito perspicaz. Frequentemente conseguia ver a solução de problemas, mas raramente dava sua opinião. Nos primeiros anos em nossa empresa, que tem pessoas muito confiantes em defenderem as próprias ideias, ela desenvolveu uma atitude de resignação e aceitação do *status quo*. Como resultado, sua contribuição não foi reconhecida e sua carreira estagnou. Elaine possuía uma crença irracional sobre si mesma: "Eu não faço diferença, minha opinião não é importante". No nível SER, Elaine tinha essa crença, o que a fazia segurar seus comentários no nível FAZER, e como resultado sua carreira estagnou no nível TER. SER>FAZER>TER. Felizmente, Elaine se mudou para outra empresa na qual as pessoas estavam preparadas para ajudá-la a superar isso. Recentemente alguns de nossos consultores estiveram trabalhando com ela para ajudá-la a ver a relação entre sua crença e

> as consequências para a sua carreira. Ela está gradualmente aprendendo a expressar suas opiniões.

Como se pode notar, esse tipo de crença é um fardo. Reconhecê-la, mesmo que para si mesmo, pode não ser fácil. Mudá-la requer uma real disposição em se autoanalisar e realinhar áreas emocionais que a maioria de nós prefere evitar. Se você quer trabalhar nisso, vai precisar de ajuda externa. Devido à natureza sensível desse trabalho, a maioria prefere utilizar profissionais externos ou um *coach* individual. Existem vários programas de desenvolvimento pessoal, ou conselheiros e terapeutas habituados a lidar com pessoas comuns que se conscientizaram de ter crenças de base emocional no nível SER, que as impedem de realizar no nível TER.

No entanto, há um exercício muito bom para ser feito no ambiente de trabalho. O primeiro passo é pedir apoio, simplesmente reconhecendo que essa não é uma área simples para você.

Algumas frases amenizam o calor da situação e permitem aos seus colegas apoiá-lo: "Este não é o meu forte, eu preciso que vocês me ajudem".

Exercite o reconhecimento das situações em que você é pego em uma reação defensiva emocional. É possível identificá-las, pois há sempre uma reação física que as acompanha, tais como um aperto na garganta ou no estômago. Mesmo se você não conseguir reconhecer a crença subjacente, basta saber que você está operando no reino do irracional, no comportamento baseado em emoções, e isso já será um grande passo.

Em muitos casos, simplesmente reconhecer é o suficiente para que você possa adotar um comportamento mais adequado. Mudar padrões de comportamento é um processo passo a passo, e cada vez que você se sentir desconfortável, é porque está fazendo progressos. Quando você sentir o impacto que isso está causando em seu ambiente, isso vai lhe dar confiança para continuar.

Sua estrutura emocional profunda pode nunca mudar totalmente. Entretanto, sua autoconsciência pode aumentar drasticamente por meio de um processo de desenvolvimento pessoal. Um ano de exposição a esse processo vai lhe assegurar a capacidade de reconhecer os seus padrões de comportamento à medida que eles ocorrem. Essa habilidade afrouxará o controle que o seu padrão emocional tem sobre você, e, assim, o seu comportamento muda.

Os comportamentos baseados no emocional também mudam pela exposição a outros eventos emocionais. Se uma experiência emocional anterior o fez incorporar uma crença, faz sentido que você se permita vivenciar outra de modo a mudá-la.

Essa é a razão pela qual as pessoas mudam na adversidade. Uma experiência terminal, seja ela a proximidade da morte, ou uma quase falência, por exemplo, mudará o seu comportamento no futuro. Suas crenças sobre o que é importante mudarão. Da mesma forma, uma relação edificante, pessoal ou profissional, pode reconstruir a confiança que foi quebrada anteriormente.

Então, embora não seja possível planejar tais eventos, experiências edificantes ou ameaçadoras vão ter forte influência em seu comportamento futuro.

3. Mudando crenças baseadas em valores

Valores são uma rica área de exploração para todos os líderes de cultura. Você pode não conhecer os valores que modelam seu atual comportamento. Frequentemente tomamos decisões baseadas em valores sem ao menos nos darmos conta disso. Às vezes é necessário chegar a uma situação de conflito com outra pessoa para perceber quão arraigados são alguns de nossos pontos de vista.

Uma das palestras mais inspiradoras que já ouvi foi dada por Simon Longstaff, diretor da Sociedade de Ética St. James, na Austrália. Ele coordenou uma discussão com o nosso grupo durante o jantar. Ele começou com uma pergunta bastante provocativa – creio que era sobre o uso de órgãos humanos em pesquisas médicas –, perguntando a opinião das pessoas sobre o tema. Ele então seguiu a lógica dos argumentos e apresentou outros dilemas de valores ainda mais desafiadores, solicitando ao grupo opiniões sobre o que deveria ser feito. Quanto mais ele nos provocava e pressionava, mais nos dávamos conta de que nossa resposta inicial tinha revelado um conjunto de valores que nós realmente não desejávamos, ou nos mostrava o quão inconsistentes nós éramos na aplicação dos nossos valores.

Ao término dessa noite de provocações intelectuais, ele nos contou que via como seu papel assegurar que as pessoas formulassem a si mesmas as perguntas corretas. Ele definia organizações baseadas em valores como aquelas que tinham aprendido a fazer isso, sem tomar a primeira opção que lhes ocorresse. O que ele estava dizendo, na verdade, é que ele não podia impor seus valores a nós, mas podia tentar nos tornar conscientes de nossos próprios valores e nos forçar a examinar nossas escolhas com mais profundidade do que estávamos acostumados.

Assim como as organizações, os indivíduos apresentam diversos graus de aderência aos seus valores. Lembrem-se de que há dois conjuntos de valores – os que são nobres por natureza e os mais ligados a conseguir objetivos pessoais, potencialmente à custa do bem maior.

Honestidade, por exemplo, é um valor. Ser estimado é outro. Ser reconhecido é importante. O desempenho também. Evitar conflito pode fazer sentido para você. Coloque os cinco juntos e veja como você se sai na avaliação de um subordinado direto que esteja na empresa por um longo tempo.

Veja o que pode acontecer:

Caso 1 – Hierarquia de valores 1. Reconhecimento. 2. Evitar conflitos. 3. Ser estimado. 4. Honestidade. 5. Desempenho.	O funcionário recebe conceito "satisfatório" e parabéns pela sua contribuição.
Caso 2 – Hierarquia de valores 1. Desempenho. 2. Honestidade. 3. Reconhecimento. 4. Ser estimado. 5. Evitar conflitos.	O funcionário recebe um "insatisfatório" e um aviso de baixo desempenho.

Caso 3 – Hierarquia de valores

1. Desempenho.
2. Evitar conflitos.
3. Reconhecimento.
4. Ser estimado.
5. Honestidade.

O funcionário é demitido e recebe boas referências e um bônus de saída.

Casos como esses, você bem sabe, estão acontecendo em um escritório perto de você neste mesmo instante (talvez no seu mesmo).

Para mudar a sua hierarquia de valores, é preciso primeiro conhecê-la. Escrever listas de prioridade – como as citadas – é uma boa maneira de começar. Consulte as listas de valores exemplificadas no Capítulo 2. Só escrever já produzirá alguns dilemas fascinantes. Por exemplo, a velha questão "A satisfação do cliente é mais importante do que o lucro?".

Ao responder a ela, você visitará o cerne das suas crenças sobre clientes. Você realmente acredita na teoria da cadeia de lucro que diz que clientes satisfeitos trazem lucro? Essa teoria, que relaciona a satisfação dos empregados com a satisfação dos clientes e com o lucro, está exposta no livro *Lucro na prestação de serviços*[7].

Veja a seguir um ótimo exercício que aprendi com o Dr. John DeMartini para testar sua honestidade. Escreva sua lista de valores em uma página. No verso, escreva a mesma lista, com o mesmo conjunto de palavras, mas desta vez organize-as na ordem em que elas afetam a sua vida. Para estabelecer essa ordem, dê uma nota de zero a dez a cada valor com base no desempenho passado. O resultado será algo assim:

Lucro anual	Lucro anual	9
Satisfação dos funcionários	Crescimento	5
Satisfação dos clientes	Inovação	3
Trabalho em equipe	Trabalho em equipe	3
Crescimento	Satisfação dos funcionários	3
Inovação	Satisfação dos clientes	2

7 Heskett, Sasser e Schlesinger. *Lucro na prestação de serviços.* Campus, 2001 (N.T.).

As listas são idênticas? A da direita é provavelmente a sua hierarquia de valores real. Colocamos nossa atenção sobre o que valorizamos. Onde colocamos a nossa atenção fica resolvido e funciona bem. O que negligenciamos sofre. Para aumentar as notas dos seus valores mais baixos, você precisa levantá-los em sua hierarquia de valores. Real e verdadeiramente. Isso significa tomar decisões a seu favor, em detrimento de outros valores que hoje ocupam posições mais elevadas.

Tornando-se uma pessoa movida a valores

Algumas pessoas têm mais consciência dos seus valores que outras. Elas mantêm um conjunto de crenças nobres sobre o que é importante na vida e se apegam a eles em tempos difíceis, quando a tentação de sucumbir é mais alta. Uma pessoa movida a valores, na maioria das vezes, vai se apegar a eles, mesmo quando a opção mais óbvia é escolher uma saída mais fácil. Ela permanecerá quase sempre fiel a si mesma. Suas ações são mais guiadas por um conjunto de valores interiores sobre o que é certo ou errado do que pelas circunstâncias externas ou a influência de terceiros.

A força dos seus valores realmente só se torna evidente quando os tempos estão difíceis ou em uma situação de oportunidade. Imagine que você encontre uma carteira na rua. Se você estiver em uma boa situação, você provavelmente a entregará em uma delegacia. Mas se você estiver em dificuldades e tiver três filhos em casa, a probabilidade de você ficar com o dinheiro aumentará muito. A necessidade de alimentar seus filhos pode sobrepujar seu valor de respeitar a propriedade alheia. É nessas situações que a força dos seus valores é testada.

O mesmo acontece no trabalho. É fácil ajudar seus companheiros quando tudo está indo bem em sua área. Mas e se você estiver sob tremenda pressão, com as vendas despencando e as metas cada vez mais distantes? Você ainda encontrará tempo para participar de uma reunião convocada por uma colega para ajudá-la em uma decisão difícil? Ela precisa implantar uma melhoria de processo e não conseguirá fazê-lo a contento sem a sua ajuda e a de seu pessoal. Mas, no caso de insucesso, será ela a responsável, e não você. O que você faria?

Minha experiência indica que a maioria das pessoas não iria à reunião, mesmo que trabalho em equipe seja um dos seus valores. Elas justificariam o não comparecimento com desafios que estão passando em seu departamento. A imagem que fica, no entanto, é a de que o trabalho em equipe é um valor somente quando se está bem. Por outro lado, se elas ajudarem, as mensagens enviadas poderão fortalecer essa Cultura.

Temos um cliente no qual o trabalho em equipe está profundamente impregnado. Nesse caso, a Cultura reinante esperaria o comparecimento à reunião. O funcionário teria ido e, ao mesmo tempo, encontrado maneiras de trabalhar na solução de seus próprios problemas. Os benefícios de tal Cultura é que ela é de mão dupla. Quando for necessária a ajuda em sentido oposto, ela estará sempre garantida.

Pessoas movidas a valores tendem a ser mais hábeis em manter o controle sobre o seu comportamento, em vez de se curvar à pressão de outros ou de eventos externos. Por consequência, quando realmente valoriza o significado da Cultura desejada, você acha mais fácil modificar o seu comportamento em linha com aquela Cultura.

Digamos que a sua Cultura valorize o treinamento e a delegação. Intelectualmente, você apoia essa posição; você pode ver os benefícios de levar as decisões para os escalões mais baixos de modo a liberar o pessoal sênior, inclusive você, para se preocupar com questões mais relevantes. Imagine agora que você recebeu uma avaliação do seu pessoal dizendo que você é controlador, que interfere em cada detalhe e não permite que eles tomem decisões. Há claramente um conflito. Por um lado, o valor da delegação, e por outro, o comportamento de interferência.

Esse seu comportamento é provavelmente um hábito arraigado, proveniente da sua falta de confiança na capacidade do seu pessoal em trazer resultados. Talvez isso seja reflexo da crença de que você é melhor do que eles e que, se quiser um trabalho bem-feito, é melhor fazê-lo pessoalmente. Você deveria ser capaz de mudar esse comportamento imediatamente, logo depois de você e sua equipe terem definido delegação como um dos valores da empresa. Se você puder, ótimo. Contudo, a maioria não conseguirá facilmente. Nesses casos, o uso de técnicas de desenvolvimento pessoal será necessário, de modo a reduzir sua falta de confiança nos outros. Isso está descrito na página 162 – Técnicas para mudar seu comportamento. Esse caminho produzirá grandes resultados, mas leva tempo.

Outro caminho complementar seria fortalecer seu valor de delegação. Torne-se uma pessoa mais movida a valores. Torne-se um apaixonado por valorizar pessoas e por dar a elas suficiente espaço para que possam aprender, crescer e tomar suas próprias decisões. Se você conseguir, vai aumentar muito sua autodisciplina e melhorar seu comportamento. É possível fazer essa escolha, assumindo que o seu nível de consciência é alto o suficiente para permitir algum grau de autorreflexão. Você ainda terá vontade de interferir, mas será também capaz de controlar-se na maior parte das vezes. Estará mais aberto às críticas dos outros quando seu impulso for incontrolável, porque o reforço dos seus valores vai torná-lo menos defensivo.

As pessoas confiam naqueles que são movidos a valores. Elas podem observar o conjunto de valores sendo respeitado e valorizado e como isso beneficia a todos. Fica também mais claro que eles não são usados para obter vantagens pessoais. Se as pessoas acreditarem que você está fazendo ou dizendo coisas para levar vantagem, elas não confiarão em você. E as pessoas possuem uma incrível capacidade de sentir isso. Essa é a razão por que muitas pessoas não confiam nos políticos. Se elas acharem que eles estão agindo somente para angariar votos ou que, no fundo, não acreditam no que estão dizendo, elas passam a desconfiar de suas razões. Elas querem que nossos políticos façam o que é certo, e não o que é necessário para ganhar um concurso de popularidade.

Para ajudar a fortalecer os seus próprios valores, é útil buscar a companhia daqueles que os têm mais impregnados do que você. Encontre essas pessoas e faça muitas perguntas. Pergunte a elas, por exemplo:

- Por que vocês valorizam tanto o trabalho em equipe?
- Quais benefícios pessoais vocês conseguiram?
- Como vocês lidaram com a pressão para mudar o seu comportamento?

Um dos grandes benefícios de embarcar na jornada da Cultura é que você subitamente fica rodeado de pessoas que estão discutindo as mesmas coisas que você. À medida que elas começam a encontrar soluções para os dilemas de valores com que deparam, trazem conhecimento que pode ser compartilhado e usado por todos.

4. Mudando comportamentos baseados em sentimentos

Todos sabem que, ao nos sentirmos bem, estamos predispostos a nos comportar melhor para com os outros, a organizarmos melhor o nosso tempo e a tomar decisões bem pensadas. Você sabe quais as condições que o fazem estar feliz, bem-disposto e positivo. Eu me concentrarei especificamente nos sentimentos associados a trabalhar efetivamente com Cultura.

Do ponto de vista do trabalho, as pessoas estão bem quando são respeitadas, ouvidas, valorizadas, apoiadas e encarregadas de realizar tarefas que tragam um sentimento de realização e contribuição. Veja na página 192 mais detalhes a respeito. Muitos de vocês trabalham em empresas cujas culturas não tendem a prover esses recursos. É exatamente por esse motivo que você está empenhado na construção de uma Cultura melhor. Se você está liderando uma mudança de Cultura, tem de aceitar o fato de que é improvável que os recursos de que falávamos serão fornecidos pela Cultura reinante. De fato, você poderá se ver sendo atacado ou ridicularizado pelos seus esforços, porque a defensiva estará sempre presente no ambiente.

Você terá de encontrar alternativas para manter seu equilíbrio emocional elevado o suficiente para permitir que lidere o projeto.

Para minha surpresa, temos encontrado equipes que supostamente estariam liderando ou inspirando projetos de Cultura que apresentam comportamentos entre os menos construtivos da empresa. Em particular, encontramos equipes que tendem a culpar os outros: "A nossa Cultura está nesse estado por causa de vocês. Vocês são o problema!". Resumindo, eles vivem "*abaixo da linha*", culpando outros e se justificando, em vez de "*acima da linha*", assumindo as responsabilidades.

Você pode imaginar que essa atitude não ajuda em nada a trazer credibilidade ao projeto. Acredito que isso aconteça em parte porque a Cultura pioneira é um papel difícil de fazer e requer considerável tenacidade. Quando clientes nos pediram para ajudá-los a escolher "embaixadores da Cultura" para desempenhar algum papel especial no trabalho, escolhemos pessoas que vivem acima da linha. Afinal, a natureza do projeto é lidar com os comportamentos "*abaixo da linha*", e é por essa razão que existe um Plano de Mudança da Cultura em andamento. Embaixadores da Cultura precisam ter uma força interior que lhes permitirá permanecer construtivos em um ambiente onde os outros estarão na defensiva. Eles vão precisar pôr o seu discurso em prática.

Essa força interior pode vir do seu propósito de construir uma grande Cultura. Você veio para fazer esse trabalho e vai ficar até que ele esteja terminado. Pode vir também de atividades que você exerce fora do trabalho que o mantêm equilibrado. Ou, ainda, poderá vir de uma equipe pequena, compacta e apoiadora que você construirá à sua volta e com quem pode relaxar depois de um dia de combate com a Cultura. Seja qual for o meio que escolher, garanta que terá tempo para se dedicar a isso; você não poderá liderar esse trabalho de Cultura se os seus próprios sentimentos forem tão negativos quanto aqueles que você pretende mudar.

5. Mudando comportamentos baseados em seu nível de consciência

A consciência opera na base do modelo SER>FAZER>TER. Mudanças na consciência terão impacto nos modelos mentais do nível SER (valores, princípios e sentimentos) e também no nível FAZER (comportamentos).

Seu nível de consciência é o quanto você está consciente das coisas que faz a cada momento e da habilidade que possui para fazer escolhas sobre elas. É uma experiência interessante observar você sendo você mesmo. Há uma parte de sua mente que está observando as demais e pensando e se comportando da maneira habitual. Para realmente explorar níveis de consciência, seria necessário descer a detalhes espirituais e filosóficos que estão além do escopo deste livro. Budistas, por exemplo, referem-se a isso como "consciência plena". Contudo, a definição é suficiente para nossos propósitos e nossa tarefa, que é alinhar o comportamento com a Cultura que se almeja.

Disso decorre que, se eu posso observar, posso escolher o comportamento mais adequado para a situação. Desde que definamos "mais adequado" como aquele que se alinha com nossos valores e a Cultura desejada, o resultado será um alinhamento do comportamento à Cultura. Esse alinhamento vai se constituir, por sua vez, como um exemplo para outros, acelerando o processo.

O nível de consciência é elevado por exercícios que reduzem a atividade de sua mente. Basicamente, qualquer oportunidade de tirar você do ritmo frenético da vida normal ajudará a sua conexão com essa parte do seu ser. Por exemplo:

- Caminhar em uma praia ou pelas ruas de manhã bem cedo.
- Levar sua equipe para um local isolado para incentivar o pensamento criativo, em vez de tentar fazer o mesmo no escritório.
- Sentar em silêncio e ouvir música clássica, do tipo que nos transporta para outros lugares.
- Ioga, Tai Chi e outras formas de atividade física que foram concebidas para aumentar o nível de consciência.
- Meditação e outras técnicas de contemplação.

Em essência, todas as iniciativas que acalmam a mente, reduzindo sua vibração, ajudarão a torná-lo mais consciente. Atividades e situações que aumentam o estresse vão torná-lo menos consciente e mais propenso a comportamentos inadequados.

Tais atividades trazem uma ampla gama de benefícios adicionais, tais como bem-estar físico e uma intuição mais afiada, o que as tornam um investimento de tempo extremamente vantajoso. Se você quiser explorar isso pessoalmente, pode começar encontrando professores fora do seu ambiente de trabalho. Notamos também alguns sinais encorajadores de organizações que começam a perceber os benefícios desse tipo de atividade para os negócios patrocinando-os internamente.

Seu nível de consciência será também elevado por qualquer experiência que lhe permita ver-se de fora para dentro. Isso inclui as devolutivas de clientes, colaboradores e amigos. Todos servem para torná-lo mais consciente do seu próprio comportamento. No entanto, a menos que você tenha conseguido trabalhar na sua postura defensiva, você vai achar difícil permitir que essas opiniões realmente o influenciem. Você será incapaz de internalizá-las.

O melhor caminho para elevar o seu nível de consciência é a combinação de exercícios que acalmem sua mente com um variado conjunto de devolutivas.

RESUMO: MUDAR A SI MESMO É A ENTRADA PARA O JOGO

Ao planejar esta seção sobre a construção de uma grande Cultura, escolhi deliberadamente começar por você, pessoalmente. Se você não estiver preparado para mudar a si mesmo, você não deve iniciar esta jornada.

> *"Para que as coisas mudem, primeiro eu tenho de mudar a mim mesmo."*

Isso se aplica mesmo que você seja novo na organização, podendo assim, justificadamente, alegar que não faz parte dos comportamentos, valores e modelos mentais que criaram a Cultura existente. Mas mesmo sendo um novo líder na organização, você terá uma série de comportamentos e modos de pensar que podem ainda não atender aos padrões escolhidos para a Cultura desejada.

Nunca se ponha à parte dos outros nesse processo, mesmo se você for o CEO. O exemplo que você dá, ao visivelmente se esforçar para realizar sua própria mudança pessoal, incentivará os outros. Não será uma jornada fácil no nível pessoal. Crises de reputação, falhas tecnológicas, estouros de orçamento ou redução de custos são temas que os nossos clientes tendem a nos relatar como mais fáceis de lidar do que com assuntos de Cultura. A razão que faz com que a Cultura seja uma das últimas áreas a ser exploradas como vantagem competitiva é que trabalhar com ela é muito difícil no nível pessoal.

O restante deste livro abordará tudo mais que deve ser feito para construir a Cultura que você deseja. Nunca se esqueça, porém, que o seu desenvolvimento pessoal continuará ao longo de todo o processo.

8

COMO MUDAR O COMPORTAMENTO DOS OUTROS

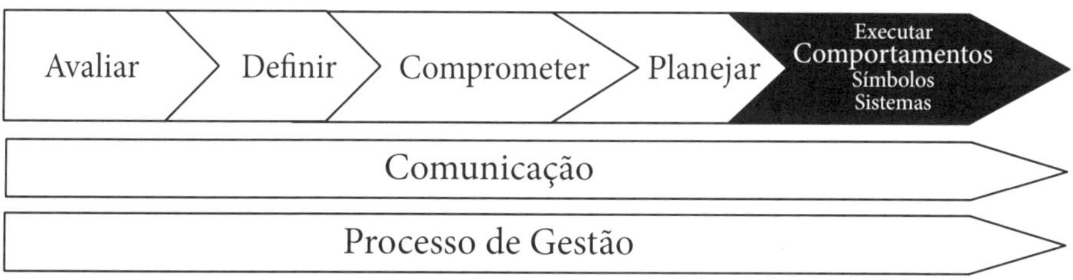

O modelo SER>FAZER>TER descreve como uma mudança de comportamento acontecerá depois da mudança do modelo mental. Seu Plano de Desenvolvimento da Cultura precisa de uma importante seção sobre como mudar os modelos mentais de uma quantidade significativa de pessoas para criar a massa crítica da mudança. Você já terá um bom entendimento sobre os modelos mentais de que necessita – e ideias para isso já foram discutidas anteriormente neste livro. Há três componentes no nível SER:

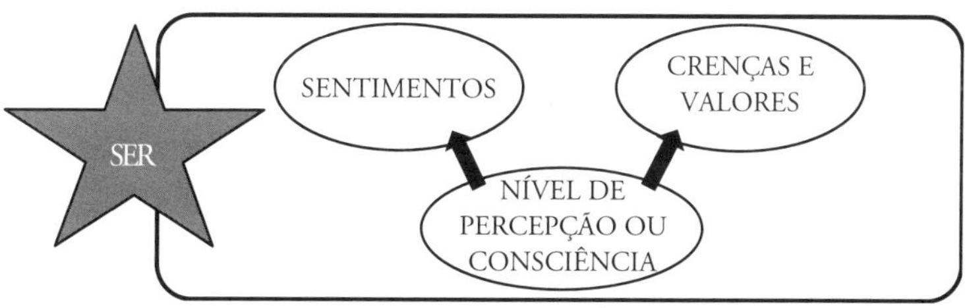

LIDERANÇA

> *"Os líderes são os impulsionadores da Cultura."*

Líderes influenciam crenças e valores do seu pessoal, bem como os seus sentimentos. Cada ação e estilo de liderança afeta de alguma forma as pessoas no nível SER. Por exemplo, se um líder é encorajador ou inspirador, as pessoas vão se sentir incentivadas e apoiadas. Se um líder continuamente enfatiza a importância de se conhecer o cliente, isso, com o tempo, passa a influenciar as crenças e os valores das pessoas que se reportam a ele. Os líderes estão continuamente encorajando ou desencorajando certos padrões de comportamento, e é assim que a Cultura é criada. O objetivo da liderança é levar as pessoas a seguir uma determinada trajetória. Será por meio de uma boa liderança que as pessoas estarão dispostas a mudar o seu comportamento, ter uma nova abordagem no seu trabalho e mudar seu modelo mental.

Não basta simplesmente dizer coisas para as pessoas, elas precisam ser lideradas nessa jornada por meio de um encorajamento cotidiano. Os líderes são, portanto, a ferramenta fundamental para a construção da Cultura desejada. Eles estão com o pessoal todos os dias e o influenciam por meio de palavras, atos, decisões e interações. Estabelecem padrões, mantêm as pessoas dentro deles e determinam as consequências. A parte mais importante do seu Plano de Desenvolvimento da Cultura é a que fala sobre liderança.

Comportamentos da liderança

O primeiro passo é definir os comportamentos que se esperam dos líderes. Uma vez que você tenha um pré-projeto, envolva profundamente sua equipe no processo de refiná-lo. Quanto mais envolvida a equipe estiver no projeto, mais fácil será para eles liderar com o processo de construção dessa competência dentro da empresa.

Os comportamentos expandem a sua descrição da Cultura desejada sob a forma de expectativas que você tem para os que desejam um papel de liderança dentro da organização. Esses comportamentos se tornam normas, demarcando os limites da quadra onde terá lugar o seu jogo particular. Ao sair desses limites, você perderá a partida. Sem limites não há jogo.

Programa de desenvolvimento da liderança

Você deve planejar os programas de liderança que construirão as competências dos líderes para praticar a Cultura desejada. O conteúdo dependerá em parte do foco que se pretende. Por exemplo, se o seu foco for Orientação a Pessoas, você pode decidir que as competências de *coaching* e *mentoring* serão trabalhadas prioritariamente no primeiro ano, e o seu programa será construído em volta disso. Se o foco for Superação, você pode decidir que treinamentos sobre assumir responsabilidade terão prioridade. Pode-se também construir um programa que contenha elementos equilibradamente distribuídos por toda a gama de atributos de liderança.

Esse programa vai se tornar sinônimo do seu processo de desenvolvimento de Cultura. É um símbolo, assim como uma ferramenta. Vale a pena refletir longamente se ele representa bem a bandeira do seu plano. Planejar, gerenciar, medir resultados, manter os padrões de treinamento são atividades que não aceitam nada menos do que a excelência.

Muitas empresas esperam que todos os seus líderes frequentem esse programa ou conjunto de programas. A experiência de participar como um grupo dessa oportunidade de treinamento produz uma linguagem comum e vai lhe dar a certeza de que a cada líder foi oferecida a oportunidade de assumir a liderança do seu pessoal ao longo dessa jornada.

O processo de autorreflexão do líder

Para elevar o nível de consciência dos seus líderes, é preciso dar-lhes a oportunidade de observar o seu próprio comportamento. Há muitas técnicas de desenvolvimento de liderança que facilitam esse processo, e os planejadores do seu programa devem trabalhar nisso com cuidado. Por exemplo, exercícios experimentais que solicitam aos participantes para representar uma atividade na qual a habilidade de liderança é necessária, seja individualmente ou em equipe, e posteriormente solicitam a eles analisar o que realmente se passou durante o exercício. Durante a análise, os líderes terão a oportunidade de observar a relação entre o seu comportamento durante o exercício com o comportamento real em situação de trabalho e os modelos mentais que estavam por trás desses comportamentos. Essas atividades usam o modelo SER>FAZER>TER para mostrar a relação entre os resultados conseguidos, comportamentos revelados e estilos de pensamento.

Alguns desses exercícios acontecem dentro da sala de treinamento, enquanto outros, de modo bem estruturado, acontecem no próprio local de trabalho, com atividades do tipo "aprendizado em ação".

Aferindo o comportamento da liderança

É essencial escolher uma ferramenta adequada para avaliar o comportamento dos seus líderes contra critérios previamente definidos para a Cultura desejada. Tendo encontrado ou desenvolvido essa ferramenta, mantenha-a durante todo o processo, de modo que seja possível aos líderes construir seus mapas de evolução do seu comportamento ao longo do tempo. Inicialmente esses mapas serão utilizados para propósitos de autodesenvolvimento; mais tarde, quando a jornada cultural já estiver bem adiantada, eles poderão também ser usados como instrumentos de avaliação e, por fim, como mecanismos de remuneração variável.

PLANEJANDO A MUDANÇA DE COMPORTAMENTO DAS PESSOAS

O restante deste capítulo mostrará um conjunto de técnicas para mudar o comportamento das pessoas. Algumas delas serão usadas pelos líderes no trabalho do seu dia a dia; outras podem se tornar parte do mais formal Plano de Desenvolvimento da Cultura. Uma combinação delas causará a mudança em um período de um a dois anos. Para ambas, o cotidiano da liderança e as iniciativas do Plano, há três caminhos principais:

1. Maneiras de influenciar crenças e valores das pessoas.
2. Maneiras de influenciar os sentimentos das pessoas.
3. Maneiras de influenciar o nível de consciência das pessoas.

1. Maneiras de influenciar crenças e valores das pessoas

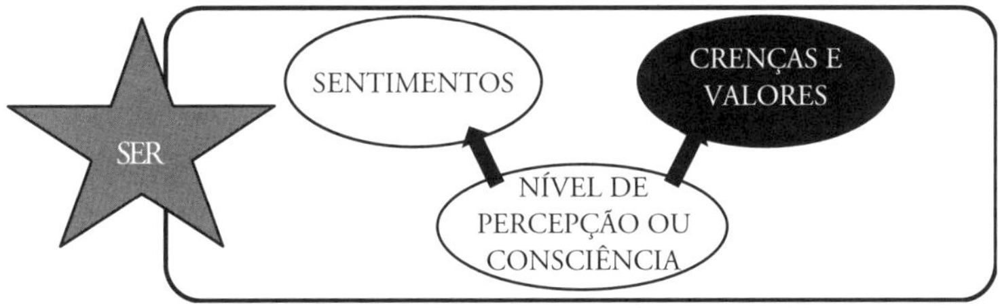

Seu Plano de Desenvolvimento da Cultura deve incluir um conjunto de iniciativas que influenciarão os valores e princípios do pessoal, de modo a alinhá-los com aqueles da Cultura desejada, resultando em melhor desempenho.

Seminários de influência
Preveja um programa regular de seminários em que grupos-alvo tenham a oportunidade de dialogar com você ou com aqueles que você considera compartilhar os valores que se deseja adotar na empresa, e que sejam vistos pelos demais como praticando o discurso. Os seminários podem acontecer pessoalmente ou on-line. Diálogo é a palavra-chave; esses exercícios têm mais sucesso quando conduzidos de modo a permitir a participação de todos, em vez de alguém fazendo uma palestra para os outros. Contudo, dependendo do tamanho da organização, talvez ambas as alternativas possam ser consideradas.

Para um gerente de linha, não é necessário aguardar o calendário de seminários elaborado pela coordenação do projeto para influenciar o pessoal. Considere cada reunião como uma boa oportunidade para orientar suas crenças e seus valores, alinhando-os àqueles que são mais importantes para obter resultados. Você estará sempre influenciando por meio do que diz. Seja mais explícito ao expressar seus próprios valores e suas crenças, e seja muito claro:

"A razão pela qual eu acho que isso é importante para nós é porque acredito que o produto pode ser sempre melhor" (Crença associada à Cultura de Inovação). "Embora estejamos sob pressão para obter resultados, não podemos tratar o pessoal como espiga de milho, comendo o grão e depois jogando o sabugo fora" (Crença associada às Culturas de Superação e Orientação a Pessoas e também à hierarquia de valores).

Conselhos para conduzir os seminários

1. Muitas pessoas na audiência podem já possuir os valores e as crenças desejados, mas talvez não com o grau de paixão que é necessário para mudar o comportamento dentro de um ambiente cultural que parece não apoiar esse modelo mental. Dê-lhes o crédito por isso e trabalhe junto para atingir esse nível. Não fale, por exemplo, como se foco do cliente fosse uma coisa nova, na qual as pessoas nunca tivessem pensado. Apoiando o grupo, elas sentirão que o líder faz parte da equipe e está no mesmo barco.
2. Seja bem específico e detalhado quando apresentar sua ideia e diga o quanto ela é diferente das coisas atuais. Isso pode ser feito apresentando-se certos valores como prioritários. Use exemplos práticos de como determinadas decisões foram tomadas no passado e como você acha que deveriam acontecer no futuro.
3. Use a lógica de mercado para provar o seu ponto. Por exemplo, o aumento de participação de mercado decorrente da satisfação dos clientes ou o dinheiro desperdiçado em esforços duplicados originados do trabalho em feudos.
4. Não critique ações e decisões do passado. A Cultura da época tinha uma determinada hierarquia de valores que justificava aquelas atitudes. É, portanto, por meio da mudança de valores e do grau de paixão ao realizá-la que se criarão os novos padrões de decisão do futuro.
5. Participe com seu estilo pessoal ou, caso você esteja planejando em nome de outros, com o estilo do líder. Um bom conselho que temos para dar é criar situações para que o líder tenha a oportunidade de agir espontaneamente, apresentando seu modelo mental de maneira

natural. Um executivo muito pomposo parecerá inconsistente, mesmo que possua um adequado modelo mental. Nesses casos, é melhor trabalhar com grupos pequenos.

Busque o exemplo dos que foram bem-sucedidos

Procure livros que tratam da relação entre Cultura e desempenho e que descrevam jornadas de Cultura bem-sucedidas. Distribua exemplares dos livros a todos os líderes e encoraje discussões em grupo sobre a leitura. Encontre empresas que tenham tido sucesso e que tenham credibilidade junto ao pessoal. Convide seus diretores para fazer palestras para os funcionários. Convide o RH, ou o Financeiro, qualquer um que se disponha a ajudar. Nossa experiência mostra que as pessoas que viveram uma experiência de sucesso na implantação de projetos de Cultura adoram falar sobre o que fizeram ou estão fazendo.

Vários de nossos clientes usam os resultados comprovados obtidos em Cultura como ferramentas de marketing. Seus presidentes ou executivos de RH planejam uma série de compromissos públicos durante o ano. Seu pessoal de RP prepara cuidadosamente a apresentação do perfil dos executivos e apresenta as mudanças pessoais pelas quais eles passaram durante o processo. Essa estratégia de desenvolver a marca da empresa como uma boa empregadora, que possui uma Cultura inovadora, ajudou a manter e recrutar os melhores talentos. Outras empresas que conhecemos nos relataram que tentaram contratar funcionários que possuíam *know-how* em Cultura e descobriram que eles são muito difíceis de atrair. De fato, quando você trabalha em uma Cultura dessas, e que ajudou a construir, é difícil sair.

O principal executivo de outro cliente decidiu apostar em um projeto de melhorias contínuas por meio de mudança cultural. Para isso, decidiu levar a diretoria para visitar as cinco melhores empresas da área. Em cada uma delas, eles se reuniram com meia dúzia de pessoas-chave que lhes contaram como tinham conseguido os resultados que apresentavam. A viagem foi organizada por uma companhia especializada nesse tipo de programa. Nosso cliente visitou as cinco companhias em seis dias. Toda noite eles se reuniam e discutiam o que haviam visto e como poderiam aplicar o que tinham aprendido. Ao término da semana, eles tinham desenvolvido uma opinião completamente nova sobre o que era possível realizar. Eles abandonaram suas crenças antigas. A credibilidade dos seus colegas nas empresas que visitaram era indiscutível. E, por fim, eles viveram juntos a experiência e criaram um notável poder de transformação, muito maior do que se tivessem feito a mesma viagem isoladamente.

Workshops sobre valores para funcionários e equipes

A oportunidade de discutir o impacto que o programa de mudança traz para os funcionários é uma peça essencial do seu Plano de Desenvolvimento da Cultura. A maioria dos processos de mudança bem-sucedidos inclui algum tipo de atividade baseada em *workshops*, projetados especialmente para conduzir o pessoal por meio do caminho dos valores e influenciar o seu modelo mental.

O objetivo em longo prazo é fazer com que todos na empresa tenham a mesma interpretação sobre o que os seus valores significam e a mesma percepção da importância que eles têm. Conseguir isso (talvez um objetivo um tanto idealista, mas certamente desafiador) seria como conseguir que qualquer um, colocado à frente da mesma situação complicada, com o mesmo dilema de valores, pudesse fazer as mesmas escolhas sobre o que seria mais importante naquelas circunstâncias. Quando se consegue isso, a necessidade de regras diminui – as pessoas têm as regras dentro de si.

Workshops de valores são poderosos porque permitem a construção de uma massa crítica. Quando um significativo número de pessoas passa pela mesma experiência em um curto período de tempo, elas reforçam mutuamente seus processos de aprendizagem e de mudança. Isso permite um benefício incremental que não seria obtido se as pessoas passassem por experiências similares individualmente. É difícil para as pessoas serem expostas a um novo conjunto de valores estando cercadas por outros que não os compartilham. Por outro lado, compartilhar uma experiência de mudança de modelo mental com colegas é estimulante e reconfortante.

Os *workshops* devem abordar:

- Os valores e as crenças que suportam sua Cultura.
- A hierarquia de valores e os dilemas de valor encontrados no dia a dia no trabalho.
- Os valores, as crenças pessoais e a ligação deles com os objetivos da organização.
- A relação entre os valores e a Cultura (comportamentos, símbolos e sistemas).
- A Cultura atual (descrita no diagnóstico).
- O plano de negócios que apresenta as razões para a mudança da Cultura.
- O plano de mudança da Cultura.

O planejamento dos *workshops* é uma tarefa para especialistas. Como exemplo, há ótimos exercícios que podem ser pensados para explorar dilemas de valores dentro do seu quadro de hierarquia de valores. Eles levantam questões desafiadoras para as quais não há respostas claras, tais como:

> *Sua empresa presta serviços profissionais. É preciso criar oportunidades para que os mais jovens e inexperientes possam ficar frente a frente com os clientes. Para um novo projeto, vai ser necessário escolher entre um jovem com elevado potencial, que precisa de experiência, e um comprovado e experiente consultor sênior. Quem você escolhe? Sua decisão é afetada se o cliente é novo, mas potencialmente importante, ou se é um cliente antigo com menos potencial?*

O cenário apresentado levanta o dilema entre desenvolver pessoas, satisfazer os clientes, aumentar a receita e fazer diferença entre os clientes. O debate entre as possíveis soluções ajuda as pessoas a lidar com a hierarquia de valores.

Os facilitadores dos *workshops* devem ser muito experientes, uma vez que se está buscando sondar e influenciar pessoas em um nível profundo, de modo a provocar mudanças reais. Ao utilizar facilitadores externos, é preciso assegurar que eles sejam hábeis em atribuir funções de liderança do pessoal às chefias presentes.

Os *workshops* se tornam um dos sinais iniciais mais visíveis do processo de Cultura em ação. Se planejados com cuidado, eles podem alcançar uma série de objetivos diferentes, proporcionar a oportunidade de aumentar o compromisso e a confiança, bem como desenvolver valores compartilhados. É preciso criar as oportunidades para a mudança no nível SER. Isso não se consegue em uma sessão corrida de um dia realizada na empresa e as pessoas sendo distraídas a cada intervalo por eventos da Cultura reinante. Os *workshops* são um significativo investimento em tempo e dinheiro. Para conseguir um bom retorno desse investimento, é necessário um planejamento cuidadoso, uma boa condução e acompanhamento de resultados. Também exige um comprometimento total da diretoria.

A realização dos *workshops* deve ser prevista para o período em que você esteja confiante que o grupo de gerentes seniores já progrediu o suficiente para estar em posição de liderar esse processo com credibilidade. Mas, quando começar, é melhor envolver o maior número possível de pessoas, em um curto período de tempo. Estender o programa por muito tempo dilui o valor agregado obtido pelo efeito de massa crítica.

Outra alternativa é reunir equipes de um mesmo departamento com seus líderes; isso cria uma dinâmica diferente, que exigirá que cada um participe duas vezes: uma como membros da equipe e outra no papel de líder.

Experimentamos as duas alternativas, com diferentes clientes, e preferimos formar grupos com pessoas que não estão acostumadas a trabalhar juntas todos os dias. Isso traz uma série de vantagens:

- Novas redes de contato são formadas pela organização, dado que as pessoas se relacionam dentro de uma experiência específica; essas relações tendem a ser mantidas no futuro.
- Diferentes perspectivas são adquiridas ao se observar como as diversas funções dentro da empresa lidam com os desafios da mudança.
- O impacto de um líder de equipe que ainda não está a bordo é neutralizado, ao menos durante o *workshop*, e assim seus subordinados têm maior liberdade de aprender e se desenvolver.
- O impacto de levar grupos mistos para treinamento fora da empresa é menor.

No entanto, há vantagens em usar equipes de um departamento. Nesse caso, devem-se prever mecanismos para que os respectivos líderes aprendam a usar o que eles experimentaram nesses treinamentos, fazendo a ligação com determinados objetivos mais específicos da sua área.

Faça da experiência um modelo para a Cultura almejada. Por exemplo, ao escolher os facilitadores, pergunte-se se eles lhe passam a sensação de que vivem segundo esses valores. Eles serão coerentes? Eles manifestam inteligência emocional?

Ao planejar o programa, você o faz tendo em mente os seus valores? Se deseja uma Cultura voltada a resultados, você pensou em mecanismos de avaliação da efetividade do treinamento? Isso demonstraria a todos a importância que você dá à avaliação e ao cumprimento de objetivos. Se você quer mais foco do cliente, o programa prevê que o seu pessoal seja tratado como cliente? O convite transmitiu essa mensagem, ou eles não prestaram muita atenção porque foram obrigados a comparecer?

Os líderes devem exercer um importante papel nessa iniciativa, podendo facilitar algumas partes das sessões, auxiliar no processo de planejamento, realizar encontros com o pessoal antes e depois dos eventos. Planeje com cuidado a participação deles, dando-lhes a oportunidade de fazer o que sabem melhor, em situações nas quais eles se sintam completamente à vontade.

Trazendo novas pessoas

Você já deve ter ouvido a expressão "Mude as pessoas ou mude as pessoas". Ajude as pessoas a mudar ou traga novas pessoas. A introdução de algumas caras novas faz parte de quase todos os processos de mudança de Cultura. No entanto, não deve ser a estratégia inicial. Cultura tem um poderoso efeito em recém-chegados, e muitas dessas pessoas novas poderão ser cooptadas ou rejeitadas por ela. Trazer novas pessoas não é o suficiente.

Por outro lado, assim que a Cultura começar a mudar, muitas pessoas vão acabar deixando a empresa, ou voluntariamente, ou porque se torna óbvio para a empresa que elas não vão conseguir fazer as mudanças necessárias. Por exemplo, se você começar a construir uma Cultura de Superação em que se valoriza fortemente o desempenho, o grupo acabará por expor aqueles que não têm obtido resultados ultimamente, acobertados pela Cultura reinante.

Em estágios iniciais de mudança de Cultura, achamos que o mais eficaz é trazer pessoas externas para exercer papéis cuidadosamente selecionados. Contudo, não espere delas milagres na linha de frente. Sua contribuição real vem da sua habilidade em praticar novos comportamentos dentro das equipes, estabelecendo algumas tendências.

Um cliente nosso contratou Simon, um funcionário que veio de uma organização onde desafiar o *status quo* era uma norma aceita e praticada. Essa pessoa não tinha receio de se expressar em reuniões. Sua história nos primeiros anos na empresa é um bom exemplo de como isso acontece.

A empresa tinha uma Cultura muito educada. As pessoas diziam o que achavam que os outros gostariam de ouvir. Elas concordavam nas reuniões, mas depois saíam e faziam o que queriam. As discussões durante as reuniões eram bastante superficiais, e as decisões, tomadas em nível muito geral, de modo a permitir que se pudesse concordar sem necessariamente se submeter a uma ação. Por exemplo, em uma reunião de planejamento estratégico, o grupo podia concordar com uma longa lista de prioridades a ser perseguida no ano seguinte. Todos concordavam com a lista. No entanto, Simon começava a desafiá-los dizendo não concordar com ela porque os detalhes não haviam sido discutidos, não havia uma estimativa de custos e não se tinham discutido suficientemente as implicações e as alternativas.

Simon rapidamente começou a ser rotulado de negativo e agressivo. Advertido, ele moderou seu estilo, mas continuou exigindo mais rigor e precisão no processo decisório. Quando ele conseguia fazer prevalecer o seu ponto de vista, chegava-se a uma decisão mais eficaz, e isso ficava claro para todos. Com o tempo, alguns membros do grupo passaram a apreciar o valor que a insistência de Simon havia trazido para melhorar a qualidade do processo decisório. O grupo se tornou mais rigoroso. Mas Simon pagou um alto preço. Ele agora prefere não discutir, escolhendo bem as batalhas mais importantes para brigar. Ele deixa muita coisa passar. Emocionalmente, ele se ausentou. Ele se envolve menos nos assuntos mais corporativos, preferindo se concentrar nos assuntos de sua área.

Simon continua sobrevivendo enquanto escrevo isso. Ele construiu uma forte reputação e um histórico bem reconhecido de realizações de sucesso. Ele conseguiu alguns aliados no grupo, em particular com outro recém-chegado com o qual formou uma aliança que muito os fortaleceu. Ele estava preparado para adaptar seu comportamento à Cultura prevalente.

Tendo sobrevivido, e porque a organização tem trabalhado para evoluir a sua Cultura, sua contratação acabou por se tornar uma peça importante no Plano de Mudança da Cultura da empresa. Nem todas as outras contratações foram, no entanto, tão bem-sucedidas.

Uma abordagem alternativa, que muitas vezes pode ser eficaz, é fazer alguns movimentos importantes com pessoas de dentro. A vantagem é que as pessoas internas sabem como a Cultura funciona. Vamos falar sobre isso mais profundamente na seção que trata dos símbolos; isso porque promoções internas representam um forte símbolo cultural.

Ao planejar seu modelo de novas contratações, estas dicas poderão ajudá-lo:

- Procure as organizações no seu mercado que têm culturas similares à que você quer implantar e escolha pessoas de lá. Por exemplo, se você quer ser mais focado em clientes, contrate um bom varejista. Se você deseja construir uma Cultura voltada para resultados, escolha uma companhia multinacional e contrate alguém da filial local. Pessoas que vivenciam a Cultura que você almeja serão de enorme ajuda.
- Escolha pessoas cujas referências lhe assegurem possuir as características desejadas. Que trabalhem bem em equipe, que saibam contestar e possuam um histórico de ser bons gestores.
- Seja sincero com o candidato sobre a sua atual Cultura, as características que você almeja e o papel que ele terá em ajudar você no processo. Contrate-o com esse objetivo como parte do pacote.
- Considere contratar duas ou três pessoas com formação cultural e comportamental semelhantes. Melhor ainda se forem da mesma empresa. Isso permitirá que elas formem uma ponta de lança, um forte grupo que compartilha os valores desejados e que poderá apoiar-se mutuamente ao assumir posições relevantes no processo.

2. Maneiras de influenciar os sentimentos das pessoas

Além das suas crenças e valores, as pessoas vivem o mundo de acordo com os seus sentimentos. Influenciá-los se torna a segunda maior plataforma do seu Plano de Desenvolvimento da Cultura.

Com respeito aos sentimentos, nosso comportamento pode ser motivado pelo:

- Desejo de nos aproximar de algo que percebemos ser potencialmente prazeroso ("reforço positivo").
- Desejo de nos proteger de situações que possam causar dor ("reforço negativo").

Aumentando o reforço positivo

No ambiente de negócios, a motivação natural humana tende a se mover na direção do prazer, do reforço positivo, gerando comportamentos associados a:

1. Fazer diferença – uma contribuição valiosa para alguma causa, propósito ou visão.
2. Realização – a satisfação de alcançar um objetivo.
3. Ser valorizado – receber reconhecimento (inclusive recompensa) por uma contribuição.
4. Ajudar os outros – apoiar, desenvolver ou assistir outra pessoa.

Aumentar o reforço positivo eleva o nível de energia discricionária de um indivíduo. Também conhecido como "envolvimento", ou o quanto se coloca o coração naquilo que se faz. É uma coisa que se sente, não se pensa. É a diferença entre "quero" e "devo" – e todos sabemos qual é essa diferença. A motivação causada pelo movimento na direção do prazer fornece o estado de espírito que ajuda consideravelmente o processo de mudança. A mudança acima do mundano (tal como trocar as meias ou um novo caminho para ir ao trabalho) envolve algum nível de envolvimento emocional. O tipo de mudança pessoal abordado por este livro não é fácil. Mas se torna dez vezes mais difícil, ou simplesmente não ocorre, se a pessoa estiver em um estado mental apático, desconfiado ou amedrontado.

1. Fazendo a diferença – uma contribuição válida para uma causa, visão ou um propósito significativos

O desejo humano de fazer a diferença é um componente frequentemente insatisfeito da nossa vida profissional. Basta observar a excepcional contribuição das pessoas fora do trabalho – treinando a equipe de futebol do bairro, contribuindo para instituições de caridade ou ajudando um amigo – para saber que a motivação existe, mas é mal aproveitada no ambiente de trabalho. Um dos maiores benefícios de fazer a empresa ser movida a valores é que se cria um ambiente em que as pessoas vão se sentir valorizadas. As gerações mais novas são menos tolerantes ao trabalho sem significado do que os seus pais foram. Muitos sentem que devem deixar uma parte de si mesmos na portaria quando chegam ao trabalho. Eles estão em busca de um sentido, de contribuir com algo que tenha significado, e não acreditam que possam fazer isso no trabalho. Romper esse preconceito transforma a vida das pessoas.

Importante é a palavra "significado". A maioria das declarações de missão ou visão não gera esse significado. Permita-me contar um segredo. Uma declaração como "Nós oferecemos serviços de alta qualidade e produtos com boa relação custo-benefício para atender às expectativas dos nossos acionistas e nos tornarmos o número um do mercado" não vai liberar o poder motivacional do seu pessoal. Na verdade, nenhuma declaração escrita vai. Fazer a diferença significa exatamente isso. A vida das pessoas mudou por minha causa. Veja as declarações de algumas empresas: "Organizar toda a informação do mundo para fazê-la útil e acessível (Google). Ou "Glorificar a beleza da mulher comum (The Body Shop)". Estas fazem isso.

Os arquétipos "Propósito Maior" e "Foco do Cliente" têm maior potencial para oferecer significado, porque eles centralizam a contribuição da organização naqueles que estão fora dela. Definir a declaração de propósito é o primeiro passo. Mas a nossa principal tarefa será descrever o trabalho das pessoas, de modo que elas o sintam como significativo.

Podemos conseguir um equilíbrio ao realizar tarefas que não estão diretamente relacionadas com resultados em curto prazo. Quando uma empresa decide contribuir com a comunidade na qual está inserida, ela gera uma motivação que está além do lucro ou do cumprimento de metas. O papel das organizações na comunidade, e sua contribuição para uma agenda social mais ampla, têm o potencial de despertar a motivação dos funcionários para fazer a diferença. Esse fator não é geralmente levado em conta quando se avalia a relação custo-benefício de tal iniciativa. Estabelecer a relação do esforço com o produto pode também fortalecer a crença do funcionário no seu produto. Por exemplo, uma cadeia de lojas de ferramentas criou uma relação especial com seus funcionários, clientes e a comunidade ao lançar um programa que utilizava os seus funcionários e suas ferramentas para ajudar a construir e reformar casas para os necessitados.

2. Realização – a satisfação de realizar um objetivo

O trabalho de David McClelland sobre motivação por resultados, descrito no livro *The achieving society* – já mencionado aqui –, concluiu que mesmo dentro de boas equipes, os indivíduos precisam ser vinculados aos resultados de seus próprios esforços. O que traz a satisfação é poder ver o resultado alcançado, bem como entender a relação entre o que se conseguiu e a sua contribuição para ele.

Um segredo para tornar isso mais simples é estabelecer objetivos de curto prazo. Objetivos normais são estabelecidos para períodos anuais. É muito tempo. Trabalhamos com geólogos cujo trabalho era encontrar a próxima grande descoberta. Um novo veio de cobre ou uma nova fonte de petróleo. Descobrir um desses durante a vida já seria um feito. Muitos nunca conseguirão. É um longo tempo entre festejos. O desafio para essa organização era estabelecer pequenos marcos ao longo do caminho e treinar as pessoas para defini-los e reconhecê-los ao longo da jornada.

Estabelecer objetivos intermediários, seja por assuntos, por produtos ou por datas, é uma boa maneira para aumentar a motivação de realizar.

Grande parte dos esforços em medir a realização das pessoas é planejada para estabelecer metas de remuneração ou gratificação, ou para identificar maus desempenhos. Ou seja, são construídos para uma avaliação de uma pessoa por outra. Não é o caso aqui, em que estamos fazendo isso por uma razão diferente. Queremos aproveitar a motivação interna e construtiva decorrente de ver a relação entre resultado e desempenho. Pense por um momento em trabalhar uma tarde inteira no jardim e ao fim do dia admirar um canteiro cheio de mudas e sem ervas daninhas. Esse é o sentimento que você está querendo gerar.

Em uma grande empresa, criar esse sentimento para cada trabalho não é uma tarefa simples. É preciso:

- Clareza sobre a definição de sucesso.
- Uma razoável relação entre o esforço individual e o resultado, e que as pessoas possam ver.
- Um meio de medir o resultado alcançado.
- Um processo rápido de informação ao funcionário sobre os resultados alcançados.

3. Ser valorizado – receber reconhecimento (inclusive recompensa) por uma contribuição

Quando pensar em fazer as pessoas se sentirem valorizadas, considere isso em três níveis:

- Ser valorizado pelo que fiz (resultados).
- Ser valorizado pelo que penso (ideias).
- Ser valorizado pelo que sinto e por quem sou (SER).

Todo mundo se sente revigorado ao receber algum desses. Mesmo aqueles durões que dizem que não se importam. Ao criar as oportunidades para que isso ocorra, é útil dividi-las nas três categorias descritas, pois as estratégias de cada uma são bastante diferentes.

É possível utilizar parte do material do programa de desenvolvimento de líderes para educar o pessoal nos diferentes níveis e nas diferenças entre eles. Os grupos vão reagir de formas diversas. Se você escolheu as pessoas como um de seus valores, é melhor explorar esse material em detalhes, porque aqui, nesses três níveis, estão as respostas para alguns dos dilemas de valor associados a pessoas. Por exemplo, alguém com baixo desempenho não pode continuar nessa situação (ele precisa ser mudados de área, receber treinamento ou sair da empresa). Contudo, mesmo com baixo desempenho, ele ainda pode ser avaliado pelo que pensa e é. De fato, ele estará mais disposto a melhorar o desempenho ao se sentir valorizado em outros níveis, pois seu reforço positivo estará mais forte.

Valorizando resultados

Recompensas financeiras, é claro, devem ser alinhadas tanto quanto possível a resultados. Se você está confiante de que a relação de causa e efeito entre um indivíduo e seus resultados pode ser medida, uma parcela maior de remuneração variável vai se justificar.

Outras formas de reconhecimento da contribuição são importantes, por meio de canais formais e informais. Seu plano pode incluir mecanismos de reconhecimento, tais como prêmios de melhor contribuição do mês. Eles terão um benefício secundário de enviar uma mensagem Cultural sobre o que é valorizado.

Valorizando ideias

Realize seminários para ouvir os que têm maior contato com os clientes. Programe almoços dos líderes com o pessoal mais júnior. Pergunte aos novos funcionários como eles sentiram a Cultura e o que poderia ser mudado. Convide pessoas de vários departamentos para sessões sobre estratégia. Planeje grupos de resolução de problemas. Crie rituais para troca de experiências, troque ideias com seus pares.

Valorizando sentimentos
Faça perguntas e ouça com empatia. Ter empatia não significa concordar com a sua opinião, mas se esforçar para entender outro ponto de vista. Quais são os seus sentimentos, valores, suas crenças e experiências? Programe reuniões com esse objetivo. Convide líderes para falar com sua equipe, com o objetivo de ouvi-los e valorizá-los. Lembre-se do que falamos anteriormente sobre posturas defensivas!

Essas coisas podem fazer parte do seu Plano de Desenvolvimento da Cultura. Algumas delas vêm naturalmente, quando os líderes aprenderam a valorizar as pessoas.

Reduzindo o reforço negativo
O retorno positivo é movido pelo desejo de se mover na direção do prazer. Já o retorno negativo é movido pelo desejo de evitar a dor. Este produz comportamentos defensivos.

Os sete retornos negativos mais comuns, que produzem comportamentos defensivos que acabam por impactar o desempenho dos negócios, são:

1. Desconfiança.
2. Fugir da responsabilidade; atribuir culpa a terceiros.
3. Necessidade de ganhar, nunca ser visto como perdedor.
4. Necessidade de ser estimado.
5. Medo de errar e ser punido.
6. Violência psicológica (*bullying*).
7. Medo da mudança.

Quando nos sentimos defensivos, estamos muito menos dispostos a mudar. De fato, recuamos para a concha de como somos e nos tornamos mais rígidos. Ao criarmos oportunidades para que as pessoas da organização se tornem menos defensivas, veremos que a Cultura começará a se tornar mais positiva. Para algumas pessoas, ser defensivo é um padrão de comportamento muito arraigado. Para outras, chega a ser um hábito. Este segundo grupo será mais fácil de mudar do que o primeiro. Haverá pessoas que não conseguem mudar esse padrão defensivo. Chegará um momento que elas deverão ser convidadas a sair. Muitas outras, no entanto, podem ser convencidas a mudar. De vez em quando, resquícios desse comportamento poderão aflorar, especialmente sob pressão. Certamente valerá a pena tentar empregar algumas técnicas que mostrarei a seguir. Você vai se surpreender com a diferença que elas vão trazer.

1. Construindo a confiança – trabalhando a competência de abertura

Criar um ambiente de confiança reduz comportamentos defensivos. Somos mais abertos e construtivos quando sentimos que podemos confiar nas pessoas à nossa volta. Uma definição de confiança que eu gosto é:

A crença de que as intenções do outro são boas.

É verdade que a confiança é algo que tem de ser conquistado, não se pode obrigar as pessoas a gostar umas das outras. Contudo, você pode, por meio do seu Plano de Desenvolvimento da Cultura, facilitar a construção da confiança.

Familiaridade e exposição

Em muitas Culturas há uma tendência de desconfiar das gerências e daqueles que não conhecemos em outros departamentos. A opinião generalizada parece ser a de que "eles" são a razão pela qual as coisas não funcionam da maneira que se quer. Nem todos se sentem assim, mas é comum que entre colegas isso seja considerado como norma. Se não conhecemos alguém, nossa tendência é interpretar negativamente o que vemos a distância – tal como suas decisões ou o seu desempenho. Se um relatório não foi entregue, assumimos que ele não foi feito ou que alguém se esqueceu de entregá-lo. Se alguém for promovido no lugar daquele de que gostamos, dizemos que é favoritismo, sem dar o benefício da dúvida de que essa pessoa possa ter qualidades que não conhecemos.

Parte das estratégias de construção da confiança deveria ser a busca de oportunidades para que as pessoas se conhecessem melhor. Quando conhecemos alguém, entendemos melhor suas motivações, e, em decorrência, estaremos mais dispostos a ver as razões positivas por trás de suas ações. A familiaridade nos permite dar a alguém o benefício da dúvida, assumindo que suas intenções são boas.

Um cliente nosso estava tentando criar um comitê de tecnologia cujos participantes seriam os principais executivos de TI de cada um dos seus negócios. A organização tinha deliberadamente criado uma Cultura orientada a negócios, e a maioria do pessoal de tecnologia tinha sido alocada dentro de cada unidade de negócio. Contudo, alguns assuntos de TI precisavam ser discutidos e decididos corporativamente. No entanto, o executivo de uma das unidades nunca apareceu nas reuniões, alegando outras prioridades. Com o tempo, o resto do grupo começou a se sentir frustrado e desconfiado. Certo dia, a reunião do grupo tratou dos negócios e dos desafios das diversas unidades. Durante a reunião, souberam que o tal executivo estava sob uma incrível pressão. Ele tinha acumulado outra função além de TI, e isso o estava tomando metade do tempo, e ele ainda não tinha conseguido contratar alguém para ajudá-lo. Ele precisava de apoio, mas tinha sido incapaz de pedir. Ao longo da discussão, a desconfiança desapareceu. O grupo estava ainda chateado por não poder contar com o compromisso e a atenção do executivo, mas o seu comportamento não estava mais destrutivo. O assunto deixou de ter mais importância do que realmente merecia. O grupo acabou por encontrar uma maneira de assegurar que as necessidades corporativas fossem atendidas e que aquela divisão participasse das normas e políticas estabelecidas em conjunto.

Iniciativas de construção de confiança podem acontecer em qualquer reunião, prevendo-se algum tempo para que as pessoas possam se conhecer e discutir o que as motiva e impulsiona seus negócios:

- Em seminários, misture as pessoas de diferentes departamentos.
- Programe almoços com pessoas diferentes.
- Organize eventos sociais fora do ambiente de trabalho, tais como comemorações, jantares e programas culturais.

Construção de confiança nas equipes

Equipes de um mesmo departamento constituem uma categoria especial quando se fala de construir confiança. Equipes são a espinha dorsal da sua Cultura e uma grande oportunidade para enviar mensagens sobre comportamentos esperados.

Nessas equipes, a questão não é, evidentemente, a falta de familiaridade, mas sim expectativas pouco claras com relação ao propósito, papéis e processos. Curiosamente, embora se espere que o desenvolvimento organizacional e o desenvolvimento pessoal evoluam ao longo do tempo, não é assim que funcionam as equipes.

Em nosso trabalho, tratamos as equipes como uma miniatura da organização; assim o fazendo, somos capazes de eliminar a maior parte das causas de desconfiança e de ineficácia dentro das equipes. Se você pretende usar os arquétipos culturais "Um Só Time" ou "Foco do Cliente", é preciso especial atenção nesse assunto.

Equipes eficazes precisam de:

- Metas e propósitos claros.
- Papéis e responsabilidades claras.
- Clareza nos processos utilizados pela equipe.
- Bom relacionamento.

Na execução da fase de diagnóstico de uma equipe, normalmente encontramos uma das três primeiras como a raiz causadora dos problemas da equipe. O relacionamento pode não ser bom, e a confiança estar um pouco abalada, mas normalmente a causa reside nas expectativas desalinhadas sobre o propósito da equipe, visões conflitantes sobre papéis e responsabilidades ou frustrações com as reuniões ou outros processos da equipe não claramente definidos.

Fale com a equipe sobre suas reuniões periódicas. Se os membros lhe disserem que elas são uma perda de tempo, ou são muito longas, não chegam a conclusão alguma, ou entram demais em detalhes, você pode estar certo de que não há clareza sobre o propósito da equipe. "O que é mesmo que fazemos aqui?" Sem isso não há surpresa no fato de que as reuniões não são valorizadas, uma vez que seu potencial de valor não foi bem definido e compartilhado.

Nessa situação, confiança e relacionamento podem se deteriorar rapidamente. Construir confiança na equipe é basicamente definir expectativas e propósito e se assegurar de que todos entendam isso. Desse modo, quando um comportamento for percebido como quebrando o compromisso do grupo, e, portanto, não confiável, ficará mais fácil lidar e corrigir a situação.

Os diferentes tipos de confiança

Ao trabalhar em encontros de familiaridade e equipes, você estará em posição de entender com mais profundidade o significado de confiança e como construí-la na sua organização. Esforços nessa direção são frequentemente prejudicados pela ambiguidade da palavra em si e pelos diferentes significados que as pessoas atribuem a ela. Quando alguém diz que confia em você, pode estar pensando em várias coisas diferentes:

Eu confio em você para fazer o seu trabalho.	Você é competente.
Eu confio que você cumprirá suas promessas.	Você é confiável.
Eu confio que você me apoiará como pessoa.	Você é íntegro, não me trairá.

Se você investir bastante tempo na atividade de construir equipes, criará um ambiente no qual os comportamentos que colocam a confiança em risco possam ser discutidos e solucionados tanto individualmente quanto em conjunto com toda a equipe.

O papel do líder da equipe

A disposição do líder em aceitar *feedbacks* dessa natureza é a chave para a construção desse nível de confiança dentro da equipe. O líder da equipe tem de iniciar as conversas, definir as normas de participação na equipe e estar disposto a interferir se as normas forem quebradas. Isso não retira a responsabilidade de todos os membros da equipe por assegurar o cumprimento das normas. Significa simplesmente que há algumas decisões que só podem ser tomadas pelo líder, particularmente aquelas associadas à tolerância de longo prazo por comportamentos não confiáveis.

Outras relações de confiança importantes na empresa

Existem outras importantes relações na empresa, além das equipes, que precisam trabalhar a confiança de modo a garantir um ambiente que elimine o comportamento defensivo. Todas essas relações podem ser alvo de intervenções especificamente planejadas para aumentar a confiança. As relações mais importantes incluem:

- Funcionários de uma cadeia de valor que dependem uns dos outros.
- Um departamento com outro.
- O diretor-geral e sua diretoria com os departamentos da empresa.
- Funções corporativas tradicionalmente vistas como controladoras, tais como Finanças, Auditoria, Jurídico e Riscos, com os departamentos de linha.
- Os principais fornecedores de serviços, como TI e Suprimentos com os departamentos de linha.

Tirando a poeira

Frustração e desconfiança se acumulam ao longo do tempo, chegando frequentemente a ponto de qualquer ação de outra área ser vista de modo negativo, como se suas intenções fossem maliciosas, o que nem sempre é verdadeiro.

Reconstruir a confiança, nesses casos, requer oportunidades para que se possa ouvir o ponto de vista do outro e tentar ver as coisas com seus olhos. Essas oportunidades devem ser bem organizadas, pois a maioria das pessoas não possui a experiência de lidar com assuntos emocionais gerados durante tanto tempo.

Essas oportunidades podem ser criadas por meio de encontros, com facilitador e uma agenda estruturada que inclui ouvir, discutir e tirar a poeira acumulada. Elas podem também ser planejadas com regras estritas de comunicação e exercícios específicos.

Um dos exercícios que utilizamos é chamado GRANDE-PEQUENO, em que cada membro do grupo recebe um retorno nos seguintes formatos:

- Uma coisa sobre você que faz você GRANDE aos meus olhos.
- Uma coisa que o faz PEQUENO.

O exercício GRANDE-PEQUENO é útil porque mostra às pessoas como as atitudes e os comportamentos que exibem fazem com que outros as vejam menores do que o seu potencial.

Estar juntos em um mesmo ambiente é importante. Embora isso possa ser feito a distância, torna o processo mais difícil, porque grande parte da comunicação humana é não verbal.

Aprendendo habilidades de comunicação que aumentam a confiança

Há muitas habilidades básicas de comunicação que devem ser incluídas no seu programa de construção de confiança, tais como:

- Declarações em primeira pessoa (eu).
- Ser específico, não generalista: "Você chegou atrasado às últimas três reuniões", em vez de: "Você sempre chega atrasado às reuniões".
- Ouvir e perguntar de forma ativa.
- Fazer pedidos específicos.

Essas técnicas são essenciais para que essas sessões tenham sucesso, e devem ser ensinadas ou estruturadas dentro dos exercícios e dos protocolos das equipes.

2. Responsabilidade: um conceito fundamental

No início de todos os nossos programas e *workshops,* introduzimos um conceito fundamental, condensado em um único quadro. O quadro tem este aspecto:

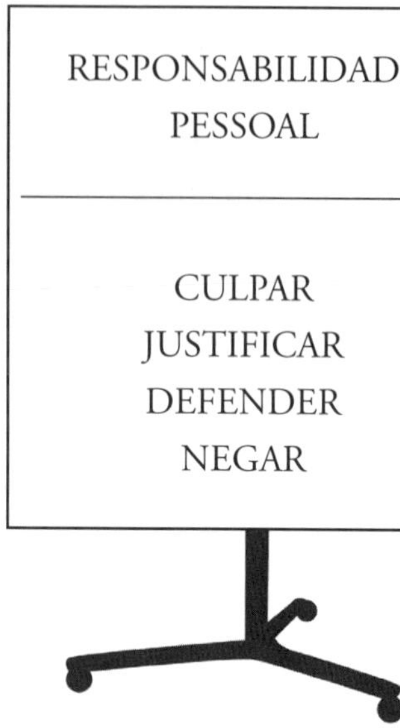

Aprendi esses conceitos com o meu amigo Robert Kiyosaki, antes que ele ficasse famoso com o livro *Pai rico, pai pobre*. Ele contém uma maneira de ver o mundo que mudou a minha vida, e tenho uma dívida de gratidão para com ele por me apresentar os seus conceitos. Sempre que usamos formulários de avaliação em nossos programas e perguntamos às pessoas o que lhes causou mais impacto, esses conceitos quase sempre aparecem em primeiro lugar. É uma coisa tão profunda que todo consultor, facilitador ou gerente que os conheceram por meio de nossa empresa ainda os usam como base do seu trabalho. Eles aparecem, quase sempre sem a citação do autor, em programas conduzidos pelas maiores companhias de consultoria do mundo.

Depois de tanto falatório, deixe-me explicar os conceitos.

Vamos imaginar que você depara com uma situação que não está funcionando da maneira como gostaria. Você tem uma escolha na maneira como vai responder. Você pode *ficar acima da linha* e assumir responsabilidade pessoal. Ou pode *ficar abaixo da linha* e passar a culpar, justificar, defender ou negar. A resposta que você escolher determinará os resultados que terá em sua vida. Algumas pessoas vivem *abaixo da linha* (vamos ser francos – todos nós assumimos esse papel de vez em quando!). Tudo é culpa dos outros. Sempre há uma razão pela qual as coisas não funcionam. Ou tudo está bem (mesmo que não esteja). A linguagem tende a utilizar os pronomes ELES ou VOCÊ. Já a linguagem *acima da linha* utiliza EU ou NÓS.

Warren Buffett, investidor americano, foi citado depois do evento de 11 de setembro dizendo: "Peço desculpas aos que investiram conosco. Ao avaliar ações de companhias de seguro eu não previ um evento com uma combinação de fatores como perda de vidas, perda de edifícios, perda de negócios e perda de aeronaves". Note bem a frase-chave: "EU NÃO PREVI". Ao fazer uma declaração dessa natureza, Buffett atuou "*acima da linha*". Assumiu uma responsabilidade pessoal. Como resultado, podemos estar certos de que ele aprendeu algo, e da próxima vez vai escolher uma abordagem diferente e, portanto, conseguir um resultado diferente.

É esse modelo mental de responsabilidade pessoal, ou de propriedade, que você deve procurar estabelecer na sua organização de modo a fugir de comportamentos e raciocínios defensivos. Tal abordagem abrange erros, sucessos, falhas, eventos não previstos e faz aprender com eles. Esse modelo mental é fundamental caso você esteja buscando uma Cultura de Superação, e é um bem valioso para qualquer Cultura.

Pondo um fim nas justificativas

Ensinar pessoas a *agir acima da linha*, quando elas já não agem assim por instinto, exige uma pronta repreensão sempre que justificativas ou atribuições de culpa forem apresentadas com resposta a maus resultados. É uma técnica de gestão que está no cerne da habilidade em se responsabilizar pessoas por resultados e que pode ser ensinada em um programa de treinamento. Você vai observar que o comprometimento de um pequeno grupo de pessoas em agir *acima da linha*, e que também se disponha a ensinar outros a fazer o mesmo, pode espalhar como uma epidemia esse tipo de comportamento. Contudo, tome cuidado. Ficar *abaixo da linha* é um hábito arraigado em todo mundo; há mais de vinte anos eu introduzi esse conceito pela primeira vez, e, de vez em quando, ainda me vejo recaindo em justificativas e atribuição de culpa.

Você colhe aquilo que planta.

Justificativas são bem-aceitas em organizações.

Um replanejamento, por exemplo, pode representar a aceitação de uma razão justificável do motivo pelo qual o orçamento original não pôde ser atingido. "Ah, o mercado caiu", "Todos estão no mesmo barco", "O governo mudou as regras", ou os sindicatos, ou a gestão. Todos entendemos que as justificativas são verdadeiras. Onze de setembro é um fato, mas é de se destacar o modelo mental diferente de Buffett ao declarar que ele não tinha previsto tal evento. Nós as chamamos de justificativas "razoáveis". Elas podem ser verdade, e bem apresentadas, mas não deixam de ser desculpas.

Por outro lado, se fatores externos como esses agirem a favor dos negócios, repare quão rapidamente a gestão assumirá o crédito pelos resultados extraordinários. Essa comparação, aliás, é uma técnica útil para determinar se você está lidando com um motivo razoável para comemorar.

Introduza a disciplina de não aceitar culpa e justificativa. Somente essa mudança de modelo mental transformará sua Cultura e seu desempenho.

3. A busca da excelência como alternativa à necessidade de vencer

Existe um modelo mental comum nas organizações que eu chamo de necessidade de vencer, ou nunca admitir a derrota. Ela produz um efeito competitivo que muitos gestores considerariam um ativo. Existe uma sutil, mas crucial diferença entre a necessidade de vencer e a atitude defensiva associada a não admitir a derrota. Os comportamentos associados com o último incluem:

- Autossuficiência a ponto de nunca compartilhar informações ou pedir ajuda.
- O uso de reuniões como uma oportunidade de "aparecer".
- Uma convicção de que se está certo quando não admite outras opções.

Um cliente me contou recentemente uma história que me horrorizou, mas que agora suspeito ser mais comum do que eu imaginava. Havíamos feito um trabalho para ele que envolvia a realização de um diagnóstico para descobrir as causas do mau serviço entregue pela sua divisão às demais áreas da organização. Cobramos uma soma razoável, não muito grande, pelo trabalho, e apresentamos algumas boas conclusões que permitiriam a ele determinar as áreas prioritárias para aumentar os níveis de desempenho.

Ao mesmo tempo, ele havia contratado uma das grandes consultorias para realizar outro trabalho relacionado com uma reestruturação. O valor desse contrato era quatro vezes maior do que o nosso. Uma noite, tomando um drinque, perguntei a ele por que havia contratado outra empresa para fazer o trabalho que nós poderíamos ter feito também. "Oh" – disse ele – "Quando eu quero saber algo que eu não sei, uso vocês. Mas quando eu já sei o que quero, mas preciso dar mais peso aos meus argumentos, eu uso as grandes consultorias. Elas sabem o que eu quero, e assim elas me dão mais credibilidade e alguém para culpar se os resultados não saírem conforme o esperado". Esse homem era fortemente motivado pela necessidade de ganhar e nunca aparecer como perdedor. O que o salva é o humor com que ele reconhece essa característica. Não obstante, ele investirá o que for necessário para derrotar qualquer um que tente se colocar em seu caminho. Culturas competitivas operam dessa maneira todo o tempo, e os consultores, com seus belos pacotes e argumentos convincentes, alimentam essa motivação defensiva e lucram com isso.

A necessidade de parecer sempre um vencedor é possivelmente o modelo mental e traço cultural mais sutil em termos de custo para o desempenho do negócio. Um diretor-geral que eu conhecia bem, um cara maravilhoso que tinha conseguido grandes realizações com a Cultura da sua organização, tinha essa característica como calcanhar de Aquiles. Ele viu uma oportunidade de aquisição e entrou fundo. Tornou-se muito hostil. Emocionalmente, não podia voltar atrás. O resultado foi o início do fim de um respeitado ícone corporativo.

Esses "heróis" – eu me refiro a eles assim porque há uma certa imagem de "justiceiro solitário" para essa mentalidade – podem se tornar muito atraentes e inspiradores para os seus liderados. Esse modelo mental pode ser difícil de mudar, porque essas pessoas carregam a experiência de muitas recompensas associadas a esse comportamento. De certo modo, foi essa atitude que os trouxe à posição que ocupam atualmente.

A atitude defensiva nesse comportamento é a incapacidade de admitir a fraqueza. Encontramos muitas Culturas que, na verdade, parecem encorajá-la. Talvez influenciadas pelos grandes egos daqueles que chegaram aos altos escalões. Mais recentemente, temos notado muitos artigos publicados sobre a vantagem da humildade como característica de um diretor-presidente e, portanto, parece-me que está aumentando o interesse em construir Culturas que desencorajam esse estilo individualista. Jim Collins refere-se a isso como um dos traços de liderança do Nível 5 no livro *Good to great*[8].

Isso é muito importante quando se quer construir Culturas do tipo "Um Só Time" e "Foco do Cliente". Ambas exigem a disposição de serem guiadas pela necessidade de outros.

A busca da excelência – redefinindo o significado de ganhar

Mudar esse modelo mental na busca para mudar a Cultura requer redefinir o que significa vitória na sua empresa. Ficar bem na foto deve vir acompanhado de ganhar como equipe, ajudando outros a ter sucesso, admitir erros e aprender com eles. A busca da excelência, que sempre envolve a necessidade de avaliar criticamente o desempenho atual e reconhecer os pontos fracos, é outro objetivo útil no processo de mudança desse modelo mental.

Mudar essa característica na sua Cultura e a mentalidade de executivos-chave requer planejar oportunidades para o aprendizado dos processos de reconhecer fraquezas e cometer erros em um novo ambiente onde fazer isso será modelo. Acreditamos que esse é o caminho mais fácil para mudar esse modelo mental. Encontrar humildade instantânea é impossível. Quando pessoas com esse modelo mental finalmente compreendem o que desejamos fazer, tornam-se grandes defensoras do nosso trabalho. Embarcam no projeto e trabalham para se tornar as melhores construtoras de Cultura da empresa.

Portanto, pessoas assim podem de fato se tornar um bem valioso na construção da Cultura desejada. No processo, muitas adquirem a sabedoria da humildade e, mais do que tudo, o senso de conexão que isso

8 *Empresas feitas para vencer*, na edição brasileira (N.T.).

lhes dá com as outras pessoas. A arrogância com frequência esconde um sentimento de solidão e isolamento. Ser uma estrela produz certamente barreiras culturais, em particular em relação a equipes e ao aprendizado.

Você deve considerar, por meio de atividades no seu Plano de Desenvolvimento da Cultura, oportunidades para que essas pessoas se encontrem com outras em pé de igualdade. Você vai verificar que elas se tornarão líderes e condutores de suas aspirações culturais. Maneiras de fazer isso incluem:

- Programas de *mentoring*.
- Programas de revisão pós-implantação.
- Encontros de aprendizagem e apoio.
- Equipes de projeto.

4. A necessidade de estima

A necessidade de estima é decorrente em grande parte da falta de disposição de tomar decisões difíceis, dar *feedback* sobre baixo desempenho, repreender comportamentos inadequados e confrontar situações insatisfatórias. Pessoas fortemente motivadas por essas características têm dificuldade de se posicionar nessas situações, pois imaginam que, como resultado, elas vão se tornar impopulares com as pessoas envolvidas.

É evidente que essa característica dificultará o plano de Cultura, pois vai limitar a capacidade dos líderes de respeitar as normas que definem a Cultura desejada. O desejo de deixar todos felizes se choca com suas aspirações. Você tem de encontrar uma maneira de ajudar os carentes de estima a canalizar essa necessidade em prol do plano de Cultura.

Na aparência, essa característica não parece ser assim tão defensiva como alguns outros estilos defensivos mais agressivos. Elas se apresentam mais como um mecanismo de FUGA, não de LUTA. As pessoas evitam situações difíceis quando têm de confrontar outras e assim fechar os olhos a situações que requerem uma resposta mais direta. Brincadeiras e subterfúgios são características comuns a pessoas que têm forte necessidade de estima.

A maioria de nós raramente consegue atingir um estágio em que ficamos completamente confortáveis ao receber *feedbacks* difíceis, defender padrões elevados ou tomar decisões impopulares. No entanto, é possível tornar a experiência mais fácil.

Ritualizando os momentos difíceis

O desconforto pode ser amenizado por rituais. Um modelo formal é mais fácil de se lidar do que com um espontâneo.

Em eventos de construção de equipes, preveja sessões de *feedback* bem estruturadas:

> "Uma coisa que eu notei em você e que gostaria que você praticasse mais é..."
> "Uma coisa que eu notei em você e que gostaria que você praticasse menos é..."

Use sistemas de pesos para a votação de ideias discutidas. Todos devem atribuir notas de um a dez para:

- A probabilidade de que iremos atingir esse objetivo.
- A atratividade da ideia.

Em sessões de avaliação de desempenho, assegure-se de que o formato usado trate *feedbacks* positivos e negativos.

Trabalhe o desejo de ser popular reconhecendo e premiando aqueles que conseguem tomar decisões impopulares a fim de manter os padrões desejados. Essa abordagem pode fazer com que ser impopular seja reconhecido como a coisa certa a fazer e, portanto, algo que vai provocar o elogio de outros. Com isso, você alimenta a necessidade de estima, porém utilizando novos critérios.

Quando um gestor sabe que será elogiado por assumir uma posição impopular, torna-se muito mais fácil para ele tomar essa decisão. O desconforto permanece, mas vem acompanhado por reconhecimento. O gestor descobre que é estimado. Não por todos, mas por um amplo grupo que é importante para ele.

Ensine as pessoas a dizer não. Torne um mantra na empresa que "dizer não é melhor do que dizer sim e depois não realizar o trabalho".

5. O temor de cometer erros e ser punido

O comportamento defensivo decorrente do medo de cometer erros leva a longas horas de trabalho, demora na execução de tarefas e incapacidade de distinguir entre as coisas que realmente precisam ser perfeitas e aquelas para as quais são suficientes padrões normais de qualidade.

Se o seu gestor é movido por esse medo, você certamente estará recebendo pouca delegação. O impacto disso na empresa é que duas pessoas estarão fazendo o mesmo trabalho, enquanto o papel gerencial de supervisão geral não está sendo exercido. O tempo não está sendo usado efetivamente, aplicando-se muito esforço em coisas que trazem pouco valor enquanto outros itens, mais importantes, recebem menos atenção do que merecem.

O medo de cometer erros pode não estar relacionado com nenhuma experiência recente em que pessoas foram punidas. Como toda resposta emocional, essa reação defensiva não é racional, o que a torna muito mais poderosa.

Esse tipo de comportamento vai limitar o seu movimento na direção de uma Cultura inovadora. Em situações em que for importante entender e gerenciar riscos, e fazer coisas com confiança e corrigi-las depois, se necessário, indivíduos com essa mentalidade certamente inibirão o progresso. Sua obsessão de fazer o que é certo é apreciada em muitos ambientes, e isso, como resposta defensiva, é muito sutil. Muitos leitores não acharão esse comportamento defensivo de modo algum. Somente é defensivo porque é obsessivo. Qualquer comportamento sobre o qual nós não tenhamos escolha é uma resposta reativa e, portanto, um mecanismo de defesa.

As pessoas precisam aprender a aceitar alguns erros dentro do escopo de realizar algo maior. Gestores aprendem a avaliar as consequências de suas decisões, assim como um erro de digitação não terá o mesmo impacto do que perder um cliente importante, por exemplo. É uma mudança sutil, mas tremendamente importante para o gestor e para aqueles que, à sua volta, estão empenhados em construir uma nova Cultura. Estar confortável com seus erros, mas sempre ter êxito, é um paradoxo excitante, uma vez aprendido.

Para ajudar as pessoas a fazer essa mudança você deve mostrar que cometer enganos pode ser aceitável. Aqueles que estão em posição de dar exemplo podem ajudar ao reconhecer seus próprios erros em público. O uso da frase "eu não sei" é um poderoso modelador de papéis (os perfeccionistas sempre acham que devem saber tudo!).

Treinamento e *coaching* podem ajudar essas pessoas a distinguir entre o resultado desejado e as etapas ao longo do caminho. Elas podem aprender a cobrar das pessoas a responsabilidade pela entrega de resultados, em vez de interferir em cada detalhe, não permitindo que elas cresçam e aprendam. Permitir que o pessoal cometa erros e sinta os benefícios gerados por essa experiência é uma oportunidade única de aprendizado para aqueles que têm medo de errar.

6. Intimidação psicológica (ou bullying)

Bullying, ou intimidação, é uma palavra forte, que descreve bem comportamentos que são predominantes em algumas organizações e, muitas vezes, invisíveis para os níveis de chefia. Uma característica comum aos agressores é serem rudes com aqueles mais fracos do que eles e servis com quem eles acham que são mais fortes. No contexto organizacional, isso significa ser amável com o patrão e brutal com os subordinados. Eu tenho uma cliente especial, Vanessa, uma das raras pessoas que encontrei na vida profissional que é um exemplo em valorizar as pessoas. Ela chefia uma grande empresa de serviços públicos e transformou o lugar pela sua simplicidade no trato com as pessoas. Eu adoro me sentar com ela e escutar sua conversa, porque sempre aprendo muito sobre o funcionamento desse valor.

Ela me contou sobre um de seus subordinados diretos, um homem recém-chegado na empresa e que estava tendo um desempenho bastante bom. Mas Vanessa tinha ouvido rumores de que ele estaria usando de violência psicológica com seu pessoal. Gritando com eles, jogando coisas para todos os lados. Sua raiva a deixou fora de si. Não havia como justificar seu comportamento pessoal com os resultados que ele apresentava.

Ela sempre acreditou que o seu papel era proteger as pessoas desse tipo de comportamento. Era totalmente inaceitável, e ela sabia que não era fácil para os funcionários se defenderem do impacto do comportamento do seu chefe. O homem estava marcado. Vanessa estava sobre ele como um rolo compressor, uma série de advertências comportamentais foram feitas, e ela finalmente conseguiu demiti-lo.

Comportamentos intimidadores são uma resposta defensiva a um ataque. Essas pessoas aprenderam que um ataque é a melhor forma de defesa. Ao longo dos anos, elas construíram uma couraça que lhes assegura não ficar vulneráveis. Sua desconfiança das relações pessoais significa que elas vão evitar interações que envolvam contatos em uma base de igualdade com os outros.

Em uma perspectiva cultural, essa postura provoca medo nos outros e trava a comunicação. Um dos maiores riscos para o negócio é que ninguém consegue transmitir as más notícias. As pessoas ficam totalmente fechadas. Elas não escutam informações sobre os clientes, problemas com cronogramas, estouros de orçamento ou atividades ilegais. Ao longo do tempo, elas criam uma percepção fora da realidade sobre o que está realmente acontecendo. O seu comportamento faz com que os outros escondam ou falseiem os problemas, podendo causar prejuízos de longo prazo para a empresa. Violência psicológica representa um grande risco para os esforços de incentivo à denúncia interna. Se o seu objetivo for uma Cultura Orientada a Pessoas, você precisa atacar esse problema.

O chefe global de divisão de uma grande empresa com ações na Bolsa estabeleceu objetivos extremamente desafiadores. Ele desqualificava qualquer um que sugerisse que os objetivos não eram atingíveis. Eles estavam em um negócio cíclico, e a crise o estimulou a metas ainda mais ambiciosas. Como resultado, sua companhia não conseguiu atingir as metas nos três anos subsequentes. No terceiro ano, o Conselho o destituiu. Ao entrevistar posteriormente gerentes da organização, as respostas foram semelhantes. "Tom criticava todos que discordavam da sua opinião. Ele se livrou de vários deles" – disseram os gerentes. "Ao final, simplesmente desistimos e ficamos observando o que ia acontecer. Estávamos completamente descrentes. O jogo passou a ser fingir que estávamos desempenhando, quando simplesmente jogávamos com números para agradá-lo."

Dos padrões agressivos de defesa, as reações de LUTA parecem ser mais difíceis de lidar do que as reações de FUGA. A agressividade deve ser enfrentada com uma forte atitude assertiva. Pessoas agressivas respeitam os que as enfrentam. Seu plano precisa ser mantido, não importa o que digam. Qualquer posição de fraqueza será atacada. Para enfrentar esse desafio você precisa ser muito claro sobre o que acredita e quais são as suas responsabilidades como um defensor da Cultura. Você precisa ter alguma autoridade. Choques ocasionais funcionam bem como tática nessas circunstâncias.

Ser forte e assumir posições inflexíveis gera respeito nos indivíduos com esses comportamentos. Dessa forma, você pode conseguir apoio tácito para o processo de Cultura. Contudo, você ainda terá de lidar com as situações de violência psicológica dos seus subordinados, que certamente minam o modelo requerido para a mudança desejada. É necessário que isso chegue ao conhecimento dos que podem agir para detê-los. Ferramentas de avaliação qualitativa podem ajudar, pelo seu caráter anônimo. Os resultados vão lhe fornecer as evidências para iniciar o processo de *feedback*. Devido à incapacidade dos agressores em escutar, eles constituem o grupo com atitudes defensivas mais difíceis de corrigir. Se a correção for impossível, você deve eliminar essas pessoas da equipe. A ameaça ao processo de Cultura é muito grande se os deixarmos permanecer.

7. O medo da mudança

O medo da mudança paralisa as pessoas e a empresa. Na tentativa de ficar longe do desconhecido, que se apresenta como muito vago e desestruturado, as pessoas se agarram àquilo que sabem. No passado, era possível deslocá-las dentro da empresa para posições em que elas se sentissem mais protegidas. Mas nos anos recentes, os processos de reestruturação e reengenharia eliminaram muitas dessas alternativas. Há poucos cargos hoje com esses atributos. Mas o medo permanece, e algumas pessoas vão procurar construir à sua volta estruturas que lhes deem uma aparente sensação de conforto.

O líder de Cultura não é alguém visto como um benfeitor por essas pessoas. Mas, se você conseguir trazê-las para o seu time, poderá usar o natural pendor delas em estruturar e implantar processos para ajudá-lo a colocar substância em algumas de suas ideias e aspirações. O desafio é aprender a lidar com a reação inicial delas.

Essa reação aparecerá sempre de forma racional:

- Nós já fizemos isso antes e não adiantou.
- É melhor consolidarmos o que já temos, em vez de iniciarmos toda uma série de novas iniciativas.

A resposta defensiva é sempre polida, em vez de algo agressivo ou óbvio. Você pode ser levado a acreditar que está recebendo apoio em seus esforços de mudança. As palavras podem parecer incentivadoras, mas é por meio dos atos que você identificará essas pessoas de modo que possa trabalhar com elas e trazê-las para o seu lado.

Sua estratégia primária deve ser a de transmitir o máximo de segurança possível. O medo da mudança tem raiz no medo do desconhecido. Para elas, uma mudança é o mesmo que pedir que caminhem até a beira de um precipício e pulem. Esse tipo de medo é tão palpável quanto o medo de altura, mas raramente expresso ou reconhecido como tal. A reação natural é se afastar do precipício. E o seu trabalho é construir uma escada.

Passos pequenos são menos ameaçadores do que os grandes saltos. A visão só ganha vida quando tem forma e substância. Descreva sua visão do futuro com o máximo de detalhes dos degraus ao longo do caminho de modo a apresentar o arcabouço que torna a jornada mais confortável. Devido ao medo do desconhecido, essas pessoas vão se comportar de modo conservador e estarão ansiosas para fazer a coisa certa. Se você puder conduzi-las passo a passo, elas estarão mais dispostas a acompanhá-lo.

- Forneça descrições detalhadas sobre as expectativas da Cultura-Alvo. Listagens de comportamentos valorizados, normas de compromisso.
- Seja específico sobre as tarefas previstas no Plano de Cultura que você espera que cada um realize.
- Descreva a Cultura-Alvo, com o máximo de detalhamento possível.

3. Formas de influenciar o nível de consciência das pessoas

O nível de consciência de um indivíduo é o quanto ele é capaz de perceber o que está acontecendo, enquanto o fato está acontecendo. Pessoas com alto grau de consciência são capazes de reconhecer padrões, observar reações defensivas nos outros e em si mesmas e as coisas como elas realmente são, com um mínimo de viés emocional. Elas são mais capazes de fazer escolhas, são menos reativas e defensivas. Elas reconhecem a diferença entre uma opinião e um fato. Elas têm uma visão mais ampla do mundo e são capazes de prever as consequências com mais facilidade porque entendem como o passado e o futuro contribuem para o presente.

Essas características são encorajadas pelas oportunidades que proporcionam equilíbrio, tranquilidade repousante e perspectiva. A disciplina de mudança de consciência vem sendo gradualmente incluída como parte do desenvolvimento organizacional, à medida que os benefícios para os negócios são compreendidos.

Compreender o equilíbrio vida-trabalho traz uma grande contribuição. Ser um completo viciado em trabalho não necessariamente produz os melhores resultados para a organização, sem falar da vida pessoal.

O estresse vai reduzir seu nível de consciência. Quando estamos estressados, perdemos a perspectiva, desenvolvemos uma visão em túnel, tornamo-nos defensivos nas relações com os outros, adotamos uma postura rígida e perdemos o discernimento. Todas estas são características de alguém que é incapaz de dar um passo atrás e de estar consciente de seu próprio comportamento.

Para desenvolver o nível de consciência das pessoas, você precisa criar oportunidades que lhes trarão equilíbrio, tranquilidade e perspectiva.

Equilíbrio é conseguido por meio de:

- Mudanças no horário de trabalho – mais curto e flexível.
- Garantir as férias anuais.
- Suavizar as fronteiras entre a casa e o trabalho.
- Ambientes de trabalho mais acolhedores.

Tranquilidade é obtida por meio de:

- Meditação.
- Práticas religiosas, tais como rezar.
- Ioga.
- Atividades esportivas, especialmente aquelas com ritmo individual, tais como correr ou nadar.
- Algumas formas de viajar, tais como dirigir em estradas vazias ou andar de bicicleta.
- Música.

Perspectiva é obtida por meio de:

- Atividades fora do ambiente de trabalho – seminários, encontros e conferências.
- Oportunidades de rodar pela empresa.
- Ferramentas de *feedback*.
- Terapia e *coaching*.
- Programas de desenvolvimento pessoais.
- Oportunidades de aprender com os outros.
- Conversas com aqueles cujos problemas sejam maiores do que os seus.

RESUMO

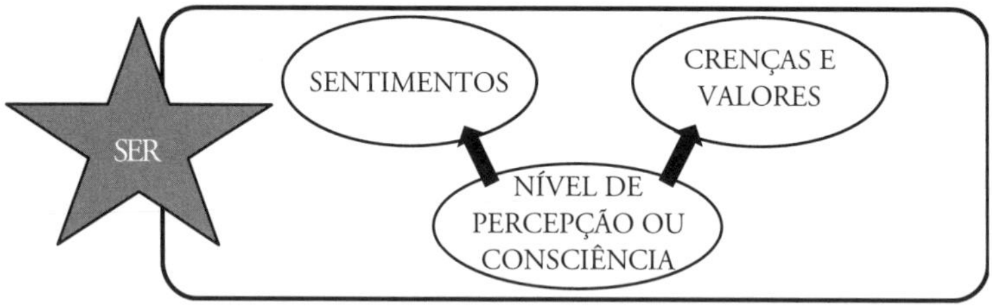

Mudar pessoas é uma das mais difíceis tarefas para um líder de Cultura. Mas pode ser feito, e é uma das tarefas mais gratificantes. Observar a mudança dos seus colegas, que passaram toda a sua carreira movidos por um fantasma defensivo qualquer, que dominava seu estilo e mudaram sua atitude, é uma experiência tremendamente satisfatória. Uma vida defensiva é desgastante. Ela afasta o indivíduo da convivência com outros e o desconecta da melhor parte de si. Leva a um sem-número de doenças, algumas delas com risco de vida. Quando alguém consegue perceber quão defensivo é, e o impacto que isso tem na sua vida, e consegue distanciar-se suficientemente para escolher alternativas, vai se sentir aliviado. O medo é paralisante, e na maior parte das vezes as pessoas nem ao menos se dão conta de que é o medo que lhes causa essa série de reações. Se você conseguir ajudar alguém a dar esse passo, vai se sentir gratificado ao observar a mudança.

Ver isso como um desafio pessoal é uma perspectiva mais útil do que ficar com raiva. É fácil culpar as pessoas por atrasar o seu objetivo de Cultura. Mas não esqueça de que são elas o seu objetivo. O trabalho do líder de Cultura é facilitar as mudanças que descrevi aqui. O primeiro grupo será sempre o mais difícil. Mas, com o tempo, muitas pessoas estarão engajadas com a nova filosofia e aptas a ajustar seus comportamentos, substituindo-os por aqueles mais adequados às novas normas da Cultura emergente.

Neste ponto, será mais fácil identificar as pessoas que somente apresentavam hábitos defensivos e as que eram movidas por fantasmas dos quais não conseguiam se livrar. É o momento de peneirar esse último grupo, excluindo os mais resistentes. Na minha experiência, esse grupo pode chegar a 20% do seu pessoal. Mas os 80% restantes sairão enriquecidos dessa experiência, e os seus acionistas ficarão felizes com a melhoria de desempenho.

9

FACILITADORES CULTURAIS – SÍMBOLOS E SISTEMAS

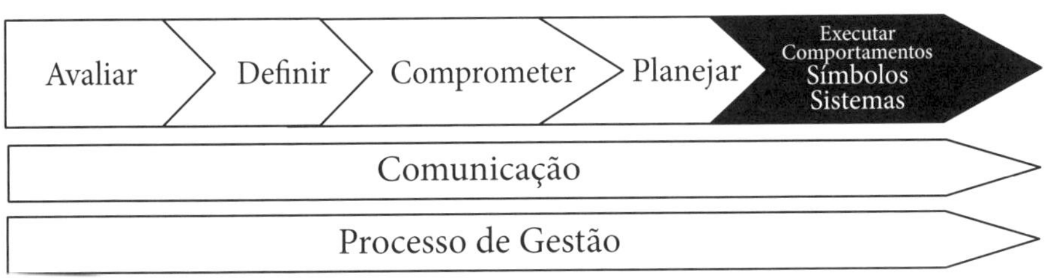

SÍMBOLOS E SISTEMAS PARA SUSTENTAR SUA CULTURA

Símbolos são decisões visíveis ou artefatos aos quais as pessoas atribuem significado, tais como títulos de cargos, tamanho do escritório, distribuição de verbas no orçamento. **Sistemas** são os processos de suporte pelos quais a empresa é gerenciada, tais como os sistemas de planejamento ou as políticas de remuneração.

A Cultura é sustentada por comportamentos, símbolos e sistemas, porque cada indivíduo envia mensagens sobre o que é valorizado, estabelecendo normas de comportamento para todos os que trabalham na organização.

Já dissemos que para conseguir a mudança é necessário mudar os modelos mentais que estão por trás dos comportamentos e das decisões sobre símbolos e sistemas. Lembre-se do modelo SER>FAZER>TER. À medida que o seu modelo mental muda, o pessoal começa a decidir de forma diferente e também a apresentar um novo conjunto de comportamentos. Por exemplo, se a sua diretora financeira adotar uma firme crença da importância de satisfazer o cliente, ela vai assegurar que os relatórios de informação preenchidos pelos vendedores sejam mais eficazes. Isso significa que o pessoal do atendimento vai dedicar mais atenção às necessidades do cliente, em vez de ficar preenchendo intermináveis dados em formulários.

Se um dos seus gerentes começar a realmente valorizar as opiniões do seu pessoal, ele poderá decidir retirar as paredes do escritório e sentar-se junto ao seu pessoal, de modo a ficar mais por dentro do que está acontecendo na empresa.

Se estruturarmos bem o nível SER, tudo o mais tende a dar certo, porque todas as decisões no nível FAZER estarão sendo tomadas por pessoas com adequado modelo mental. Isso foi o que provavelmente aconteceu no início da história da sua empresa. Um grupo de pessoas com mentalidade similar se juntou, concordou sobre o que era importante fazer e moldou a organização de acordo com esses valores. Dessa forma, os processos atuais são resultado dos valores dos líderes anteriores da organização. Eles foram desenhados para atender a uma hierarquia de valores um pouco diferente, mas que hoje ainda está atuante, mesmo que os valores dos líderes atuais tenham evoluído. Isso pode ser frustrante para o líder de mudança, porque eles aparentemente podem ser uma âncora no passado.

Você deve acelerar as alterações nos símbolos e sistemas que têm sustentado sua organização até hoje. Se essa ação for bem estruturada, pode persuadir as pessoas a se comportarem de uma nova forma, mesmo que não estejam confortáveis com isso. Mudar símbolos e sistemas leva tempo, e você precisa que todos fiquem prontos mais adiante, de forma que é melhor começar o mais cedo possível, mesmo enquanto ainda se está trabalhando nos modelos mentais. Caso contrário, o pessoal gradualmente trará os símbolos e sistemas antigos de volta. Talvez você pretenda uma Cultura de transparência e esteja tentando introduzir um sistema de acompanhamento que permita posteriormente implantar o conceito de responsabilidade por resultados. Se os modelos mentais vigentes não consideram esse conceito importante, eles, com o tempo, distorcerão o sistema. Primeiro, eles o farão muito complicado, depois distorcerão os números, fazendo com que seja difícil entender o que está acontecendo e quem está fazendo o quê. Ou poderão afastar paulatinamente o modelo de apuração de resultados da maneira como foi concebido. Ou, ainda, poderá haver um corte no orçamento de investimentos, que force a TI a fazer simplificações em subsistemas que prejudicarão a entrada de dados, por exemplo. Bem, você entendeu o quadro. Como ervas daninhas que tomam um jardim abandonado, em dois ou três anos volta-se ao estado anterior.

Muito dinheiro é gasto em mudar sistemas sem antes mudar as mentalidades. Em outras palavras, o trabalho é todo focado no que as pessoas FAZEM para TER os resultados previstos no plano de negócios. Mas as pessoas que planejaram o projeto frequentemente não têm suficiente compreensão de como mudar as pessoas no nível SER, e assim os benefícios que o projeto traria não se realizam.

Por exemplo, um novo sistema de gerenciamento de desempenho pode se tornar uma atividade burocrática na qual os quadradinhos são preenchidos e todos acabam sendo avaliados entre 3 e 4 em uma escala até 5. Se as pessoas não acreditarem com sinceridade nas vantagens da meritocracia e outros valores similares da Cultura de Superação, elas não usarão o sistema de avaliação da maneira como ele foi planejado. Um programa de treinamento, por melhor que seja, não resolverá isso. São poucas as habilidades necessárias para dar *feedback*. De longe, a mais importante é acreditar que o benefício obtido vai superar o desconforto que quase todos sentem ao fazê-lo. Para superar esse mal-estar, na sua hierarquia de valores, a sinceridade e a meritocracia devem estar em uma posição mais elevada do que a necessidade de estima.

Outro exemplo que vemos frequentemente é como são usados os dados da avaliação. Um cliente nosso sabia que era necessário começar a medir a percepção do cliente sobre o progresso de seu plano para tornar a empresa mais focada no cliente. Quando o encontramos, eles tinham acabado de debater por três dias a melhor maneira de medir essa satisfação. Cada unidade de negócio utilizava uma grande variedade de indicadores. Eles não chegaram a uma conclusão se o objetivo deveria ser a comparação com a concorrência ou com os resultados anteriores. O resultado foi um investimento enorme em pesquisa que trouxe pouco resultado. Ajudamos a diretoria a ver que eles não tinham evoluído tanto quanto pensavam a respeito do valor de focar o cliente. Quando eles finalmente mudaram o seu modelo mental a respeito disso, decidiram rapidamente o modelo de avaliação. Isso porque eles agora realmente queriam saber.

Quando se está em marcha na direção de mudança do modelo mental, é conveniente acelerar as mudanças nos sistemas e nos símbolos. Eles afetam a todos na organização, de modo que são uma boa maneira de enviar mensagens de modo simultâneo. Seu Plano de Desenvolvimento da Cultura deve conter uma importante seção sobre isso.

Enfrentando os Sistemas

Há cinco áreas principais que atuam como alavancas da Cultura:

1. Recursos Humanos.
2. Planejamento.
3. Avaliação.
4. Processos de trabalho.
5. Estrutura.

Quando completar o seu diagnóstico, você vai descobrir quais as mensagens que esses sistemas estão enviando sobre o que é realmente valorizado na organização. Com essa informação e a descrição da Cultura desejada, é possível priorizar qual o sistema a atacar primeiro. Redesenhar cada sistema requer profundo conhecimento dos processos, que se pode encontrar nos funcionários ou em especialistas do mercado. Vou descrever em seguida o que deveríamos buscar ao introduzir mudanças nos principais sistemas que suportam a dinâmica do trabalho no seu negócio. Essas mudanças tomam tempo e considerável investimento, de modo que priorizar é essencial. Uma boa abordagem é prever alguns ganhos de impacto imediato e algumas quebras de paradigma.

Você terá de abordar cada uma das cinco áreas listadas. Sua abordagem a cada uma vai depender do tipo do arquétipo de Cultura que você decidiu adotar.

Mas e se não for possível mudar os sistemas?
Por exemplo, se você estiver na filial local de uma multinacional ou em uma empresa estatal, muitos dos sistemas estarão fora do seu controle. Isso mudará a natureza na sua ação com os sistemas, mas não deve eliminar o assunto da sua agenda. Muito pode ser feito pela maneira como o sistema é utilizado. No exemplo anterior, você pode alterar o modo como seu sistema de avaliação de desempenho é usado, sem mudar o próprio sistema.

1. Sistemas de Recursos Humanos
Seleção e recrutamento
Recrutamento baseado em valores vai se tornar um importante critério, e o seu pessoal de RH deve entender isso perfeitamente de modo que eles possam ajudá-lo. Será necessário introduzir um processo de entrevistas desenhado para expor modelos mentais, o que é bastante diferente de competências. Os modelos mais tradicionais de seleção são fortemente calcados no que o indivíduo fez e pode FAZER, em vez das crenças, valores e atitudes do nível SER.

Promoções e planejamento de sucessão
É, sem dúvida, mais fácil conseguir o desejado modelo mental se você promove internamente, porque o seu conhecimento do indivíduo é sem dúvida maior. Mas você deve conduzir o processo de avaliação com o mesmo rigor que usaria no recrutamento externo. Você está à procura de sinais do modelo mental e do comportamento que você definiu como importantes, além dos critérios normais de desempenho.

Seu processo de avaliação deve permitir identificar e categorizar seu pessoal baseado nos valores e comportamentos da Cultura desejada. Resultados mais Valores devem ser o seu lema. E suas ações de planejamento de sucessão e de desenvolvimento de carreira deverão ser baseadas em ambos. Toda vez que você comprometer a dimensão de valores, influenciado por um desempenho excepcional, você estará comprometendo o processo cultural.

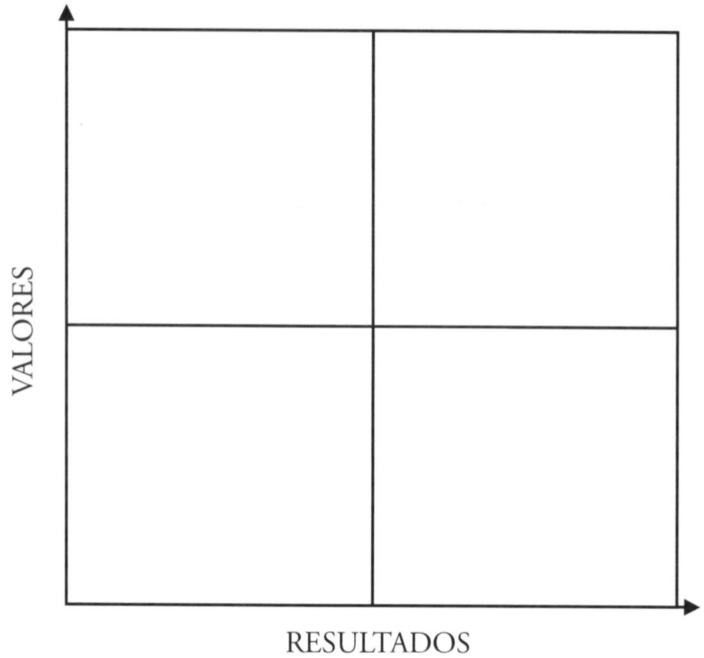

Organizações com grandes Culturas tendem a promover internamente, porque dá a elas a oportunidade de observar as pessoas durante longos períodos e dessa maneira se certificar de que os candidatos apresentam os comportamentos desejados. Elas terão mais confiança que a pessoa promovida vai ajudar a sustentar a Cultura que foi construída.

Líderes apaixonados por Cultura muitas vezes fazem indicações ou promoções que outros achariam arriscadas. Isso é porque eles acreditam que promover com base em valores é mais seguro do que promover com base em desempenho. Eles consideram que é mais fácil treinar alguém com atitude correta e desenvolver posteriormente as habilidades técnicas necessárias ao cargo, do que incutir valores em quem não os têm.

Gestão de talentos

Muitas organizações têm um processo de planejamento de carreira. Tal processo combina a importância de oferecer um caminho futuro para as pessoas, de modo que elas decidam continuar na empresa, com a necessidade de construir um sólido grupo de sucessão. Esse processo precisa estar alinhado com o seu Plano de Desenvolvimento da Cultura.

Por exemplo, se existe um programa especial para pessoas com alto potencial, aquelas selecionadas para esse programa já devem estar demonstrando que mantêm os valores que foram selecionados para sustentar sua Cultura. Se a avaliação das pessoas é baseada em comportamentos assim alinhados, temos a oportunidade de acelerar carreiras de um grupo de pessoas que serão exemplos dos valores que se está buscando. Se, por outro lado, a seleção for feita somente por desempenho, essa oportunidade de acelerar a implantação da Cultura será perdida.

Definição dos objetivos individuais

Objetivos são a base do contrato entre o empregado e o empregador. Em consequência, há uma oportunidade, dentro desse quadro, de estabelecer com clareza o que se espera do indivíduo na nova Cultura. Qualquer vetor cultural pode ser traduzido em um contrato individual de desempenho e, portanto, deve-se prever que os principais elementos de sua Cultura desejada apareçam de alguma forma.

Por exemplo, o Foco do Cliente aparecerá como uma métrica da satisfação do cliente, ou a manutenção de padrões de serviço, ou ainda a execução de um projeto que vai melhorar a experiência do cliente.

Um Só Time aparecerá como resultado de vendas compartilhadas, por responsabilidade em resultados de outras equipes, ou talvez como resultado de avaliações feitas por colegas que dependam do seu trabalho.

Superação requer metas de desempenho muito rigorosas, pois elas formam a base do contrato de prestação de contas.

Para cada tipo de Cultura, clareza e simplicidade vão ajudar no processo. Uma lista de objetivos com mais de três páginas, cheia de detalhes de medição, apenas servirá para implantar a Cultura da burocracia!

Avaliação

Sistemas de gestão de desempenho constituem o mecanismo formal para o envio de mensagens sobre o que se espera das pessoas na empresa, e se elas estão de acordo com as expectativas. Simplicidade deve ser o lema aqui. A complexidade dilui as mensagens. Alguns sistemas de gestão de desempenho tornam-se demasiado burocráticos medindo um excesso de dimensões comportamentais e de resultados. O sistema deve, antes de tudo, permitir que as pessoas sejam responsabilizadas – se for difícil medir o cumprimento das metas, a ferramenta não serve. Pergunte às pessoas quais mensagens elas estão recebendo do sistema de avaliação – se elas não souberem responder a essa questão com clareza, o sistema não tem valor cultural.

Uma sincera avaliação de desempenho será essencial para reforçar a Cultura e encorajar os comportamentos desejados. Ela também deve identificar os valores e os comportamentos desalinhados. Encontrar formas de assegurar que os gestores façam as avaliações é muito importante, e isso pode ser conseguido por meio de sistemas que incluam rigorosas entrevistas sobre desempenho, que devem ser feitas com cada funcionário. Se estivermos buscando mudança de comportamento, essa atividade deve ser realizada com mais frequência do que a tradicional, uma vez por ano. Isso porque mudança de comportamento exige muito retorno.

Remuneração

Recompensa financeira pode ser um mecanismo poderoso para apoiar os comportamentos que construirão sua Cultura. Contudo, isso requer instrumentos de medição absolutamente rigorosos e objetivos. Use um sistema de atribuir pesos baseado nas dimensões financeiras e pessoais para demonstrar que o desempenho leva em conta O QUE e COMO simultaneamente.

Usar recompensas financeiras para o processo de mudar a Cultura pode ser perigoso, pois a ganância pode causar comportamento distorcido. Em algumas organizações, recompensas em forma de bônus não são impulsionadores eficazes de mudança cultural. Contudo, se a sua organização estiver em um negócio que atrai pessoas movidas a dinheiro, as recompensas monetárias poderão funcionar.

Demissões

Os processos de demissão podem ser um forte impulsionador da mudança cultural. Um bom jogo deve ter regras claras, processo de arbitragem e penalidades para quebras de regras. Se as sanções não forem aplicadas, as regras perdem a força e o jogo perde a efetividade e a graça. Embora seja fácil tentar quebrar as regras e protestar quando um castigo é aplicado, muitas vezes nos esquecemos de que são as regras e as penalidades que fazem a essência do jogo.

Estabelecer as regras para demissão reconhece e valoriza os 99% do pessoal que jogam segundo as regras, fortalecendo assim a tribo e o jogo. É importante projetar processos que ajudem os gerentes a denunciar os comportamentos que desrespeitem as regras.

Em uma empresa familiar, o dilema criado por um membro da família com desempenho ruim é particularmente difícil. Os padrões são criados pelo nível de tolerância que você tem, e esses padrões devem ser aplicados em toda a empresa. Desse modo, um baixo desempenho de um membro da família baixa o padrão para todos os funcionários. Você precisa do apoio do Conselho de Administração para tratar esse assunto, pois há considerável repercussão trazida pelas mensagens circulando sobre a tolerância com esse desempenho. Demissão por má conduta é muito mais fácil do que demissão por mau comportamento.

Recompensa e demissão são consequências. Se não houver consequências ligadas ao comportamento, o motivo para a mudança é fraco.

Políticas

Reveja todas as suas políticas de RH por meio do filtro de valores que você escolheu para sua Cultura desejada. Elas refletem o que você está tentando alcançar? Veja os lugares onde elas estão escritas – a intranet, os manuais. Frequentemente a linguagem prejudica a intenção. Linguagens autocráticas, frias ou burocráticas enviam sinais tão fortes quanto o conteúdo. Tente escrever as políticas de modo positivo. Use "conseguir melhores resultados", em vez de "evitar mau desempenho". Use palavras que atinjam a maioria do pessoal, e não a minoria que tem mau desempenho.

Medindo o progresso da mudança

O RH pode propor alguns indicadores que servirão como medidores da mudança cultural. Taxas de pedidos de demissão, afastamentos de saúde, satisfação do pessoal, taxa de aproveitamento interno em promoções etc. Quaisquer que forem os indicadores que se decida implantar, eles devem se tornar parte do conjunto de metas de cada gerente, assim atrelando seu desempenho à sua participação no processo cultural. O Capítulo 11 traz mais detalhes sobre como escolher indicadores para acompanhar a mudança.

2. Planejamento

O processo de orçamentação

O processo decisório de como alocar verbas é um dos mais poderosos símbolos da Cultura da organização. Gastar dinheiro é um reflexo daquilo que valorizamos, e, portanto, o processo de escolha deve ser planejado de modo a permitir que os valores sejam expressos e discutidos de maneira construtiva. Muitas vezes o processo de orçamento é doloroso e prolongado, desmotivador para muitos, sendo processado por uma parte do cérebro distante dos valores e da Cultura. Muitas organizações, de fato, não veem ligação alguma entre elas. Contudo, em empresas lucrativas, resultados são muitas vezes valores mais arraigados do que pessoas; por isso, a confecção do orçamento pode vir a ser uma excelente oportunidade para mostrar o que queremos como novos valores.

No processo de redesenhar seu processo de orçamento de modo a alinhá-lo mais estreitamente aos valores, pergunte-se:

- As metas foram fixadas a partir das bases (com o envolvimento e a opinião do pessoal) ou a partir do topo? (O que pode sinalizar uma forte tendência à Cultura de Superação.) Ou ainda, elas vêm das bases, mas são modificadas pelo topo, sem consulta, resultando em quebra da delegação? (O que não indica Cultura de Superação, nem de Orientação a Pessoas.)
- O processo é departamental, com o orçamento sendo feito dentro de cada área ou unidade (individualista), ou envolve negociação entre os departamentos? (O que indicaria a Cultura Um Só Time.)
- Onde aparece a voz do consumidor no processo?
- O processo é rígido, ou permite abertura para a inovação? Uma vez assinado, o orçamento facilita ou inibe a flexibilidade e o empreendedorismo?

- A responsabilidade por resultados está incorporada no processo de maneira contínua? O que acontece com os orçamentos depois que eles são criados? Eles são usados, ou permanecem nas gavetas? Como se lida com o baixo desempenho nos primeiros meses?
- Onde aparece a qualidade fundamental de abertura?

Revise o processo de orçamentação com os seus valores em mente. Ponha os seus maiores defensores da Cultura na tarefa. Isso ensina a arte do "e". Como nos mantemos fiéis aos nossos valores "e" ao mesmo tempo entregamos os resultados?

O planejamento estratégico

Pensar e planejar o futuro fornece a oportunidade para demonstrar o seu Foco no Cliente, o seu compromisso com o propósito maior e a sua disposição de realmente ouvir o seu pessoal. O processo de tomar importantes decisões sobre o que vai ser feito ou não é sempre uma demonstração da sua Cultura em ação. Culturas conservadoras tomarão decisões conservadoras; Culturas inovadoras, decisões mais arriscadas.

Uma organização culturalmente consciente pode testar seus processos de tomada de decisão contra os seus valores, tornando-se assim mais consciente da influência dos comportamentos de base emocional nas decisões estratégicas.

Considere seu processo de planejamento estratégico. Que escolhas estratégicas estão alinhadas com seus valores? De que forma manter esses valores muda o modo de pensar o futuro?

Uma empresa pública de serviços de água está sob contínua pressão do Ministério para entregar fundos para apoiar outras necessidades do governo. Eles têm consciência também da sua responsabilidade de Propósito Maior para assegurar as necessidades das gerações futuras e assim encorajar práticas de uso responsável da água. Sustentabilidade é um valor prezado por eles. Seu processo de planejamento estratégico precisa encontrar o compromisso de atender às necessidades do futuro, que requer menor consumo de água, com a necessidade de receita atual que depende de aumento de consumo.

O caminho que eles encontraram foi resultado de colocar seus valores em ação, e o processo que usam constrói uma Cultura na qual seu pessoal entende a sustentabilidade e também como balancear o tríplice objetivo.

Experimente diferentes abordagens de planejamento estratégico e assegure que os seus valores estejam integrados na tomada de decisões.

Planejamento de projetos

A empresa de um cliente nosso tem suas raízes no ramo de construção civil. Seu negócio principal era a construção de grandes edifícios comerciais, edifícios de obras públicas e desenvolvimentos residenciais. Essa atividade requeria excelente gerenciamento de projetos, e isso se desenvolveu como uma competência fundamental dentro da organização. Eles dominaram o gerenciamento de projetos tanto no FAZER quanto no SER – seu pessoal possuía os valores e as crenças necessárias, tais como a antecipação de riscos e a quebra de macro-objetivos em metas mensuráveis. Sua inovação cultural aconteceu quando eles perceberam que podiam tratar o cotidiano como um projeto. Muito do que eles faziam na organização poderia ser transformado em um projeto. Eles espalharam a metodologia por toda a organização, e isso se tornou um dos pilares mais importantes da sua Cultura de Superação. Todos os novos funcionários recebiam treinamento nas técnicas, rituais e processos que a organização usava nos seus projetos.

Os sistemas de RH permitiram que eles tirassem pessoas das suas atividades normais e as colocassem em projetos específicos por períodos de até seis meses. Isso era considerado uma honra, e sempre havia voluntários. Esse procedimento propiciava também a oportunidade de desenvolvimento de carreira, ao expor as pessoas a outras áreas da companhia. Tão logo uma nova ideia ou iniciativa surgia, fosse para negociar um novo acordo sindical, o planejamento de uma fusão, a revisão do layout dos escritórios ou a análise das reclamações de clientes, eram montadas equipes que decidiam se era possível abordar o assunto como um projeto. Se fosse possível, e normalmente era, o processo de planejamento era colocado em funcionamento, e todos sabiam o que fazer. A equipe era selecionada, papéis eram atribuídos, um comitê de gestão era formado e o projeto começava. Como em todos os projetos, os objetivos eram definidos desde o início, e todos participavam e se mantinham confiantes no sucesso da empreitada. Então, avançaram.

Esse foi um dos mais eficazes exemplos de utilização de um sistema para impulsionar a mudança de Cultura que tivemos a oportunidade de acompanhar. Ele contém todos os elementos para o sucesso. É ligado aos resultados do negócio. Gera comportamentos e modelos mentais que são importantes em cada parte do negócio. Ele está alinhado aos valores de responsabilidade, transparência e ausência de hierarquia. Ele é apoiado por outros sistemas – tais como treinamento, recrutamento e desenvolvimento de carreira – que o fazem funcionar para pessoas. Cada departamento, em todos os níveis, usa o mesmo ritual. Ele tem sido usado há bastante tempo. Ele é liderado por pessoas que acreditam em sua eficácia.

Relacionando os objetivos das pessoas e das equipes aos da organização

Alinhamento deve ser uma prioridade para todas as grandes organizações. Quando cada um dos funcionários tiver uma visão clara da relação entre o que faz e os objetivos da organização, sua ação estará muito mais alinhada. O processo para alcançá-lo fortalece a Cultura porque junta diversas pessoas e as faz se sentir mais próximas à sua tribo.

Embora esse processo não incorpore com firmeza nenhum valor em particular, ele fornece a cola que mantém coesa a Cultura global. Quando a identificação com o grupo aumenta, as pessoas se preocupam com a Cultura da equipe e pressionam para se tornar uma organização orientada por valores. Já quando as pessoas se sentem isoladas no que fazem, elas se preocupam menos com isso e mais com os seus próprios interesses.

Relacionamento entre departamentos

Seu processo de planejamento pode melhorar o alinhamento entre departamentos, tanto lateral como verticalmente. Em quase todas as Culturas desejadas, conhecer e considerar as necessidades dos outros é um bom modelo mental a cultivar. As interdependências laterais são as necessidades e obrigações entre uma unidade e outra, em uma relação entre pares. Podem-se encorajar negociações para formalizar essas relações por meio de processos no ciclo de planejamento. Por exemplo, uma área pode solicitar a participação de outra no processo de orçamento, sinalizando assim que elas foram ouvidas e que suas necessidades foram levadas em consideração. É surpreendente a quantidade de empresas que não preveem esse passo no seu planejamento.

Um cliente nosso adotou formalmente esse procedimento nos três primeiros escalões da organização. Eles tinham sete níveis hierárquicos no total, mas acharam que implantar nos três primeiros já seria o suficiente para começar. Cada unidade estabeleceu um conjunto de objetivos para cada equipe. Eles abrangiam as finanças, clientes, projetos, pessoas e comportamentos. As unidades usaram a mesma metodologia. O RH reuniu os resultados e os organizou. Se alguém previa aumentar as vendas, por exemplo, o RH verificava se o pessoal de produto tinha previsto algo para acomodar essa demanda. Inversamente, se os gerentes de produto tinham metas, verificava-se se as áreas comerciais tinham previsto pedidos para eles. Se alguma área pretendia trabalhar sua Cultura, era checado se o RH tinha iniciativas que pudessem ajudá-la. Se houvesse lacunas, eram programadas reuniões para negociá-las.

Como resultado, algumas metas foram alteradas, e assim a frustração de imaginar que os seus pares não estavam colaborando era resolvida logo no começo do processo. A empresa está agora considerando ampliar o processo para dois outros níveis, o que aumentará exponencialmente a complexidade, mas trará benefícios que valem a pena. Há ferramentas de software para facilitar o processo. Isso implantou uma maneira completamente nova de estabelecer objetivos, com os funcionários trabalhando juntos, com seus pares nas outras unidades. No passado, havia mais competição ou metas incompatíveis. A colaboração beneficiou os clientes e também os acionistas.

3. Avaliação

O que é avaliado é feito. A isso, eu adicionaria: "O que é avaliado é considerado importante e, portanto, é feito".

Na vida organizacional, a avaliação tem um papel muito mais importante do que em nossa vida pessoal. Não é a avaliação em si que causa a ação, mas sim o interesse que as pessoas têm nos dados gerados pela medição, que, por sua vez, têm a capacidade de mostrar quem é bom ou ruim aos olhos de todos. A avaliação é um importante símbolo do que é valorizado, e, assim, os sistemas de aferição devem fazer parte do seu Plano de Desenvolvimento da Cultura.

Escolhendo os indicadores

As organizações possuem, em geral, enormes quantidades de dados sobre quase tudo. O que interessa ao responsável pelo projeto de Cultura são aqueles realmente utilizados. Por exemplo, todas têm dados sobre vendas, rentabilidade, margens. Mas algumas usam volume de vendas como o objetivo principal. Quando se pergunta a elas que tamanho têm ou quanto cresceram, elas respondem com dados de vendas. Isso reflete em sua Cultura. Outras são inteiramente focadas em lucros. Algumas usam a avaliação da qualidade de serviço, enquanto outras acreditam que bons serviços resultam em mais vendas – o que quer dizer que seu indicador principal é volume de vendas.

Assim, a seleção dos indicadores corretos é um forte sinal do que se valoriza. Mudança no sistema de avaliação acarretará mudanças de comportamento e, ao longo do tempo, mudanças no modo de pensar das pessoas. A menos que o modelo mental já esteja completamente alinhado com o que se deseja, eu acho que a escolha de indicadores é parte do processo de convencimento daqueles cujos valores ainda não estão alinhados.

Uso dos dados: velocidade, responsabilidade e acessibilidade

Uma empresa que conheço usa informação gerencial de modo transparente e facilmente acessível como importante ferramenta para que todos na organização sintam-se iguais e também para promover a abertura. Todos podem ver os números. Investir em processos e sistemas que forneçam dados de qualidade incentivará uma ampla gama de mudanças culturais:

- A transparência aumenta a responsabilidade por resultados e reduz os jogos de poder.
- A acessibilidade está ensinando às pessoas sobre o desempenho e sobre a mecânica de outros negócios, incentivando a Cultura Um Só Time.

- Os gerentes passam a ter informações confiáveis e oficiais sobre o desempenho da equipe e de seus membros.

Quem pode acessar quais informações e que relatórios devem ser encaminhados ao diretor-geral constituem fortes sinais culturais e devem fazer parte do Plano de Cultura. No geral, uma maior transparência vai melhorar sua Cultura, pois aumenta o conhecimento dos atos da empresa e deixa menos espaço para o jogo emocional e o comportamento defensivo.

O modo como os dados são usados tem grande impacto cultural. Se vão ser usados para correção e melhorias, devem ser acessados rapidamente em um prazo que as correções vão fazer diferença. Eles também devem estar acessíveis para as pessoas cujas ações podem introduzir as melhorias que aparecerão no próximo relatório.

Medir uma vez por ano tende a ser menos relevante do que medir todos os meses, especialmente se os indivíduos se comprometeram a entregar resultados periódicos. Os dados adquirem a máxima utilidade quando constituem ferramentas para facilitar a tomada de decisões e as correções. São menos úteis quando usados como punição.

4. Processos de trabalho

O comportamento das pessoas na organização é formado, em parte, pelos processos em que elas operam. Quando uma pessoa contata um cliente, o seu comportamento é influenciado pelo sistema usado para gerenciamento dos clientes, que dados ele exige que sejam preenchidos, com quem esses dados são compartilhados e pelo sistema de acompanhamento. Quando os membros de uma equipe de projeto compartilham informações, a maneira como o fazem depende se usam sites que permitem que todos conversem on-line ou sistemas mais formais. Se você pretende ser enxuto e eficiente e adotar essas características como valores, seus processos terão importante papel em fazer isso acontecer. Quando eu chego ao balcão de uma companhia aérea como cliente especial e eles me permitem levar um convidado extra para a sala VIP, há um processo por trás dessa aparente generosidade.

Para um banco com um processo de empréstimos complexo, com várias transferências e foco em exatidão e solvência, mas não em rapidez para o cliente, pode-se esperar que, com o tempo, a mentalidade e o comportamento do pessoal sejam influenciados. Eles vão parar de pensar no que podem fazer para servir o cliente, passando a ver o sucesso como a velocidade com que preenchem os quadradinhos e o cuidado com que seguem os passos previstos no processo. Dessa forma, o processo desencoraja um olhar mais abrangente. Eles passam a pensar pequeno, e o seu comportamento reflete uma falta de consciência das outras pessoas.

Ao simplificar o processo com ênfase em satisfazer o cliente, além dos procedimentos de crédito, permitindo maior visão do conjunto, o pessoal vai mudar o comportamento. Contudo, se eles estiverem trabalhando no processo antigo por muito tempo, será necessário trabalhar o seu modelo mental por meio de treinamento, visto que alguns deles terão já incorporado uma visão estreita e burocrática como parte de seu modelo mental. De fato, o próprio processo tende a atrair pessoas com essa visão do mundo.

Há muitos processos na sua organização, e cada um deles deve ser analisado para avaliar necessidades de mudança como parte do Plano de Desenvolvimento da Cultura. Uma vez que você já tem claros os comportamentos que procura em sua Cultura, procure oportunidades para provocar a mudança por meio da transformação de processos. No mínimo, cada plano deveria incluir duas mudanças de processo com esse objetivo.

Usando mudanças que ocorrem naturalmente

Cada empresa possui uma série de processos que formam o ambiente no qual se trabalha. As empresas revisam esses processos regularmente, procurando oportunidades para melhorar a eficiência e o nível de serviço. É uma boa oportunidade para olhá-los também na perspectiva da Cultura. Dessa forma, você vai ajudar na efetiva execução da mudança ao programar os necessários componentes de treinamento que apoiam a Cultura desejada.

Você pode também procurar os eventos e processos que ocorrem naturalmente dentro da organização e acoplar seu trabalho de Cultura a eles. É também possível aproveitar uma mudança de processo como uma iniciativa da mudança cultural. Isso funciona bem porque incorpora a Cultura no processo natural de melhorias contínuas da organização, em vez de se tornar uma coisa à parte. Podem-se escolher alguns processos em particular e solicitar às equipes de projeto que recomendem e executem mudanças que especificamente vão atuar como reflexo dos seus valores. Eventualmente, isso terá de ser feito com todos os processos da sua organização, porque eles estão operando hoje de acordo com os valores do passado. Isso pode ser visto no seu Diagnóstico de Cultura.

5. Estrutura

Estruturas podem ser úteis para a mudança cultural, embora menos do que é normalmente esperado. Uma mudança de estrutura pode ser a primeira abordagem que vem à mente quando um líder tenta mudar comportamentos que estão prejudicando o desempenho. A estrutura destaca certos elementos do ambiente organizacional e, quando alinhada com a estratégia, envia mensagens sobre o que é importante. A seguir, alguns exemplos baseados em cada tipo de Cultura:

Foco do Cliente

A mudança de uma estratégia centrada em produto para outra centrada em segmentos de clientes agrupa as pessoas que a empresa deseja que tomem decisões conjuntas. Uma estrutura alinhada com o cliente provavelmente tomará mais decisões olhando para o cliente do que outra projetada em volta dos produtos.

Muitas vezes as organizações crescem centradas em produto porque foi assim que elas nasceram. Empresas de telecomunicação, por exemplo, tinham foco em produtos para linhas fixas muito antes do aparecimento dos telefones móveis. Assim, a organização estruturou essa nova tecnologia como uma nova divisão. Muitos anos depois, elas descobriram que não podiam enviar uma conta mensal única aos clientes para suas linhas fixas e móveis; seus sistemas simplesmente não permitiam ver o cliente como uma única pessoa. Recentemente, com os serviços de voz e dados, elas se tornaram muito melhores nisso, permitindo, por exemplo, oferecer descontos para o uso de múltiplos produtos. Para melhor tratar esse novo processo, muitas delas já adotaram uma estrutura voltada para o cliente.

Contudo, nesse caso, a mudança de estrutura em si não vai assegurar a mudança de Cultura, ou seja, não vai fazer com que as pessoas passem a ver o cliente como uma pessoa com múltiplas necessidades de telecomunicação, em vez de comprador de um produto. Essa mudança vai exigir mudanças no nível SER.

Superação

A estrutura exerce forte influência na responsabilidade. Uma definição clara dos papéis facilita responsabilizar as pessoas. Uma estrutura que dá às pessoas mais autoridade e responsabilidade aumentará a facilidade em realizar. Interdependências tornam mais difícil atribuir responsabilidade, porque as pessoas se sentem mais confortáveis quando estão no controle total das coisas pelas quais são responsáveis. Por outro lado, isso as torna míopes, vendo apenas a sua parte do mundo.

Um Só Time

Estruturas organizadas por produto ou por função (tais como marketing, vendas, operações) requerem uma Cultura Um Só Time para obter real sucesso.

Muitas dessas estruturas têm a forma matricial, na qual as pessoas respondem a mais de um gestor ao mesmo tempo. Essa estrutura facilita a implantação da Cultura Um Só Time, ao mesmo tempo que propicia um ambiente que assegura a conformidade e a rentabilidade. Contudo, elas só funcionam se as pessoas aprenderem a pensar e a se comportar no ambiente matricial. Elas têm de aprender a negociar prioridades entre dois gestores, a defender ambas as equipes às quais pertencem e como proceder para encontrar alternativas para atender aos dois conjuntos de objetivos.

Orientação a Pessoas

O número de níveis hierárquicos na organização impacta esse tipo de Cultura. Quanto mais próxima estiver a linha de frente da gerência sênior, tanto mais a sua voz será ouvida e receberá autoridade para tomar decisões de fato. Mas uma estrutura plana não garantirá que isso aconteça. A estrutura pode ajudar a delegação ao criar cargos com real poder de decisão.

Inovação

Uma estrutura mais fluida, com células e bancos de recursos que se movem de projeto em projeto, funciona bem em uma Cultura desse tipo. Inovação e aprendizado requerem mudanças em ritmo mais rápido do que grandes mudanças estruturais permitem, e assim alguma fluidez permite às pessoas se moverem de acordo com as novas oportunidades.

Reveja sua estrutura tendo em mente suas aspirações culturais e faça mudanças, se necessário. Quando você iniciar a mudança, certifique-se de, simultaneamente, criar programas de apoio para adequar os modelos mentais e ensinar as novas habilidades necessárias para viabilizar a estrutura.

Fazendo a mudança por meio dos sistemas

Assim que seus olhos se acostumarem a ver sistemas como alavancas culturais, você poderá encontrar vários deles, que devem ser incluídos no Plano Cultural. O critério de seleção é encontrar aqueles que tenham maior impacto no conjunto de hábitos e comportamentos do pessoal e, com o tempo, nos modelos mentais que sustentam a Cultura desejada.

Ao longo da jornada, você observará que os próprios responsáveis por esses sistemas começarão a revisá-los à luz do seu novo modelo mental, e assim o líder do projeto cultural contará com uma grande ajuda. Nos primeiros dias, contudo, enfrentar algumas das vacas sagradas será uma grande medida para a visibilidade da mudança. Você estará envolvendo pessoas que podem não se enxergar como centrais no processo de Cultura – como o pessoal financeiro, por exemplo –, mas, por isso mesmo, o impacto da sua mudança gerará maior credibilidade na organização.

Mudanças de sistema são complexas e levam tempo. São mais difíceis de desfazer e, uma vez implantadas, tendem a se tornar bastante estáveis. Ao mesmo tempo, podem ser de grande ajuda para atravessar algumas das fases mais difíceis do processo de mudança. Eu acompanhei uma organização com forte Cultura ser adquirida por outra com Cultura mais fraca; durante o processo de fusão, a Cultura mais forte sobreviveu sustentada pelos seus sistemas. Seus sistemas de relatórios financeiros, de comunicação e de benefícios aos funcionários eram bastante inovadores. Quando chegou a hora de analisar os sistemas, a empresa compradora quis realizar ampla mudança, com o que a adquirida não concordava. Uma análise mais detalhada, no entanto, revelou a força da Cultura impregnada nos sistemas que eles tinham adquirido e, assim, decidiram incorporar vários deles a seus próprios processos.

Em outro exemplo, a aplicação rigorosa e honesta do ciclo de devolutivas permitiu à companhia manter os seus valores culturais durante um momento de desaceleração repentina e catastrófica de mercado. Foram necessárias demissões e rápidas mudanças nas linhas de produtos. Em um momento em que a maioria das organizações jogaria pela janela todas as suas aspirações culturais, essa companhia foi sustentada pelos seus sistemas culturais que, literalmente, impulsionaram-na para uma nova era de crescimento ainda mais expressiva do que a anterior.

CRIANDO NOVOS SÍMBOLOS

Símbolos oferecem uma maneira muito criativa de influenciar a Cultura, e alguns novos podem ser introduzidos rapidamente. O objetivo geral de trabalhar com símbolos é obter uma reação do tipo "Uau! Isto é diferente!". Para ser eficaz, um símbolo deve ser visível, de preferência por um grande número de pessoas, e mostrar claramente que os valores dos líderes da organização estão mudando. Quando mais líderes abraçarem a nova Cultura, mais vão criar suas próprias mudanças simbólicas. Como parte do seu Plano de Mudança da Cultura, você deve escolher alguns de alto impacto e usá-los para dar esperança às pessoas, para atropelar os gerentes que ainda não embarcaram e para criar os modelos a serem seguidos. Uma boa mudança simbólica mostrará às pessoas que elas podem também fazer algo similar, e que serão apoiadas nesse processo.

Algumas maneiras de demonstrar mudança de valores por meio de símbolos podem incluir:

- Mudar a forma de gerenciar o uso do tempo.
- Mudar a maneira como os recursos são aplicados.
- Mudar as prioridades adotadas em tempos de crise.
- Dar papéis importantes às pessoas que vivem os seus valores, especialmente se essas escolhas forem pouco convencionais.
- Mudar os lugares onde as pessoas se sentam, com quem se sentam e o layout dos escritórios.
- Mudar cargos, vagas de estacionamento ou outros sinais de *status*.
- Introduzir novos rituais, como reuniões de funcionários, técnicas de devolutivas ou abordagens de resolução de problemas.
- Reconhecer publicamente o comportamento de pessoas que respaldam a Cultura desejada.
- Mudar a maneira de utilizar consultores externos.
- Alinhar a publicidade corporativa aos seus objetivos culturais.

Uma vez que você comece a pensar em termos de símbolos, você vai encontrar milhares de maneiras de usá-los para enviar mensagens sobre coisas que são valorizadas. Em vez de descrever os tópicos acima um a um, vou contar algumas histórias de pessoas que usaram os símbolos de forma eficiente:

1. O clube de futebol da família

O *New York Giants*, uma das maiores equipes de futebol americano dos EUA, tem uma forte cultura, que usa os valores familiares como sua pedra fundamental. Ele é um dos dois únicos clubes da federação americana que não usam animadoras de torcida apoiando seu time nos jogos. Eles sofreram muitas pressões para mudar essa política, mas não o fizeram por considerar que há uma conotação sexual no ritual das animadoras que não se coaduna com seus valores. Cada vez que eles reafirmam essa decisão, eles enviam uma mensagem para toda a organização – jogadores, torcedores, administradores – reiterando que esse é o conjunto de valores que prezam, e é isso que esperam do seu pessoal. Esse posicionamento os manteve íntegros em uma época em que o comportamento sexual de muitos jogadores manchou a reputação de todos os códigos de ética desportivos.

2. Flexibilizando as normas

Um departamento do governo não tem a mesma liberdade de usar incentivos financeiros para provocar a mudança de comportamento que o setor privado tem. Para a maioria dos colaboradores, a gratificação disponível, quando existe, é pequena, e focada no desempenho, não no comportamento. Usando essa situação a seu favor, eles construíram a forte crença de que estavam buscando motivação intrínseca, não extrínseca, como base para a mudança de comportamento que buscavam. Ao construir uma forte crença interna de que o serviço excepcional era o que buscavam, descobriram que o pessoal estava dando aquele algo mais aos clientes, trabalhando mais horas e fazendo mais do que estava escrito em seus contratos de trabalho.

Eles embasaram seu projeto na criação em seus gestores de uma alta expectativa no modo de lidar com o pessoal. Os gestores passaram a encorajar seus subordinados a tirar algum tempo para acompanhar seus filhos em eventos esportivos ou a trabalhar em casa quando a presença deles fosse necessária. Eles tomaram especial cuidado para indicá-los a novas funções, tão logo as oportunidades aparecessem. A motivação era suportada pela flexibilidade das normas e por uma atitude de apoio integral por parte dos gestores. Falar sobre isso fortaleceu o valor de serviço ao cliente, e os funcionários não abusavam do novo sistema porque todos acreditavam nos mesmos valores.

3. Lidando com o estresse

Uma organização com aproximadamente 400 funcionários, cuja Cultura valorizava muito o seu pessoal, passou por uma grande atualização nos seus sistemas de TI. O projeto era muito desafiador, e duas pessoas acabaram sendo "massacradas", nas palavras do diretor-geral. Contudo, o projeto foi realizado dentro do prazo e do orçamento. Apesar disso, o líder do projeto não recebeu o reconhecimento que esperava. Sua falha em gerenciar a carga de estresse daquelas duas pessoas foi considerada grave. Uma delas, que participava do processo devido à sua experiência e era considerada um talento potencial, pediu demissão. A outra ficou totalmente estressada e começou a se comportar de modo estranho. Bill, o diretor-geral, disse abertamente que não era aceitável sacrificar ou prejudicar pessoas como forma de atingir as metas de prazo e orçamento. A mensagem foi alta e clara. As metas devem ser atingidas sem prejuízo do bem-estar da equipe.

4. Rose, a tenaz

Rose, a funcionária responsável por elaborar o programa de Cultura na sua empresa, decidiu escolher uma equipe e ajudá-la a se tornar o modelo da abordagem que ela desejava para a empresa. Acreditando na tática de usar as oportunidades que ocorrem naturalmente, ela aproveitou o momento que se apresentava. Um grupo de atendimento ao cliente era responsável por lidar com as queixas de familiares sobre seguros de vida de parentes recentemente falecidos. Nesse momento, eles estavam recebendo novas metas de custo. Ela pediu para levar o grupo para fora da empresa por três dias. Não se tratava de um grupo sofisticado, com formação universitária. Era um grupo simples de funcionários de escritório. Ela os ajudou a escrever um plano de negócios, começando pela pergunta central "Quem é o cliente?".

Rose tem uma crença apaixonada em pessoas e em sua capacidade de exceder se lhes for dada uma chance. A jornada cultural da empresa tinha sido baseada nessa mesma crença, e os dados de medição de Cultura se apresentavam tão bons no pessoal de linha de frente quanto nos altos escalões. Ela aplicou essa mesma crença nesse grupo ao permitir que eles desenhassem o seu próprio plano. Quando ficou pronto, ela o levou ao gerente da operação e fez com que a própria equipe o apresentasse. Ele ficou tão impressionado que sugeriu que eles o apresentassem à diretoria. Assim, a equipe de funcionários de escritório apresentou seu plano, mostrando aos diretores o que poderia ser conseguido se fosse atribuída às pessoas a honra de definir seus próprios objetivos. Os números que eles acreditavam poder entregar eram melhores do que as metas por eles recebidas no ano anterior.

A equipe se transformou de um grupo de batedores de ponto em um grupo inovador, focado em melhorar sua parte do processo. Daí em diante, Rose usou sua influência e o apoio da diretoria para espalhar essa metodologia de planejamento de negócios por toda a organização. Ela tinha passado por cima da chefia do Serviço ao Cliente para realizar seu primeiro trabalho com o grupo, e também passou por cima de muitos outros gestores intermediários em seu caminho. Ela não era popular. O que foi conseguido foi uma revolução, tanto de baixo para cima como no sentido oposto. O símbolo era: "a linha de frente importa, nós temos as melhores ideias".

5. Viajando pelo país

A equipe sênior de uma organização decidiu passar seis semanas por ano viajando pelo país para conversar com grandes grupos de funcionários. O processo começou cinco anos atrás e continua até hoje. Ele representa uma enorme dedicação de tempo, mas a conclusão é de que valeu a pena porque proporcionou a oportunidade de educar o pessoal naquilo que era realmente importante para a organização – o cliente – e ouvir diretamente deles as dúvidas que tinham e as barreiras que encontravam. Sessões de perguntas e respostas são livres, e eventuais complementos dos esclarecimentos, se necessário, são encaminhados mais tarde; e as ações são tomadas.

Embora cética em um primeiro momento, a organização recebeu de fato a mensagem de que comunicação é importante e que suas opiniões são valorizadas. Também isso sinaliza que se espera que os gestores dediquem tempo para conversar com suas próprias equipes, em vez de se trancar em seus escritórios. Tal dedicação de tempo, em uma organização que nunca tinha visto a equipe sênior fora da matriz envia um poderoso sinal de mudança.

6. Wallabies

John Eales, capitão dos "Wallabies", a equipe nacional australiana de rúgbi que ganhou a copa do mundo, contou-me que eles tinham um ritual muito eficaz para reforçar valores culturais. Vou contar isso para mostrar que há muitas maneiras de fazê-lo. Eles o chamavam de ritual da *happy hour*. A equipe se reunia sem a presença dos treinadores ou dos administradores. Cada membro tinha a oportunidade de falar sobre incidentes em que eles acreditavam que um colega teria quebrado uma das regras da equipe sobre como o jogo devia ser jogado. O colega, se reconhecesse a verdade, tinha de beber, como punição, uma caneca de chope de uma vez.

No fim da noite, alguns barris tinham sido esvaziados. Mas o ar estava mais limpo. O sistema de autogestão tinha sido conduzido. As regras tinham sido reforçadas. Os incidentes, compartilhados. As punições tinham sido administradas com a concordância de todos. Quando John me contou essa história pela primeira vez, eu não tinha certeza se concordava com um processo de retorno conduzido dessa maneira. Mas eu vinha de uma Cultura diferente. Para eles, John me assegurou, funcionava perfeitamente.

7. Uma promoção gay

Um novo diretor-geral, recém-chegado, promove um homossexual para chefiar uma das maiores divisões da organização. Antes da chegada do novo diretor, ninguém sabia que o homem era gay. A organização era muito conservadora, e ele tinha escondido sua opção sexual por muitos anos. Nos primeiros seis meses da nova administração, ele estabeleceu boas relações com o homem e conquistou sua confiança, de tal modo que ele se abriu. Depois, o diretor declarou que sua experiência era a ideal para o cargo. Então promoveu-o. Posteriormente, incentivou-o a gradualmente sair do armário, chegando a convidar o seu parceiro para assumir as "funções de cônjuge" tão comuns nos eventos sociais das organizações.

Por meio desse movimento, ele alcançou uma série de objetivos culturais. Em primeiro lugar, ele colocou a melhor pessoa no cargo, sinal de meritocracia. Em segundo lugar, enviou um forte sinal de apoio a muitas outras minorias que se sentiam discriminadas – mulheres, gays e pessoas de outras nacionalidades. Sua empresa atraiu muitas dessas pessoas, o que significou uma vantagem de talento sobre os concorrentes. Em terceiro lugar, ele mostrou o que significa um apoio incondicional ao seu pessoal, fazendo-os sentir sua proteção e seu apoio. Esse movimento inspirou um tremendo sentimento de lealdade. Seu pessoal estava preparado para seguir sua liderança e, juntos, fazer uma grande virada na companhia.

8. Os motoristas indonésios

A empresa possuía um grande escritório na Indonésia. Do lado de fora do escritório, sentados debaixo de uma árvore, havia sempre um grupo de motoristas esperando ser chamados para prestar serviço para um dos executivos. Havia um grande número deles, e muitos passavam quase o dia todo na esperança de uma corrida.

A empresa estava redesenhando seus escritórios. A equipe teve uma ideia inovadora, em linha com os seus valores de contribuir com a comunidade na qual operavam. Eles destinaram uma sala no térreo para esses motoristas, que não eram funcionários. Nessa grande sala, instalaram computadores com conexões à internet. Os motoristas podiam utilizar de graça os computadores enquanto esperavam por uma corrida. Alguns funcionários se ofereceram para ensinar os motoristas a utilizar os computadores. De vez em quando, eles traziam membros da família e passavam a eles os ensinamentos recebidos.

O investimento foi muito baixo. A maioria das máquinas era antiga, substituídas durante a reforma. Mas a mensagem transmitida aos funcionários era muito forte. As pessoas eram importantes. Aprender é importante. *Coaching* é importante. As relações com o país no qual operamos são importantes. Simples e poderoso.

O poder dos atos simbólicos

Atos simbólicos desse tipo conseguem grandes resultados. Eles se tornam parte da mitologia da sua empresa. As pessoas ainda estarão falando sobre isso anos depois. Em termos de "golpe de efeito", são investimentos de excelente retorno. Um movimento ousado, se é genuíno e indicativo de uma tendência mais ampla de mudança na hierarquia de valores da empresa, envia fortes mensagens para todos na organização, seja direta ou indiretamente.

As oportunidades para isso estão por toda parte. Ponha sua equipe para encontrá-las, elas podem ser executadas rapidamente e oferecem ganhos imediatos desde cedo. Prefira as oportunidades de grande visibilidade aos funcionários.

Você encontrará algumas resistências a essas ideias, porque elas podem parecer contraculturais agora. Aqueles que não compartilham os valores que você está construindo não gostarão delas. Você precisará do apoio de um líder com influência, caso você não o seja. Você o encontrará mesmo que for necessário pular pela hierarquia até encontrar o líder que compartilha essas ideias que podem ainda parecer radicais para outros.

RESUMO

Sistemas e símbolos são instrumentos para a sua Cultura. Eles aceleram o processo e proporcionam a oportunidade para que a equipe de Cultura tome iniciativas que vão atingir um grande número de pessoas, em paralelo à cadeia normal de comando. Mesmo as pessoas que estejam subordinadas a gestores presos no passado perceberão que a empresa está mudando. Isso cria uma onda de apoio para o seu trabalho e permite que a mudança de comportamento ocorra por toda a organização. Essa é uma abordagem muito mais rápida do que simplesmente esperar que um movimento vertical de mudança dos modelos mentais ocorra naturalmente.

Comportamentos, símbolos e sistemas, juntos, enviam as mensagens sobre o que é esperado por aqui. Quando acionar essas três alavancas simultaneamente, você sentirá um benefício exponencial. Mas tudo isso precisa ser bem comunicado, e esse é o tema do próximo capítulo.

10

COMUNICAÇÃO

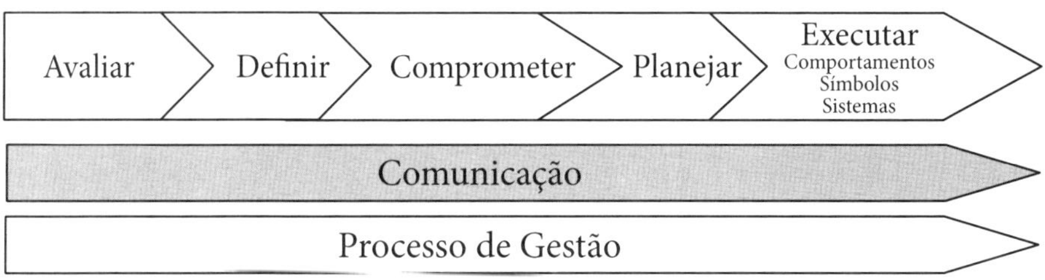

Na disciplina de praticar o seu discurso existe a *prática* e existe o *discurso*. A maior parte da comunicação cultural ocorre por meio de comportamentos, símbolos e sistemas, que são muito mais fortes do que palavras. No entanto, a comunicação também tem uma função importante no processo, e deve ser prevista no seu PDC – Plano de Desenvolvimento da Cultura. Eu presenciei, lamentavelmente, muitas organizações desenharem planos de comunicação imaginando que isso já seria o próprio PDC: desenvolva alguns valores, coloque-os na parede, faça uma série de apresentações com slides bem elaborados e pronto! O PDC foi realizado. Daí é só ajustar o sistema de remuneração para apoiar tudo isso...

Essas tentativas superficiais de mudança cultural podem ser mais prejudiciais do que não fazer nada. Em particular, isso vai prejudicar principalmente a reputação da comunicação dentro da sua organização.

Como consequência, ao planejar o processo de comunicação que apoiará seu PDC, você vai descobrir que terá de desfazer diversas iniciativas de comunicação e enfrentar a resistência daqueles que as conceberam. Afinal, comunicações espalhafatosas são uma boa estratégia para parecer que se está fazendo algo, quando na verdade não se está.

A IMPORTÂNCIA DE COMUNICAR O SEU PROPÓSITO

A Cultura muda quando as mensagens sobre o que é importante mudam. Mas as mensagens recebidas nem sempre são as mensagens que se enviam. O propósito da sua estratégia de comunicação é criar um ambiente no qual o pessoal vai perceber as mudanças de mensagens quando eles as receberem.

Nosso cérebro nos faz ver e ouvir principalmente o que esperamos ver e ouvir. Classificamos as informações de acordo com sensores que dizem ao nosso cérebro o que procurar. Se acabei de comprar um novo modelo de carro, subitamente começo a perceber vários outros iguais nas ruas. Eles se destacam da massa de carros que vejo.

Nosso modelo mental nos leva a dar a determinada situação um significado diferente do que o do colega que possui um conjunto diferente de valores. Se eu acredito que essa organização valoriza as pessoas, quando vejo um colega ser transferido para outra área, logo imagino que isso tenha sido bom para ele. Mas, se eu não acredito, logo penso que um plano para reduzir o pessoal está em andamento, sem que nos tenham avisado, e que isso vai nos trazer mais trabalho.

O propósito de sua estratégia de comunicação é aumentar a probabilidade de que cada mudança em mensagens enviadas seja recebida da mesma maneira como foi concebida. Dessa forma, você prepara um solo fértil. Uma boa comunicação vai aumentar o impacto positivo de suas ações nos comportamentos, símbolos e sistemas. Esse poder multiplicador acelera significativamente seu processo de mudança, sobretudo no início, quando os modelos mentais ainda jogam contra você. Vamos analisar alguns exemplos específicos:

A comunicação reforçando a mudança de comportamento

Você decidiu que ouvir mais e interromper menos é uma mudança importante na sua busca de valorizar as pessoas e suas opiniões. Transmita à sua equipe qual é o seu objetivo e peça o apoio de todos. Peça-lhes que lhe avisem quando observarem-no praticando isso e também para chamarem a sua atenção quando você escorregar para os hábitos antigos. Envolva-os em seus esforços de mudança. Esse envolvimento os torna parte do seu time de mudança. Eles começarão a notar os seus esforços e se tornarão mais tolerantes com suas falhas. Eles estarão predispostos a receber as mensagens de que é importante valorizar pessoas. Esforços similares de sua parte, sem que você os tenha envolvido, podem passar despercebidos.

A comunicação não funciona por si mesma, deve ser acompanhada por um esforço de mudança que seja percebido. Mas isso vai multiplicar os benefícios culturais da mudança ao reforçar a mensagem de valorização das pessoas.

A comunicação reforçando a mudança de símbolos

Houve uma demissão na empresa. Posteriormente você foi comunicar ao pessoal que o motivo foi o mau trabalho em equipe, o que tornou impossível a permanência do funcionário, mesmo ele tendo atingido as metas de vendas. Sem a comunicação, as pessoas podem imaginar diversos outros motivos para a saída. No processo de saída, ele pode ter dito a todos que decidiu sair porque o chefe era um carrasco. Com cuidadosa comunicação, você pode negar essa afirmação. Você reforçará o valor do trabalho em equipe e passará a mensagem de que somente conseguir resultados financeiros não será mais suficiente no futuro. Um argumento muito poderoso.

A comunicação reforçando a mudança de processo

A empresa introduziu uma nova política de licença-paternidade e incentivou os novos pais a utilizá-la. Um bom processo de comunicação, que relacione essa política com os novos valores, buscando maior equilíbrio vida/trabalho, vai fazer com que as pessoas comentem que essa nova política representa um bom exemplo de que a empresa está de fato mudando. Na próxima vez que alguém souber que determinado funcionário vai ser pai, vai mencionar a nova política. Sinal de que ele percebeu que a empresa de fato valoriza os funcionários. Mais do que uma nova política, as pessoas começam a estabelecer a relação com os novos valores.

O CONTEÚDO DA COMUNICAÇÃO

Comunique tudo o que você sabe e deseja sobre Cultura:

- A Cultura desejada e sua descrição.
- O modelo de negócio que justifica a mudança, como ele apoiará sua estratégia e o desempenho, os benefícios para os clientes.
- Os benefícios para os funcionários.
- Os valores e crenças que sustentam sua Cultura.
- Os comportamentos esperados.
- Como será medido o progresso.
- Seu Plano de Cultura, as iniciativas específicas que serão tomadas para construir a nova Cultura – comportamentos, símbolos e sistemas.
- Seus sentimentos, sua motivação pessoal e os da sua equipe.

É claro que você não abordará tudo isso em uma única apresentação. Seu plano deve prever como e quando cada grupo de funcionários receberá informação sobre cada um desses tópicos.

O conteúdo da sua apresentação descreve o que você espera das pessoas na organização. Essa é a parte do "discurso" na frase "pondo seu discurso em prática". Esse elemento vai se tornar mais forte ao longo do tempo. No início, você está falando sobre o que você pretende fazer. Assim que o processo de mudança começar a engrenar, a mensagem passará a ser sobre o estabelecimento de normas. Grande parte dessa etapa deve ocorrer em grupos pequenos, e é aconselhável que seja feita pelos líderes e suas equipes. Os líderes devem exigir do seu pessoal o compromisso de apoiar essas normas de valor e comportamento, pois elas se tornarão cada vez mais o padrão de comportamento esperado.

A IMPORTÂNCIA DE COMPROMETER O SEU PESSOAL

O seu processo de comunicação deve ser planejado para comprometer as pessoas. Quando alguém está comprometido, tende a seguir o seu líder. Obter o comprometimento é o mais importante propósito de um líder, pois, sem liderados, não existem líderes. O comprometimento não acontece automaticamente quando alguém recebe uma orientação ou uma instrução. Se você disser a alguém para se tornar mais empreendedor, nada vai acontecer. Mas se você envolvê-lo em seu projeto de empreendedorismo, ele apoiará seu esforço, procurando ajudá-lo da melhor maneira que puder. Entender a diferença entre essas duas posturas é fundamental para a sua estratégia de comunicação.

Quando uma pessoa está comprometida, ela está emocionalmente envolvida. O comprometimento é uma resposta emocional. É um pré-requisito para a entrega. Quando estou comprometido, meu coração e minha mente estão envolvidos. Eu estou comovido. Eu posso estar animado, apreensivo, tocado, inspirado, às vezes desconfortável, preocupado, nervoso ou frustrado. Mas não estou entediado ou desligado. Quando tenho uma reação emocional ao que você diz, eu estou em posição de reagir. Lembre-se de que emoção, movimento e motivação têm a mesma raiz.

Comunicação que simplesmente passa informação não exige ação das pessoas. Nessas ocasiões, não é necessário o envolvimento emocional da audiência. Contudo, comunicação sobre Cultura requer não somente ação, na forma de mudança de comportamento no nível FAZER, mas também considerável mudança no nível SER. Assim, sua comunicação precisa, antes de tudo, envolver as pessoas no emocional e depois trabalhar o processo de transformação das emoções negativas em positivas por meio da construção da confiança. Estabeleça comunicação com audiência. Expresse sentimentos no que você está dizendo. A confiança cresce quando as pessoas sentem que você está sendo coerente. A coerência acontece quando há alinhamento entre o que você está dizendo, pensando e sentindo. É isso que as pessoas percebem e valorizam.

George é um orador refinado. Ele receberia uma boa qualificação na maioria dos critérios de avaliação de discursos em público. Mas as pessoas saem céticas das reuniões com ele, mesmo aquelas que não o conhecem, e, portanto, não podem avaliar se ele de fato costuma pôr em prática o seu discurso fora da sala. Simplesmente baseadas no que sentem durante a apresentação, elas não confiam nele. Eu me sinto da mesma forma quando o vejo falar. Eu suponho que seja, talvez, porque ele use técnicas refinadas para mascarar seus próprios temores. Ele diz estar entusiasmado com o que ele e o seu pessoal estão conseguindo fazer, mas sua linguagem corporal e seu tom de voz – os melhores indicadores do que alguém está sentindo – revelam uma história diferente. Penso que ele está apavorado com o que pode acontecer se o seu negócio não tiver bom desempenho. Eu não acredito que ele tenha essas respostas, e ele parece estar morrendo de medo disso. Sou treinada para observar o que está acontecendo abaixo da superfície. A maioria das pessoas não saberia rotular exatamente o que está acontecendo com ele, mas elas sentem, no íntimo, que a história não faz sentido. A falta de coerência faz com que as pessoas desconfiem da sua mensagem.

Por razões semelhantes, ler um discurso ou fazer apresentações com transparências raramente envolvem a plateia. A leitura ou a apresentação fazem com que o orador se desconecte dos seus sentimentos e se concentre no que está lendo ou no conteúdo das transparências. É possível fazer as duas coisas simultaneamente, mas muito difícil. Para aqueles que se sentem desconfortáveis com seus sentimentos, o projetor ou o papel são barreiras providenciais. Se a sua mensagem tem uma porção de fatos, sua audiência provavelmente receberá grande parte deles. Mas se sua mensagem requer envolvimento para ser efetiva, você não terá sucesso.

Ser você mesmo significa trazer à tona seus próprios sentimentos. As pessoas confiam nisso, e, portanto, acreditam na mensagem. Um bom exercício para testar isso é escolher um *coach*, um colega, ou, se você for corajoso, todo um grupo, para lhe dar retorno se eles estão envolvidos por você. Em um de nossos encontros, os oradores faziam apresentações na frente da sala e solicitavam à audiência que se levantassem no momento em que se sentissem envolvidos pela primeira vez. Este é um exercício desafiador tanto para a audiência quanto para o orador, mas no qual todos aprendem que o envolvimento inevitavelmente acompanha a presença. Quando o orador se faz presente, fala com o coração, põe tudo de si no que está falando, a audiência responde. Alguns palestrantes ficam chocados quando não conseguem fazer a audiência se levantar na primeira rodada do exercício. De repente, fica claro por que seus subordinados não os seguem como líderes.

As pessoas se comprometem quando são envolvidas, e, dessa forma, a comunicação de mão dupla é sempre mais efetiva. Quando as reuniões oferecem a oportunidade de contribuir no que está sendo proposto, elas começam a expressar-se com suas próprias palavras. Todos nós acreditamos em nossas próprias palavras e em nossa própria voz mais do que nas de qualquer outro. Sessões de perguntas e respostas conseguem, de certa forma, fazer isso, mas discussões em grupos menores são mais eficazes. Sessões de perguntas e respostas, por definição, respondem às dúvidas da audiência. Isso é uma parte importante do comprometimento, mas não a única.

Sessões em que os participantes discutem elementos particulares da apresentação e depois têm a oportunidade de comentar suas conclusões em foro aberto funcionam melhor como comprometimento. Por exemplo, pode-se pedir à audiência para listar quais os benefícios da Cultura proposta para a sua área. E, ainda, quais seriam as barreiras que impediriam sua implantação. Esse tipo de tarefa compromete pelo envolvimento.

Ao considerar o processo de comprometimento, vale a pena lembrar que você está trabalhando nesse processo de Cultura há muito mais tempo do que a audiência. Durante as últimas semanas, ou meses, você esteve envolvido nesse assunto intensivamente. Você teve o seu tempo de passar pelo processo. Vale lembrar que o compromisso precisa de tempo para ser construído. Seu plano de comunicação precisa levar isso em consideração.

Eu facilitei sessões sobre Cultura com equipes que saíram extremamente motivadas do evento, quando passamos dois dias analisando em profundidade todos os aspectos do projeto. Quando as pessoas chegam na segunda-feira de manhã no escritório e convocam uma reunião de comunicação com o pessoal, ficam surpresas quando eles não demonstram uma reação positiva imediata ao entusiasmo com que eles descreveram as sessões de trabalho do fim de semana. (Isso, mesmo depois de eu tê-los advertido claramente sobre as reações que poderiam acontecer!)

Comprometimento emocional com suas aspirações culturais é mais facilmente conseguido de modo presencial. Isso precisa se tornar uma prioridade para todos os líderes. Você pode usar outras formas de comunicação para apoiar o trabalho feito pelo grupo de líderes, mas não há substituto eficaz para uma boa e confiável comunicação conduzida pessoalmente pelos líderes.

OS QUATRO PILARES DA COMUNICAÇÃO DE CULTURA

Resumindo, planeje o seu plano de comunicação com quatro objetivos em mente:

1. Mostrar o seu propósito e vincular a ele as mudanças que estão ocorrendo.
2. Comprometer outras pessoas para trazê-las para o seu lado.
3. Receber sugestões de como progredir mais.
4. Estabelecer as expectativas e normas.

ELABORANDO SEU PLANO DE COMUNICAÇÃO

Seu Plano de Desenvolvimento da Cultura deve conter uma seção de comunicação, com planejamento antecipado de um ano de atividades. Os principais elementos podem ser coordenados pelo seu Comitê Central de Cultura (descrito no Capítulo 11) e complementados pelos líderes locais, que terão comunicações como parte integrante de suas atividades de liderança.

A ação de mudar o estilo dos seus sistemas de comunicação vai enviar mensagens de que novos valores estão sendo estabelecidos. O processo de comunicação oferece a oportunidade de apresentar novos modelos de comportamento e de liderança, reforçando, assim, as mensagens de mudança. Acima de tudo, cria fóruns para escutar – clientes, funcionários, ideias, reclamações e novas tendências.

Não existe uma fórmula mágica para construir o plano de comunicação. Eu recomendo experimentar várias abordagens diferentes e medir com cuidado quão eficaz cada uma deles se mostrou. A medição pode ser feita com questionários, fóruns on-line, entrevistas telefônicas e ao ouvir a opinião das equipes por meio dos seus líderes.

Canais de comunicação

Palestras, reuniões, confraternizações informais, entrevistas pessoais, seminários, e-mails, blogs, intranets, telefones e redes sociais, cada canal oferece a oportunidade de enviar novas mensagens culturais. Os sistemas de comunicação precisam funcionar bem em tempos de mudança, e suas prioridades bem estabelecidas, se você pretende aumentar a intensidade de comunicação como parte do plano de Cultura.

Os mecanismos de comunicação são uma peça crucial no estabelecimento de uma forte e efetiva tribo. Bons sistemas se tornam automáticos e, portanto, resistem à pressão do tempo. Cada organização tem mecanismos próprios em sua abordagem. Veja alguns exemplos que achei particularmente eficientes em mudança de Cultura.

Implantando a agenda de comunicação

Use uma agenda anual de comunicação que crie um padrão de reuniões presenciais. Ela deve ser seguida religiosamente, pois com qualquer desculpa podem ser atropeladas por outras prioridades. Quanto mais pessoas envolvidas nesses eventos de comunicação, tanto mais difícil se torna cancelá-los. Estão incluídos nessa agenda:

- *Webinars* (sessões de informação interativas).
- Reuniões de equipe.
- Reuniões externas com a equipe.
- Apresentações itinerantes.
- Almoços com grupos de funcionários.
- Almoços com grupos de clientes.
- Sessões de *coaching* individuais.
- Reuniões de áreas interdependentes.
- Reuniões de projeto.

- Reuniões de planejamento.
- Sessões de inovação informais.

Quanto mais espalhado estiver seu pessoal, tanto mais importante se torna implantar a agenda. Exige esforço no início do ano e determinação para manter as reuniões. Manter essa disciplina, especialmente para os participantes mais seniores, é uma importante responsabilidade da equipe de assistentes pessoais.

O processo de comprometimento humano requer mecanismos que incluam a mente e também o coração. Se você deseja realizar uma mudança, precisará planejar mecanismos que trabalhem em ambos.

O encontro presencial é a maneira mais pessoal de estabelecer um diálogo. É a mais completa, porque o receptor capta mensagens por meio das palavras, do tom de voz e da linguagem corporal. Na verdade, as pesquisas mostram que 55% das mensagens são transmitidas pela linguagem corporal. É a mais reveladora, porque os sentimentos reais são suscetíveis de serem comunicados. É mais eficaz se você realmente acredita no que está dizendo e os seus sentimentos pelo outro são genuínos e alinhados aos seus pensamentos. Eles passam a sua mensagem em várias instâncias.

Reuniões presenciais permitem a um bom líder, com um razoável nível de consciência e empatia, sentir se o pessoal recebeu a mensagem. Muitos líderes se levantam e fazem discursos estimulantes nos quais dizem: "Vocês são um ótimo grupo e eu os encorajo a nos esforçarmos para obtermos sucesso", mas a linguagem corporal diz: "É melhor que vocês apresentem melhores resultados, porque meu trabalho está em jogo, meu chefe está de olho em mim e eu não sei mais o que fazer, além de me levantar e lhes dizer que vocês têm de produzir mais". Essa é a incoerência entre palavras e sentimentos que a linguagem corporal mostra e a audiência capta, ainda que algumas vezes de modo subconsciente.

Suas escolhas de comunicação devem ser adaptadas à competência dos seus comunicadores. Uma vez que a agenda esteja implantada, adicione a ela um sistema de atualizações eletrônicas e estabeleça as responsabilidades de implantação.

Outras opções de comunicação

Além da agenda, existe uma ampla gama de opções on-line. Alguns líderes são mais familiarizados com tecnologia, mas vale investir em treinamento para ajudar os demais a utilizar esse meio. Muitas pessoas estão habituadas a usar as mídias sociais como seu processo de comunicação primário, e será necessário envolvê-las adequadamente.

Teleconferências

Dê uma boa investigada nos hábitos e recursos usados nos fóruns on-line e nas teleconferências e analise sua ligação com a Cultura atual e como poderiam ser utilizados para reforçar a Cultura desejada. Algumas equipes, por exemplo, comunicam-se entre si por teleconferência quase todos os dias. O uso de e-mails, embora seja o mais conveniente para comunicar fatos, não pode evitar os riscos pessoais e emocionais de uma conversa real.

Salas de chat, videoconferências e teleconferências exigem uma boa estrutura física e uma boa coordenação, assim como um protocolo de comunicação; coisas como dizer o seu nome, caso as pessoas não estejam reconhecendo sua voz. O protocolo pode ser usado para reforçar valores culturais e comportamentos. Vale a pena investir no treinamento de grupos, por exemplo, em como coordenar e participar ao mesmo tempo. Se bem conduzido, pode aumentar muito as suas opções de comunicação.

Conferências por telefone ou vídeo exigem que as pessoas estejam inteiramente "presentes", ou seja, não estejam respondendo e-mails, falando ao celular, lendo ou conduzindo conversas paralelas. Você é aqui representado pela sua voz!

E-mails, blogs, tweets

O e-mail se tornou a mídia predominante na vida organizacional. Mas o senso de impessoalidade que ele proporciona leva as pessoas a se tornarem rudes e bruscas. Ordens são emitidas assumindo que serão cumpridas, mas de uma forma que muitos não ousariam usar em uma conversa pessoal. Os destinatários interpretam esses comunicados como um reflexo do comportamento do emitente, e, quando usados em massa, isso se torna uma norma cultural. Os e-mails são uma ótima ferramenta para ajudar os que buscam aumentar o seu nível de consciência. É só usar a tecla "salvar como rascunho". Ler os seus e-mails, depois de algum tempo que foram escritos, permite a você analisar algumas de suas tonalidades – as expressões de sentimentos e valores embutidos nas palavras que usou. Revise seu texto; isso vai ajudá-lo a enviar uma mensagem mais adequada.

Pequenos cuidados em colocar de volta um toque humano nos e-mails enviam uma forte mensagem cultural. Dessa forma, eles podem se tornar uma ferramenta poderosa para comprometer e personalizar sua organização. Infelizmente, o e-mail se tornou uma grande frustração para muitos, e um indicador de uma ampla gama de traços culturais, tais como: desrespeito, preguiça, busca de *status*, indecisão etc. Introduzir novas normas de uso do e-mail é um forte sinal cultural.

Blogs e *tweets* podem ser muito mais amigáveis do que e-mails, e se você se habituar a usá-los, eles podem se tornar muito eficazes. Um blog semanal, ou *tweets* diários de caráter pessoal, feitos por um líder comprometido, podem fazer a organização se sentir envolvida. Escreva pessoalmente, pois todos perceberão se forem escritos por outrem e enviados em seu nome. Os melhores são os coloquiais, pessoais, divertidos e que incluam pequenas histórias. Eles são escritos cuidadosamente de modo a reforçar determinados valores dentro do texto geral. Nomeie alguém para analisar as mensagens enviadas por esses meios; sempre que notar que alguém está sendo inconveniente, ou chato, dê um retorno. A Cultura precisa ser cuidada.

Mídias sociais

As mídias sociais têm o potencial de quebrar a formalidade das formas mais tradicionais de comunicação. Elas encorajam a participação e tornam o processo de comentários uma experiência mais confortável do que falar pessoalmente em um fórum. Com a explosão da mídia social e dos dispositivos móveis, mais opções estão disponíveis, e as empresas estão usando sites para o aprendizado, compartilhamento, *feedback* e diversão. Grupos podem ser formados para discutir diferentes tópicos, e como a participação é voluntária, o nível de comprometimento é alto. Envolva seus especialistas em comunicação para ajudá-lo a envolver mais pessoas em sua jornada cultural.

Sistemas de *feedback*

A maioria dos arquétipos de Cultura exige ouvir melhor.

- Na Cultura de Superação, precisamos saber se estamos atingindo as metas ou não.
- Na Cultura de Foco do Cliente, precisamos entender profundamente as necessidades dos clientes.
- Na Cultura de Um Só Time, precisamos saber o que os demais membros da equipe precisam de nós.
- Na Cultura de Inovação, precisamos ouvir os rumores das novas tendências.
- Na Cultura de Orientação a Pessoas, precisamos saber o que eles estão pensando e valorizar opiniões.
- Na Cultura de Propósito Maior, precisamos saber para onde está indo o mundo.

O processo de *feedback* é um ciclo de cinco estágios:

Informação	O que foi dito, ou escrito, pelo emissor.
Conhecimento	O que o outro realmente ouviu, e o conhecimento que extraiu da informação recebida.
Aprendizado	A que conclusões chegaram ao aplicar o conhecimento.
Ação	Que ações se originaram desse aprendizado.
Resultado	O que aconteceu como resultado dessa ação (o que descobriremos por meio de um novo conjunto de informações).

Observe como esse ciclo funciona em sua empresa, pois ele vai lhe dizer muito sobre como a Cultura opera. Dado que as organizações existem para produzir resultados, a efetividade desse ciclo afeta o desempenho. Existem incontáveis ciclos ocorrendo dentro da organização. Escolher alguns deles para incluir no seu plano pode lhe trazer benefícios em curto prazo, se você conseguir ao mesmo tempo desenvolver os modelos mentais. Sua escolha pode considerar:

- Dados de satisfação dos clientes.
- Dados de paralisação ou retrabalho.
- Tendências do mercado.
- Dados de satisfação dos empregados.
- Análise de vendas.
- Dados de desempenho.
- Comentários nas redes sociais.

Hoje, os gerentes que desejam *feedback* dispõem dos meios digitais para consegui-lo. Mas alguns vão precisar de incentivo. Todos esses dados estão disponíveis em algum lugar da organização. Você conclui rapidamente que não é a primeira fase do ciclo onde reside o problema. Na verdade, você possui até dados demais. Você pode pensar em mudar a natureza da informação de modo a facilitar o movimento por meio das outras etapas. Participar de um grupo de foco no cliente tem muito mais impacto em um gerente do que ler um conjunto de estatísticas sobre satisfação de clientes.

Uma amiga minha é pesquisadora de mercado e tem a extraordinária capacidade de vasculhar páginas de coleta de dados e extrair as principais conclusões lá contidas. Mas, devido à burocracia interna do departamento de marketing, a informação demora muito para ser formatada, e quando chega àqueles que podem tomar decisões, perde o seu momento, e nada acontece. Isso a deixa louca. Uma organização centrada no cliente a colocaria, sem censura, à frente da diretoria. Um outro cliente nosso, uma rede de lanchonetes, introduziu no seu cardápio uma série de opções saudáveis para atrair as mães a fazer suas refeições lá, mesmo desacompanhadas das crianças. Suas receitas, que estavam em declínio, sentiram uma forte recuperação. Esse tipo de informação muitas vezes fica escondido antes de atingir o nível de decisão, e, assim, não se completa o ciclo de *feedback* e não se conseguem resultados.

Ao construir seu plano de Cultura, escolha somente um ou dois desses ciclos. Talvez apenas um elemento de um deles – a compreensão dos empregados de uma recente mudança de estratégia, ou a relação entre o horário de uma ligação de vendas e a probabilidade da venda, ou uma palestra dada em uma conferência sobre um tema que representa uma nova oportunidade para você.

Reúna um grupo de pessoas, on-line ou ao vivo, e planeje uma nova maneira de trabalhar com a informação por meio das cinco etapas do ciclo. Ao fazer isso, você contribui com um bom número de mensagens culturais:

- Envolve pessoas em um trabalho que produzirá resultados satisfatórios.
- Você está ouvindo, agindo e valorizando o usuário final.
- Aprende e muda.
- Confronta a realidade.
- Trata os erros de forma construtiva.

Criar uma metodologia e incorporá-la como um sistema desenvolve uma dinâmica cultural e produz melhores resultados no ciclo que se aborda.

Dicas práticas para a montagem do seu plano de comunicação

Estas dicas são baseadas em minha experiência em acompanhar e ajudar muitas organizações a trabalhar seus planos de comunicação, com vários graus de sucesso.

Comece um amplo processo de comunicação assim que você tiver a certeza de que não vai mais voltar atrás

Assim que sua equipe estiver comprometida a levar a Cultura a sério, a comunicação da sua intenção deve começar. Ela deve chegar a todos os funcionários.

Ir a público é uma declaração de intenção. Sua comunicação estabelece as regras com as quais as pessoas vão jogar. Como você está criando o jogo, essas regras podem ser de início um pouco menos claras, mas ao longo do tempo você será capaz de aprimorá-las e de fazer as alterações para deixá-las mais precisas e transparentes. Os criadores de jogos sabem que os melhores são os que têm regras simples, que produzem os comportamentos desejados e tornam a jornada divertida e emocionante.

Presenciei muitas vezes acalorados debates sobre a decisão de usar uma abordagem "de mansinho" ou "de impacto" no processo de comunicação do propósito cultural. É sempre importante assegurar o alinhamento entre o discurso e a prática, mas o discurso precisa estar sempre um pouco adiante, preparando o terreno para a mudança. A questão mais importante é se você está totalmente seguro de que não vai voltar atrás. Às vezes, o argumento "de mansinho" é motivado por uma dúvida residual sobre a viagem como um todo ou talvez por um desejo de experimentar alguns passos para aumentar a confiança. Se essas preocupações existirem, é melhor mesmo ser mais cauteloso. Essa decisão é tomada sob o argumento de que a obtenção de alguns sucessos iniciais criaria mais confiança na organização de que o projeto é mesmo para valer; acontece que muitas vezes o que está por trás é a insegurança da equipe de gestão em sua capacidade de liderar a mudança. Ambos os motivos são válidos; criar confiança por meio da ação é sempre valioso.

Há, contudo, uma vantagem em sinalizar claramente a intenção: é mais difícil desistir. Quanto mais discurso, maior a necessidade de praticá-lo. É como dizer aos amigos que você está de dieta. O natural embaraço em ser pego em tentação estimula o sucesso. Quando você coloca o seu nome e a sua reputação em jogo ao se comprometer publicamente com a mudança, aumenta automaticamente o seu compromisso. Essa pode ser a diferença entre desistir ou persistir quando as dificuldades surgirem.

Na perspectiva dos funcionários, uma abordagem de impacto terá bom resultado se você estiver disposto a fazer as coisas acontecerem rapidamente. Todos os que ouvem falar que a empresa pretende construir uma Cultura melhor vão querer sentir algumas evidências dentro de poucos meses.

Uma abordagem "de impacto" é aquela na qual os líderes têm de se envolver e conversar com os funcionários sobre detalhes do que se deseja com o plano. Isso será apoiado por comunicação: circulares, intranet, campanhas. Já uma abordagem "de mansinho" pode intercalar as mensagens de mudança nas ações do trabalho do dia a dia, sem, no entanto, precisar de apresentação de listas de valores e seus significados.

Eu acho arriscado chamar o comunicado inicial de "lançamento". Se planejado como um lançamento de produto, implica contar com material de marketing, e, portanto, um estilo "de impacto". Cultura é fundamentalmente diferente de um novo produto. Elementos da Cultura desejada já existem nas pessoas. Muitos funcionários mantêm esses valores e apresentam comportamento exemplar. Eles ficarão desapontados ao ouvir o líder anunciar, por exemplo, o trabalho em equipe como algo que eles tivessem acabado de inventar.

Construa uma linguagem comum e seja consistente com ela

A língua é um elemento unificador da tribo. Considere o desafio que os políticos enfrentam quando tentam unir grupos que não possuem uma linguagem comum. Quão mais fácil teria sido a implantação da União Europeia se todos falassem a mesma língua! As torcidas de futebol constroem a sua unidade por meio de seus hinos e suas canções. Grupos de adolescentes compartilham uma gíria comum. Linguagem e identidade são coisas parecidas. Para construir a sua Cultura, é necessário construir a sua linguagem, de modo a unir as diferentes partes do seu grupo.

A linguagem mais bem-sucedida será aquela que é única para o grupo. Escolha palavras fora do comum para descrever os seus valores, rituais e processos. Em nossa empresa, agendamos um dia por mês como o "Dia Sem Cliente", de modo que a nossa equipe tenha a oportunidade de estar junto, discutir problemas e socializar. Nós o chamamos "Quarta-Feira Maravilha". Chamamos de "piqueniques" os almoços informais em que os funcionários podem discutir quaisquer problemas com os diretores. "Caia na Real" terá mais força do que "Transparência" ou "Sinceridade", porque é incomum. Tendo escolhido esses nomes, mantenha-os por tempo suficiente para que eles ganhem credibilidade nos corredores. Introduza alguns novos de vez em quando.

É importante usar essa linguagem comum tanto quanto possível em toda a organização. As pessoas não vão entender o diretor falar em aprendizados quando o gestor direto fala em desenvolvimento, a menos que a relação entre as duas seja claramente estabelecida.

As palavras usadas para descrever suas aspirações devem ser consistentes. Seu poder aumenta à medida que vai ficando claro que isso não é um modismo e que você vai continuar nessa direção. Se você começar falando de "centrado no cliente", não mude para "focado no cliente" em pouco tempo. Embora possa parecer a você que elas significam a mesma coisa, a outros pode parecer falta de coerência ou causar um pouco de confusão.

Há ocasiões em que a mudança de palavras se torna necessária. Isso acontece quando você começa a receber sugestões vindas de várias fontes. Você deve refletir, e quando decidir mudar, faça-o em público e aproveite a oportunidade para reforçar determinadas mensagens.

Descreva sua intenção por meio de histórias

Histórias são a melhor maneira para descrever o futuro. Elas são estimulantes. Veja o exemplo a seguir:

> Uma gestora está falando para um grande grupo na sua divisão: "Quando um cliente nos procura, eu quero que ele saia com um sentimento emocional positivo sobre nós e sobre a experiência que ele acabou de experimentar. Na semana passada, eu estava em um jantar social, e uma senhora estava falando sobre uma coisa extraordinária que uma de nossas funcionárias tinha feito para ela. Ela não sabia onde eu trabalhava. Foi um episódio banal, mas ela sentiu que a nossa funcionária se esforçou para resolver o seu problema. Mas eu sabia exatamente quanto trabalho havia por trás daquilo. Quanta reengenharia de processos tínhamos feito no ano anterior para proporcionar a informação e a autoridade necessárias para que a funcionária pudesse resolver o problema. A cliente mencionou uma das nossas funcionárias, mas milhares tinham trabalhado para tornar possível a experiência dela. E agora ela estava contando isso para outras sete pessoas que estavam na mesa. Um dos casais chegou a pedir mais informações, pois tinha um problema semelhante e não estava conseguindo resolvê-lo. O casal disse que iria nos procurar."

Histórias como essa são mais eficientes do que mostrar listas de valores, porque envolvem a imaginação e permitem que as pessoas se vejam dentro delas.

Um simples cenário costurado com um milhão de exemplos constrói essa imagem, repetida infinitas vezes por meio de cada mídia disponível.

Não confunda o propósito desejado com a realidade atual

Eu, às vezes, reúno-me com líderes que desejam comunicar seus valores como se eles já estivessem em funcionamento ou prestes a funcionar.

"A partir de hoje, valorizamos o trabalho de equipe e esperamos que todos os comportamentos se alinhem com esse valor."

Essa abordagem mostra considerável ignorância sobre o processo de mudança do comportamento humano. Ela também expõe o líder ao ridículo. Pode-se dizer "estes são os nossos valores", mas somente se acompanhado do reconhecimento de que não somos atualmente uma empresa fortemente regida por valores. "Aspiramos a estes valores" teria maior credibilidade e ainda incentivaria o desejo de se tornar uma grande organização.

Valores e outros componentes da Cultura são afirmações amplas e generalistas, o que significa que será necessário trazer exemplos específicos de comportamentos não desejados. Se descrevermos um valor como se ele fosse válido em todos os casos, a reação da nossa audiência será buscar um exemplo onde isso não se aplica. Se eu lhe pedir para fechar um tubo de pasta de dente a cada vez que usá-la, eu posso (mas somente posso) conseguir que isso aconteça. Mas se eu lhe pedir que leve em conta os meus sentimentos a cada ação, quase certamente ficarei decepcionado. Desse modo, eu poderia arriscar dizer que "aqui em casa nós tampamos a pasta de dente"; mas seria muito imprudente se dissesse "aqui em casa, levamos em conta o sentimento dos outros".

Equilibrando palavras e ações

Ouvir um líder falar sobre esse tema uma ou duas vezes é uma declaração de intenções. Mas ouvi-lo e vê-lo frequentemente, sem qualquer sinal de que suas ações sigam as palavras, levará a um considerável ceticismo. Se o discurso estiver muito descolado da prática, faltará credibilidade. Em seu plano, comunicação e mudanças visíveis devem andar no mesmo compasso.

Por exemplo, uma série inicial de reuniões de comunicação poderia ser seguida de mensagens moderadas de histórias reais, até que esse grupo presencie, por exemplo, a promoção de um líder defensor da Cultura, maiores níveis de autoridade para atender ao cliente ou uma oportunidade de participar em um novo processo de equipe. Nesse momento, os funcionários estarão escutando. As próximas oportunidades de comunicação serão muito mais interativas, porque a confiança está se fortalecendo.

Passando por cima dos escalões intermediários – por algum tempo

A comunicação permite à equipe de liderança o acesso a pessoas cujos chefes imediatos não estejam enviando as mensagens culturais por meio do discurso e comportamento que seriam desejados. Isso pode validar as crenças e os valores dos funcionários mais juniores, dando a eles a esperança de que a organização vai apoiá-los. Essa é, no entanto, simplesmente uma tática de espera, enquanto o nível intermediário está sendo preparado. As pesquisas mostram que a mais importante influência sobre o comportamento do funcionário é o seu superior imediato. Esta é a pessoa cujas decisões afetam a carreira do funcionário e cujo comportamento vai inspirá-lo ou desmoralizá-lo no fim de cada dia de trabalho.

O maior presente que você pode dar ao pessoal mais jovem é trabalhar os seus supervisores ou gerentes. Ajudá-los a mudar o seu comportamento, ou trazer, de preferência por meio de promoção, novos e melhores gestores. Qualquer mudança dessa natureza traz mais credibilidade à sua mensagem.

Sendo sincero sobre o presente

Quando eu falo diretamente com os níveis mais baixos da organização, eles frequentemente expressam suas dúvidas sobre se os gerentes realmente entendem a Cultura na qual eles vivem e quanto isso custa à empresa em termos de eficácia. Nas suas mentes, eles acham difícil acreditar que os responsáveis realmente saibam e não façam nada, de maneira que eles preferem acreditar que eles não sabem.

Reconhecer que você ouviu a opinião deles e entendeu a situação já é um grande passo adiante. Comunique os resultados obtidos no Diagnóstico de Cultura e outras informações sobre os funcionários que você tiver, juntamente com as histórias que você ouviu durante suas caminhadas pela organização. Seja sincero. Isso demonstra honestidade, transparência e respeito – valores que você almeja em sua Cultura.

Revele sua própria jornada

Diga ao pessoal que o seu discurso é uma reflexão sobre você. Se o seu processo de mudança pessoal já foi iniciado, fale sobre o que aprendeu sobre si mesmo e os retornos que lhe foram dados. Esse nível de abertura é extremamente poderoso. Ele o coloca no mesmo nível dos que você lidera em relação à necessidade de mudança nos níveis SER e FAZER. É difícil, porque você está mostrando vulnerabilidade. Alguns líderes imaginam que isso possa minar sua posição e autoridade. É claro que você não gostaria de mostrar fraqueza, começar a mostrar dúvidas próprias e entrar em um processo de autoflagelação, mas reconhecer que está ciente de como o seu comportamento contribuiu para a situação atual é um modelo esplêndido para o pessoal. Você estará demonstrando que o seu nível de consciência está suficientemente desenvolvido para lhe permitir uma precisa imagem de si mesmo. Eles sabem, provavelmente melhor do que você, como o seu comportamento influenciou problemas culturais. A menos que eles vejam que você também tem consciência disso, a confiança de que alguma mudança substancial vai acontecer será muito limitada.

O líder da organização, cujo perfil está descrito no Capítulo 15, frequentemente coloca seus próprios resultados de avaliação com os resultados gerais da Cultura. Quando um melhora, o outro também melhora. Os resultados seguem pelo mesmo caminho. Que história! Fica muito difícil arrumar desculpas para os seus resultados, quando os líderes falam do seu próprio esforço e dos resultados decorrentes por meio da mudança de comportamento.

Estenda a responsabilidade pela comunicação

O supervisor imediato é a fonte mais importante de informação para a maioria dos funcionários. Quanto maior a distância hierárquica, menos relevante parece a mensagem recebida. Assim, embora os grandes encontros com o diretor-geral cumpram determinados papéis, eles não devem nunca servir como substitutos de uma comunicação pessoal dos líderes com seus subordinados.

A comunicação dos colegas e pares tem sempre credibilidade, de modo que é bom usar os indivíduos que têm algo especial para dizer em treinamentos e encontros com seus próprios colegas. Ouvir as mesmas mensagens de vários líderes aumenta a credibilidade, e pedir a colegas que conversem com seus pares demonstra unidade na equipe.

Ligue os pontos: relacione cada decisão importante com a Cultura desejada
De onde você está, é fácil ver como tudo se encaixa. Pode parecer óbvio para você que ao mover um departamento para deixá-lo mais próximo ao seu principal cliente interno reforçará a Cultura Um Só Time. Mas, na opinião deles, pode parecer uma perda de importância e de conforto. Eles podem nem mesmo gostar que os seus clientes internos estejam agora tão próximos. Quase certamente, eles também não serão capazes de fazer a correlação entre esse fato e o seminário sobre a Cultura Um Só Time da qual eles participaram há alguns meses.

Você terá de ficar constantemente ligando esses pontos. A cada vez que você o fizer, estará aumentando a quantidade de mensagens coordenadas e consistentes que o pessoal está recebendo sobre o que é valorizado. Sem ligar os pontos, muitas das iniciativas planejadas com intenção positiva não estarão passando as mensagens com o sentido esperado.

Use frases e palavras que façam parte das suas aspirações culturais. Refira-se especificamente a um valor em particular ou a um estilo cultural que você tenha usado em sua declaração de intenção.

JULGUE A SUA COMUNICAÇÃO PELA REAÇÃO OBTIDA

Temos uma frase que usamos em nossos treinamentos, que aprendemos com o nosso amigo Robert Kiyosaki:

A verdadeira comunicação é a reação que você obtém.

A medida da efetividade da comunicação é a reação que se obtém. A reação reflete a mensagem que você realmente está enviando. Se você está usando as palavras certas e obtendo a reação errada, olhe para dentro de si mesmo, não para a sua audiência. Isso é assumir responsabilidade. Eu descobri que, quando um indivíduo "incorpora" no nível SER, os outros respondem positivamente. Muito do trabalho de comunicação deve acontecer dentro de você mesmo. Quando as suas crenças, valores e sentimentos se alinham com aquilo que você diz, os outros o veem como coerente e íntegro. Corpo, mente, coração e palavras estão alinhados. Esse alinhamento fará com que suas ações também estejam alinhadas. Você estará automaticamente pondo em prática o seu discurso.

Observe um orador preparando-se para dar uma palestra. Ele está mexendo nervosamente com papéis ou com seu laptop? Ele passa os minutos anteriores à apresentação corrigindo palavras nas transparências? Muitos oradores acreditam que o mais importante são suas palavras, e isso não é verdade. O mais importante é o que ele É, no nível SER. Estar sintonizado com a equipe, em contato com todos, cria a confiança. E, quando a sua equipe confia em você, ela vai acompanhá-lo em sua jornada.

Por exemplo, se você está trabalhando em normas de comportamento, e realmente acredita nisso, as pessoas sentem isso. Elas saberão que, ao se desviarem dessas normas, terão problemas. Quem tem filhos pode experimentar esses conceitos. Há autoridade por trás das palavras, e coerência, que impõe respeito. Por outro lado, se alguém faz a mesma apresentação, mas provavelmente não está preparado para tomar medidas em caso de desvios, ou nem ao menos acredita muito nas normas, a audiência perceberá de imediato. O poder da mensagem estará perdido. Muitas vezes, a audiência não está muito consciente da diferença, mas vai demonstrar isso depois, por meio do comportamento.

Isso é um conceito pessoalmente desafiador. A opção mais fácil é culpar a equipe por não consegui-lo. No entanto, reconhecer que você não está incorporando o que está dizendo é muito mais difícil. Se eles não estão recebendo a essência da sua comunicação, pergunte-se: "Onde e quando eu enviei mensagens contraditórias? Onde meus sentimentos ou pensamentos não estavam alinhados com o meu discurso?". Se conseguir identificar isso, você tem dois caminhos para o alinhamento:

1. Mude suas palavras de modo a dizer o que você está sentindo. Se tiver dúvidas, expresse-as. "Eu não sei se podemos conseguir isso, não tenho as respostas, e vou precisar do apoio de vocês." Essa sentença é mais coerente e envolvente do que uma conversa estimulante sobre quão bons nós somos, quando seu tom de voz ou sua linguagem corporal está traindo suas dúvidas.
2. Mude os seus sentimentos. Trabalhe com o seu *coach* ou colegas próximos para descobrir por que você não confia que seus colegas sejam competentes, e o que você deve fazer para mudar esse sentimento.

O objetivo da sua comunicação é comprometer outros, de maneira que eles queiram acompanhá-lo. Comprometer é um estado emocional. Não é possível comprometer alguém que não esteja comprometido consigo mesmo. Quando você não está alinhado, está disfarçando seus sentimentos com palavras escolhidas para impressionar. As pessoas não se comprometerão, porque, emocionalmente, elas percebem isso. Elas podem não ser capazes de entender claramente o que está acontecendo, mas a sua reação mostra que perceberam. Comprometimento é a conexão que ocorre entre duas pessoas. Quando acontece, ela pode ser influenciada pelas suas palavras. Mas não são as palavras que fazem alguém mudar seu comportamento e sua atitude. A dinâmica de mudança vem da conexão emocional estabelecida. As palavras direcionam essa dinâmica.

Uma reação emocional pode ser qualquer coisa em uma ampla gama: calor, entusiasmo, mobilização, ilusão e até preocupação ou frustração. É um sentimento, normalmente acompanhado de uma reação física em algum lugar do corpo. Essa dinâmica compromete todo o ser e o distancia do estado intelectualmente curioso de observador. É esse comprometimento que produz a energia da mudança.

RESUMO – ESTABELECENDO O PROPÓSITO

Comunicação é um importante primeiro passo, mas ela não mudará de fato a Cultura em si mesma. Ela define o contexto em que a mudança pode ocorrer. Precisa ser usada em conjunto com todas as demais estratégias de mudança de comportamentos, símbolos e sistemas. Muitos projetos parecem falar de comprometimento e comunicação, mas não o suficiente sobre outras coisas. Eu presumo que isso provenha de uma falta de conhecimento sobre o que a Cultura realmente é, e como ela muda. Ocasionalmente, parece ter origem na arrogância: "Eu sou tão poderoso que, se eu disser às pessoas como isso vai ser, isso será". Isso não é verdade em muitas situações, certamente não se aplica a mudar a maneira de pensar e se comportar das pessoas.

Eu gosto de pensar na comunicação como uma declaração de propósito. Propósito é uma força poderosa na vida organizacional. Abre caminho e gera dinâmica. O propósito opõe a sua vontade contra as forças da natureza. É sua habilidade em transformar uma ideia em realidade.

Quando se utiliza a comunicação dessa maneira, ela se torna uma força poderosa. Mais do que considerações práticas do que e quando, ponha à prova a sua determinação ao embarcar em um exercício de comunicação sobre a sua Cultura. Quão poderoso é o seu propósito? Você conta com um pequeno grupo de colaboradores que possui um propósito igualmente forte e no qual você confia para ajudá-lo nessa empreitada? Se você não pode responder a essas questões sem hesitar, você deve dedicar mais tempo a trabalhar em seu plano de negócios e nas considerações dos desafios pessoais abordados anteriormente neste livro. Dê mais um tempo para trabalhar nessa ideia.

A comunicação permite que as pessoas saibam o que se está tentando fazer e possibilita conseguir o seu apoio. Afirma sua intenção. Isso é crucial, porque você não pode embarcar sozinho nessa jornada. Você vai precisar de uma quantidade razoável do seu pessoal para apoiá-lo – talvez um terço deles –, de modo a conseguir a massa crítica para superar o ponto de inflexão. Curiosamente, você talvez não ache isso tão difícil como se poderia imaginar. As pessoas estão mais frustradas com a Cultura do que você pensa, mas se sentem impotentes para agir sem o seu apoio. Esse é um passo importante e prepara o caminho.

11

O PROCESSO DE GESTÃO

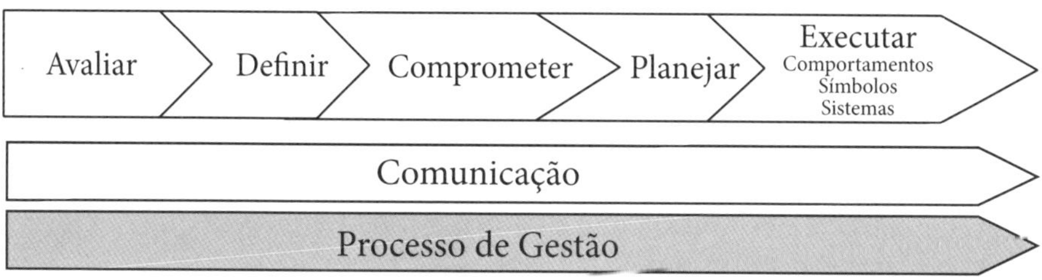

Os capítulos anteriores contêm todas as peças necessárias para planejar e executar uma viagem cultural. Este capítulo mostrará como gerenciar esse processo. No restante do livro analisarei circunstâncias culturais específicas que você poderá incorporar ao seu plano, se julgar que se aplicam ao seu caso. Há também um capítulo, como complemento, no qual descrevo a experiência de viagem real de uma companhia.

CRIANDO UMA ESTRUTURA DE GOVERNANÇA ADEQUADA

Este capítulo desenha uma estrutura de governança recomendada para assegurar que seus esforços em Cultura proporcionem retorno em um prazo adequado, como medir o progresso, a quem envolver e como usar apoio externo. Ele reconhece que, embora algumas pessoas, por motivação pessoal, aceitem com satisfação participar desse trabalho, o seu objetivo final neste contexto é entregar os resultados aos acionistas. Assim, o projeto deve ser gerenciado com o mesmo rigor exigido em qualquer investimento importante. Algumas pessoas se sentem desconfortáveis em gerenciar Cultura como um projeto. Elas acreditam que, assim o fazendo, o tornam mecanicista, despojando-o de seu espírito. Eu não concordo. Embora possamos não tratá-lo como um projeto no sentido mais estrito, ele certamente precisa de uma estrutura de governança e avaliação que assegure que as atividades aconteçam dentro dos prazos acordados e entreguem os resultados previstos.

Usando a estrutura para gerar dinâmica

Utilizar uma técnica de gestão adequada também acelera o processo. Deixada à mercê dos seus próprios mecanismos, a Cultura evolui lentamente ao longo de gerações. Esse é o ritmo natural. A jornada em que estamos, mudar ou construir uma Cultura dentro de um prazo estabelecido pelas pressões competitivas, não é natural. Isso significa que ela não vai ocorrer sem processos que criem a dinâmica necessária. Para fazer a roda girar no ritmo desejado, é necessário aplicar muito esforço. Uma vez que esteja em movimento, o esforço pode ser reduzido.

Na vida organizacional há sempre prioridades competindo por uma atenção limitada. Há uma janela de oportunidade para implantar uma iniciativa, mas se essa janela for perdida, outras inciativas ocuparão o seu lugar. Não é porque o projeto de Cultura seja considerado pouco importante, mas simplesmente porque é uma mudança na dinâmica.

Um plano de Cultura e uma estrutura de governança colocam seu projeto nos trilhos. Criam a dinâmica necessária. Para que as coisas aconteçam, é necessário reforçar o projeto. Sem isso, ele tende a se perder no ruído da vida organizacional. Outras atividades concorrentes já possuem a sua própria dinâmica estabelecida, tais como os processos de orçamento, de controle de resultados, as vendas, as reuniões de diretoria, as promoções e os lançamentos de novos produtos. Essas forças poderosas atropelarão seu incipiente trabalho cultural, a menos que você o dote de uma adequada estrutura muscular.

As organizações respondem bem à disciplina de governança corporativa porque há elementos que se podem conduzir no piloto automático. As reuniões do projeto acontecem na primeira terça-feira do mês, as informações são coletadas, o dinheiro está previsto no orçamento, e os gestores têm autoridade para usá-lo. O plano tem prazos e responsabilidades definidos, e a equipe de projeto tem personalidade própria.

A maioria dos trabalhos em Cultura não começa da maneira sistemática descrita neste livro, ou seja, o diretor-geral tem a primeira grande ideia, o gerente de RH o acompanha desde o início, o plano de negócios é elaborado, a diretoria compra a ideia, e todo mundo marcha adiante de modo ordenado. Na verdade, conheço poucos projetos de mudança que acontecem desse jeito, especialmente em uma área tão emocionalmente desafiadora, e tão nebulosa a princípio, quanto a Cultura.

Cada um de vocês que está lendo este livro está em uma situação particular. Sua organização estará em um diferente momento do processo cultural, variando desde a estaca zero até um estágio bem avançado, ou perdida no meio do caminho. Você mesmo poderá estar ocupando diversas posições dentro da organização: presidente, gerente de RH, diretor financeiro, gerente de linha, consultor, ou, talvez, é um frustrado, mas bem-intencionado, líder de equipe. Poderá estar responsável por um grupo de dez pessoas ou, talvez, alguns milhares.

Ao considerar como estruturar esse processo de modo que ele ganhe tração, considere uma abordagem que seja um ponto de partida realista, a partir de onde a companhia está. Existem muitos esforços grandiosos que morrem por terem nascido de modo muito ambicioso ou por considerarem que sem o diretor-geral a bordo nada será conseguido. Neste livro, venho descrevendo o caminho ideal. A realidade é bem mais confusa do que isso, mas de tropeço em tropeço ela vai ganhando uma dinâmica própria ao crescer. Olhando para trás, você verá que o caminho percorrido é muito mais direto do que lhe parecia ao longo do percurso.

Os estágios iniciais

Vamos começar do modo mais simples possível: uma pessoa que quer fazer diferença e tem paixão por esse caminho. Sua primeira etapa será a de conseguir reunir apoio suficiente para transformar sua ideia em algo parecido com um projeto. Você saberá quando chegar a esse ponto, ao notar que tempo e dinheiro estão sendo alocados, decisões estão sendo tomadas e alguém está responsável por determinados resultados.

Na etapa de influenciar pessoas, você pode:

- Trabalhar sobre si mesmo – olhe-se no espelho e faça mudanças nos seus valores e comportamentos.
- Criar evidências circunstanciais que indiquem que Cultura pode afetar o desempenho.
- Encontrar aliados e construir uma rede de influência.
- Adotar normas que estejam alinhadas a seus valores e enfrentar o desafio de não se deixar arrastar para o mínimo denominador comum de sua Cultura.
- Influenciar alguém que possua autoridade suficiente para fazer acontecer alguma ação do processo de Cultura.

Um início adequado de jornada

A jornada começa para valer quando alguém com alguma autoridade decide agir. Se você tem essa autoridade, você começa desse ponto. Para ter autoridade de agir nessa dimensão cultural, você precisa estar em posição de conseguir recursos que estão além dos disponíveis dentro da sua própria equipe. Se você só consegue fazer as coisas acontecerem dentro da sua própria equipe, o melhor a fazer é trabalhar na construção dessa equipe. Ela tem uma minicultura, e você pode criar normas culturais e hábitos seguindo versões em miniatura do que foi descrito neste livro. As condições especiais das empresas pequenas, das equipes e das mudanças que começam nos escalões intermediários estão abordadas nos Capítulos 12 e 14.

Vamos assumir que você tenha essa autoridade ou que alguém que a possua a tenha delegado a você.

A definição da Cultura desejada, o diagnóstico e o plano de Plano de Cultura devem ser conduzidos pelo maior grupo que você conseguir reunir. Quanto menor a representatividade do grupo responsável por essa atividade, tanto mais limitado será o Plano de Cultura que será gerado. Por exemplo, é difícil entender os benefícios do modelo de Cultura Um Só Time, se você é uma parte pequena do todo; difícil se tornar Focado no Cliente, se a equipe representa uma fração isolada da cadeia de valor do cliente.

Quando essa primeira etapa é completada e começa a fase de planejamento, chega-se a um importante ponto de decisão. É inevitável que alguns membros da equipe estejam mais motivados com o trabalho do que outros. Alguns podem alegar que têm outras prioridades, outros, que querem conduzir o projeto de forma diferente, mais alinhada à sua autoridade e ao seu enfoque gerencial.

Não há uma resposta certa para isso, embora eu considere que a abordagem de "todos no mesmo barco" seja a mais adequada na maioria das situações. O assunto será abordado com mais profundidade no capítulo seguinte. Os temas a considerar, ao tomar uma decisão, são variados:

1. A Cultura final desejada

Os arquétipos culturais Um Só Time, Propósito Maior e Foco do Cliente de fato requerem que todos estejam em sintonia e que prossigam de modo colaborativo. A natureza da Cultura que se está buscando é definida por um relacionamento lateral com colegas por toda a empresa. Já nos arquétipos Superação, Orientação a Pessoas e Inovação, os valores são mais facilmente construídos em torno de pequenas unidades independentes.

2. A estrutura e o plano de negócios

Uma jornada cultural é mais bem gerenciada por um grupo de trabalho natural. Este opera com bastante independência e tem autoridade sobre um grande número de comportamentos, símbolos e sistemas que impulsionam a Cultura.

3. A motivação por trás dos membros da equipe que desejam uma implantação independente

Às vezes, as razões para uma implantação independente são reais e sólidas. Uma divisão já se comprometeu com uma agenda de trabalho incompatível com o projeto, ou é liderada por alguém prestes a se aposentar e que não está comprometido. Por outro lado, as razões apresentadas podem ser simples desculpas, e o motivo real ser a vontade de fazer do próprio jeito ou não fazer nada. Claramente, neste caso, você deve pesar bem os riscos de permitir que essa iniciativa possa bloquear uma decisão que poderia ser mais adequada para o todo. Por outro lado, forçar um líder importante a adotar um valor com o qual ele não esteja comprometido é insustentável. Há que se levar em conta também que, às vezes, as divisões mais atrasadas no processo decidirão se incorporar quando observarem os reais benefícios acontecendo.

Muitas vezes, os melhores planos adotam um meio-termo, exigindo abordagem e iniciativas comuns, mas permitindo que cada divisão escolha o momento oportuno e lidere o processo. Nesse caso, você deve definir quais os itens que são "rígidos" e os "flexíveis" – isso será detalhado no Capítulo 12. A partir daí, determina-se o processo de gestão para o todo.

Montando o núcleo da equipe de Cultura

Nas primeiras fases, será necessário formar uma equipe inicial capaz de levar adiante o processo de mudança até que o grupo de liderança esteja totalmente montado. Mais tarde, o trabalho de Cultura vai se tornar parte das responsabilidades normais dos gestores e as iniciativas específicas serão criadas e implantadas por eles. Algumas áreas já estarão fazendo isso dentro do processo normal de gestão da unidade.

Há alguns critérios de seleção para a escolha das pessoas que formarão essa equipe:

1. Compartilham paixão por esse trabalho

Esta é a mais importante qualificação. Você tem uma grande tarefa pela frente: enfrentar resistências por toda a organização. Não ajudará em nada se você tiver dentro desse time pessoas que não estejam completamente comprometidas com o processo. Você precisa construir um santuário – um local e um grupo onde possa compartilhar a sua visão. Isso gera a força para manter a visão quando se sente como se nada estivesse acontecendo.

2. Estão pessoalmente dispostos a se entregar a essa jornada

Este é o caminho para assumir o papel de modelo da mudança. Estar disposto a reconhecer e trabalhar o seu próprio comportamento e remodelar o seu modo de pensar é mais importante do que ser um perfeito ícone comportamental desde o início.

James foi um dos melhores membros de equipes culturais que conheci. Antes disso, ele era exigente e não tolerava bobagens. Sob pressão, ele se tornava agressivo e de difícil convivência. Ele teve uma mudança brusca de comportamento quando um de seus melhores funcionários deixou a organização e, na entrevista de saída, disse a James o quanto o seu comportamento como líder desgastou o seu entusiasmo pela empresa. Foi como um sinal, e James de repente compreendeu a relação entre comportamento e consequências. Ele se tornou um apaixonado pelo projeto. Sua história pessoal representou um poderoso exemplo para aqueles que viram a completa transformação pela qual ele passou.

3. Mostre as competências da boa liderança

Competências desejadas	Características menos úteis
Habilidade de influenciar os outros a acompanhá-lo.	Tendência a pregador ou proselitismo.
Um cuidado com os outros que lhe permite dar retorno com o objetivo de ajudar.	Uma postura presunçosa que parece atribuir notas ao dar retorno.
Uma visão de negócios ao descrever os benefícios de cada etapa do projeto.	Uma abordagem de cuidar das pessoas independentemente das necessidades do negócio.
Crença de que podem sempre fazer a diferença, uma disposição de assumir responsabilidades.	Uma tendência a ficar sobrecarregado, sentir-se vítima e culpar os outros

Quais cargos devem fazer parte da equipe?

O cargo ocupado na empresa não parece ser um critério importante na escolha. Tive a oportunidade de observar trabalhos de Cultura realizados com uma abordagem *skunkworks* (equipes não convencionais formadas para lidar com missões específicas, inovadoras e sob grande pressão de prazo; originalmente concebidas na Lockheed), que trabalham com recursos de sobras de outros projetos, mas que influenciam e atraem interesse. Duas ou três pessoas com um claro propósito e um projeto adequado podem conseguir uma dinâmica extraordinária. A presença delas pode passar quase despercebida no começo. Praticamente uma sociedade secreta. Mas trata-se de um grupo com um propósito, não de um grupo de pessoas que se reúne para reclamar sobre o que está errado com a Cultura.

A sabedoria tradicional aconselharia incluir o diretor-geral no grupo, assim como outros executivos influentes. Isso é possível, mas não necessário nos estágios iniciais. Parece não haver regras, porque tais características não foram usadas no passado para preencher certas posições na organização. A equipe de RH pode liderar o projeto, mas em outras ocasiões ela é um dos maiores obstáculos para o sucesso. Às vezes, uma divisão assume a liderança do processo e é capaz de influenciar outras, sem ser acusada de arrogância. Uma equipe de projeto pode também começar o processo, ou a área de gestão de riscos, ou um grupo que descobre como incorporar a voz do cliente. Talvez o trabalho de Cultura comece como resposta a uma demanda do Conselho, ou como resposta a uma crise, com o diretor-geral no comando desde o início. Mas é sempre aconselhável envolver um executivo sênior que tenha alguma experiência nesse tipo de processo, seja por ter liderado algo em seu próprio departamento ou por ter participado de projeto similar em outra empresa.

As histórias que escutei, e os casos que acompanhei, não possuíam um fio condutor comum, exceto um grupo de pessoas com personalidade suficiente para manter a visão de uma realidade diferente e realizá-la por meio de sua liderança. Liderança é, afinal, a habilidade de atrair seguidores sem associação com nenhum cargo em particular.

Usando grupos de influência para atingir o ponto de inflexão

Seu primeiro passo é reunir esse grupo de pessoas que pensam da mesma forma. Você poderia chamá-las de embaixadores da Cultura. Preveja para elas um treinamento de modelo mental com os requisitos necessários para serem pioneiras nessa área. Faça-as sentir que são especiais e importantes. Reforce sua determinação. Às vezes, pessoas com esse modelo mental e com essas paixões sentem-se isoladas na organização, e assim, juntá-las em um grupo lhes dá propósito e camaradagem. À medida que sua influência aumenta, chegará o momento em que muitas pessoas em posições de autoridade já terão incorporado essa visão, e pode-se partir para uma estrutura mais formal.

Caso as pessoas com visão também possuam autoridade, você poderá se mover mais depressa para a próxima etapa. No entanto, deve-se ainda incentivar a existência de grupos voluntários, que compartilham da mesma paixão, pois eles são um poderoso mecanismo para a mudança. Há um importante fenômeno que você quer ver acontecer, que é o ponto de inflexão. Ele ocorre quando os padrões de comportamento associados à Cultura desejada se tornam a norma da organização. Quanto mais grupos forem formados, mais seu exemplo vai inspirar e influenciar outros, de modo que gradualmente se atinge o ponto de inflexão.

A estrutura formal de governança do projeto de Cultura

Uma vez que a empresa decidiu investir seriamente em Cultura e desenvolveu um plano de negócios como apoio ao Plano de Desenvolvimento da Cultura (PDC), ela necessita de uma estrutura formal de governança que lhe dê prioridade e disciplina.

Algumas empresas simplesmente colocam o PDC respondendo à diretoria, com um de seus membros escolhido para gerenciá-lo na dia a dia. Outras montam uma estrutura separada e nomeiam a diretoria como o seu Comitê Gestor. Depende da escala do seu plano. Se o PDC estiver ligado a outras iniciativas de mudança no negócio, é aconselhável que todas estejam debaixo da mesma gestão. Tome o cuidado, neste caso, para que o PDC não seja tratado como primo pobre das iniciativas com maior retorno – como redução de custos ou iniciativas com objetivos mais palpáveis – como investimentos em tecnologia.

Os resultados do Diagnóstico de Cultura e a estrutura do seu PDC determinam os participantes da equipe de governança. Há muitas tarefas dentro do PDC que vão além das tradicionais atividades de RH, de modo que a equipe gestora deve conter um leque de disciplinas variadas. O processo de seleção dessa equipe se torna, por si mesmo, um ato simbólico.

Se a sua visão é voltada ao cliente, inclua gestores do marketing ou de vendas. Se o projeto prevê uma mudança de prédio, inclua um técnico dessa área. Se o seu objetivo for uma Cultura de Superação, inclua o diretor financeiro. Use pessoas de linha e de suporte. Tanto quanto possível, tente escolher pessoas com características pessoais alinhadas à Cultura desejada.

O grupo deve ter um patrono. A escolha deve recair sobre o membro mais sênior da área mais focal da Cultura desejada. Por exemplo, no caso de Foco do Cliente, o diretor de marketing. O líder do grupo deve ser também escolhido, assumindo, talvez, em tempo integral. De preferência o diretor-geral ou o diretor da Divisão envolvida. Eu sou de opinião de que Cultura deve ser liderada pelo líder máximo. É uma coisa que não se delega. Não se pode delegar um trabalho que envolve mudanças no nível SER; elas só acontecem no nível FAZER. A equipe envolvida em fazer as coisas acontecerem estará, ao mesmo tempo, modelando a parte do SER. Eles mesmos passarão por um processo de transformação, ao mesmo tempo que vão gerenciar a mudança em outros. Esse tipo de trabalho necessita de uma liderança do mais alto nível.

O papel da equipe gestora

1. Elaborar o PDC.
2. Gerenciar os elementos do plano que constituem projetos, utilizando disciplinas normais de gerenciamento de projetos.
3. Identificar as atividades e os comportamentos usuais no negócio e relacioná-los à visão cultural de maneira a sinalizar que Cultura é como fazemos os negócios, e não uma atividade independente.
4. Comunicar, recompensar e manter as normas culturais, começando com o exemplo da própria equipe de gestão.
5. Acompanhar e medir o progresso.

6. Colocar em prática o discurso.
7. Defender a Cultura desejada e construir o ponto de inflexão.

A evolução de equipe gestora

A equipe, montada conforme a descrição proposta, não deve permanecer por mais de dois anos após o início do projeto. Nesse momento, já contaremos com a maioria dos gestores engajados. Muitos dos papéis originais da equipe de gestão estarão sendo desempenhados pelos gestores de linha. Quando essa transição ocorrer, a liderança da Cultura estará nas mãos dos naturais gestores de negócio. Processos regulares, tais como as avaliações de Cultura, estarão nas mãos do RH, que também será responsável por conduzir os treinamentos comportamentais. As pessoas de Recursos Humanos são líderes naturais na condução do processo cultural. Em algumas empresas, conduzem o processo desde o início. Eu tenho observado que, nas etapas iniciais, uma experiente equipe de RH atua silenciosamente nos bastidores, entendendo que a condução do processo pelos gestores de linha traz grande credibilidade e senso de propriedade ao processo.

MEDINDO O PROGRESSO

Um investimento dessa magnitude precisa de processos sólidos para a medição do progresso e de objetivos claros pelos quais a equipe é responsável. O que deve ser medido são as mudanças nos padrões de comportamento e o impacto no negócio trazido por tais mudanças.

Existem vários métodos que podem se avaliados pela equipe de gestão ao escolher a abordagem de medição. Selecionar uma adequada combinação deles e estabelecer objetivos é uma tarefa prioritária a ser executada.

Ao escolher os indicadores, estes constituirão o painel de controle do projeto. Com eles podem-se fixar objetivos e acompanhar o progresso. A escolha dos indicadores mais adequados é a parte mais trabalhosa, e eles devem ser testados e avaliados com a participação de todos, de modo a garantir o comprometimento. Os indicadores reforçam as razões pelas quais estamos conduzindo esse projeto. Estabeleça metas realistas para o primeiro ano, com projeção para os próximos cinco. À medida que adquirirmos experiência em como a Cultura reage às ferramentas disponíveis, conheceremos melhor a velocidade das mudanças e poderemos estabelecer metas mais próximas à realidade.

É aconselhável ter mais de uma meta no painel de controle, e eu sugeriria que você escolhesse entre uma a cinco das opções descritas a seguir:

Nível 1 – Avaliação pessoal

Isso significa conduzir uma pesquisa com o pessoal, solicitando que eles preencham uma avaliação de seu próprio comportamento. Embora não seja muito rigoroso, uma vez que eles não têm experiência ou discernimento para uma autoavaliação, isso constituirá, não obstante, um ótimo começo. Pode-se perguntar, por exemplo, se eles entendem os valores ou a Cultura desejada; se gastam muito tempo com assuntos de sustentabilidade; como eles se veem como exemplos de comportamento etc.

Nível 2 – Avaliação de terceiros

Isso significa perguntar a fornecedores, clientes, comunidade e outras partes interessadas como eles veem os valores e comportamentos da organização.

Há muitos dados disponíveis na empresa, tais como pesquisas com funcionários, pesquisa elaborada para o Diagnóstico de Cultura e outras ferramentas usadas regularmente, tal como a pesquisa de clima. É claro que ferramentas especialmente desenhadas para avaliar Cultura trariam melhores resultados. Se a ferramenta utilizada for desenvolvida internamente, pode-se selecionar somente algumas questões para utilização como indicadores de Cultura, as que tiverem maior relação com a Cultura desejada.

Pesquisas de satisfação de clientes são essenciais para alguns modelos de Cultura, especialmente as que avaliam características específicas, tais como capacidade de resposta ou padrões de serviço, como os processos de tratamento de reclamações.

Meio de comunicação, em conjunto com consultorias ou empresas especializadas patrocinam eventos anuais nos quais se procura premiar ou avaliar as melhores práticas de empresas. Listagens de "Melhor Empregador" são publicadas em vários países. Sua metodologia é científica, e as empresas são comparadas a outras similares, particularmente por tamanho. Outras listam avaliam "Empresa Com Melhor Serviço" ou "Maior Consciência Ambiental" ou outras premiações especificamente relacionadas a determinada indústria. Escolha a premiação mais adequada às suas metas culturais e estabeleça um objetivo de longo prazo para um posicionamento entre as primeiras, com metas intermediárias.

Nível 3 – Indicadores de negócio

Cada tipo de Cultura escolhido traz consigo alguns indicadores que você identificou no seu plano. Por exemplo, a Cultura Orientada a Pessoas pode utilizar o indicador de "demissões indesejadas" (o termo indesejado significa a saída de pessoas que a empresa não quer perder). Já a Cultura Um Só Time pode usar um indicador associado ao compartilhamento de recursos (o contrário da construção de feudos), e a Cultura Foco do Cliente pode usar um indicador associado à satisfação do cliente, tal como a quantidade de reclamações.

Cada um desses indicadores aponta o resultado alcançado se a Cultura mudasse. Eles são menos diretos que os indicadores dos níveis 1 e 2, onde as questões são relacionadas diretamente aos comportamentos observados, mas, por outro lado, estão mais intimamente ligados a benefícios tangíveis de negócio.

Uma empresa que conheço escolheu, usando rigorosamente a metodologia estatística Seis-Sigma, dois indicadores que, se melhorados, indicariam progresso nos valores Orientados a Pessoas, em particular o equilíbrio trabalho/qualidade de vida, uma de suas prioridades. Um desses indicadores avaliava como os funcionários tiravam seus períodos de férias, e o outro media quantos fins de semana os funcionários trabalhavam por ano.

Eis alguns exemplos de indicadores nível 3 usados em cada arquétipo cultural:

Superação

- Consistência na aplicação de normas e processos.
- Precisão das previsões.

- Melhoria nas margens.
- Execução de projetos dentro dos prazos e do orçamento.

Foco do Cliente

- Grau de aceitação pelo cliente de novos produtos e serviços.
- Redução dos "ruídos" de clientes.
- Aumento da fatia de mercado em segmentos-chave.

Um Só Time

- Oportunidades de vendas cruzadas.
- Reduções de custo por compartilhamento de melhores práticas.
- Redução nas duplicações de esforços.
- Benefícios advindos do gerenciamento do conhecimento.

Inovação

- Indicadores de agilidade no lançamento de novos produtos.
- Quantidade de novos produtos lançados.
- Qualidade dos dados.
- Medidas de excelência técnica.

Orientação a Pessoas

- Estatísticas de segurança no trabalho.
- Redução do *turnover.*
- Quantidade de propostas de emprego recebidas.

Propósito Maior

- Estatísticas de proteção ambiental.
- Indicadores associados à missão da empresa.
- Estatísticas de reputação da marca corporativa.

Nível 4 – Indicadores financeiros

Para empresas com fins lucrativos, o propósito em trabalhar a Cultura corporativa é apoiar os seus objetivos de negócio. Desse modo, é claro que resultados financeiros podem ser utilizados como indicadores da evolução da Cultura. O desafio em fazer isso é que existem muitos fatores que impactam os resultados e estabelecer uma relação direta com a Cultura não é fácil. É verdade que, com o tempo, melhorias na Cultura tendem a produzir melhores resultados, e deles devemos tratar quando estivermos construindo nosso plano para a mudança. Mas, como um indicador para a Cultura que ajude a organização a avaliar o impacto das iniciativas de Cultura, e a ajustar o curso quando necessário, seria muito mais fácil usar indicadores dos níveis 2 e 3.

Concluindo, uma adequada combinação desses quatro níveis de indicadores funcionará bem como um painel de controle para a organização. Faça suas escolhas e as mantenha para obter resultados anuais comparativos; publique esses resultados como parte da transparência associada à Cultura desejada.

REFLEXÕES PARA O CONSELHO DE ADMINISTRAÇÃO

Tenho notado crescente interesse do Conselho por assuntos relacionados à Cultura. Vários desastres na reputação de empresas de alto nível, em diversos países, foram associados a padrões de comportamento relacionados à Cultura vigente. Desonestidade, falta de escrúpulos, baixa exigência com a qualidade e com normas de segurança, ultrapassagem dos limites da ética são comportamentos que têm sido associados à Cultura. Organizações sofreram, ou até desapareceram, e seus principais executivos foram convidados a sair. São casos dramáticos que têm deixado membros do Conselho se perguntando se o mesmo poderia acontecer com eles.

Além disso, este livro constrói um sólido argumento de que a Cultura impacta o desempenho de forma menos dramática – reduzindo a agilidade no lançamento de produtos, matando a inovação, dificultando a atração de talentos etc. Quando certos padrões de comportamento são tolerados, o desempenho sofre.

Os recentes escândalos e a gradual ascensão de conselheiros com experiência anterior em projetos de desenvolvimento de Cultura têm levado Conselhos a demonstrar um interesse mais proativo em questões de Cultura. Contudo, muitos deles não sabem fazer as perguntas certas para descobrir se a Cultura está ou não sendo bem gerenciada.

O objetivo desta seção no capítulo de governança é fornecer aos conselheiros:

1. O entendimento do que fazer para testar se a Cultura atual é um ativo ou um passivo.
2. Como colocar em prática, a partir de uma perspectiva de gestão de risco, processos que assegurem que a gestão está tomando as medidas necessárias para lidar com a Cultura.

Outras atribuições principais do Conselho, em particular a escolha do diretor-executivo e as decisões estratégicas relacionadas a fusões e aquisições, têm também importantes componentes culturais que serão abordados em outras partes deste livro.

Principais traços culturais que o Conselho deve investigar

Nenhuma Cultura pode eliminar totalmente a presença em seu seio de uma pessoa sem escrúpulos – um indivíduo desonesto e malicioso com intenção de prejudicar. Embora alguns tipos de Cultura consigam reduzir significativamente a possibilidade de tal indivíduo permanecer na empresa por algum tempo, mesmo que não se tenha observado a ocorrência de qualquer ato ilegal. Incidentes de alto nível são quase sempre decorrentes de um padrão tolerante de comportamento, talvez não tão extremo, que possa ser tolerado. É possível criar uma Cultura em que atos não éticos sejam tratados pelo gestor imediato ou, caso este não os detecte, por denúncias encaminhadas pelos próprios colegas. É também possível conseguir transparência na comunicação e na colaboração entre os departamentos de finanças, riscos e auditoria – funções através das quais tradicionalmente os Conselhos Fiscais e a Auditoria de Riscos reúnem suas informações. Em Culturas bem ajustadas, esses departamentos passam a ser vistos pelos gerentes de linha como colegas, em vez de inimigos. A presença desses traços culturais teria salvado muitas companhias cujo desaparecimento foi noticiado em tempos recentes. Na perspectiva de um conselheiro, a existência de determinados traços, dentre os vários abordados neste livro, são cruciais.

O primeiro e mais importante requisito é que a organização seja baseada em valores. Isso posto, há cinco valores em particular que, do ponto de vista de gerenciamento de riscos, são relevantes:

1. Transparência, uma Cultura sem surpresas.
2. Habilidade em ouvir, acessibilidade, falta de arrogância, ausência de intimidação (*bullying*).
3. Sensibilidade ao mundo exterior.
4. Parceria equilibrada entre departamentos de linha e de apoio.
5. Responsabilidade por desempenho e execução.

Uma Cultura baseada em valores

Pessoas e organizações baseadas em valores tomam decisões porque essa é a coisa certa a fazer. Elas possuem outros critérios para a tomada de decisão além da rentabilidade e da obediência à lei. Elas continuariam a tomar determinadas decisões mesmo na ausência da lei, pelo simples motivo de que esta é "a coisa certa a fazer". Estabelecer uma base de valores para a sua organização é o mecanismo mais confiável para protegê-la contra futuros riscos em sua reputação.

Façamos uma analogia com a segurança na estrada. Existem limites de velocidade – eles constituem as regras. Muitos motoristas dirigem de 5 a 10 km/h acima desse limite, porque imaginam que o radar tem certa margem de tolerância e, mesmo no caso de serem pegos, as multas não serão tão proibitivas. Há uma regra, e eles as forçam até o limite em que acham que não vão ser multados. Outros motoristas dirigem mais devagar. Dirigem a uma velocidade segura porque acreditam que a velocidade mata. Eles valorizam segurança. Essa é a diferença entre as empresas baseadas em valores e as baseadas em regras. Nestas, o esporte é explorar o limite das regras. Mas as que são baseadas em valores não o fazem – não porque têm medo de ser pegas, mas porque entendem o espírito da regra.

Um bom teste para saber se sua empresa toma decisões baseada em valores é o número de vezes que seu gestor lhe disser que algo não pode ser feito porque "não é a coisa certa a fazer". Isso pode estar associado com a ética no relacionamento com clientes, com a segurança no trabalho, com explorar os limites da lei. Observe o comportamento da empresa com os impostos. Recentemente ouvi um fiscal de renda comentar que o seu escritório classifica as empresas em dois tipos: as que tocam o seu negócio e procuram pagar corretamente os impostos oriundos de suas atividades, e as que acham que estão no negócio de impostos. Sem querer entrar no mérito sobre os motivos de gerenciamento de impostos, parece-me que o fiscal estava descrevendo a diferença entre as empresas baseadas em valores e as baseadas em regras.

O Conselho tem um papel importante ao apoiar a gestão a se tornar baseada em valores. Ele comunica suas expectativas por meio de suas atitudes e dos seus questionamentos. Seu papel é proteger o interesse dos acionistas, e ele determina a interpretação desse papel. Os interesses dos acionistas estarão sendo mais bem atendidos obtendo-se o maior lucro possível sem violar a lei? É inquestionável que se pode conseguir lucro em curto prazo em detrimento de um tratamento mais justo aos seus clientes, aos funcionários e à comunidade. Isso seria bom? Reveja a hierarquia de valores no Capítulo 1. O que significa para a empresa desempenho a qualquer custo? Podem-se definir as fronteiras de "a qualquer custo"? Essas fronteiras serão os indicadores dos seus valores. Se as empresas são baseadas em valores, elas os aplicarão em qualquer parte de suas atividades. Não se pode esperar que uma empresa seja movida a valores quando publica o seu balanço e suas atividades prejudicam as comunidades nas quais opera. Quando os funcionários perceberem que a empresa está disposta a comprometer o que é certo para atingir os resultados, a notícia vai se espalhar por toda a empresa, e isso representa um potencial risco para a sua reputação.

Se os analistas de mercado querem aumentar sua confiança de que determinada ação não sofrerá uma baixa catastrófica no futuro devido a uma revelação de comportamento antiético, eles deveriam pesquisar a força dos valores gerais da organização. Uma organização baseada em valores tem menor probabilidade de passar por isso porque todos que nela trabalham sabem que serão apoiados ao tomar decisões baseadas em valores, e que é isso que se espera deles.

Um executivo que conheço declarou recentemente na Assembleia Geral Anual, na presença dos acionistas e dos analistas, que ele considerava que a companhia "tinha realizado um lucro justo; para ter realizado mais, teria sido necessário recorrer a práticas que considerava injustas". Sua empresa está no negócio de seguros, e aumentar os lucros provavelmente envolveria tomar posições no pagamento de créditos que, embora talvez possíveis nos limites do contrato, estariam fora do que ele considerava justo e ético. Se ele fosse o executivo da sua empresa, ele teria sido apoiado na sua afirmação?

A pressão por resultados é grande, e as expectativas dos analistas empurram as empresas aos seus limites. Como conselheiro, seu papel é proteger os interesses dos acionistas. Isso levanta algumas questões desafiadoras associadas com valores. O Conselho tem a oportunidade de liderar os valores na organização. Mas muitos diretores-executivos não se sentem apoiados em tomar posição em uma decisão de valores que impactará negativamente o lucro em curto prazo. Eles podem não dizer, nem mesmo estar conscientes disso, mas por muito tempo captaram as mensagens sobre o que se valoriza e o que é esperado.

Um trabalho importante dos conselheiros seria analisar as mensagens que são enviadas para a organização pelos seus comportamentos, símbolos e sistemas. Qual a percepção do pessoal sobre o que é valorizado? Lembre-se de que essa percepção é formada pelas decisões tomadas, pelos dados que são pedidos e pelas áreas em que o Conselho demonstra interesse.

Em linha com a tese deste livro, ou seja, primeiro olhar para si mesmo e assumir a responsabilidade pelo seu próprio papel no processo ao praticar o seu discurso, a primeira pergunta que o Conselho deve fazer é "Estamos inspirando uma organização baseada em valores por meio do nosso próprio comportamento?".

O ponto de inflexão a favor dos valores geralmente chega com a percepção de que ser baseado em valores traz de fato benefícios ao desempenho. As empresas não têm noção da parcela do resultado final que é desperdiçada na luta ao persegui-lo. Quanto dinheiro é despejado para recuperar clientes porque os perdemos ao não valorizá-los? Quanto dinheiro é gasto em recrutamento e treinamento porque nossos talentos nos deixam por pura frustração com a Cultura e sua míope visão do mundo? Qual o valor envolvido em intermináveis campanhas de redução de custos para depois deixá-los aumentar novamente porque não dedicamos esforço suficiente para mudar os modelos mentais que estão por trás dos custos desde o início?

É nos tempos de crise que a força dos valores é testada. A gestão precisa ouvir do Conselho que há certos valores que ele, como parte integrante da empresa, também preza e que, portanto, seus comportamentos, símbolos e sistemas precisam refletir isso. Posições fortes do Conselho baseadas em valores ("isso não é a coisa certa a fazer, mesmo sendo financeiramente atrativa") enviarão um poderoso sinal. Assim como a Cultura desejada é transmitida em cascata pela hierarquia da empresa, porque as mensagens de cima são sempre mais poderosas, também o Conselho envia mensagens aos executivos ao estabelecer os valores gerais que protegerão a reputação da empresa.

Testando os principais valores da organização

Há alguns valores cuja presença determina que a Cultura da organização favorece uma boa prática de gestão de riscos. Supondo que a primeira prioridade seja fortalecer a organização por meio de uma filosofia baseada em valores, os quatro valores descritos a seguir serão seus melhores aliados.

1. Transparência, uma Cultura sem surpresas

Transparência como traço cultural vai lhe dar a confiança de que os gestores sabem que comunicar as más notícias é melhor do que escondê-las, na esperança de que nunca venham à tona. Você perceberá isso nas apresentações e nos documentos que recebe. Uma Cultura que valoriza aparências sempre tratará os fatos com o melhor viés possível – sem falsidades, mas com mais ênfase nos aspectos positivos. Já as Culturas transparentes ficam confortáveis com boas e más notícias. De fato, uma forma eficaz de testar o nível de transparência da sua Cultura é analisar a maneira como a gestão lida com um golpe de sorte. Organizações verdadeiramente transparentes não assumem o mérito por bons resultados advindos de motivos fora do seu controle, como uma retomada inesperada de mercado, e apresentarão separadamente as contribuições da boa gestão e as causadas pela sorte.

Essa visão realista, que não se apoia na necessidade de vangloriar-se, fica também aparente no modo como a gestão lida com notícias ruins. Ela não terá reações defensivas. E se a gestão procede assim com o Conselho, age da mesma forma para baixo. Assim, o pessoal é encorajado a apresentar, com transparência, eventuais notícias ruins, reforçando o comportamento desejado.

2. Habilidade em ouvir, acessibilidade, falta de arrogância, ausência de intimidação

Outro valor, alinhado intimamente com transparência, é uma gestão aberta e acessível em toda a companhia. Isso garante que as pessoas na linha de frente sintam que podem levantar questões difíceis, acessar escalões superiores e dizer o que sentem sem nenhum medo de punição.

Arrogância e intimidação (*bullying*) não permitirão que isso aconteça. Arrogância, porque carrega a postura de saber todas as respostas, não há nada que possam me dizer que eu já não saiba, e, portanto, não vou ouvir. Intimidação, porque incute medo nos subordinados, e eles não se atreverão a se abrir.

Ao investigar se esses traços existem na sua organização, procure evidências de que a gerência sênior tenha amplo relacionamento com clientes e com vários escalões de funcionários. Eles estão fechados em um santuário que lhes barra o acesso ou têm consciência de que devem estar mais próximos da ação? Eles parecem gerar confiança nos outros? Gostam de pessoas? Têm consciência do seu papel de proteger seu pessoal contra ações de intimidação ou contra comportamentos inadequados dos gestores imediatos? Eles demonstram real apreço por políticas que valorizam o pessoal, tal como segurança no trabalho, evitar a discriminação, equilíbrio vida/trabalho? Eles transformam esse apreço em ações, tal como banir a intimidação da empresa? Tudo isso reforça a confiança do pessoal, de modo que eles possam exercer com naturalidade seu papel de denunciar as más práticas que observam.

3. Sensibilidade ao mundo exterior

A reputação corporativa pode ser seriamente prejudicada quando a empresa pratica atividades cujo egoísmo ou imoralidade choca a todos quando expostas. Os meios de comunicação muitas vezes alimentam as chamas, de modo que se torna muito difícil extingui-las.

As organizações podem viver em sua própria bolha isolada e esquecer como os outros as veem. Algumas Culturas se tornam introspectivas, frequentemente arrogantes, convencidas de sua própria visão do que seja certo ou errado. O Conselho pode investigar isso ao observar o tempo dedicado pela gestão para entender como os clientes e a comunidade veem as coisas. Não somente por meio de uma agência de relações públicas, mas por meio de um genuíno interesse em atender às expectativas externas. Trabalhos apresentados e conversas mantidas podem revelar quão fortemente esses valores estão sendo mantidos.

O Conselho pode também fazer perguntas sobre os principais processos da organização e sobre as áreas em que a pressão por resultados pode levar a atitudes que venham a ferir a sensibilidade da comunidade. Produtos, por exemplo, que são estruturados para trazer vantagens à organização, em detrimento do consumidor. Utilização de informações confidenciais ou dos meios para obtê-las. Há muitos exemplos de organizações que geram enorme aversão pela sua abordagem de mercado, ainda que falem como se não soubessem da reação negativa que cultivavam.

Um bom teste é saber se estamos confortáveis com as coisas que fazemos e que podem sair no jornal. Porque, cedo ou tarde, elas vão acabar saindo.

4. Parceria equilibrada entre departamentos de linha e de apoio

Os departamentos de apoio são tradicionalmente os guardiões das regras. As áreas de risco, controladoria, jurídica e de recursos humanos estabelecem as regras, e as áreas de linha tentam entregar os seus resultados.

Em empresas passivamente baseadas em regras, as pessoas cumprem as regras, mas de forma inconsciente. Cumprem porque são regras, e não por compreendê-las ou por entender os princípios nos quais elas são baseadas. Assim, embora possam cumpri-las em situações claras, não são capazes de pensar por si mesmas em situações não cobertas por uma regra. São baseadas em regras, não são baseadas em princípios. Estudos feitos por empresas que buscavam a melhoria das normas de segurança, por exemplo, descobriram que muitos acidentes ocorrem em situações que exigem que os funcionários avaliem por si mesmos os princípios de segurança, além de seguir as normas estabelecidas.

Nas empresas mais agressivamente baseadas em regras, os gestores de linha exploram as regras ao limite, agindo de modo semelhante ao motorista que dirige sempre um pouco acima do limite de velocidade estabelecido. Os guardiões das regras se opõem, e o jogo passa a ser a procura de maneiras de contornar as regras de modo a atingir as metas. Nesse tipo de ambiente, de vez em quando aparecem indivíduos com um nível de ética mais baixo. Eles não se darão ao trabalho de explorar limites ou encontrar jeitinhos para contornar as regras – eles simplesmente vão quebrá-las.

Bons líderes em áreas de apoio entendem que entre os seus papéis está o de educar a organização nas razões que tornam necessárias determinadas regras. Ao fazê-lo, eles influenciam os valores e as crenças das pessoas sobre o que é importante. Isso, por sua vez, muda seus comportamentos. Mas, simultaneamente, eles devem praticar o papel de polícia. Trata-se de um difícil compromisso.

A qualidade da relação entre os gerentes de linha e de apoio se baseia em conseguir o cumprimento das regras e na habilidade de trabalhar com os princípios nos quais elas se baseiam. Se a relação é boa, e a confiança e o respeito são elevados, então ambos os lados respeitam os respectivos papéis. Gerentes de linha sabem que estarão sempre sob pressão para conseguir resultados, mas entendem que as áreas de apoio estão lá para ajudar a criar e defender os limites que eles não devem cruzar. Eles os veem como aliados para ajudar a manter seu pessoal dentro desses limites, que ambos entendem ser necessários.

As áreas de apoio entendem que o negócio da empresa está baseado em atingir as metas de desempenho acordadas com o pessoal de linha, e que eles não devem tornar isso mais difícil por meio de suas práticas e processos. Ambos entendem a importância dessas políticas. O comportamento e as atitudes dos dois grupos determinarão a qualidade da sua Cultura em cumprir regras.

Os membros do Conselho devem observar a qualidade dessa relação e encorajar a gestão a preencher essas funções com pessoas que respeitem sua importância. Se forem observados estereótipos de comportamentos de valentão ou de policial, em qualquer dos dois papéis, pode-se assumir que há risco iminente. Se, por outro lado, essa relação se tornar muito íntima, continua existindo risco, embora de outra natureza. Por meio dos contatos com os dois grupos, o Conselho deve demonstrar que está ciente da importância das duas funções e que também compreende as inevitáveis tensões que a exigência de "desempenho com regras" cria para a relação entre elas. A compreensão dos desafios do outro, colocando-se em seu lugar, deve ser encorajada. Evidências de uma relação de trabalho em equipe devem ser permanentemente observadas.

5. Responsabilidade por desempenho e execução

O Capítulo 4 contém uma longa descrição da Cultura de Superação e das características que a definem, em particular a crença "minha palavra é meu compromisso". Assumir um compromisso requer dois lados: um que cumpre e outro que espera que seja cumprido. Para implantar o modelo de responsabilidade, a gestão tem de ser exigente ao cobrar os compromissos assumidos. Toda execução exigirá os componentes O QUE e COMO. O QUE representa os resultados esperados, e o COMO são os valores, princípios, políticas e regras que definem os limites dentro dos quais os resultados foram conseguidos. Um passo fora deles, como no futebol, e a jogada é invalidada.

O mesmo deve valer dentro da organização, e o Conselho deve se certificar de que todos estão ocorrendo efetivamente.

- Comunicação dos objetivos, valores e regras e comprometimento com eles. As pessoas devem ter clareza sobre o que se espera em cada uma dessas três categorias. Isso exige uma comunicação de alta qualidade. Por exemplo, as pessoas entendem melhor quando têm a oportunidade de discutir e formular perguntas do que quando isso chega por e-mail. Também requer um conteúdo simples e claro;

não ajuda nada um livro com centenas de regras ou indicadores de desempenho com tantas cláusulas que ninguém consegue entender bem o que se deseja.

- Um processo que permita um pacto de aceitação formal das demandas, bem como a oportunidade de apresentar dúvidas e preocupações caso estas não sejam consideradas realistas. Infelizmente, muitos assumem que metas recebidas são inegociáveis ou que as regras são impraticáveis, mas vivem em uma Cultura que lhes permite negociar. Mas se o processo de negociação é bem conduzido, a aceitação constituirá, de fato, um compromisso.
- Boa informação sobre o progresso da empreitada, com dados confiáveis e sem tolerância com justificativas ou reclamações. Quando as pessoas recebem dados incompletos, ou nenhum dado, sobre o que está acontecendo, elas não podem tomar ações corretivas e, assim, vão se sentir menos comprometidas com os resultados.
- Uma gestão justa e coerente. Deve haver uma relação visível de causa e efeito entre o quanto cada indivíduo realizou nas dimensões O QUE e COMO, e o tratamento que cada um receberá por parte da organização. Isso inclui quem será recompensado e como, bem como as consequências de não entregar ou não atingir as metas de desempenho. A expressão "gerenciamento por resultados" é muitas vezes usada para descrever somente as consequências negativas, mas as pessoas consideram consequências positivas e negativas como sinais igualmente importantes sobre o valor de assumir responsabilidades.

O Conselho pode analisar a qualidade de cada uma dessas etapas. Uma equipe de gestão sênior, que defende firmemente esse valor, demonstrará isso mediante o rigor com que aplica cada passo. Às vezes, parece fácil defender a Cultura de responsabilidade quando as coisas estão indo bem. Mas é também verdade que um desempenho *sustentável* será inevitavelmente obtido com esse tipo de Cultura. Contudo, como explorado em outras partes deste livro, é possível um desempenho em curto prazo à custa dos valores, até mesmo do valor de responsabilidade. Buscar evidências dos passos enumerados é um mecanismo mais confiável do que assumir que, pelo fato de estarmos obtendo um bom desempenho, devemos ser responsáveis.

Colocando a Cultura na agenda

Tudo o que foi dito anteriormente mostra os detalhes do que você, como conselheiro, pode fazer para assegurar que sua organização tenha uma Cultura que permite o sucesso sustentável. Em sentido mais geral, sua mais importante contribuição é demonstrar que Cultura é realmente importante para você. Isso significa participar efetivamente e solicitar indicadores e evidência de que a gestão está focada em Cultura.

Cada um de nós demonstra o que valorizamos pelo modo como usamos o nosso tempo, em que manifestamos interesse e o que esperamos de nós mesmos e dos outros. O Conselho precisa demonstrar que valoriza Cultura se deseja que esta trabalhe para ele. Na governança requerida para se conseguir um resultado cultural de sucesso, o papel do Conselho é primordial.

UTILIZANDO CONSULTORES EXTERNOS

A Cultura deve ser propriedade dos gestores e do seu pessoal, e por eles ser conduzida. Enquanto se pode delegar muitas atividades do nível FAZER, interna ou externamente, não se pode fazer o mesmo no nível SER. Ninguém, a não ser você, pode mudar o que se passa dentro da sua cabeça. Consultores não podem realizar o trabalho que deve ser feito internamente por cada indivíduo de sua organização, enquanto se adaptam às expectativas que surgem e determinam se têm a coragem e a vontade de mudar. No entanto, muitas vezes um grupo externo pode dar o empurrão ou as ideias para ajudar a fazer a mudança interna. Com o tempo, há uma série de elementos práticos, particularmente nos modelos de comportamento, símbolos e sistemas, que podem ser terceirizados.

Você precisa manter o controle do processo internamente e, para isso, precisa de uma metodologia que adotará como sua. Precisa de uma linguagem comum, do entendimento compartilhado da jornada cultural e o que ela implica. Com isso, você pode ser o regente de uma orquestra, que pode incluir consultores externos. Mas, se a empresa de consultoria começar a assumir esse papel, ele será sempre visto como um processo da consultoria. Cada consultor tem a sua própria metodologia, linguagem e seu estilo. Seu papel é assegurar que eles não estejam enviando mensagens conflitantes ao seu pessoal. Pessoas de fora alimentam o medo de que isso possa significar mais um modismo, porque sempre tendem a falar como se elas fossem as primeiras a tratar desse tema na empresa. Os consultores têm dificuldade em posicionar a sua contribuição como parte integrante de um projeto maior que você está conduzindo internamente.

Seu trabalho é construir e comunicar a estrutura do projeto, na qual os consultores e o pessoal interno terão atribuições específicas. Procure parceiros que se encaixem na Cultura desejada e os mantenha pelo tempo necessário para construir consistência e confiança. Exija que eles mencionem e deem contexto às eventuais iniciativas anteriores e às que estão em paralelo. A contribuição desses parceiros precisa se encaixar no seu projeto, não o contrário. Mas não permita que o seu pessoal culpe os consultores se as coisas não caminharem bem. Esse é um problema que você deve resolver pessoalmente com a consultoria.

Em termos gerais, consultores devem ser usados por duas razões:

- Oferecem conhecimento especializado. Aportam o *know-how* não disponível dentro da empresa.
- Trazem potência adicional. Você tem o *know-how*, mas não na quantidade necessária.

No processo cultural, há partes específicas, tanto tecnicamente quanto em quantidade, que são mais bem desempenhadas por terceiros.

Aconselhamento especializado

Construção do cenário. Procure alguém com conhecimento específico em treinamento de gestão da Cultura.

Diagnóstico cultural. Para realizar pela primeira vez um levantamento completo da sua Cultura, você precisará de pessoas que veem com isenção, sem ser parte do ambiente. Mais tarde, ao repetir o processo para medir o progresso, você poderá ser capaz de fazê-lo sem ajuda externa.

Conquistar a gerência sênior. Às vezes, o conselho de um especialista externo, percebido como autoridade no assunto, tem mais influência com o time executivo do que, por exemplo, o gerente de RH, por mais entusiasta que este seja. Não que isso seja um traço cultural que desejamos incentivar, mas neste ponto é aconselhável.

Fazer as pessoas se olharem no espelho e dar retorno sobre seus comportamentos. Pessoas externas não têm compromisso hierárquico com a organização, de modo que podem ser mais sinceras no *feedback* e mais incisivas em seus conselhos.

Levantar dados para o plano cultural. Aconselhamento técnico sobre quais mecanismos devem ser prioritários no plano e que retornos cada um trará. Consultores têm a vantagem de ter participado de vários projetos de mudança cultural, em diversos tipos de organização. Dessa forma, podem estabelecer mais facilmente as relações de causa e efeito.

Mudar o nível de consciência. Programas de treinamento planejados para mudar o nível de consciência é um tema para especialistas, que provavelmente você não tem em casa. Trabalhar com pessoas neste nível e enfrentar suas reações defensivas requer muitos anos de experiência.

Dando o próximo passo. Chega o momento em que se sente que os maiores desafios do trabalho foram superados. Já não se está consertando algo que estava quebrado, mas sim perseguindo as melhores práticas. Neste momento, será necessário obter conhecimentos especializados de vanguarda para traçar os próximos passos.

Mão de obra adicional

Além desses papéis de especialista, você pode considerar o uso de terceiros para capacitar áreas em que não disponha de recursos suficientes e não deseja aumentar o quadro. Por exemplo, conduzir seminários externos ou implantar mudanças em sistemas de recursos humanos ou de planejamento.

SELECIONANDO CONSULTORES EXTERNOS

Será necessário entender o que se passa no nível SER. Isso significa mergulhar profundamente no que faz as pessoas agirem. Muitas consultorias excelentes entendem sobre a mecânica que faz a organização se mover (processos, sistemas, finanças, estratégia), mas essa é uma atividade do nível FAZER.

Avalie que conhecimento os consultores possuem de si mesmos. Indivíduos e empresas que não percorreram pessoalmente esse caminho não estarão qualificados para caminhar ao seu lado nesta viagem. Se você perceber arrogância, ou baixo envolvimento, ou falta de espírito de equipe, que eles não reconheçam ou admitam, eles não serão capazes de demonstrar coerência para o seu pessoal. Isso não quer dizer que você precise de perfeição. Mas necessita um bom nível de autoconhecimento. Teriam essas pessoas um nível suficiente para servir de modelo para o seu pessoal? Eles parecem estar praticando o próprio discurso?

Cultura é ainda uma disciplina incipiente de gestão, e as empresas que prestam esse serviço são originárias de diversas áreas. Existem poucas que realmente escolhem Cultura como área de especialização. Aquelas que o fazem são úteis porque adquiriram experiência ao acompanhar muitos clientes por meio desta mesma jornada.

A maioria das empresas possui características herdadas, cada qual com suas forças e fraquezas.

1. Grandes empresas de consultoria tradicionais

As empresas focadas em estratégia, tecnologia e auditoria começaram a se deslocar para a área de desenvolvimento humano nos últimos anos.

Vantagens

- Solidez em planejamento e implantação de grandes projetos.
- São bem conhecidas pelos executivos, que possuem experiência em contratá-las para serviços de consultoria em várias áreas e têm credibilidade.
- Têm experiência em desenhar novos processos.

Desvantagens

- Concentram-se na dimensão do FAZER, são induzidos com facilidade a acreditar que a mudança está de fato acontecendo, mas, com o tempo, os benefícios tendem a ser reduzidos por falta de ação no nível SER.
- Falta de familiaridade com emoções e seu impacto.

2. Consultorias de recursos humanos

Parceiros tradicionais das comunidades de RH têm ampliado sua ação em gerenciamento de pessoal para incluir a Cultura.

Vantagens

- Compreendem as motivações dos funcionários.
- Têm competência no uso de algumas alavancas culturais.
- São bem-aceitas pela comunidade de RH.

Desvantagens

- Tendem a confundir clima com Cultura.
- Tendem a centrar o trabalho no âmbito dos recursos humanos, transmitindo a percepção de um projeto desvinculado dos negócios.
- Têm foco nos motivadores extrínsecos, como remuneração; podem carecer de experiência no lado intrínseco.

3. Empresas de recrutamento e seleção

Têm se deslocado para a área de consultoria ao enfrentar ameaças de redução de receitas do negócio tradicional.

Vantagens

- Sabem como avaliar pessoas e o que significa alguém "ajustado".
- Têm estreita relação com o diretor-geral, que pode já ter participado de seus processos. Estão acostumados a falar sobre talentos.
- Entendem sobre talentos, um elemento-chave em qualquer processo de Cultura.

Desvantagens

- Podem ter uma experiência transacional, não utilizada para apoiar complexos processos de mudança.
- Podem ter algum conflito de interesses.
- Não dominam todos os elementos de comportamento, símbolos e sistemas com a mesma profundidade.

4. Provedores de treinamento de liderança

Comportamento, em vez de treinamento em competências, sempre teve influência em Cultura, e algumas empresas do ramo passaram a oferecer assessoramento e consultoria nessa área.

Vantagens

- Possuem conhecimento técnico para trabalhar o nível SER no ambiente de treinamento. Alguns têm grande experiência em desenvolvimento de pessoas e trabalham nos níveis mais profundos de valores e consciência. Outros, em habilidades, motivação e educação.
- Podem fornecer instrutores para programas introdutórios rápidos.

Desvantagens

- Põem muita ênfase na sala de treinamento, e o projeto não se integra bem com o trabalho do dia a dia.
- Trabalham mudança de comportamentos sem relacioná-la com símbolos e sistemas.

5. Empresas de publicidade, comunicações e marketing

Anteriormente focadas no mercado externo, têm, nos últimos anos, mostrado mais interesse na comunicação com os funcionários. Isso surgiu, em parte, pela percepção de que os empregados representam um forte elemento na percepção da marca.

Vantagens

- A jornada cultural tem muitos paralelos com a mudança de comportamento e percepção do cliente. Essas empresas sabem o que faz as pessoas agirem, como comprometê-las e como trabalhar com emoções.
- Usar especialistas fora da área de RH é uma quebra de paradigma e traz uma nova perspectiva.

Desvantagens

- Às vezes são superficiais, comunicar somente não basta.
- Não possuem experiência em dar retorno aos líderes sobre o seu impacto pessoal.

Todas essas pessoas e empresas podem ser úteis se reconhecermos suas competências centrais e soubermos utilizar especialistas quando necessário.

RESUMO

Neste capítulo analisamos as estruturas formais para gerenciar a Cultura, assim como papéis e pessoas que devem ser colocadas nessa estrutura de forma a maximizar as chances de sucesso. A equipe de gestão, os embaixadores da Cultura, seus executivos e os consultores externos, todos têm um papel a exercer e precisam estar preparados para colocar em prática os seus discursos.

Ao criar um processo de gestão que espera que o trabalho cultural atinja as metas apontadas pelos indicadores escolhidos como os mais adequados, e que crie uma abordagem de governança com o mesmo rigor dos outros importantes projetos estratégicos da empresa, estaremos criando o ambiente em que cada um sabe o que fazer para operar da maneira mais efetiva. É isso que vai acelerar a obtenção dos resultados previstos no seu plano de negócios.

Seção 3

CIRCUNSTÂNCIAS ESPECIAIS

Cada jornada cultural é única, e este livro foi planejado como um manual para guiá-lo por meio de um caminho típico. Você perceberá que não existe uma jornada típica, e a sua certamente tem suas peculiaridades. Ao olhar para trás, vai lhe parecer que um caminho lógico foi trilhado, mas enquanto se avança, o caminho não parece nada direto.

Para traçar um mapa para essa trilha, utilizei como base um conjunto de circunstâncias culturais. O objetivo foi mudar toda uma organização que se tornou obsoleta, ultrapassada por condições mercadológicas voláteis, que a empresa teve dificuldades para acompanhar. A pressão por resultados forçou essas organizações a reexaminar as vacas sagradas das condutas pessoais, os hábitos organizacionais, os egos sem controle e os sistemas de valores fora de moda.

Muitos estão familiarizados com essas circunstâncias e estarão em posição para influenciar a Cultura em uma organização desse tipo. O diagrama que foi apresentado será útil para as suas necessidades.

Há, no entanto, diversos outros cenários em que a Cultura pode ser usada como um ativo, e eu gostaria de abordá-los em detalhe nesta última seção do livro. Ela vai lhe mostrar como:

- Mudar uma pequena parte de uma organização maior.
- Decidir se diferentes culturas podem ser encorajadas dentro do todo.
- Gerenciar a Cultura ao longo de fusões, aquisições, *joint ventures* ou associações.

- Gerenciar a Cultura em pequenos negócios.
- Aplicar seus conhecimentos em mudança cultural em circunstâncias fora do trabalho.

Em cada um desses cenários há uma dimensão adicional a ser considerada ao que já foi abordado nas duas primeiras seções do livro.

Finalmente, esta seção incluirá a história da jornada real de uma empresa. Isso vai ajudá-lo a observar na prática como o processo que eu descrevi pode ser introduzido.

12

LIDANDO COM CULTURAS PARTICULARES DENTRO DO TODO

Muitos não estão em posição de poder conduzir uma iniciativa cultural de âmbito corporativo. Você não é o diretor-geral, o diretor de RH ou um membro do time executivo. Mas acredita firmemente nesse trabalho e quer conduzir a mudança na sua área, assim como influenciar a agenda corporativa. Eu o encorajo a fazê-lo. Mas com uma condição: se o seu projeto tiver sucesso, você precisa estar preparado para ampliar a abrangência da sua iniciativa, desde que sua organização tenha planos de mudança em âmbito corporativo, seja agora ou no futuro. Esteja preparado, sob pena de tornar sua área um feudo isolado.

Para os gestores corporativos, o dilema é decidir o quão importante é implantar uma Cultura comum em toda a organização. Provavelmente hoje há diferenças, resultado de ações isoladas no passado, projetos de lideranças locais ou necessidades específicas de clientes. Mas vamos querer no futuro uma Cultura comum, uma descentralizada ou um híbrido de ambas?

Este capítulo mostrará os desafios enfrentados por aqueles que buscam mudança em determinada área e os que desejam fazer uma mudança cultural corporativa dentro de um ambiente bastante diversificado.

MUDANDO A CULTURA DE UM GRUPO PEQUENO

É possível mudar a Cultura a partir de uma área. Criar um refúgio cultural dentro de um ambiente diversificado. Acompanhei muitos casos semelhantes e avaliei as diferenças usando pesquisas de Cultura e resultados operacionais.

Quando me refiro a um pequeno grupo, falo de qualquer coisa, desde uma pequena área, como um CPD ou uma área de suprimentos, até um país inteiro dentro de uma multinacional.

Para conduzir essa transformação local será necessária uma atitude particular, que pode ser resumida na maravilhosa oração de Reinhold Niebuhr:

> *Senhor, conceda-me a serenidade para aceitar as coisas que eu não posso mudar, coragem para mudar as coisas que eu posso mudar e sabedoria para reconhecer a diferença.*

Infelizmente, algumas pessoas assumem um papel de vítimas diante da vida. Elas concentram sua atenção nos elementos que estão completamente fora do seu controle e caem em uma espiral descendente ao viver "*abaixo da linha*", com culpas e ressentimentos.

Outras se sentem donas da sua vida. Concentram-se nos elementos da vida que estão sob seu controle e se erguem em uma espiral ascendente ao viver "*acima da linha*", assumindo suas responsabilidades e definindo suas escolhas. Ao fazer isso, descobrem uma parte importante da sua vida que, embora não esteja tecnicamente sob seu controle, está dentro da sua esfera de influência. Esse conceito está bem descrito no livro *The seven leadership habits of highly success people*[9], de Stephen R. Covey, e que pode ser representado por este diagrama:

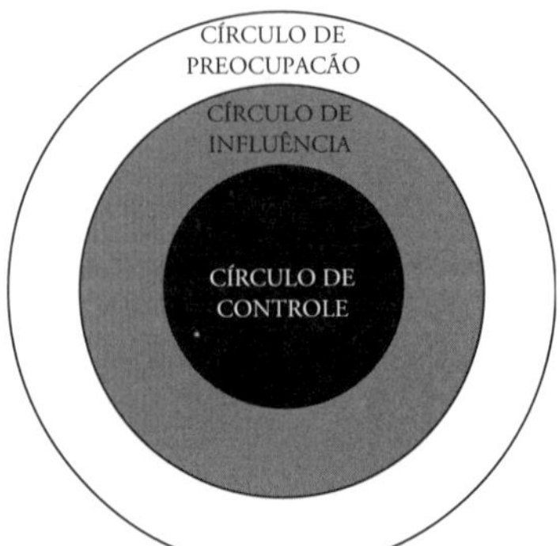

9 *Os 7 hábitos das pessoas altamente eficazes*, na tradução brasileira (N.T.).

Vivendo "acima da linha" e assumindo responsabilidades pessoais, essas pessoas descobrem que a sua capacidade de fazer a diferença tem maior abrangência do que imaginavam a princípio. Acabam simplesmente assumindo mais e mais responsabilidades e gradualmente começam a abordar áreas que não estão debaixo de seu controle direto.

Essa atitude é essencial para a mudança a partir de uma área. Na verdade, é essencial para mudar a Cultura a partir de qualquer posição. Uma vez, um executivo me disse que não poderia mudar a sua Cultura porque o seu Conselho tinha uma abordagem tão política que dominava completamente a Cultura. Assim, não assuma que pessoas do topo creem sempre que possam fazer a diferença.

Gavin era membro de uma organização que havia sido adquirida por outra que possuía uma Cultura muito difícil. Seus colegas achavam que a transição estava sendo muito complicada porque as duas organizações faziam as coisas de maneiras muito diferentes. Alguns ficaram estressados e passaram a viver "abaixo da linha", adotando cada vez mais comportamentos de vítimas diante de qualquer situação. Gavin viu a situação como um grande jogo. Ele envolveu toda a equipe e criou uma linguagem para jogá-lo. Cada dia "era uma nova mão". Algumas vezes, eles perdiam, outras ganhavam. Eles revisavam as táticas ao fim de cada dia. Se encontravam resistências culturais, eles se reagrupavam e procuravam outro caminho. Passados alguns meses, eles obtiveram a aprovação de um significativo projeto de investimento que todos diziam "que nunca aconteceria". A avaliação da Cultura do grupo mostrou bons resultados em uma época em que vários de seus colegas estavam andando para trás. Os investimentos começaram a dar frutos, e o resto da organização se mostrou curioso e perguntou a Gavin sobre a sua abordagem de negócios e seu modelo de liderança. Ele passou a influenciar um grupo bem maior, embora esteja ainda concentrado em construir a Cultura que deseja a partir da sua área.

Uma Cultura de sucesso é um sinal para outros grupos. É contagiosa, todos vão querer participar.

A equipe como uma minicultura

Cada equipe possui uma miniatura de Cultura própria. A equipe é a menor unidade organizacional onde existe uma dinâmica de comunidade.

Ao trabalhar juntos por algum tempo, a equipe desenvolve comportamentos, hábitos e acordos não verbais sobre regras de compromisso. Quanto mais forte o senso de equipe, tanto mais diferenciada ela pode se tornar na comunidade mais ampla na qual está inserida.

Para que exista uma Cultura em miniatura, a equipe precisa experimentar-se como entidade. As pessoas que a compõem precisam criar um senso de identidade, propósito e rituais. Ela não é o resultado automático de um grupo de pessoas que respondem a uma mesma pessoa. Mas, se eles se reúnem periodicamente, tomam decisões juntos e discutem assuntos de negócio, e não somente amenidades, então um senso de identidade vai se formar.

É, portanto, necessário que se construam esses fundamentos. Defina o propósito da equipe, suas metas, papéis e responsabilidades individuais, e também os processos de equipe, tais como reuniões. Em seguida, dedique atenção às normas de comportamento que você pode estabelecer na equipe. Um grupo unido responde a essas normas mais rapidamente do que a organização. A necessidade de pertencer é muito forte, e, consequentemente, mudar a Cultura de uma equipe pode ocorrer depressa, se seguirmos os passos certos.

- Comece com o plano de negócios. Quais os benefícios esperados se transformarmos o jeito como a equipe trabalha?
- Descreva o cenário que você deseja. Defina os comportamentos, valores, princípios e modelos mentais que você quer para a equipe.
- Use o espelho para uma autorreflexão. Seja sincero sobre a situação atual. Use *feedback* direto e ferramentas de avaliação.
- Seja você o primeiro a mudar. Persiga a trilha de autodesenvolvimento que foi descrita anteriormente. A liderança tem um impacto imediato e direto sobre a equipe.
- Sendo o líder, ajude os outros membros da equipe a mudar e mantenha suas expectativas. Use a equipe para ajudá-lo – a pressão dos colegas é muito poderosa.
- Mude todos os símbolos e sistemas sobre os quais você tiver autoridade.
- Influencie o maior número possível de pessoas.

- Discuta sobre suas expectativas e conduza algumas sessões exclusivamente para tratar sobre a dinâmica da equipe.

Ao trabalhar com a equipe, você ficará surpreso com o número de fontes de mensagens culturais, tais como comportamentos, símbolos e processos, que existem sob controle de uma equipe. Esse número é grande o suficiente para permitir que uma equipe construa uma extraordinária dinâmica de equipe, ou seja, uma minicultura.

Lidando com as mensagens culturais da organização

A equipe precisa combinar que não usará as mensagens recebidas da Cultura reinante na organização como desculpa para se comportar daquela mesma forma. Como líder, você deve trabalhar nessa linha de pensamento utilizando a dinâmica "*acima e abaixo da linha*" para reforçar a diferença entre responsabilidade pessoal e comportamento de vítima. Tornar mais transparente o processo cultural ajuda nesse processo. Ao conversar sobre as aspirações da equipe, e como a Cultura funciona, você eleva o nível de consciência do grupo. Eles aprendem a reconhecer comportamentos, símbolos e sistemas, e a observar como estes agem para influenciar os comportamentos dos indivíduos dentro da equipe. E cada vez que alguém na equipe observa isso, ele é motivado a escolher um comportamento diferente.

Encoraje conversas sobre essas coisas na equipe. Fale sobre as diferenças entre comportamentos observados na organização e as normas desse grupo. Reforce a confiança deles em nadar contra a corrente. Por exemplo, se a norma geral for evitar conflito, mostre ao grupo como lidar com temas difíceis dentro da equipe. Se a norma geral for empurrar as decisões para cima, incentive a equipe a discutir e decidir coisas entre eles, em vez de trazê-las para você.

Discuta os símbolos e sistemas que suportam a Cultura e que podem levar o grupo a comportamentos distintos. Por exemplo, se o grupo está dividido em salas diferentes, e você não tem autoridade para mandar demolir as paredes, conduza as reuniões em salas diferentes a cada dia. Sente-se no chão.

Participe de conversas sobre o sistema de gratificação. Eles acham que o atual sistema facilita a equipe a se comportar segundo as normas estabelecidas? O que pode ser feito sobre isso? Poderíamos nos ajudar mutuamente a conseguir melhores gratificações e seguir as nossas normas? Há muito a fazer se a equipe trabalhar unida.

Algumas equipes operam em uma estrutura matricial, o que resulta em demandas que vêm de fora da equipe. Algumas dessas demandas podem exigir um comportamento que seja contrário às normas da equipe. Por exemplo, uma Cultura hierárquica, de comando e controle, exigirá a participação em reuniões comunicadas em cima da hora. Cortes orçamentários podem ser feitos sem um processo participativo, que impliquem uma contradição com objetivos da equipe. Essas demandas, é claro, não podem ser ignoradas por você ou pela equipe, e você precisa apoiar a organização, pois sua carreira está nas mãos dela.

A equipe também espera que você lute em sua defesa em algumas dessas batalhas, pois suas responsabilidades como líder incluem representar o seu interesse perante a empresa. Você vai vencer algumas e perder outras. Uma determinação calma e realista, porém inabalável, de construir uma grande Cultura parece ser a atitude que melhor funciona. Ser muito otimista pode levar a uma grande desilusão. Desista, e você será engolido pela espiral descendente do comportamento de vítima. Bata de frente e você ficará frustrado e com todo mundo contra. O processo requer diplomacia, mas é perfeitamente realizável.

Esse é o ponto de partida para construir a Cultura que você deseja. Tendo sua equipe como base, você pode expandir o seu círculo de controle utilizando as técnicas mencionadas anteriormente. Para isso, o seu quintal precisa estar em ordem. Escolha equipes com as quais a sua tem maior interação. Crie oportunidades para reuni-las com o objetivo de discutir formas mais eficientes de trabalho em conjunto. Procure conhecê-las e entender as suas motivações, de modo a tornar o processo uma troca mútua. Convide-as para participar de seus programas de treinamento e fóruns de comunicação. Deixe que elas observem o entusiasmo demonstrado pela sua equipe.

Discuta suas aspirações com seus pares. Você vai encontrar um bom número de almas gêmeas. Este é o caminho para o ponto de inflexão. Muitos aspiram as mesmas coisas que você. Outros perderam as esperanças ou as empurraram para o fundo das suas listas de prioridades. Construir alianças com os que querem o mesmo tipo de Cultura que você cria uma campanha de marketing informal. Gradualmente, aparecerão oportunidades de influenciar os escalões superiores, e as ideias vão se transformar em ações. Conforme seu nível de consciência aumentar, você vai se tornar mais confiante e menos temeroso em dizer as verdades. Quando você fala com o coração sobre o que acredita, embasa isso com planos de negócio e não adota uma postura de culpar ou diminuir os outros, sua influência aumenta.

A chave para mudar uma Cultura a partir de uma área é manter um modelo mental adequado por tempo suficiente para fazer a diferença.

OS RISCOS ORGANIZACIONAIS DE CULTURAS MÚLTIPLAS

A maior parte das organizações acredita possuir diferentes Culturas nas várias áreas do seu negócio. A próxima seção deste capítulo aborda a questão de saber se você pretende encorajar essas diferenças ou não. É uma questão a ser enfrentada por aqueles que têm uma função cultural corporativa. Dentro de uma área, é correto e adequado que o gestor local faça o que puder para desenvolver a Cultura mais adequada para assegurar a entrega das metas pelas quais são responsáveis. Mas para quem está planejando o modelo de Cultura para a organização como um todo, quais são as implicações?

Quão diferente você pretende que seja?

"Ah, mas nós somos diferentes!" Essa é a resposta mais comum à ideia de implantar uma nova Cultura, expressada por cada unidade, geografia ou negócio. Na primeira vez que eu a ouvi, achei natural. Com o passar do tempo, comecei a analisar mais profundamente os motivos por trás dos sentimentos e, em muitos casos, mudei minha opinião.

Cada unidade de uma organização foi influenciada ao longo dos anos por múltiplos fatores que criaram normas comportamentais e seus modelos mentais subjacentes. Essas influências incluem:

Localização geográfica	Cidade pequena, cidade grande, localização remota – as características do local influenciam as pessoas que trabalham aqui, seu modo de vida e atitudes. País, hábitos e valores da nacionalidade. Proximidade da sede. Fisicamente próximas ou distantes de outras unidades.
Necessidades dos clientes	Relacionamento pessoal, consumo de massa, poder aquisitivo, grau de exigência, faixa etária.
Tipo de atividade	Turismo, medicina, banco de varejo, banco de investimento, educação, tecnologia, manufatureira, mineração etc.
Situação do funcionário	Operário, administrativo, faixa salarial, faixa etária.
História	Crescimento, crise, múltiplas fusões, empresa privatizada, líder de mercado etc.

Cada organização combina todos esses fatores com outros próprios, tornando-se uma entidade única. Não há literalmente duas organizações que se comportem da mesma maneira, e qualquer um que tenha trabalhado em vários lugares pode confirmar isso.

Dentro de uma organização, esses fatores, combinados com outros, tais como a natureza do trabalho realizado, fazem de cada unidade uma empresa diferente. A natureza do trabalho e o tipo de pessoas atraídas por essa atividade acabam naturalmente por criar diferentes Culturas. Sabemos que determinados modelos mentais criam determinadas Culturas, e rotinas de trabalho específicas, se praticadas por muito tempo, acabam por influenciar a maneira de pensar das pessoas.

Assim, cada unidade é, de fato, diferente. No entanto, se essas fossem as únicas influências na Cultura, todos os bancos em determinado país teriam a mesma Cultura, assim como cada hospital e cada mineradora. Mas sabemos que não é assim. Os que saem de uma empresa para trabalhar em um concorrente notam uma Cultura bastante diferente. Ao trabalhar com organizações na mesma atividade, eu tive oportunidade de observar diferenças de alguma forma similares às que eu vejo entre os meus três filhos. Sei que eles vieram da mesma família e que as influências de família são visíveis. Os traços físicos, mentais e emocionais possuem o mesmo tom. Mas eles são completamente diferentes. A unidade na qual você trabalha vai se comportar de maneira diferente de outras áreas da empresa e diferente da mesma unidade na empresa concorrente.

Por tudo isso, cheguei à conclusão de que, ao se construir uma grande Cultura, na maioria dos casos é melhor trabalhar com toda a organização, estimulando as diferenças adequadas às necessidades locais, mas operando dentro de um conceito geral. Vou explicar.

Existe uma natureza universal nas aspirações que todos os líderes têm para as suas Culturas. Eu as descrevi neste livro por meio dos arquétipos de Cultura. Áreas diferentes podem valorizar cada um deles em um grau diferente, mas, se você perguntar a cada um se a preocupação com o cliente, o trabalho em equipe ou o aprendizado são boas aspirações, quase todos vão concordar. Existe um alto grau de alinhamento ao nível das aspirações.

O que torna os países, as profissões e outros grupos tão diferentes entre si? A seguir as causas:

A hierarquia de valores é diferente. A força de um arquétipo e seus valores diferem de pessoa para pessoa, mas grupos de pessoas possuem as mesmas hierarquias. Esse fenômeno é bem explorado, relacionado a países, por Fons Trompenaars no livro *Nas ondas da Cultura*. A conversão de um arquétipo ou de um valor em um comportamento específico varia de pessoa para pessoa e de grupo para grupo. Comportamento ético, por exemplo, tem diferentes interpretações por pessoas diferentes.

Finalmente, e isso é crítico para o seu trabalho cultural, algumas pessoas são mais movidas a valores do que outras. Esse traço não parece ser compartilhado por nenhum grupo nacional, mas é verdadeiro para alguns grupos de colegas e, provavelmente, para certas profissões.

Ao construir uma grande Cultura, existem traços particulares desejados para toda a organização. Eu os chamei de Qualidades Essenciais e as descrevi em capítulo anterior. Não existem argumentos suficientes para deixar algumas áreas fora deles.

- Princípios – manter um valor profundo, em vez de escolher uma opção mais fácil; possuir integridade.
- Responsabilidade – ficar "acima da linha" e assumir responsabilidade pessoal, em vez de comportamento de vítima.
- Abertura – aprender sempre, ser aberto à mudança e ao *feedback*.

Quando as pessoas dizem que são diferentes, elas se referem a detalhes da hierarquia de valores descritos pelos arquétipos e suas interpretações. Eles podem ser reforçados durante a implantação e devem ser encorajados se você deseja atender às necessidades particulares de seus clientes, tais como grupos geográficos, sociais ou profissionais. Diferentes departamentos podem precisar de foco diferente, por causa da Cultura existente, tal como observado no diagnóstico e nas necessidades de negócio. Mas as qualidades essenciais são traços mais profundos, que atravessam todas as geografias e atividades; são essas que desejamos compartilhar.

Por que as pessoas gostam de pensar que são diferentes

Em alguns casos, o motivo por trás do "somos diferentes" é uma mentalidade "nós-eles". Nós estamos certos, eles estão errados. Nós somos superiores, eles são inferiores. Em grandes Culturas, todos se sentem orgulhosos por estar associados ao todo. Mas quando uma Cultura é pobre, as pessoas se distanciam e querem agir por conta própria. Tendemos a ser melhores líderes de grupos do que membros deles. Ser um membro de um ambiente desajustado e trabalhar para torná-lo melhor é muito mais difícil do que simplesmente assumir uma posição dissidente. Essa é uma posição de crítica ao ambiente e uma crença de que podemos fazer melhor do nosso jeito.

Departamentos ficam preocupados com o fato de que o ambiente vai afundá-los. Muitas vezes, a sede, ou a diretoria, é vista como burocrática e os departamentos sentem que farão melhor ao lhes voltar as costas e concentrar-se em melhorar a si mesmos. Isso, é claro, pode ser verdade. Mas, em longo prazo, não ser necessariamente do interesse do todo. Os riscos para a reputação tendem a ser compartilhados – se uma área se comporta mal, todos podem ser contaminados. Dessa forma, a diretoria e seus executivos vão querer que todos os departamentos estejam operando segundo os mesmos padrões básicos de Cultura.

Meu conselho é ser cauteloso quando alguma área toma essa iniciativa. Funciona bem quando não existe outra iniciativa cultural sendo conduzida corporativamente. Mas, se existe, deve-se precaver quando alguma unidade decidir não participar e conduzir seu projeto de maneira independente. É claro que haverá muitas atividades do projeto corporativo que serão lideradas e conduzidas individualmente pelas áreas. Mas o conceito maior do processo cultural deve ser conduzido por todos, por mais difícil que seja a empreitada. A união gera a força. A união produz o efeito multiplicador, levando ao ponto de inflexão, porque as pessoas começam a receber mensagens consistentes de vários pontos da organização. A união permite enfrentar os grandes desafios culturais, tais como o processo de orçamentação.

Exceções

Algumas organizações não têm nenhuma conexão entre os diversos negócios que compõem o seu portfólio. Os diretores-gerais lideram negócios independentes, e os clientes, funcionários, produtos, serviços, TI e infraestrutura não são compartilhados.

Outras possuem uma forte filosofia de descentralização e incluem a Cultura nesse conceito. A sede simplesmente não quer ser envolvida em nada que possa ser conduzido pelas unidades. Quaisquer desvantagens decorrentes dessa filosofia são aceitas como o preço a pagar pela descentralização; este é, de fato, o único valor compartilhado.

Em uma primeira leitura, pode-se imaginar muitas organizações que se encaixam nesses critérios. Minha experiência mostra que são em número bem menor do que se pensa. Mesmo quando alguns conceitos se aplicam, podem existir relatórios financeiros padronizados, as mesmas expectativas dos acionistas e requisitos-padrão para certos critérios de segurança, meio ambiente e comportamento ético.

Outra consideração a fazer é se existem recursos na sede que possam atuar como cola para manter juntas as unidades do conglomerado. Organizações com negócios independentes não colaboram, a menos que haja estímulo para que isso aconteça, pois isso não estará na lista de prioridades de ninguém que trabalhe em uma das unidades.

Pense na Europa. Se você fosse projetar a União Europeia, há 25 anos, como você faria isso? Todos na Europa têm uma forte identificação com seu próprio país. Os franceses vão sempre amar a França, e os espanhóis, a Espanha. O desafio para aqueles que desejavam construir a U.E. foi criar algum senso de lealdade com a Europa. As pessoas vão sempre resistir aos esforços para torná-los membros de um grupo maior. Tribos pequenas fazem parte do nosso instinto natural, desde o tempo das cavernas. Somos naturalmente programados para nos identificarmos com aqueles que nos são geograficamente mais próximos e isso desperta nossa reação de proteção à família. Um importante fator de sobrevivência das espécies. As pessoas naturalmente resistem a se transformar em europeus, mesmo que isso faça sentido econômico.

Da mesma forma, as pessoas resistirão às tentativas de reuni-las em uma só organização, mesmo que exista uma forte motivação econômica para fazê-lo.

Para superar essa reação instintiva, será necessário construir um sentimento de identidade com o todo, transformando-o na nova tribo. No contexto europeu, seria possível tê-lo feito por meio de uma linguagem comum. O crescimento do uso do inglês motivado pela internet está produzindo uma geração emergente em que mais pessoas usam uma língua comum e podem se comunicar entre si.

Oportunidades para construir o orgulho de ser europeu ajudariam. O golfe, na Copa Ryder, é o único esporte em que os europeus jogam como um time. Que tal um time europeu de futebol que jogasse contra o time sul-americano? (é tão forte a identificação tribal do futebol na Europa que eles se matam de rir quando eu menciono essa hipótese para eles; eu nunca disse que seria fácil, mas seria eficaz!).

Bandeiras comuns, música comum, moeda comum. Remover as restrições de imigração, permitindo às pessoas viver e trabalhar em países diferentes; aumento dos casamentos, amizades e relações comerciais por meio das fronteiras. A internet está tornando possíveis as relações virtuais. Regras e padrões comuns para a agricultura e o emprego. Muitas dessas coisas foram implantadas nos últimos anos, com diversos graus de sucesso. Quanto mais benefícios forem descobertos como resultado de uma Europa única, tanto mais se trabalhará na extensão das políticas de união.

A mesma analogia se aplica às organizações. Você quer que o seu pessoal se identifique como franceses, europeus ou ambos? Quais são os benefícios para os negócios e como eles se comparam com os custos, incluindo os custos da mudança? Essas são as verdadeiras conversas para ter, e elas estimularão intenso debate. Lembre-se de que na Europa as primeiras coisas que foram feitas estavam relacionadas com controles, padrões e regras. Esse não é possivelmente o melhor lugar para se começar. Construir a identificação com o grupo maior deve ocorrer em paralelo com mudanças baseadas em fatos econômicos. À medida que se mudam os modelos mentais, qualquer outra mudança fica dez vezes mais simples. Enquanto cada um se considerar como francês ou espanhol, qualquer coisa introduzida será considerada como uma imposição.

CRIANDO UM PLANO DE DESENVOLVIMENTO DE UMA CULTURA "RÍGIDO-FLEXÍVEL"

Se a dinâmica da sua organização sugere que a questão de independência ou compartilhamento é importante, você deve abordar cuidadosamente esse tema no seu plano.

Como começou seu trabalho de Cultura? Em muitos casos, o trabalho inicial começou em uma ou mais unidades. O ímpeto inicial pode não ter sido originado nos altos escalões. Agora mesmo, pode existir meia dúzia de iniciativas em andamento em diferentes partes da organização. Cada uma pode ter uma gama diferente de valores, um programa diferente de treinamento da liderança e uma estrutura conceitual diferente, além de diversas linguagens e processos. Muitos grupos podem ter passado por etapas da jornada descritas neste livro. Você encontrará uma ampla gama de sentimentos associados a esse trabalho. Alguns grupos estarão apaixonados pela sua própria abordagem e compreensivelmente relutantes a desistir dela em benefício de uma abordagem mais ampla. Outros estarão completamente céticos, como resultado de esforços anteriores malsucedidos.

Se você tem responsabilidades corporativas sobre a Cultura, sua primeira tarefa deve ser uma revisão das iniciativas que possam estar em andamento. Se você está em uma das unidades, tome a iniciativa de desenvolver parcerias com outras unidades que estejam pensando em algo similar. Quando você tiver levantado o que existe, a diretoria precisará tomar algumas decisões.

O que será rígido e compartilhado por todo o grupo?

Eis a minha recomendação, em ordem de importância. Quantos destes itens você deve adotar como abordagem comum dependerá do modelo que você escolher.

1. Valores

As pessoas terão debates intermináveis sobre as suas próprias listas de valores e por que devem adotá-los. Acho isso muito improdutivo. Com o tempo, reestruturações acontecem, pessoas mudam, listas de valores são reescritas. O poder da jornada cultural reside na sua longevidade. Seu sucesso estará diretamente ligado ao tempo que você permanecer em um mesmo caminho. Líderes com grandes egos adoram começar tudo de novo para criar algo que seja apenas seu. A cada reestruturação ou substituição de chefia, você descobrirá que aparecerá uma nova lista de valores e um novo direcionamento do projeto. Os valores agem como uma âncora. Com o tempo, pode-se trocar um ou adicionar outro, mas eles constituirão seu fio condutor por meio da jornada cultural.

De certa forma, ter um conjunto comum de valores será um símbolo, em vez de um fator limitante, às unidades que estejam desenhando seus planos de Cultura. Elas colocarão também a sua marca nos valores. Você notará uma tendência a que elas criem listas suplementares, que chamarão de princípios, credos ou crenças, mas que de fato se constituem em seu desejo de criar sua própria lista de valores com outro nome. Não acho que isso seja muito útil, pois confunde os funcionários, mas também penso que é difícil demovê-las dessa ideia.

Se você está em uma dessas unidades, faça uma cuidadosa autorreflexão dos motivos para criar uma lista separada. Isso realmente ajuda o processo?

2. O processo de avaliação

Se você está seriamente pensando em fazer da Cultura uma vantagem competitiva, ou preocupado com os riscos em sua reputação, é preciso utilizar indicadores de Cultura para avaliar o que está acontecendo e que todos assumam a responsabilidade em contribuir. Isso significa uma maneira comum de avaliar a Cultura de modo a ser possível uma comparação com o restante da organização. Você não pode se dar ao luxo de que uma parte do negócio decida ficar à margem da Cultura. Um adequado sistema de avaliação é a ferramenta de gestão que assegura que isso não vai acontecer.

Escolha um conjunto de indicadores e os mantenha. Serão necessários os dados de ano contra ano para avaliar as melhorias de toda a empresa.

A medição permitirá à diretoria agir como um comitê central de gestão da agenda cultural e identificar os benefícios de negócio que foram identificados. Também permitirá ao Conselho observar se a Cultura está sendo bem gerenciada.

3. Desenvolvimento da liderança

Uma grande organização investirá pesadamente em treinamento da liderança. Este é o grupo que empunhará o estandarte da Cultura. Eles constituem um valioso ativo que deve, portanto, pertencer à organização, e não a uma área. Trabalhar as competências de seus líderes reforça a sua Cultura. Queremos trabalhar essas competências por toda a organização, de modo a contar com mais talentos para os planos de sucessão, valorizando ainda mais as promoções internas. Por essas razões, eu recomendo que os principais programas de desenvolvimento sejam conduzidos corporativamente. Eles se tornarão uma plataforma para a nova Cultura.

4. Processos e rituais de colaboração

Rituais constroem identidade. Rituais em comum permitem que as pessoas trabalhem com outras que não conhecem bem e rapidamente se sintam familiarizadas e sejam produtivas juntas. Rituais em comum são essenciais para as Culturas Um Só Time e úteis em quase todas. Rituais poderiam incluir:

- Técnicas de resolução de problemas.
- Processos de melhoria de qualidade.
- Formatos de reuniões.
- Rotinas de *feedback* (incluem revisões de desempenho).
- Rotinas de segurança.

5. Treinamento em valores

Ao longo do tempo, desejamos conseguir modelos mentais comuns para toda a empresa. Isso significa que a profundidade, a hierarquia de valores e as crenças sobre o que é importante sejam gradualmente alinhadas. Uma parte desse processo é o programa planejado para comunicar o que a organização deseja como Cultura. Se todos os funcionários passarem por esse programa, teremos padrões comuns em todo o grupo.

Um argumento contrário é o de que o programa de valores enseja a oportunidade de escolher as principais mensagens para cada divisão. Ser focado no cliente significa, por exemplo, mais diferenças para aqueles que trabalham em equipes de vendas, se comparados com os funcionários de tecnologia. Prever *workshops* onde as pessoas tenham oportunidade de discutir sobre isso constrói um sentimento de propriedade sobre uma aspiração do grupo.

Um treinamento mais localizado também permitirá que os líderes das áreas possam relacionar as iniciativas culturais anteriores com as emergentes na visão do grupo. Isso é essencial para manter a sensação de continuidade. Sem essa relação, os funcionários podem ficar com a impressão de que não há coordenação na mudança e se está simplesmente "seguindo a moda da estação".

Idealmente, ao longo do tempo, seu plano pode contemplar a ambas: reuniões plenárias para todos os empregados e reuniões locais para cada departamento.

6. Sistemas financeiros e de recursos humanos

Há muitas razões para que os sistemas sejam comuns a toda a organização. Controle gerencial e necessidade de padrões normalmente motivam a decisão de adotar sistemas e processos corporativos de RH e financeiros. Independência nessas áreas indica sistemas legados que foram implantados historicamente como resultado de aquisições ou independência regional das unidades.

Quando esses sistemas são comuns, eles têm a sua função na implantação de uma Cultura Um Só Time. Sua eventual contribuição para outros impulsionadores da Cultura dependerá da qualidade de sua arquitetura. O desafio desses sistemas é que sua concepção e a implantação exigem muito tempo e trabalho, e a sua agenda cultural pode não acompanhar o mesmo cronograma de implantação para permitir que eles sejam alinhados de modo a influenciar o resultado cultural.

Uma boa maneira de criar uma grande Cultura é fazer um rodízio das pessoas pela organização. Desenhe os processos de RH de modo a aumentar a exposição para toda a organização da maior quantidade possível de pessoas. Quanto mais rápido fizermos isso, mais cedo teremos embaixadores corporativos que carregarão consigo o fio condutor da Cultura emergente.

7. Comunicação

Geralmente, a melhor comunicação é conduzida localmente. Os líderes das áreas têm sempre mais credibilidade do que alguém desconhecido de outra área. Eles utilizarão a abordagem de comunicação que melhor funciona para eles.

No nível corporativo, algum material organizacional pode ser desenvolvido, tal como apresentações digitais. Linguagem e símbolos em comum são importantes se você busca um alinhamento cultural ao longo do tempo.

RESUMO

Você descobrirá que o debate local *versus* global é muito forte durante os estágios iniciais da sua jornada. À medida que se consegue apresentar o conceito global como realmente atrativo do ponto de vista cultural, as pessoas terão orgulho em fazer parte dele. A extensão em que isso ocorre será uma boa medida do progresso que se conseguiu. Mantenha alguns princípios desde o início e construa a identidade com o todo por meio de iniciativas que o transformem em um lugar atrativo para trabalhar.

Se você estiver em uma unidade ou um departamento, mantenha contato com o que está acontecendo corporativamente. Quando enxergar uma boa iniciativa, adote os seus métodos e seus programas. Centre a sua atenção nos comportamentos e símbolos locais e use elementos globais para se relacionar com o todo. Agindo dessa maneira, você proporciona ao seu pessoal os benefícios de ambos.

13

FUSÕES E AQUISIÇÕES

Fusões representam um súbito choque cultural. Durante uma fusão ou aquisição, a Cultura deve ser gerenciada de forma diferente. Fusões acentuam questões culturais que podiam estar em ebulição há algum tempo sem ser percebidas. Qualquer um que tenha alguma dúvida de que as questões culturais existem de fato não mais terá nenhuma depois de ter vivido os primeiros meses de uma fusão. A Cultura vai saltar aos seus olhos!

Em um processo de crescimento normal, a Cultura de uma organização cresce e se ajusta conforme seu conjunto de valores evolui ao longo do tempo. No caso de uma fusão, duas Culturas, cada uma com o seu próprio sistema de valores, começam a conviver. É como um casamento arranjado. Os pais se reúnem e estabelecem um acordo, e, de repente, os jovens passam a viver com um completo estranho. O conjunto de valores do novo casal não será visível no início; o que estará aparente serão somente os comportamentos, símbolos e sistemas.

Esses serão provavelmente muito diferentes daqueles com os quais eles estavam acostumados. Em todos os meus anos como consultora, nunca encontrei uma fusão na qual as pessoas sentissem que as Culturas eram iguais, mesmo quando, na superfície, ambas as organizações tivessem histórias de negócio similares. A complexidade do DNA cultural faz com que seja tão difícil encontrar duas Culturas idênticas quanto dois seres humanos iguais.

Se você estiver lendo isto antes que a sua companhia passe por uma fusão, eu descreverei pelo que você vai passar e como gerenciar suas próprias emoções e comportamentos, bem como os desafios corporativos mais amplos.

Se você estiver passando por uma, você já conhecerá seus sentimentos, e eu tentarei lhe fornecer algumas perspectivas que vão ajudá-lo a se sentir com mais controle da situação e mais preparado para capitalizar as oportunidades culturais.

Muito do que este capítulo tratará se aplica a todas as situações nas quais se unem organizações diferentes. Os modelos de associação variam: fusão, aquisição, *joint venture*, terceirização, sociedade comercial e, em menor escala, a junção de duas divisões dentro da mesma empresa. Há importantes diferenças entre cada uma delas, que explicarei a seguir. Até lá, usarei a expressão "fusão" para me referir a todas.

Descobrimos que as primeiras experiências da maioria das pessoas são desfavoráveis. As fusões trazem à tona os piores defeitos do tribalismo. Quando um grupo observa os comportamentos, símbolos e sistemas do outro, eles os julgam de acordo com o seu próprio modelo mental e fazem suposições, em geral negativas, sobre o outro grupo.

Um plano de ação muito bem estudado é necessário para construir o entendimento, respeito e, eventualmente, uma nova identidade. Sem isso, o custo da entidade fundida será muito alto, a saber:

- Algumas pessoas competentes vão deixar a empresa assim que ficar claro qual é a tribo mandachuva.
- O processo de decisão é lento, e as sinergias previstas demoram a acontecer.
- As pessoas desistem de tentar se comunicar e começam a ocultar informações importantes, criando feudos e aumentando os custos pela duplicação de esforços.
- Os clientes sofrem, enquanto as pessoas se distraem com a politicagem interna.

Entendendo o jogo das questões emocionais

Fusões trazem grandes riscos para os envolvidos, muito dinheiro é gasto, as reputações ficam ameaçadas e o mercado observa atentamente. Raramente há benefícios imediatos para os clientes. Na maioria dos casos, muito planejamento é feito antes da fusão para mitigar os riscos e assegurar o esperado retorno de investimento. É bem sabido que a grande maioria das fusões – o mercado fala em 70% – não dá certo por causa das "questões culturais". Contudo, a atenção dada ao gerenciamento dessas questões é consideravelmente menos detalhada do que aquela associada a outros elementos, tais como tecnologia ou racionalização de produtos. Não é comum que, na equipe encarregada do projeto de fusão, exista alguém com experiência em Cultura que tenha o mesmo peso dos bancos de investimento. As fusões são decididas por razões financeiras, e os especialistas nessa área tendem a minimizar a importância da Cultura, antes e depois de a decisão ser tomada.

Um erro comum é confundir Cultura com pessoas e, assim, tratar o planejamento da Cultura com a equipe de planejamento do quadro de pessoal. Durante uma fusão, existem dois tipos distintos de desafios "pessoais". Cada um deles necessitará de uma liderança excepcional e inteligência emocional para tratá-los com sucesso. Embora eles de certa forma se sobreponham, precisam ser analisados separadamente, e ao mesmo tempo juntos, porque os planos para cada tipo de desafio serão diferentes.

O primeiro desafio trata de como as pessoas se sentem. O segundo, das diferenças entre os dois modelos mentais. O primeiro impacta o clima, e o segundo, a Cultura. Somente o segundo cabe estritamente no escopo deste livro. Mas, porque ambos tendem a se confundir dentro das mentes e emoções dos envolvidos e das pessoas encarregadas de planejar a integração, eu descreverei os dois. Muitas das dificuldades associadas com situações de fusão se acentuam porque os desafios normais de uma mudança cultural acontecem em uma situação de emoções exacerbadas e em curto espaço de tempo.

Como as pessoas se sentem após a fusão

Eu gostaria de ser realmente positiva e dizer que as pessoas ficam animadas por ocasião da fusão. Seria maravilhoso se todos pudessem ver as oportunidades que foram planejadas pelos idealizadores da fusão e abraçá-las, mas, infelizmente, esses são a minoria. Todos sabem que haverá uma racionalização e, portanto, que as pessoas estarão competindo por seus empregos. Nessas circunstâncias, é compreensível que o outro lado seja visto como um inimigo. As pessoas, na verdade, pensam do seguinte modo:

Insegurança	Eu terei um emprego?
	Vou precisar mudar?
	Vou perder meus amigos, meu *status*, meus benefícios, minhas oportunidades?
	O que acontecerá com os meus projetos, planos, desempenho e clientes?
Raiva	Por que eles fizeram isso?
	Por que ninguém nos perguntou?
	Por que eles estão sendo mais favorecidos?
	Eles estão fazendo uma confusão danada!
Carência	Por que ninguém se importa com os meus clientes, projetos, planos, experiência?
	Por que ninguém me diz nada?
	Por que eu não estou envolvido?
Luto	Não quero perder nosso nome, identidade, equipe, rituais e amigos.
Arrogância	Sou melhor do que eles, estamos muito bem, somos invencíveis.

A fusão vai testar o caráter de cada pessoa envolvida. Aqueles com autorrealização maior são naturalmente menos inseguros, dada sua maior autoconfiança. Isso os faz menos dependentes das circunstâncias externas para sua satisfação e segurança e, consequentemente, estão menos preocupados com mudanças ou perdas. São capazes de se mover mais depressa *acima da linha* e assumir a responsabilidade pelos seus sentimentos e seu futuro. Isso vai revelar um comportamento melhor, e perceberemos que essas pessoas serão construtivas e produtivas nas suas tarefas do cotidiano. Eles passarão menos tempo se queixando da gerência, culpando a outra empresa pelos seus problemas, criando truques para aparecer e falando do passado. Isso sempre foi verdade para essas pessoas, mas fica mais aparente em tempos de estresse e ameaça. Assim, todo o trabalho que você fez previamente para elevar a sua autoconsciência e a da organização trará agora muitos frutos (veja os Capítulos 7 e 8).

Os responsáveis por pessoas dentro de uma boa equipe de integração vão tratar muitas dessas emoções por meio de um programa de gestão de mudança. A base de tal programa é o envolvimento, a comunicação frequente e factual e a rapidez de ação. Isso reduzirá a incerteza e as emoções associadas a ficar no escuro. Trabalhar na visão e no futuro ajudará as pessoas a se livrar das emoções negativas e encarar o futuro com otimismo.

OS PRIMEIROS DIAS

O tom da fusão é estabelecido durante o período da *due diligence.* A primeira decisão cultural é frequentemente centrada em definir quem serão o diretor-geral e o presidente do Conselho. O papel da equipe de *due diligence* é, pela sua própria natureza, invasivo e implicitamente crítico. O grupo-alvo se sente retraído e defensivo. As emoções podem se cristalizar nessa etapa, a menos que as equipes envolvidas sejam treinadas para estabelecer relacionamento e um ambiente de trabalho que facilite o sucesso futuro.

GERENCIANDO A CULTURA

Para orientar-se, e à sua organização, durante o processo de fusão, será necessário separar o gerenciamento das emoções do gerenciamento da Cultura. O primeiro é urgente e importante. O segundo parece menos urgente, mas em longo prazo é ainda mais importante.

Vamos voltar à analogia do casamento arranjado. Os noivos podem não estar contentes que ele tenha acontecido ou não gostar da maneira como o processo foi conduzido. Contudo, aconteceu. Depois de alguns meses eles têm de enfrentar o fato de ter de passar o resto da vida juntos. Nesse momento, depende deles entender e trabalhar os seus valores e as crenças sobre as coisas importantes que farão a diferença. Muitos relacionamentos resultam em frustração, como resultado de diferentes personalidades se chocando. Mas são os conflitos de valores os mais violentos. As maiores brigas giram em torno do dinheiro, porque a maneira como o dinheiro é gasto representa a manifestação expressa dos valores de cada um. Alinhe os valores e uma forte parceria se forma. O mesmo acontece em uma fusão.

Durante os primeiros meses, as emoções estão à flor da pele e a maioria das pessoas está ocupada em reorganizar o seu ambiente e colocar alguma ordem em sua vida. Não estão pensando em valores, estão preocupadas com a sua segurança pessoal. O livro *Hierarquia das necessidades*, de Abraham Maslow, diz que, até que sejam atendidas as principais necessidades de sobrevivência e segurança, as pessoas não se preocuparão com outras questões mais profundas.

Seu desafio, como líder e mentor da Cultura, é encontrar uma maneira de se concentrar em Cultura enquanto lida simultaneamente com os seus sentimentos, e de outros, sobre a fusão. Se você esperar que as coisas se acalmem, uma Cultura *de fato* vai se cristalizar e, provavelmente, não será aquela que trará os melhores resultados para o desempenho futuro da organização. Muitas das principais decisões tomadas nos primeiros meses da integração terão consequências culturais, por exemplo, a escolha do principal executivo e de qual organização ele vem. Assim, quanto mais cedo a Cultura entrar na agenda de forma significativa, maior será a probabilidade de conseguir uma Cultura que apoiará os planos futuros e que entregará os benefícios planejados no projeto de fusão original.

Como a Cultura funciona nos primeiros três meses

Duas organizações se juntam. As cortinas se levantam. Cada grupo pode observar o outro. Especificamente, o que se pode ver são os comportamentos, símbolos e sistemas da outra organização. O nível FAZER, do modelo SER-FAZER-TER. Eles podem se parecer com você, até mesmo falar como você. Na superfície, eles podem estar no mesmo negócio e, portanto, ter as mesmas atividades. Mas bem depressa você vai notar que eles não são iguais a você. É claro que você já ouviu falar algumas coisas sobre o modo de operar da outra tribo. Alguns de seus colegas foram envolvidos nas atividades da *due diligence* ou no planejamento da futura fusão. Alguns podem até já ter trabalhado lá. Talvez a outra tribo tenha sido um competidor no passado, ou você a tenha conhecido no ambiente dos negócios. Podem ter sido um cliente ou um fornecedor. Vocês podem compartilhar a mesma matriz e serem duas divisões do mesmo grupo. Eles devem ter uma reputação, e você sabe qual é.

Há uma grande distinção entre observar as diferenças e fazer julgamentos sobre elas. Em uma fusão na qual trabalhamos, uma das companhias tinha uma forte Cultura verbal. As decisões eram tomadas em reuniões, face a face, com base em debates e apresentações. A outra tinha uma Cultura escrita, baseada em extensa documentação. Os indivíduos só tomavam uma decisão quando todas as informações relevantes tivessem sido apresentadas. Os dois sistemas funcionavam bem. Os dois tomavam decisões coerentes na maioria das vezes. Contudo, os julgamentos que o pessoal de cada uma fez sobre a outra foram contundentes. "Eles são tão burocráticos!", dizia o grupo da Cultura verbal, descrevendo os colegas; "Eles demoram tanto para tomar uma decisão, que acabam perdendo muitas oportunidades que aparecem; não é à toa que estão passando por dificuldades". "Eles são caubóis" – replicavam os outros –, "Eles tomam enormes riscos e tomam decisões subjetivas; nós nos baseamos em fatos e consideramos o que é melhor para o nosso negócio".

Baseados nos preconceitos anteriores, rapidamente confirmados nas primeiras semanas de contato mais próximo, cada uma das tribos formou sua visão sobre a outra, basicamente negativas. Percebe-se que eu tenho usado o termo "tribo" para descrever cada um dos grupos. Eu acho que as fusões fazem aflorar os instintos tribais mais profundos em quase todos os envolvidos. A visão das pessoas sobre sua própria tribo é reforçada, enquanto a outra é vista sempre sob uma ótica negativa. "Eles são os inimigos, nós somos os heróis; somos os vencedores, eles os derrotados." Ou, ainda, "Nós fomos conquistados, as vítimas, mas vamos lutar para manter a nossa verdadeira identidade de raça superior".

Por que deve ser assim? A fusão é uma ameaça que alimenta comportamentos e sentimentos defensivos. O ataque é a melhor forma de defesa. É comum menosprezar aqueles que achamos que nos ameaçam e reforçar nossa posição. A outra tribo é estranha, são diferentes de nós, e o que os torna mais ameaçadores é que não os entendemos. Quanto mais defensivos nos tornarmos, mais veremos os outros com menos clareza e ficaremos mais dispostos a descrever o que os vemos FAZER de forma negativa. Passamos mais tempo *abaixo da linha*, culpando os outros. Ao mesmo tempo, veremos funcionários que reclamavam muito da empresa no passado subitamente começando a vê-la de forma mais positiva e se achando superiores à outra.

Muitas pessoas se surpreendem com essa descrição emocional e irracional do que se passa durante uma fusão. Pessoalmente, também achava esses comportamentos surpreendentes nas minhas primeiras experiências de trabalho com fusões. Contudo, eles são tão consistentes em todas as fusões que fiquei convencida de que não estava lidando com uma situação racional. As emoções e o sistema de defesa dos egos precisam também ser considerados.

Como líder desse processo, o seu papel é trabalhar para sair dessa etapa o mais rapidamente possível, ao mesmo tempo que se cria a Cultura desejada.

Modelos mentais em uma fusão

Existem cinco modelos mentais que podem existir durante uma fusão, e as pessoas devem passar ao menos pelos primeiros quatro para alcançar o ponto onde a Cultura se torna um ativo.

1	Meu caminho é o único.	Ignorância sobre as outras organizações.
2	Meu caminho é o melhor.	Arrogância, superioridade.
3	Eles têm algumas coisas boas.	Compreensão, observação objetiva e respeito.
4	Deixe-me aprender com os seus caminhos.	Abertura, entendimentos dos benefícios.
5	Vamos construir juntos um novo caminho.	Nova identidade, o melhor de ambos.

Minha experiência me mostrou que quase todos os envolvidos começam nos estágios 2 ou 3, até mesmo muitos dos líderes seniores que obtiveram garantias de estabilidade antes de o trabalho começar. Alguns podem ficar só por poucos dias nesses estágios, mas outros ficarão presos no estágio 2 por anos a fio. Alguns se movem para frente e para trás, pulando do estágio 2 para o 4 e voltando atrás assim que uma nova situação se apresenta.

Isso parece se aplicar a todas as situações nas quais um ou mais grupos são convidados para trabalhar em conjunto. A convocação da seleção nacional de futebol, por exemplo, envolve agrupar pessoas do esporte, de diferentes Culturas, pertencentes a diferentes clubes, onde passaram a maior parte de sua vida. Os técnicos da seleção observam esses diferentes modelos mentais e devem adotar táticas similares às usadas pelos líderes de empresas para fundir as pessoas em uma única Cultura. Como um indivíduo, você deve se mover o mais depressa possível pelos diversos estágios, se deseja contribuir efetivamente com a nova organização. Como um líder cultural, seu trabalho é ajudar os outros a percorrer esse mesmo caminho. Antes que eu lhe mostre como fazê-lo, vou lhe apresentar mais algumas peças do quebra-cabeça.

Sua estratégia para a Cultura

Quando duas organizações se fundem, há quatro opções culturais disponíveis. É importante uma decisão consciente da opção que você vai escolher. Ela deve ser a que melhor se relaciona à sua estratégia para o futuro. São elas:

1. O melhor de ambas.
2. Escolher uma delas.
3. Manter ambas.
4. Construir uma Cultura diferente.

Opção um: o melhor de ambas

Aqui se escolhe o melhor das duas Culturas e se faz outra. A maior parte das organizações diz que esta é a estratégia que desejam – isso soa bem e é o que a maioria das pessoas quer ouvir. Mas é difícil de implantar e acaba não acontecendo com muita frequência. Certamente, não acontecerá se não for cuidadosamente planejada e executada. Ela requer o mesmo nível de disciplina e foco. Ao escolher o melhor das duas Culturas, temos a oportunidade de criar uma Cultura de melhores práticas e usá-la como uma vantagem competitiva. É o que muitos sonham ao planejar uma aquisição. Contudo, os desafios imediatos envolvidos no processo de fusão – tais como obter sinergias de custos, integrar as plataformas de tecnologia e os portfólios de produto, reorganizar as estruturas organizacionais e selecionar pessoas para preenchê-las – acabam por tomar completamente o tempo da equipe de gestão do processo. Quando terminar essa fase, um tipo de Cultura pode ter se cristalizado nesse ínterim.

Essa opção é a mais palatável para a empresa que foi adquirida. Respeita sua tradição e seus pontos fortes e faz o seu pessoal se sentir valorizado, de modo a incentivá-los a permanecer na empresa e capitalizar, assim, o valor do acordo. Mas, por outro lado, é a mais difícil para a empresa compradora, que, provavelmente, não antecipou ter de mudar a si mesma como resultado da fusão. Isso pode resultar em assumir uma posição de superioridade.

Escolha essa opção quando:

- Sua estratégia provê oportunidades para uma considerável sinergia entre as duas organizações (geográfica, integração dos negócios).
- Já existe, anteriormente à fusão, um *know-how* de Cultura interno (pessoal experiente em gerenciamento de Cultura).
- Pelo menos uma das partes entende Cultura como uma vantagem competitiva.
- Nenhuma das duas Culturas está suficientemente desenvolvida.
- Existe a disposição para dar à Cultura a mesma prioridade que os demais desafios de integração.

Opção dois: escolher uma delas

Aqui usamos uma das duas Culturas como base do processo e integramos a outra nesta. Essa é a escolha-padrão. Normalmente, se um rigoroso plano de Cultura não for planejado e implantado, a Cultura da empresa mais forte vai se tornar dominante. Talvez isso possa ser menos eficiente, dada a resistência da empresa adquirida. No caso de aquisição, a compradora tende a implantar rapidamente os seus processos financeiros e de controle de riscos, e isso por si só já representará uma forte influência na outra Cultura. Na maior parte das vezes, esta opção é a mais adequada, mas é importante uma comunicação clara para todos os envolvidos. A pior opção é seguramente fazer de conta que se deseja a Cultura "Melhor de Ambas" e depois simplesmente impor a do comprador. É a maneira mais rápida de perder os talentos recém-adquiridos.

Esta opção não se aplica a *joint ventures* e parcerias quando as matrizes de ambas continuarem existindo. Nessas circunstâncias, a influência delas forçará a terceira a adotar elementos de ambas as matrizes.

Algumas organizações que adquirem várias empresas menores usam esta opção como procedimento-padrão. Nesse caso, ela requer uma ação de comunicação rápida e clara sobre "como nós fazemos as coisas". Assumindo que essa Cultura seja razoavelmente atrativa e efetiva e que o novo grupo seja bem recepcionado, a maioria dos funcionários vai se adaptar bem e acabará por dar uma grande contribuição à nova empresa. É uma opção muito mais simples também para a equipe de integração, porque as decisões sobre os mecanismos da Cultura (remuneração, processo de orçamentação, sistemas financeiros, layout de escritórios, desenvolvimento de liderança etc.) tenderão a adotar os da empresa compradora.

Escolha essa opção quando:

- Essa fusão é uma das muitas com a sua organização e pretende construir um processo para conduzir essas integrações.
- Uma das Culturas possui claramente a melhor prática, e capitalizar isso foi o um dos principais motivos para fazer a fusão.
- Uma das organizações está em dificuldades e vai exigir extensa intervenção em pessoas e sistemas, o que resultará em significativas mudanças em suas normas culturais.
- Não há disposição para um trabalho profundo em Cultura, e se acredita que já há suficientes desafios no processo de integração (nesse caso, a comunicação deve ser clara desde o início).
- Há consenso em que as intervenções em Cultura na empresa adquirida não resultarão em perda de valor ou de pessoas.

Participei de um jantar com um executivo para o qual trabalhei por muitos anos e que foi o responsável por várias aquisições de sucesso feitas por uma multinacional; uma delas foi a de uma empresa de porte consideravelmente maior do que ela mesma. Essas integrações foram reconhecidas no âmbito internacional como algumas das mais bem-sucedidas nos anos recentes. Jim é um homem de ideias claras. "Nossa filosofia foi a de identificar os sete executivos mais bem pagos e nos livrar deles logo de início; a tribo adquirida, agora sem líderes, vai se realinhar com os novos líderes, os de nossa organização." Aparentemente, essa abordagem foi usada nos séculos XIV e XV quando da tomada de cidades. Jim e eu tivemos longas discussões sobre os méritos de uma abordagem alternativa mais humanística (ele vai rir quando ler isto!). Há circunstâncias nas quais essa abordagem mais direta deixa claro para todos com quem estão lidando, e isso permite que o processo avance mais rapidamente.

Opção três: manter ambas

Manter as Culturas separadas é, muitas vezes, a estratégia que os funcionários das duas prefeririam, mas, realisticamente, é possível somente em circunstâncias muito específicas. Manter as Culturas separadas requer manter os negócios separados, e esta não é usualmente a intenção da maioria das fusões (aquisição, *joint venture*, parcerias, integração de duas divisões etc.).

Um caso que acontece frequentemente é a manutenção de bolsões da Cultura anterior em que os funcionários ainda se identificam com o passado muitos anos depois. Isso gera uma situação em que a Cultura dominante é a de uma das organizações, mas existem pequenas unidades dispersas que tentam se manter separadas e criam seus próprios feudos. Isso leva a um interminável conflito e a resultados de negócios descritos na seção da Cultura Um Só Time, no Capítulo 5.

A opção 3 é a que poderia ser escolhida se desejarmos satisfazer funcionários que não querem fazer parte da nova organização. Se você a escolher, é a opção mais fácil, porque não será necessário fazer todo o trabalho de integração cultural, e os funcionários conservarão a Cultura a que estavam acostumados. Seu planejamento deve cuidar para eles fiquem separados, não permitindo que a nova Cultura prevaleça gradualmente. Cada organização pode então decidir executar o trabalho em Cultura segundo suas próprias necessidades.

É possível ensinar duas Culturas diferentes a trabalhar juntas, por exemplo, em uma relação estilo cliente-fornecedor. Isso acontece sempre, claro, entre grandes fornecedores (tais como empresas de consultoria) e seus clientes. É um tipo diferente de relacionamento, e funciona melhor se as duas partes se entenderem e se respeitarem.

Use essa opção quando:

- Sua organização tem estrutura de *holding* e está fazendo investimentos em negócios independentes. A identidade do conjunto não está relacionada a uma marca forte nas mentes dos funcionários e dos clientes e é assim que deseja permanecer.
- O poder e a autoridade estão centrados nos líderes das unidades e não se opera a equipe diretiva como uma equipe, e sim como um grupo colegiado.
- Existem poucas políticas, sistemas e procedimentos corporativos que forçam a similaridade das duas Culturas.
- As duas organizações são separadas – geograficamente e/ou em seus processos de negócio. Se houver uma relação comercial entre elas (tipo cliente-fornecedor), não deve haver ambiguidade nos princípios de compromisso entre elas.
- Não existe intenção de mover grandes contingentes de pessoas entre elas.
- Há conforto em manter separados quaisquer riscos de reputação de entidades de negócio diferentes.

Opção quatro: construir uma Cultura diferente

Às vezes, eu me deparo com uma organização que conclui que ambas as entidades têm Culturas pobres e decidem que este é um bom momento para construir uma nova. Se a construção de uma nova Cultura já é difícil em circunstâncias normais, é ainda mais desafiador fazê-lo durante o período de integração. A maioria dos processos de mudança de Cultura que obtêm sucesso é construída em cima dos pontos fortes da Cultura existente. Esta opção tem similaridades com a "Melhor de Ambas", mas assume que nenhuma das duas possui bons atributos para usar na nova. Fazer uma diferente pode ser um objetivo em longo prazo, mas eu acredito que seja problemático fazê-lo em curto ou médio prazos.

Pode parecer aos funcionários uma abordagem que nega a realidade do dia a dia de ambas as empresas, as quais, mesmo que suas Culturas não sejam notáveis, são, no entanto, muito reais. É melhor posicionar a sua estratégia como "O Melhor de Ambas" do que "Construir Uma Diferente". Isso encorajará os funcionários a sentir algum orgulho do que eles têm sido e a encontrar o melhor de cada uma para construir algo novo. Mesmo que no fim resulte em uma Cultura diferente, a estratégia "Melhor de Ambas" é mais envolvente e realista.

Essa opção pode ser uma escolha quando:

- Desejamos que a nova organização tenha elementos não existentes nas duas anteriores, tais como novas pessoas, novos produtos ou novos mercados.
- A equipe de liderança do projeto tem um levantamento preciso das Culturas – as atuais e suas origens históricas – e está disposta a criticá-las e a participar na descrição de algo novo.
- Os líderes querem aproveitar a oportunidade para crescer e mudar a si mesmos.
- O cronograma de integração permite adotar novos processos e características que não existiam anteriormente em nenhuma das duas organizações. Por exemplo, um novo sistema de remuneração, mais alinhado à Cultura desejada, mas muito diferente dos existentes anteriormente. Na maior parte dos casos de integração, haverá considerável pressão pela adoção de um dos dois existentes.

Escolha sua estratégia cultural desde o início

Geralmente é melhor escolher a sua estratégia bem cedo no processo de fusão, talvez mesmo antes que a decisão final de prosseguir seja tomada. Isso vai assegurar que todas as decisões e comunicações ao pessoal estejam alinhadas com a Cultura desejada. Quando isso não acontece, será muito mais difícil lidar com as repercussões negativas decorrentes de decisões e comunicações não alinhadas.

O diretor-executivo de uma organização compradora queria demonstrar apoio aos empregados de uma empresa recém-adquirida. Antes de concluído o processo de aquisição, ele assegurou à diretoria da empresa que a Cultura seria preservada. No dia do anúncio do negócio, ele voltou a transmitir a mesma mensagem, desta vez a um grande grupo de funcionários. Mas ele ainda não tinha olhado com cuidado o que isso significava. A organização possuía uma grande estrutura central e procedimentos, políticas e sistemas corporativos e não tinha a intenção de permitir que fossem contornados pela empresa adquirida. Mas ele não disse aos responsáveis por esses sistemas para tratar com cuidado a implantação deles na nova empresa. Nos dias seguintes, a realidade começou a aparecer aos olhos dos funcionários. Seguiram-se anos de frustração, enquanto acompanhavam tudo o que valorizavam, e que achavam que lhes tinha sido garantido, ser gradativamente corroído. Muitos deixaram a empresa, levando parte da credibilidade dos clientes. Conversei com alguns desses líderes um ou dois anos depois da aquisição, e eles me disseram que era praticamente impossível que o diretor-executivo se recuperasse das promessas feitas no primeiro dia.

Em outro caso, o diretor de RH percebeu poucos meses depois da fusão que existia um valor real nas duas Culturas e que uma opção "Melhor de Ambas" proporcionaria um resultado excepcional para os funcionários e clientes. Contudo, quando isso foi decidido, as posições no topo da estrutura gerencial já haviam sido preenchidas. Pessoas de uma das organizações dominaram as escolhas e todos imaginaram que essa seria a Cultura que prevaleceria. As decisões e os modelos mentais desse grupo dominante se tornaram muito mais difíceis de mudar do que se o processo de seleção tivesse levado em conta a intenção de se modelar à nova Cultura como uma fusão das Culturas anteriores.

CONSIDERE A CULTURA COMO UM COMPONENTE DO PROCESSO DE *DUE DILIGENCE*

A avaliação cuidadosa das oportunidades e dos riscos de Cultura frequentemente não acontece durante o período em que as organizações estão construindo o plano de negócios para uma aquisição, fusão, terceirização ou *joint venture*. Ouço muitas vezes equipes de gestão ou de fusão falando de Cultura, mas não com o mesmo rigor aplicado a outros riscos do negócio. Pessoas com experiência em Cultura nem sempre participam dessas equipes, e o pessoal de RH, que poderia ter *know-how* no assunto, é normalmente relegado a funções menores, como remuneração e planos de retenção. De fora, pode-se ter uma percepção da Cultura, mas isso pode ser baseado mais em comentários do que em análise técnica.

É possível realizar de fora o diagnóstico cultural de uma organização, embora isso fique mais difícil se não houver acesso total. Tal avaliação é realizada considerando-se os elementos de comportamento, símbolos e sistemas disponíveis ou visíveis, fazendo a pergunta: "Quais são as mensagens que esta organização estaria recebendo sobre os padrões esperados de comportamento?".

Você também pode avaliar a sua organização em relação à sua capacidade de gerenciar bem uma fusão do ponto de vista cultural. Se você pretende adotar uma estratégia "Melhor de Ambas", uma competência fará toda a diferença: a disposição de aprender com os outros, exibida pela curiosidade, humildade e pelo respeito. Líderes que apresentam o que Jim Collins chama de Nível 5 no livro *Feitas para vencer* têm uma habilidade instintiva para lidar com fusões. Eles estão abertos para abraçar o que de melhor encontram em seu novo parceiro, a respeitar as diferenças, aprender e mudar a si próprios. Líderes Nível 4, a quem Collins descreve como carismáticos e egocêntricos, estão menos propensos a apresentar essas características.

Encontrei um interessante paralelo entre uma Cultura que aceita a diversidade (de gênero, raça ou nacionalidade) e outra que pode aceitar os diferentes hábitos de um novo parceiro e usá-los como vantagem competitiva. Os modelos mentais são similares. Não "meu caminho é o melhor", mas sim "vocês têm um bom caminho" e "deixe-me aprender o seu caminho".

A partir dessa base você pode observar os pontos fortes do outro e considerar as oportunidades e os desafios que uma fusão vai trazer. Essa análise pode fazê-lo, às vezes, reconsiderar se realizar a fusão é uma estratégia inteligente. Ela certamente vai prepará-lo para o que acontecerá depois da decisão e vai lhe dar os elementos para planejar a sua estratégia cultural desde o primeiro dia.

Os diferentes tipos de fusão

Cada fusão é única. Ao trilhar o seu caminho pelo seu particular conjunto de circunstâncias e suas respectivas implicações culturais, considere as questões a seguir. Sua resposta a cada uma delas trará uma base de como enfrentar os desafios da Cultura.

- Quem é o comprador? Quem é o maior?
- Os grupos estão geograficamente separados?
- Quais as implicações culturais contidas na estrutura do acordo?
- Quais os motivadores de negócio para a fusão?
- Que tipo de relacionamento entre as organizações demandará a estratégia de negócios?
- Qual a velocidade de integração requerida?
- A fusão é hostil ou amigável? Ambos estão interessados? Quem foi envolvido na decisão de ir em frente?
- De que organização virá o diretor, gerente e outros cargos-chave?
- Que regras o comprador imporá desde o primeiro dia?
- Até que ponto as duas Culturas são homogêneas ou diversificadas?
- Qual o grau de comprometimento dos principais envolvidos desde o primeiro dia?
- Até que ponto as organizações, ou parte delas, são espelhos da outra?
- As principais sinergias esperadas são de custos ou de receitas?

Essa lista não pretende ser exaustiva, mas é um bom começo.

VARIAÇÕES SOBRE O TEMA FUSÕES & AQUISIÇÕES

Muitos dos desafios a enfrentar se aplicam igualmente a fusões, aquisições, *joint ventures*, terceirizações e junção de divisões internas. Mas há alguns conceitos especiais que se deve ter em conta no planejamento.

1. Aquisição de uma pequena organização por uma grande

- O risco de engolir a Cultura da empresa adquirida quando de fato ela contém a essência do valor adquirido.
- O risco de perder os melhores talentos da empresa adquirida porque ambos os lados não recebem apoio durante a transição.
- Permitir que a empresa menor tenha espaço para respirar enquanto se assegura que as regras básicas de gestão estejam sendo cumpridas.

2. Fusão de duas organizações de mesmo tamanho

- Colocar ênfase especial na construção de uma nova identidade que não é nenhuma das duas.
- Não permitir que uma das Culturas prevaleça antes de decidir que essa é a melhor estratégia.
- Estar preparado para dar igual peso a ambas em decisões-chave relacionadas a mecanismos culturais, tais como seleção dos gerentes, mesmo que favorecer uma delas pareça a melhor opção em curto prazo.

3. *Joint ventures*

- Construir uma identidade de JV quando o pessoal ainda mantém laços com sua antiga empresa de origem.
- O impacto de manter ambos os parceiros felizes quando eles têm Culturas diferentes e diferentes expectativas em relação a políticas, desempenho, hierarquias etc.
- As mensagens confusas recebidas pelo pessoal provenientes dos líderes de ambos os parceiros.

4. Acordos de terceirização

Ajudar o pessoal terceirizado a se identificar com o seu novo empregador quando suas:

- Relações e mesmo a localização física permanecem com a antiga empresa.

- Construir a Cultura certa para a companhia de terceirização como um todo, quando o pessoal é adquirido em grupos a cada novo contrato de terceirização.
- Assegurar-se de que a Cultura da companhia de terceirização é adequada para entregar os benefícios prometidos ao cliente.

5. Reunindo divisões internas por meio de reestruturação

- Focar particularmente comportamentos e símbolos, uma vez que os sistemas devem ser compartilhados.
- Fazer a distinção entre grupos que de fato precisam pensar e agir em conjunto e aqueles que simplesmente compartilham a conveniência de se reportar a um mesmo gestor.
- Gerenciar as demandas conflitantes de uma estrutura matricial, em que as pessoas pertencem a mais de uma equipe (por exemplo, um grupo global de tecnologia dentro de uma estrutura organizacional por país).

ELABORANDO O PLANO DE CULTURA

O Plano de Desenvolvimento da Cultura em uma fusão entre empresas combina elementos descritos anteriormente neste livro com aqueles requeridos para as circunstâncias especiais de uma fusão. Ele contém fluxos de atividades não inteiramente sequenciais, mas que correm em paralelo. Seu prazo dependerá do cronograma geral da integração. Contudo, o meu conselho é sempre começar bem cedo!

Fluxo 1 – Escolha a estratégia cultural adequada

- O melhor de ambas.
- Escolher uma delas.
- Manter ambas.
- Construir uma Cultura diferente.

Para fazer isso, você vai precisar:

- Consultar a estratégia de negócios.

- Rever o racional para a fusão e em que consiste o valor.
- Entender ambas as Culturas.
- Avaliar a disposição em trabalhar com Cultura entre os líderes que estão encarregados do processo (incluindo você).

Fluxo 2 – Defina a Cultura desejada

Use os procedimentos descritos no Capítulo 4 para definir os valores e os comportamentos da Cultura desejada. Isso é particularmente importante se a sua escolha for a opção "O Melhor de Ambas", em que será necessário descrever o que isso significa.

Se você decidir pela opção "Escolher Uma Delas", você definirá a Cultura que você deseja que prevaleça, em termos que a outra organização entenda. Em particular, descreva o que será diferente, o que será esperado nos comportamentos, valores e modelos mentais e como estar em conformidade com os sistemas de gestão básicos.

Fluxo 3 – Ajude as pessoas a mudar o modelo mental tanto quanto seja requerido pela opção escolhida

Há muitas intervenções que ajudarão esse processo.

Comente objetivamente sobre as duas Culturas

Use metodologia que remova a subjetividade e permita às pessoas entender os pontos fortes de cada uma e como elas funcionam.

Processos de luto

Há um ritmo natural para seguir em frente, e parte disso requer permissão para se despedir do passado. Organize alguns velórios e respeite a necessidade das pessoas de passar por isso. Incentive os dois grupos a contar histórias sobre o passado.

Construção da nova equipe

Acelere o processo que seria usado para formar novas equipes. Dê às equipes a oportunidade de trabalhar juntas e tentar entender como a outra organização pensa e se comporta. Forneça a cada nova equipe um kit de boas-vindas que inclua as dimensões culturais de ambas as organizações. Junte equipes para projetos especiais, tal como planejamento de integração.

Treinamento em gerenciamento da Cultura
Ensine a todos o conteúdo deste livro. Crie cursos sobre como lidar consigo mesmo e com os outros nesta singular dinâmica de uma fusão – não se trata de algo pelo qual as pessoas devem passar com frequência, e elas precisam de ajuda para entender os sistemas, símbolos e comportamentos.

Identificando-se com a nova entidade
Quanto mais o pessoal se identificar com a nova entidade, mais facilmente esquecerá o passado. Quando o novo começar a ser estimulante, o antigo se tornará menos importante. Isso pode ser conseguido por meio de uma nova visão, nova marca, novas oportunidades de negócio ou problemas a serem enfrentados juntos, criando novos inimigos.

Novo programa de desenvolvimento de liderança
Planeje e execute um novo programa de desenvolvimento de liderança que defina e desenvolva os novos modelos mentais e comportamentos. Seus líderes – em seus níveis SER e FAZER – definirão a Cultura – o nível TER. Exerça influência e os desenvolva, assim você conseguirá imediatamente construir uma estrutura comum para o futuro.

Contrate pessoas neutras, faça um rodízio de funcionários
Quebre as velhas panelinhas movendo as pessoas para equipes dominadas pela herança da outra Cultura. Admita novas pessoas que não estejam associadas com nenhuma das duas organizações.

Há um ponto, que eu sugiro seja em torno de seis meses depois da fusão, em que se pretende que os líderes já estejam operando nos modelos mentais de nível 3, 4 ou 5. Eles já devem ter se movido para longe do mantra "meu caminho é o melhor caminho". Nesse momento, é chegada a hora de sugerir a alguns deles que seria melhor se eles deixassem a empresa.

Você não pode conviver com pessoas que se agarram a ressentimentos do passado enquanto você está tentando construir o futuro: eles são muito danosos. Um teste simples e decisivo é ouvir a linguagem que o pessoal usa. Eu posso afirmar com certeza que alguém está começando a fazer a mudança quando começa a usar a palavra "nós" ao se referir à nova organização, em vez da antiga. É também sugestivo o uso de "eles" para se referir ao outro grupo.

Monique dirige uma importante unidade de um conglomerado. Essa divisão consiste em uma empresa adquirida e uma divisão menor que era parte da empresa compradora antes da transação. A maior parte da liderança tem origem na empresa adquirida. Aproximadamente um ano depois da fusão, foram descobertos sérios defeitos em produtos vendidos alguns anos antes e que custará muito reparar. Esses produtos tinham sido produzidos pela divisão menor, originária da empresa compradora. Teria sido simples para a gestão da unidade se dissociar do problema, atribuindo a culpa a "eles". Mas, ao contrário, eles decidiram assumir totalmente o problema. Não foi permitida a referência a "eles". "Nós" erramos, "nós" somos os responsáveis por resolvê-lo e "nós" vamos assumir os impactos no desempenho, inclusive em nossas gratificações.

Essa postura foi muito importante para a rapidez com que enfrentaram o problema e também para a forma como os funcionários de ambas as origens viram a questão. A atitude da gestão enviou fortes sinais sobre os comportamentos esperados na nova organização. E isso só foi possível porque a mudança dos seus modelos mentais já havia ocorrido.

Fluxo 4 – Escolha os símbolos e os sistemas

Ao analisar o seu plano de integração, você vai notar que há muitas oportunidades para introduzir a Cultura desejada nas decisões que estão sendo tomadas em cada um dos fluxos do trabalho de integração. Cultura, é claro, não acontece separadamente dos negócios, mas, ao contrário, é algo construído nas atividades do dia a dia.

É importante que aqueles que tomam decisões associadas a símbolos e sistemas, e aqueles que enviam mensagens culturais, entendam essa relação. Todos precisarão ser muito claros sobre a Cultura que se pretende introduzir. Uma maneira de conseguir isso é nomear embaixadores da Cultura para fazer parte das equipes que estudam os processos de integração; nelas, eles representarão a voz da Cultura dentro dos diversos critérios de avaliação de prioridades.

Há também ocasiões em que nenhum dos símbolos e sistemas das duas organizações representa bem a Cultura desejada como, por exemplo, o layout dos escritórios. Nessas situações, é importante o debate sobre se vale a pena considerar uma nova abordagem ou assumir um compromisso cultural, no interesse do custo e do prazo de implantação, e simplesmente adotar um dos atualmente utilizados. Não se pode querer ser sempre um purista cultural; sempre haverá oportunidades para melhorias no futuro. Sua responsabilidade é assegurar que o debate aconteça e que os riscos de comprometer a Cultura sejam avaliados comparativamente a outras prioridades.

A necessidade de usar embaixadores da Cultura dependerá do nível de consciência cultural do seu pessoal. Uma abordagem alternativa com pessoas com um razoável nível de consciência é programar um curso intensivo de construção de Cultura, o papel dos símbolos e sistemas e da descrição da Cultura desejada.

A seleção das pessoas constitui sempre um símbolo importante para a Cultura, especialmente durante uma fusão. Se você definir desde cedo a Cultura desejada, será possível usar o processo de seleção para montar um time de líderes, de ambas as organizações, cujos valores estejam alinhados. Isso constituirá uma excelente oportunidade para elevar os padrões. Esses líderes vão apoiar a nova Cultura, e seus modelos mentais determinarão o grau de cumprimento das metas de desempenho.

RESUMO

A relação entre resultados e Cultura é fortemente ressaltada durante as fusões. Elas oferecem a oportunidade para fazer um excelente trabalho cultural, mas também são mais desafiadoras devido às pressões de prazo do cronograma mais amplo de integração. Comece o trabalho cultural desde cedo. Se você não conseguir uma adesão completa, faça o que for possível. As pessoas vão acordar alguns meses mais adiante e se dar conta de que o trabalho deve ser feito. Se você já tiver feito o trabalho de base, estará preparado com dados e soluções quando o grupo estiver pronto para escutar.

Lembre-se de que você é parte do processo de fusão e também estará no centro do furacão. Como sempre, trabalhe primeiro o seu modelo mental. Quanto mais rápido você atingir os níveis adequados à nova Cultura, mais preparado estará para apoiar as pessoas de ambas as organizações na construção de uma Cultura vitoriosa.

14

NEGÓCIOS DE RÁPIDO CRESCIMENTO

O foco deste capítulo será as circunstâncias culturais especiais que ocorrem em empresas de crescimento muito rápido. Uma característica comum é a quantidade de novos funcionários sendo admitidos, e a maior preocupação cultural é a perda das qualidades que contribuíram para o sucesso da organização na fase inicial. Em muitos casos há um fundador cuja influência na Cultura é considerável, e às vezes há grupos de pessoas de diferentes organizações que convivem em uma nova. Uma Cultura é criada sempre que um grupo de pessoas se reúne por algum tempo com objetivos, interesses ou hábitos comuns, operando dentro de um conjunto de regras e com um líder definido. Em comunidades maiores, tais como aquelas encontradas em grandes organizações, sente-se a Cultura como se ela tivesse vida própria.

As pessoas entram e se veem encurraladas em normas comportamentais do grupo. Mas, às vezes, durante um período de rápido crescimento, a influência de um grande número de recém-chegados pode atropelar o processo natural e influenciar novas normas comportamentais. Em outras ocasiões, as pessoas se perguntam se de fato existe alguma Cultura. O desafio para os líderes de Cultura é conseguir acompanhar essa entidade em processo de rápida mudança e gerenciá-la ativamente de modo que possa ser desenvolvida em alinhamento à estratégia pretendida.

QUESTÕES DE NEGÓCIO PARA EMPRESAS PEQUENAS

O fundador do negócio tem uma grande influência em toda a sua operação

Se a sua empresa tem o fundador ainda trabalhando, o impulso, o estilo, o *know-how* e a visão estão provavelmente centrados nessa pessoa. Conforme a empresa cresceu, isso foi compartilhado com uma pequena equipe, que se conhece há muito tempo e age como um grupo coeso. Em negócios familiares, os membros e valores da família são o âmago da Cultura. O Conselho pode incluir membros da família ou amigos de confiança. Para assegurar os pontos fortes dessa Cultura, o fundador deve compartilhá-los com um grupo maior. Se a empresa precisa incorporar novos valores para se adaptar ao crescimento, isso vai se tornar um desafio pessoal para o fundador.

Quando a empresa é centrada no fundador, a gestão pode ficar presa de alguma forma ao estilo de liderança que criou o negócio desde o início. Em minha experiência, esse é um grupo para o qual se torna difícil dar *feedback*. Se você é o fundador, é muito importante refletir sobre como você recebe *feedback*. Será especialmente importante que você se disponha a ser aconselhado por pessoas externas à sua pequena tribo. Existem muitos clubes excelentes de presidentes ou fóruns especialmente constituídos para dar apoio a presidentes de companhias pequenas. Eu o aconselho a frequentar um deles.

Lembre-se: "Para que as coisas mudem, primeiro eu preciso mudar". Para que a sua empresa cresça, você precisará mudar seu estilo de liderança.

CRESCIMENTO RÁPIDO É UM DESAFIO CULTURAL

Trazer em curto tempo novos grupos de funcionários é um tremendo esforço que pode levar ao caos. Ao crescer, o espírito empreendedor fica em risco. O negócio vai precisar de melhores sistemas e mais organização, e nesse processo a burocracia pode ser introduzida e ameaçar as características que levaram ao sucesso inicial. Você pode perder o espírito que o tornou especial aos olhos de seus funcionários e clientes. É neste estágio que se deve ter consciência da importância da Cultura para o seu sucesso, e o risco de perdê-la com o crescimento aumentará sua atenção para esse valor.

A contribuição que a Cultura pode trazer para o desafio do crescimento rápido

Vamos assumir que você tenha paixão pela sua empresa. Ela tem um bom astral, pessoal competente e sua Cultura é um ativo. No início, possivelmente você nem sabia que isso era Cultura, mas, tendo lido boa parte deste livro, já entendeu que é isso que você tem. Eu descobri que as empresas menores tendem a não dedicar tempo e recursos para autorreflexão e podem não estar familiarizadas com a linguagem gerencial das organizações. A habilidade de se autoanalisar e conduzir as mudanças necessárias é um requisito para o crescimento com sucesso. Sem essa habilidade, você poderá estar muito ocupado em FAZER, em vez de estudar os padrões e as tendências de mercado. Embora sua Cultura possa ser admirável, isso pode ser mais por causa da sorte do que do bom planejamento. Para assegurar o sucesso durante o crescimento, você deve estar mais consciente do que conseguiu até agora, de modo a replicar isso em escala maior. Se você é o fundador ou membro da equipe de Cultura, existem maneiras de captar o que se tem de bom, e usar isso para ajudar no crescimento; essa é a sua principal tarefa cultural.

Algumas organizações trabalham a Cultura desde o início, especialmente se ela foi criada pela união de diversas entidades precursoras. Outras nem se consideram negócios formais, até que começam a crescer rápido e percebem que o que acontecia de maneira intuitiva no início agora requer mais estrutura para ser eficaz. Qualquer que seja a situação em que você está, utilize o guia a seguir para saber usar a Cultura em benefício do seu crescimento.

Defina quem você é

Empresas novas normalmente se sentem mais felizes com a sua Cultura do que aquelas que estão funcionando há mais tempo. Eu percebi que os fundadores têm orgulho de suas Culturas e acham que elas foram um importante fator para o seu sucesso. Você pode achar que tem uma equipe unida, que a lealdade é alta, e que o seu pessoal está preparado para se superar ao servir os clientes e assegurar o sucesso do negócio. A atitude positiva é sempre um fator nas *startups*. É mais fácil engajar coração e mente quando todos se sentem uma família, todos se conhecem e as pessoas se acham uma peça importante no todo.

Por baixo desses comportamentos existe um conjunto de valores. É importante que você ache um modo de explicitá-los. Faça um diagnóstico cultural. Pergunte às pessoas o que elas acham que a empresa representa. Reserve algum tempo e programe atividades em que as pessoas possam conversar sobre o que acham que é valorizado na empresa e o que desejam proteger. Crie uma relação entre esses valores e o resultado do negócio. Se servir ao cliente aparecer como um tema, peça às pessoas que descrevam negócios que foram fechados por causa desse valor. Se elas souberem algo sobre os concorrentes, peça-lhes que comentem as diferenças entre vocês e eles.

Durante esse processo, as pessoas podem falar também sobre os elementos da Cultura com os quais não estão satisfeitas. Você certamente concluirá que existem tantas oportunidades de melhorar a Cultura em uma nova organização quantas existem em uma mais madura. Mas eu creio que valores são mais facilmente identificáveis em empresas mais novas. Eles estão mais próximos à superfície, e muitos serão capazes de expressar o que a empresa representa e o que, em termos de atitudes e valores, contribuiu para o sucesso. Essa conscientização e clareza vêm do número menor de pessoas e do relacionamento mais próximo entre o fundador, ou a família, e as pessoas que praticam esses valores todo dia. Isso produz uma grande consistência nas mensagens, porque as suas fontes – comportamentos, símbolos e sistemas – estão mais concentradas.

Em uma situação de estabilidade, essa clareza de Cultura requer pouco esforço consciente. Ela simplesmente acontece. Mas, mantendo-a assim improvisada, você está preparando o terreno para dificuldades futuras, uma vez que tudo depende de uma só pessoa. No entanto, se você expuser com clareza o que isso representa, permitirá que outros também levantem essa bandeira. Toda a equipe poderá assumir a custódia dos valores. Isso permitirá proteger esse valioso ativo e lhe garantir uma vida além do fundador.

Relacione explicitamente os comportamentos, símbolos e sistemas

Uma pequena empresa cresce e admite uma executiva para conduzir as operações do dia a dia. Ela vem de uma grande organização e foi admitida porque tem as competências gerenciais necessárias para conduzir o crescimento. Ao assumir o cargo, ela introduz um sistema de gerenciamento de desempenho, novos modelos de relatórios financeiros e novas regras de autorização para aprovar despesas. Usa uma abordagem comprovada na empresa anterior. Mas, sem o saber, ela vai mexer com alguns dos pilares da Cultura existente. Nos meses seguintes, as pessoas sentem os impactos dos novos processos e duas coisas podem acontecer. A empresa a rejeita, ela perde credibilidade e acaba saindo, levando com ela as competências de que a empresa necessitava para crescer. Ou ela consegue introduzir os novos sistemas, mas o processo mata um pouco o espírito empreendedor, o que, por sua vez, causa a saída de vários colaboradores importantes.

Suas intenções eram boas, suas competências adequadas, mas sua experiência em Cultura era insuficiente. A empresa, por sua vez, não contribuiu com o seu sucesso ao não ajudá-la a entender a Cultura vigente e as razões históricas que a construíram.

Para evitar que isso também aconteça em sua empresa, use as definições que você criou para os seus valores e crenças para montar uma estrutura para a empresa. Publique um documento que mostre como os valores e as crenças se manifestam por meio dos comportamentos, símbolos e sistemas. Eis alguns exemplos:

- Nosso sistema de gratificação é baseado em equipes, porque nós acreditamos que ninguém nesta empresa terá sucesso sem o apoio de todos.
- Não temos um departamento específico para lidar com aquisições. Se alguma equipe vislumbrar uma oportunidade no mercado de adquirir algum negócio que traga valor para a empresa, nós a incentivamos a apresentar uma proposta. Acreditamos em responsabilidade integral, e em estar próximo ao mercado, e não em algum escritório corporativo.
- Investimos bastante em reuniões de congraçamento anuais. Elas se tornaram um ritual que reforça nossa crença no lazer e na valorização do nosso pessoal. Dar a eles um toque de classe eleva sua autoestima.
- O aprendizado é o nosso maior valor. Assim, damos alta prioridade a eventos que sejam realizados logo depois de conseguirmos, ou perdermos, uma grande venda, de modo que possamos conhecer as

razões do sucesso ou do fracasso, que podem servir de exemplo para as próximas oportunidades.

Esses princípios e essas práticas podem não se manter rígidos durante períodos de crescimento. É preciso estabelecer as relações específicas entre o que é feito e os valores e princípios subjacentes, de modo a assegurar que, quando mudanças são introduzidas, elas ocorram com total consciência dos efeitos posteriores. Quando se muda um símbolo ou um sistema percebido como um elemento de suporte da Cultura, o pessoal pode concluir que os valores relacionados a eles também estão sendo abandonados. Portanto, é importante demonstrar que os novos símbolos ou sistemas que os substituíram continuam a suportar aqueles valores. Se você não o fizer e continuar a fazer mudanças, estará reforçando essa percepção. Só você poderá calcular o impacto no desempenho causado pelo enfraquecimento de um determinado valor. Qual o impacto nos negócios se a empresa perder a reputação de valorizar o seu pessoal? O que aconteceria se as pessoas começassem a acreditar que é melhor agir por conta própria, em vez de trabalhar em equipe?

No caso de haver membros da família na gestão da empresa, é aconselhável manter fidelidade aos valores, porque estes são também valores familiares compartilhados por muitas pessoas. Pode ser mais difícil quando há uma mudança de liderança e gerentes profissionais são admitidos. Às vezes o negócio exigirá mudanças, corte de custos e implantação de novos processos. Eu não estou defendendo aqui que não se mude nada. Na verdade, será necessário observar com cuidado se algumas pessoas não estão usando a Cultura como desculpa para não fazer mudanças. Às vezes, membros da família podem se tornar um desafio à tentativa de se realizarem mudanças. Como líder, seu papel é estabelecer com clareza os desafios da mudança e ao mesmo tempo ser fiel aos valores e às crenças que você acredita que estão gerando benefícios aos negócios. Ao se manter firme nessa linha de raciocínio, você incentivará as pessoas a encontrar maneiras de fazer as duas coisas. Essas soluções sempre existirão, porém, na maioria das vezes, não são a opção mais fácil. Você está buscando a solução "E" e ouvirá frequentemente as pessoas falando em termos de "OU".

Trazer novas pessoas

O crescimento requer contratar novas pessoas. Em um período de cinco anos, uma pequena empresa de sucesso pode multiplicar a sua força de trabalho por dez, cem ou mesmo por mil. A seleção de novos funcionários constitui uma forte mensagem cultural. O tipo de profissional escolhido envia mensagens para o pessoal interno sobre o tipo de comportamentos e modelos mentais que a organização valoriza. Contrate empreendedores e você estará dizendo que valoriza a originalidade de pensamento. Contrate pessoas que gostem de gente e você estará dizendo que valoriza o desenvolvimento do pessoal. Novas contratações implicam um novo padrão.

Quando os novos contratados começarem a trabalhar, especialmente em cargos de gestão, seu comportamento criará por si mesmo normas culturais. Suas decisões, o uso do tempo e a qualidade do relacionamento enviam um novo conjunto de mensagens. Seu conjunto de valores será notado dentro da organização.

Para uma empresa pequena em crescimento, a seleção e a formação dos novos contratados é a competência mais importante que você precisa para usar a Cultura como vantagem comercial. Ela permitirá superar duas ameaças ao futuro do negócio que identificamos anteriormente:

- A excessiva dependência do fundador.
- A perda da Cultura como vantagem competitiva.

1. Tenha uma clara descrição do que deseja na perspectiva cultural

Prepare uma descrição dos seus valores (idealmente incluindo a hierarquia de valores descrita no Capítulo 1), crenças e comportamentos. Todos os envolvidos no recrutamento precisam ter claramente esse quadro em mente. Quanto mais trabalho tiver sido feito internamente em Cultura, mais fácil isso será. Algumas pessoas acham útil visualizar valores imaginando indivíduos que personificam valores e comportamentos que consideram importantes. A imagem dessas pessoas as ajuda como um parâmetro para avaliar os outros.

2. Adicione a essa descrição a característica de estar disposto a aprender e mudar
Se sua empresa já possui uma Cultura de vanguarda, poderá se tornar difícil encontrar uma pessoa com a formação requerida e que também demonstre os comportamentos e crenças que se deseja. Se a empresa está em crescimento, pessoas com a formação desejada virão mais provavelmente de organizações maiores, e estas não serão necessariamente ícones de Cultura. Muitos profissionais têm sido recompensados durante toda a sua carreira por exibir comportamentos que estão longe de serem modelos de Cultura. Afinal, a Cultura da maioria das organizações deixa muito a desejar, e os comportamentos organizacionais estão permeados de politicagem, agressão, abstenção, individualismo e outros traços humanos que não queremos em nossa empresa.

Se for possível analisar isoladamente o modelo mental "Estar Disposto a Aprender e Mudar" no processo de entrevista, encontraremos pessoas que, embora possam ter adquirido alguns maus hábitos no passado, estarão dispostas a adotar os valores da nova empresa. Esse traço é encontrado em pessoas com elevado nível de consciência (veja Capítulo 6). A habilidade delas de se autoanalisar e estar conscientes de seus próprios padrões de conduta e pensamento as coloca em um patamar de contínuo crescimento, e se elas conseguirem enxergar o valor das aspirações culturais dessa empresa, terão a capacidade de mudar. Elas estarão entusiasmadas em fazer parte de uma organização que valoriza uma Cultura forte.

3. Treine todos os recrutadores a reconhecer valores, crenças e níveis de consciência
Os processos de entrevista e análise de referências devem ser incluídos aqui. Prepare questões que testem esses valores. Prepare dilemas de valores que revelem a hierarquia de valores do indivíduo. Use testes de questionamento comportamental para determinar se a conduta anterior está alinhada ao que dizem, como descrevem eventos e ações passadas e o que fizeram com sua vida.

Por exemplo, na minha organização valorizamos em alto nível o *estar acima da linha*. Isso significa assumir responsabilidade pessoal, em vez de reclamar, justificar, negar, defender-se. Achamos muito útil pedir às pessoas que descrevam uma situação em que algo em que estiveram envolvidas falhou. Tentamos encontrar as menções à responsabilidade pessoal no meio de sua resposta. Eles reconhecem sua parcela de responsabilidade na situação? Eles mencionam os aprendizados decorrentes? Ou eles justificam o que aconteceu, responsabilizam fatores externos, culpam um terceiro ou riem do que aconteceu?

4. Planeje um forte sistema de formação

Durante os primeiros meses, os novos contratados devem ter a oportunidade de entender a nova Cultura e o que a suporta. Será necessário ensinar o que é Cultura e por que ela traz valor à empresa, ou seja, a relação entre Cultura e desempenho. Novos funcionários querem mostrar serviço logo, e se eles não entenderem essa relação, podem querer mudar muitas coisas para conseguir melhorias no desempenho. Eles podem não entender a importância do alinhamento cultural. É preciso mostrar-lhes como a Cultura foi pensada – por meio dos rituais, comportamentos, práticas e políticas. Isso explicará por que aqui as coisas são feitas dessa determinada maneira, e o seu valor simbólico como parte de uma herança cultural. Identifique os elementos que se consideram sagrados e as razões pelas quais esses valores e esses princípios estão no núcleo essencial da empresa – constituem o seu *éthos*. Isso pode estar relacionado ao tratamento dos clientes e funcionários, ética, integridade, disciplina, risco, atitudes e relacionamento.

Ao crescer, esse programa de formação vai se tornar provavelmente mais formal. Quando a empresa está começando, pode consistir em uma série de discussões informais durante o almoço. Você descobrirá que o processo de falar sobre a empresa representa um grande aprendizado; os funcionários mais antigos podem também ser recrutados como instrutores, e pode ser bem divertido. Trate como se fosse uma grande honra ser convidado como instrutor dos novos funcionários.

O processo de formação deve durar várias semanas. Muitas empresas começam logo no primeiro dia, o que acho muito cedo. Nesse dia, as pessoas ainda estão concentradas em entender o básico do seu trabalho e a mecânica de funcionamento da área.

PERMITA QUE SUA CULTURA CRESÇA

As pessoas que encontrei em empresas de crescimento rápido estavam conscientes do risco de perder a sua Cultura à medida que a empresa crescesse. Para aqueles que entraram logo no começo isso é frequentemente um medo real. Por um lado, sabem que o crescimento é a razão de ser da empresa e se sentem motivados pelos desafios e pelas recompensas salariais que esse crescimento proporcionará. Por outro lado, lembram que a empresa pequena era divertida, próxima e confiável. Era sabido que todos dependiam uns dos outros e havia liberdade de agir e de fazer diferença. As mesmas pessoas que são atraídas por empresas pequenas tendem a não gostar de grandes e pesadas burocracias.

A motivação em ampliar o negócio e manter o melhor da Cultura inicial é muito forte. Esse é um ativo importante no Plano de Desenvolvimento da Cultura. Se você é "da velha guarda", vai se esforçar para preservar aquilo de que gosta. Contudo, é preciso estar alerta para que esse amor não se torne uma fixação exagerada no passado. Os novos funcionários podem ver vocês como um clã. Rígidos, resistentes à mudança, talvez arrogantes. Há uma tênue divisão entre "meu caminho é o único caminho", a resistência a novas ideias e o entendimento genuíno de como a Cultura ajudou a criar o sucesso até aqui.

Para as pessoas que estão chegando, isso pode ser muito difícil. Uma pequena empresa de consultoria desenvolveu boa reputação e começou a ganhar cada vez mais projetos. No processo de crescimento, começou a contratar pessoas com experiência gerencial em grandes e complexos projetos. Esse pessoal trouxe disciplinas gerenciais que constituíam parte essencial desse trabalho. O time antigo os viu como sem coração. Eles consideraram burocráticos os processos que os recém-chegados trouxeram. De repente havia muitas reuniões e muitos relatórios. Enquanto isso, os novos achavam o pessoal mais antigo desorganizado e não profissional. No início, muitos dos novos deixaram a empresa, a organização os rejeitou ou tornou a vida deles bem difícil.

Essa empresa precisava realizar um profundo trabalho de definição de valores compartilhados e encontrar maneiras de revisar sua Cultura dentro de um novo contexto, maior e mais complexo. O grupo original reconhecia que eles estavam confundindo a forma da sua Cultura – práticas, hábitos, estilo de trabalho, o FAZER – com a sua substância – valores e princípios, o SER. Práticas e estilo de trabalho devem mudar quando a empresa cresce. Não se pode gerenciar cinco mil pessoas da mesma maneira que cinquenta. Mas valores e princípios podem permanecer, evoluir, ser enriquecidos, conforme novas pessoas são admitidas.

O que se FAZ mudará. O que se decide SER, como indivíduos ou como empresa, evoluirá, mas não será necessário abrir mão dos grandes valores e sentimentos.

Entender a diferença entre os dois permite que você enfrente a mudança requerida pelo crescimento. É, sem dúvida, mais difícil ser fiel a princípios em uma grande organização, mas é absolutamente factível. A chave é trabalhar juntos no nível SER. Sua tarefa como líder desse tipo de organização é tríplice:

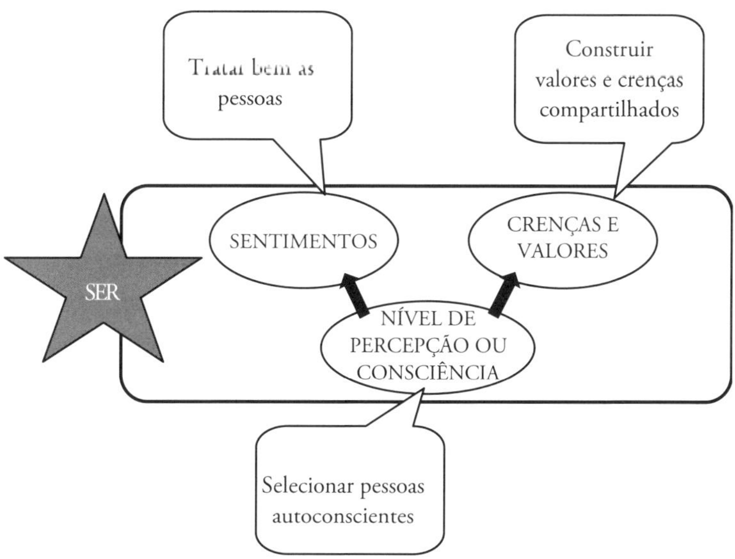

1. Construir valores e crenças compartilhadas sobre o que é importante, de modo que o processo de tomada de decisões e os comportamentos estejam alinhados com a Cultura desejada.

2. Tratar bem o pessoal, de modo que eles se sintam bem por estar aqui.
3. Use o nível de autoconsciência como critério para recrutar e promover, de modo que você tenha funcionários conscientes e preparados para crescer.

Seguir essas três orientações permitirá a você perceber o valor que foi criado na organização em determinado período. Você vai reduzir a dependência do fundador e vai capturar a essência do que o tornou forte. Com isso firmemente imbuído em seu pessoal, você terá confiança para competir com empresas maiores, cujas Culturas podem estar sendo um impedimento para o seu desempenho. Cultura é a parte mais difícil de replicar em uma organização. Seu investimento em assegurar que a Cultura que o trouxe até aqui não foi destruída no processo de crescimento pagará dividendos por meio da sua vantagem cultural.

15

A JORNADA DE UMA EMPRESA

Este livro foi organizado de modo a lhe mostrar como construir a Cultura desejada. Cada jornada é única, e neste livro eu pensei em fornecer um mapa e mostrar as escolhas que você deverá fazer ao planejar sua própria abordagem. Tive a oportunidade de acompanhar de perto várias empresas ao longo desse processo e estou convencida de que não existe um jeito certo de fazê-lo.

Como um líder, você correrá sérios riscos ao simplesmente copiar as ações que alguém lhe disse que foram implantadas com sucesso por outra empresa. Isso seria operar no nível FAZER, sem um realinhamento pessoal no nível SER. Contudo, entender a jornada de outros vai ajudá-lo a construir a sua própria. Este capítulo está dedicado à jornada de uma organização para exemplificar como todos esses conceitos interagem e constituem um plano de ação que, executado, entrega substanciais resultados financeiros.

Ler sobre a experiência de outras pessoas não se traduz automaticamente em uma receita apropriada para sua empresa, e isso ficou muito óbvio para mim ao realizar as entrevistas para este livro.

> *Ao término, olhando para trás, sua jornada lhe parecerá uma linha reta; mas, durante o caminho, ao olhar adiante, você mal verá além do próximo passo.*

Há sempre um jogo de acertos e erros ao desenvolver a Cultura adequada. Seres humanos são complexos, e quando organizados em comunidade, a complexidade aumenta exponencialmente. Ao trabalhar com Cultura, você está procurando influenciar um grupo de pessoas com diferentes mentalidades, de modo que ele se comporte de maneira diferente e, portanto, entregue um resultado diferente. Por mais sofisticado que seja seu plano de Cultura, você nunca conseguirá trabalhar todas as mensagens que um indivíduo recebe sobre como se comportar. Mas se você perseverar e for consistente em transmitir algumas mensagens-chave, notará que vai ocorrer um ponto de inflexão a partir do qual o poder do grupo começará a trabalhar a seu favor. Esse é o momento em que você começará a sentir os benefícios de todo o esforço empregado até ali. Você então verá como todas as peças do plano de Cultura que foi montado se encaixam para produzir uma consistente e irresistível força que constrói a mudança planejada.

Por outro lado, no seu esforço diário para influenciar a Cultura, o modelo mental e o comportamento do seu pessoal, você frequentemente se perguntará se o que está fazendo está causando ou não algum efeito. Você tem participado de reuniões em que sente que os hábitos estão mudando e, de repente, sabe de um caso em que alguém está manipulando informações em seu próprio benefício. Você precisará de uma considerável dose de energia para esta jornada. É essa energia, mais do que as atividades que executa, que resultará em seu sucesso.

INFOGLOBO: TRANSFORMAÇÃO EM UMA INDÚSTRIA EM REVOLUÇÃO

Com isso em mente, permitam-me contar-lhes a história da Infoglobo. Estive associada a essa organização por sete anos, cuja jornada observei e com a qual contribuí. A mudança em sua Cultura foi significativa. Os benefícios de desempenho alcançados foram indiscutíveis. E eles estão agora mais bem posicionados para o futuro. Essa experiência, vista em retrospectiva, foi um claro processo executado passo a passo. Naquele tempo, nem sempre lhes parecia assim. Mas algumas das iniciativas realizadas foram as que realmente fizeram a diferença. Eles adoram uma posição clara em alguns temas que são cruciais. Mais do que tudo, eles insistiram e se mantiveram firmes nesses pontos. Eis como o fizeram.

Infoglobo, a companhia

Até poucos anos atrás, a Infoglobo se definiria como uma empresa editora de jornais, uma companhia com mais de 80 anos de existência que publicava alguns dos mais importantes jornais do Brasil, tais como *O Globo* e o *Extra*. Fazem parte das Organizações Globo, um dos maiores grupos de mídia do país, com participação expressiva nos mercados de rádio, revistas, televisão e vários outros setores. A Infoglobo, como muitas em seu setor, sentiu os potenciais impactos da revolução trazida pela ascensão da mídia digital e, assim, nos últimos vinte anos, passou de uma empresa monoproduto – a edição impressa de *O Globo* – para uma companhia complexa, organizada em várias unidades de negócio e *joint ventures*, publicando diversos produtos em múltiplas plataformas e canais de distribuição.

Assim, em resposta ao ambiente ameaçador, eles foram capazes de se reinventar, continuar a crescer e melhorar sua rentabilidade. Enquanto escrevo isto, em 2013, o atual diretor-geral da empresa, Marcello Moraes, manifesta a confiança de que eles continuarão a fornecer a seus clientes informação e entretenimento por meio de produtos de qualidade, confiáveis e atualizados, embora acredite que a jornada certamente ainda não está completa. Eles mudaram: de editores de jornais impressos a provedores de conteúdo que podem ser acessados por seus leitores a qualquer momento e de qualquer lugar por meio de tablets, celulares, computadores ou impressos.

No entanto, o perfil futuro dessa indústria ainda não está claro. Como Marcello Moraes disse-me, eles não podem prever se jornais ainda existirão daqui a vinte ou trinta anos. Mas o processo de transformação por que passaram fez mais do que ajudá-los no presente, eles acreditam que também os preparou para o futuro, seja ele qual for, porque há algumas características emergentes em sua Cultura que a tornam mais preparada para a mudança.

Esse processo exigiu uma forte liderança, uma clara estratégia e uma revisão da Cultura. O processo de mudança cultural, em paralelo com a introdução de melhorias operacionais e estratégicas, tornou a companhia confiante para implantar os novos processos e modelos de gestão. As lideranças precisavam do coração, da mente e dos comportamentos do seu pessoal para se realinhar na nova direção. Sem isso, a resistência à mudança seria intransponível, e as mudanças, muito lentas. A sobrevivência da companhia estava em jogo... embora no começo muitos não acreditassem nisso.

Os imperativos de negócio

Paulo C. Novis assumiu a direção geral da Infoglobo em 10 de setembro de 2001, véspera do ataque às torres gêmeas. Começou por avaliar os desafios que o mundo digital traria para a organização nos próximos anos, dentro de um novo e conturbado cenário mundial. Eu o conheci em 2007 com Paulo Novaes, seu diretor de RH. Novis compartilhou conosco os desafios estratégicos que ele via para a organização, bem como o tamanho das mudanças que ele achava que seriam necessárias. Naquela época, muitos diriam que o futuro para a Infoglobo era um mar de rosas. Excelente reputação de marca, produtos de alta qualidade, acionistas comprometidos e funcionários leais e confiáveis, tudo isso gerando significativo retorno financeiro e alta participação no mercado. A receita mantinha-se robusta e não apresentava sinais de queda.

Todos esses indicadores faziam com que a construção de um caso para a mudança fosse mais difícil, já que as dificuldades não estavam aparentes. Novis, no entanto, manifestava a certeza de que, se nada fosse feito, eles enfrentariam sérios riscos mais adiante. Sua experiência anterior como diretor-geral do Sistema Globo de Rádio (SGR), tinha-lhe permitido construir sólidos conceitos sobre os desafios do setor de mídia. Tive a oportunidade de ler o artigo que ele escreveu ao se despedir dos colegas do SGR. Transcrevo um trecho:

> *A nova tecnologia digital vai impactar de forma definitiva o nosso modelo de negócio. Ela atrairá concorrentes de todos os cantos da Terra. Fará convergir para a palma da nossa mão som, dados, imagens e textos. Teremos dificuldades em reconhecer nossos concorrentes. A humildade em absorver novos conhecimentos, de saber transformá-los em benefícios concretos e diferenciados para o mercado e com eles gerar valor para o cliente e para o acionista será fator crítico para o sucesso.*

A estrutura organizacional da Infoglobo, contudo, manifestava grande autoconfiança, embora eivada com alguns traços de arrogância. Argumentava-se que a empresa tinha uma margem de contribuição saudável entre as dez melhores do mundo. *O Globo* tinha uma história de sucesso tão fantástica que mal tinha competidores. Seus acionistas são membros de uma importante família no país, proprietários das Organizações Globo. Ninguém imaginava que a companhia pudesse ter problemas. Essas circunstâncias geravam um modelo mental avesso a mudanças, e era isso que Novis teria de mudar se quisesse mudar a Cultura. Nem mesmo a crise financeira que enfrentaram em 2002, que os levou por quatro anos à mesa de negociação com seus credores, foi suficiente para quebrar o senso de infalibilidade, mas lhes trouxe muitos subsídios para construir o Plano de Mudança da Cultura.

Novis havia convidado um experiente executivo da área de operações, Paulo Novaes, para dirigir a área de Recursos Humanos durante essa tarefa, pois ele tinha compreendido a enormidade do desafio a enfrentar. A parceria entre esses dois executivos (cuja similaridade de nomes fará com que eu me refira a eles como Novis e Novaes) foi um elemento crucial nos primeiros estágios desse processo. Mais tarde, os dois conduziram o processo de sucessão que indicou o atual diretor-geral, Marcello Moraes, como o seu nome interno preferido por ocasião da aposentadora de Novis em 2011. A gestão sob a liderança de Marcello constituirá a terceira parte da jornada cultural descrita neste capítulo.

Novaes me disse que a frase favorita de Novis nessa época era "Hoje não se faz mais futuro como antigamente". Os dois foram em frente e iniciaram o processo de criação do futuro, preparando o cenário para Marcello entrar e conduzir a companhia mais adiante.

FATORES CRÍTICOS PARA O SUCESSO DA INFOGLOBO

Entrevistei vários funcionários da Infoglobo para este capítulo. Acompanhei também diversas jornadas culturais em muitas organizações. Poucas foram as que conseguiram andar tão longe e tão rápido. Eu procurava pelas diferenças que fizeram a diferença. Qual teria sido a abordagem que lhes permitiu a vantagem sobre tantas outras? Acredito que foram quatro os fatores principais:

- Consistência.
- Foco no comportamento da liderança.
- Ligação com a estratégia.
- Modelo mental de aprendizado contínuo.

1. Consistência

Consistência na liderança cultural. Dois diretores-gerais até agora lideraram o caminho para uma grande Cultura: Paulo Novis e Marcello Moraes. Ambos são muito obstinados e simplesmente não desistem. Cultura nunca foi retirada da lista de prioridades, a despeito de tantas outras pressões. O processo de seleção do sucessor de Novis foi conduzido com a meta de Cultura em mente, portanto, Marcello é a personificação do modelo mental futuro e da abordagem com as lideranças. Roberto Irineu Marinho, presidente das Organizações Globo, entendeu a importância desse elemento de mudança, tendo dado total apoio ao trabalho, especialmente por ocasião do processo de sucessão.

Consistência dos valores. As Organizações Globo sempre cultivaram fortes valores, e, ao longo do processo, a Infoglobo mostrou grande alinhamento com eles, especialmente ao assumir o compromisso de que os princípios editoriais das Organizações nunca seriam relegados. Em tempos de grandes mudanças, que incluem desafios ao próprio significado do profissional de jornalismo, isso constituiu uma âncora importante. A tradicional competência de entrega e de excelência operacional foi aplicada a uma nova direção estratégica. Novos valores, especialmente aqueles associados ao atendimento ao cliente, foram adicionados a essa tradição.

Consistência na abordagem. Os princípios culturais da abordagem "Walking the Talk" foram fatores consistentes na jornada da Infoglobo, mesmo depois da saída dos consultores envolvidos nos primeiros estágios da implantação. Novaes comentou comigo que, antes de conhecer a metodologia da nossa empresa, eles haviam tentado várias outras iniciativas que, no entanto, não apresentaram a mesma consistência. Marcello nos disse também que a frase "Walking the Talk", mesmo em inglês, continua hoje sendo um símbolo da Cultura que está sendo criada. O negócio internalizou os novos conceitos e modelos mentais e os adotou. Cada fase é construída com base na anterior. Em nenhum momento as pessoas sentem que um conceito anterior foi abandonado – não existe a "moda do mês".

2. Foco na liderança

Das três alavancas de mudança cultural – comportamentos, símbolos e sistemas –, o comportamento foi sempre visto como a mais importante, e o comportamento dos líderes, acima de qualquer coisa.

Estabelecimento de padrões. Expectativas sobre os líderes foram estabelecidas no princípio e relacionadas com a Cultura desejada. Nos primeiros anos, os esforços em Cultura se concentraram quase totalmente em melhorar os padrões de liderança.

Avaliação. Os líderes foram submetidos ao processo de "olhar no espelho", recebendo avaliações de colegas e sendo apoiados na interpretação dos resultados. As avaliações de comportamento receberam peso semelhante aos demais avaliadores de desempenho.

Competências. Os módulos de treinamento da liderança foram desenvolvidos com base na expectativa dos comportamentos esperados como líderes da Infoglobo. O processo para essas definição foi exaustivo, e a alta gerência foi intimamente envolvida no programa. Os gerentes discutiram em profundidade as qualidades desejadas e aprenderam a reconhecê-las nos outros.

Remuneração. O sistema de compensação até então vigente era baseado no desempenho individual e departamental. Assim, uma extensa lista de indicadores era avaliada periodicamente para compor a parte variável da remuneração dos executivos e funcionários. Eles revisaram esse sistema, adotando peso maior para indicadores corporativos – iguais para todos – e também para um compartilhamento cruzado de indicadores entre as áreas de apoio e seus clientes internos. Os resultados foram publicados mensalmente nos quadros de aviso da empresa.

Programa de desenvolvimento da liderança. Marcello considerou o programa de liderança como a sua mais importante iniciativa e se envolveu pessoalmente no planejamento do programa anual de desenvolvimento.

Modelos mentais. Todas as iniciativas reconheceram que a maneira como as pessoas pensam e sentem (o nível SER) é a chave para a mudança de comportamento. Os líderes e os desenvolvedores dos programas de treinamento aprenderam como impactar esse nível com a ajuda de consultores especializados que foram contratados para apoiar esse projeto.

Avaliação e recrutamento. Avaliar pessoas na dimensão cultural foi importante, especialmente no programa de sucessão montado para escolher o executivo que sucederia Novis. Líderes na Infoglobo estão agora acostumados a serem medidos – e eles compreendem que comportamento pesa tanto quanto o desempenho operacional. O time de RH reconhece que pessoas de fora podem ser um risco cultural, mas também uma grande oportunidade; assim, contratações de peso foram feitas para fortalecer o grupo.

Sistemas. Nessa nova era digital, tornou-se evidente a importância de uma plataforma editorial que trouxesse agilidade, confiabilidade e flexibilidade à edição do conteúdo. Eles investiram em uma abrangente avaliação de tecnologia, com visitas a empresas de ponta no Brasil e no exterior. O resultado foi um sucesso: em uma única tela, o jornalista passou a editar matérias para diversas plataformas, do papel ao celular. Um novo sistema para uma nova forma de pensar e produzir conteúdo dando suporte à nova Cultura.

Meta de resultado. Para fazer frente aos investimentos necessários para os desafios digitais, eles estabeleceram uma desafiadora meta de resultado, *benchmark* internacional da categoria – quase o dobro do resultado que a empresa vinha obtendo no início da jornada. O que lhes parecia um sonho distante foi praticamente alcançado no quinto ano do processo de mudança cultural.

3. A ligação com a estratégia e os imperativos de negócio

Existe uma lógica consistente e alinhamento entre essas diversas peças no quadro da Infoglobo.

Propósito. A Infoglobo redefiniu o seu propósito como prover informação e entretenimento aos seus clientes. Eles ampliaram o propósito da empresa para além de ser uma editora de jornais. O trabalho em Cultura foi solidamente baseado nessa mudança de propósito. Assim que isso foi estabelecido, ficou claro que os modelos mentais e os comportamentos tinham de mudar também. Por exemplo, gerenciar uma empresa multiprodutos onde cada cliente pode receber informações por meio de diversos dispositivos requer uma considerável colaboração entre vários departamentos.

Comprometer os funcionários nos imperativos do negócio. Pelo fato de a empresa apresentar bons indicadores econômicos quando iniciou o processo cultural, tornou-se necessária uma forte ênfase desde o início na construção do racional de mudança. A Infoglobo investiu muito na construção desse caso, envolvendo funcionários e criando cenários futuros alternativos. Devido às mudanças externas estarem acontecendo tão rapidamente, não era possível uma definição exata da direção que a empresa tomaria, assim foi dada uma forte ênfase à preparação para a mudança.

Abordagem sequencial. A jornada teve três fases. Primeiro, envolver os funcionários no racional para a mudança e selecionar os líderes-chave. Segundo, introduzir a voz do cliente e construir a abordagem de espírito de equipe necessária para gerenciar múltiplos produtos. Por último, enfrentar um dos traços mais arraigados da Cultura do passado: a arrogância e o paternalismo. A percepção dos líderes se expandiu ao longo do processo.

4. O modelo mental do aprendizado

Frequentemente me perguntam quais seriam, em minha opinião, os modelos mentais ideais para o sucesso em atingir objetivos culturais. Eu concluí que são a curiosidade e a abertura intelectual – que levam ao aprendizado contínuo. A Infoglobo se percebeu como arrogante ao iniciar sua jornada cultural. Marcello ainda acredita que haja espaço para melhorar nesse aspecto. Ainda é, e tem sido, uma mensagem importante desde o início.

Adoção de melhores práticas. A Infoglobo não se vê como uma empresa de tecnologia. Ela reconhece que serão outros, em outros países, os primeiros a inventar novas formas de prover informação às pessoas. Foi preciso observar, cultivar o aprendizado e fazer com rapidez as adaptações para o mercado brasileiro. Além disso, foi importante estimular a inovação e a criatividade do pessoal na busca de soluções para os clientes e de oportunidades no mercado de informação e entretenimento.

O desejo do autoconhecimento. Até o início desse processo, ninguém na Infoglobo tinha dado ou recebido *feedback* sobre o comportamento de colegas, chefes ou subordinados. A ferramenta de avaliação 360 graus e as reuniões decorrentes iniciaram uma nova prática. Hoje um importante papel dos líderes é aprender e facilitar o aprendizado dos outros. As pessoas sabem que "para que as coisas mudem, primeiro é preciso que elas mudem".

"Acima da linha". O modelo de responsabilização (ser o protagonista) foi introduzido na Infoglobo desde o início. Eles o adotaram intimamente. Esse comportamento é um pré-requisito para o aprendizado porque permite que cada um veja sua responsabilidade em uma situação e se prepare para uma próxima vez.

A jornada é contínua. Os líderes da Infoglobo não expressam a crença de estar próximos do fim da jornada cultural. A cada dia, planejam a próxima etapa.

Esses são os elementos que fizeram a diferença na Infoglobo. Podem-se encontrar alguns deles na maioria das empresas que estão trabalhando sua Cultura, mas é raro ver todos embalados em conjunto e seguidos durante um longo período. Se o trabalho cultural em sua empresa já está em andamento, procure avaliá-la contra eles. As avaliações mais fracas apontarão as causas do progresso insatisfatório.

A JORNADA PROPRIAMENTE DITA

Ao olhar para trás, a impressão que você pode ter é a de que se trata de um caminho retilíneo. Mas não é assim que se sente no início. Eu quero descrever a experiência da Infoglobo porque acho que ela vai encorajá-lo. De onde você está, parece que não está fazendo muito progresso. Mas, como você verá, com um passo de cada vez e os atributos que acabei de descrever, você chegará lá.

Primeiro estágio 2003-2008 – Construindo a nova direção

Um fator-chave que contribuiu para a atual posição de liderança da Infoglobo foi a visão, desde muito cedo, de que o mundo dos jornais iria mudar para sempre. Paulo Novis começou a pensar e agitar a mudança já em 2003, muito antes que os leitores deixassem o papel como principal fonte de informação ou que as novas tecnologias ficassem acessíveis à população. Nesse tempo, os provedores de internet e as companhias telefônicas construíam os seus portais e contratavam seus próprios jornalistas. De repente, os tradicionais leitores do jornal *O Globo* começaram a procurar por informações atualizadas em seus computadores, exigindo da Infoglobo matérias em tempo real, e não apenas a simples transposição do conteúdo impresso. A empresa, que dominava o mercado de jornais no Rio de Janeiro, onde a liderança não era ameaçada, estava subitamente vendo novos competidores vindo de áreas até então inimagináveis. E como a receita publicitária é baseada em audiência, a ameaça era clara.

Durante esse período, a prioridade de Novis era criar uma visão mais clara do futuro e conscientizar a organização da necessidade da mudança. Foi necessário começar pela mudança dos comportamentos individuais. "Como alcançar resultados diferentes se cada um continuar a fazer as coisas como sempre fez?" – perguntou-se Novis. Assim, ele criou o projeto denominado "Nossa Praia, Nossa Turma", que explicitava os valores éticos e os comportamentos individuais para ter um ambiente propício ao trabalho em equipe, enfatizando as competências complementares e o foco nos resultados.

O projeto adotou o frescobol como símbolo para representar o comportamento e a relação cotidiana entre pares, um jogo de raquetes de madeira e uma bola de borracha, comum nas praias brasileiras, especialmente no Rio de Janeiro. A graça do jogo está na troca de bola entre os jogadores, mesmo que com a prática esta troca seja mais forte e acirrada. O divertimento vem das longas trocas de bola, em que não há vencedor e vencido. Esse símbolo lúdico traduziu e explicitou de forma simples, para os funcionários de todos os níveis hierárquicos, o modelo de comportamento colaborativo indispensável na prática do trabalho em equipe e essencial para uma organização que priorizou mudar por meio das pessoas.

Mais uma vez uma empresa de consultoria foi contratada para analisar o negócio. Seus relatórios sugeriram que muitas coisas poderiam ser melhoradas para aumentar a rentabilidade dos negócios atuais e forneceram pistas sobre o tamanho da mudança que estava por vir. Somente o fato de a empresa ter buscado consultores que abordavam aspectos de Cultura organizacional já foi um símbolo de mudança para os gerentes. Alguns não podiam imaginar como pessoas de fora poderiam entender suficientemente do seu negócio para fazer qualquer contribuição relevante nesse aspecto. Seus relatórios podem ter gerado controvérsias, mas introduziram os germes da mudança.

Uma das primeiras iniciativas foi a utilização de "Mapas de Aprendizado", internamente conhecidos por "Charge de Negócio", utilizados como uma maneira inovadora de envolver todos os empregados no processo de mudança. Um desenho explicando o estágio atual da empresa, mesclado com a visão do futuro para os próximos cinco anos, permitia visualizar um cenário "De-Para". Ele trazia ao centro uma ponte indicando a passagem de um para o outro – a ponte do futuro. Um detalhe com grande significado para a Cultura do exemplo: sentado nessa ponte via-se a figura do Dr. Roberto Marinho, representado por uma clássica ilustração do Chico Caruso. Sua presença e seu espírito empreendedor no caminho para o futuro inspiravam a todos.

Workshops foram realizados para discutir os mapas, espalhados pelas paredes da empresa, de modo que todos os funcionários pudessem ver e entender o processo de transição. Os jornalistas, por exemplo, viram que no futuro eles não estariam mais vinculados a um único jornal. Para um jornalista de *O Globo*, por exemplo, era difícil imaginar que o seu trabalho pudesse ser compartilhado por várias publicações, em diferentes plataformas. Inicialmente, eles acharam isso ridículo, mas as sementes de mudança de mentalidade tinham sido plantadas.

Conforme progredia o pensamento estratégico, Novis estava chegando à conclusão de que os desafios de negócio poderiam ser endereçados; o grande problema, na verdade, viria do modelo mental e do comportamento dos funcionários da Infoglobo. Assim, mesmo que adequadas iniciativas para enfrentar as ameaças digitais fossem bem planejadas, elas teriam pouca chance de uma implantação com sucesso na Cultura atual. Esse foi o maior desafio que a organização enfrentou, mesmo porque havia poucos exemplos de companhias no Brasil que tivessem atacado esse problema com êxito. Eles precisavam de ajuda.

Nesse momento, Paulo Novis resolveu convidar um de seus mais experientes executivos da área de operações, Paulo Novaes, para assumir a diretoria de RH e ajudá-lo a gerenciar o processo de mudança. A escolha de Novaes foi um importante símbolo de que pessoas, seus comportamentos e seus modelos mentais eram realmente importantes na condução do futuro. A liderança da Cultura tornou-se um critério essencial para a transformação da Infoglobo.

Segundo estágio 2008-2011 – Construindo o time

Foi nesse momento que a Infoglobo foi exposta ao quadro de Cultura delineado neste livro. Consultores foram contratados para ajudar no processo, e foi essa a primeira vez que eu conheci o grupo. Desenhamos um plano em fases e o apresentamos a Novis e Novaes.

Avaliação

O primeiro passo foi realizar uma avaliação da Cultura atual. Embora o grupo entendesse instintivamente como era sua Cultura, por lidar com ela diariamente, não era capaz de descrevê-la de modo objetivo que permitisse a elaboração de uma sistemática de mudança. A avaliação de Cultura, uma combinação de dados qualitativos e quantitativos, trouxe algumas mensagens bastante duras, descrevendo algumas características culturais que sugeriam que mudanças eram imperativas. Ao mesmo tempo, apresentava uma descrição das características culturais positivas, especialmente na área editorial e na excelência operacional. Eram quatro os traços de comportamento que deviam ser atacados com prioridade:

1. *Olhar o próprio umbigo.* A organização não havia encorajado seu pessoal a realmente entender o mundo exterior, especialmente os leitores e anunciantes cujas necessidades o jornal atendia. Marketing era um conceito tático, não estratégico. A satisfação do leitor não era adequadamente medida. Na verdade, não se falava muito do leitor na profundidade necessária, fosse na redação ou no departamento de circulação. Os jornais eram bons, e as pessoas os compravam. Mas o talento dos profissionais e anos de fraca competição permitiram que, mesmo assim, a empresa se tornasse um negócio de sucesso.

2. *Arrogância.* Talvez por razões similares, a organização tinha traduzido seu justo orgulho na qualidade do produto em um modo de pensar que beirava o senso de serem invencíveis. Essa característica, na verdade, não causava nenhum grande prejuízo no cenário atual, mas seria um problema se as ameaças digitais viessem a se concretizar.
3. *Paternalismo.* A empresa era tradicional de várias formas. As pessoas eram tremendamente leais e tendiam a permanecer por muitos anos lá. Os funcionários eram respeitados e respeitavam os líderes. Os chefes tomavam as decisões, que eram obedecidas sem muito questionamento.
4. *Operação em silos.* Fazer um jornal exige a participação de muitas áreas – redação, comercial (publicidade), impressão, circulação, marketing e tecnologia. Na Infoglobo, assim como na maioria das empresas de mídia e mesmo em muitas outras indústrias, essas áreas não interagiam muito. Quando havia questões a serem resolvidas, elas escalavam e eram resolvidas na diretoria. O jornalismo era a área mais influente nesse grupo.

Reverter esses quatro traços era, e continua sendo, o objetivo cultural da Infoglobo. O futuro demandava organizações centradas no cliente, abertas ao aprendizado, com alta delegação e ambiente colaborativo. O desafio cultural havia sido definido, e o grupo estava motivado pela oportunidade de liderar essa transformação.

Desenvolvimento da liderança

O próximo passo era focar o grupo executivo, seus próprios comportamentos e como estavam praticando seus papéis na Cultura desejada para o resto da organização. A utilização de uma ferramenta de avaliação 360 graus levantou as informações que permitiram ao grupo exercitar o autoconhecimento e construir um diálogo com os colegas sobre os comportamentos adequados. Muitas coisas que anteriormente eram pensadas, mas não ditas, foram colocadas sobre a mesa de forma construtiva. O grupo aprendeu como abordar questões delicadas, expressar suas opiniões em uma discussão criativa e o que significava liderar um processo de mudança cultural.

Esse processo, em parte facilitado por especialistas contratados, levantou o padrão de relacionamento do grupo. Tornou-se muito clara a identificação de quem desejava participar da jornada e de quem não estava embarcado. Gradualmente, Novis e Novaes foram capazes de construir a equipe que levaria a organização para o futuro.

Inovação

Novos produtos e negócios, em um ambiente tecnológico de ruptura, exigem uma nova Cultura: a Cultura de uma empresa *startup*. Mas como se faz uma organização madura, de sucesso, com mais de 80 anos, aprender a inovar, experimentar, pensar fora da caixa, valorizar os próprios erros, testar modelos e decidir sem o clássico *business plan*? A questão que se apresentava a eles era como conduzir a inovação: dentro do ambiente tradicional ou por meio de unidades independentes, parcerias ou *joint ventures*?

A discussão foi levada à diretoria, que discutiu as alternativas. Fazer dentro traria as vantagens do aprendizado e a contaminação da empresa com a nova Cultura; por outro lado, haveria desvantagens na velocidade de execução e na possível redução do *time to market*. Fazer externamente traria a vantagem da agilidade do pensamento independente, mas poderia levar à criação de uma Cultura de Inovação distante da organização. Ao entender que o futuro se apresentava tão imprevisível e diferente do passado, o grupo decidiu fazer os dois movimentos: criar uma estrutura organizacional interna que permitisse que produtos inovadores florescessem sem serem abafados pelo peso da Cultura atual e, em paralelo, associar-se a jovens empreendedores por meio de *joint ventures*.

Assim, novos produtos seriam cultivados em uma diretoria especialmente criada para isso e posteriormente incorporados às unidades de negócio ao se tornarem mais maduros. Ao mesmo tempo, modelos de negócio inovadores que fossem criados externamente poderiam ser compartilhados com a estrutura interna, de modo a contaminá-la com o espírito de *startup*.

Marketing

A estratégia multiplataforma da marca O Globo estava pronta. Ela mantinha seu tradicional compromisso com o Rio de Janeiro e com sua responsabilidade social na formação da cidadania e foi estruturada para sustentar as iniciativas da marca nas diversas plataformas analógicas e digitais. Era chegada a hora de comunicar ao público. Um conceito criativo foi desenvolvido pela agência que atendia a empresa, traduzido pela frase "O Globo. Muito além do papel de um jornal".

Aprovar esse conceito na época, quando nem todos os produtos digitais estavam no ar, foi uma decisão arrojada do grupo gestor. Mas eles acreditavam que a estratégia de publicar uma promessa ambiciosa criaria internamente um compromisso com a entrega. Ao mesmo tempo, reforçava as mensagens dos comportamentos esperados pelo plano de Cultura: trabalho em equipe, Foco do Cliente, pensamento inovador e empreendedorismo. Assim, a estratégia de comunicação ao consumidor dava suporte à mudança cultural, ao mesmo tempo que se tornava um compromisso com os clientes, trazendo o sentido de urgência.

Planejamento de sucessão

A Infoglobo já havia implantado havia alguns anos um plano de previdência privada que facilitasse aos seus executivos o planejamento de sua aposentadoria e permitisse um movimento de renovação dos gestores. Baseado nesse conceito, Paulo Novis já havia combinado com os acionistas o planejamento da sua sucessão. Novis sabia que a escolha de um novo diretor-geral determinaria a continuidade da execução do plano de mudanças ligado ao planejamento estratégico. Tendo em vista a necessidade de compromisso com a jornada cultural, ele tinha preferência pela indicação de um candidato interno e estava determinado a recomendar aos acionistas a melhor opção. O processo que ele escolheu para fazer isso acontecer foi por ele considerado como a mais importante peça da jornada cultural por ele liderada.

O primeiro grande aprendizado aconteceu logo no início do processo: nem sempre os candidatos que intuitivamente lhes pareciam óbvios eram os mais adequados. As pessoas têm seus próprios sonhos e expectativas, e assumir tal responsabilidade pode não estar alinhado com eles. A condução formal do processo permitiu que esses temas fossem discutidos e expostos de forma aberta e franca.

Cada executivo sênior passou por um extenso programa individual de avaliação sob a liderança de um especialista especialmente contratado para essa tarefa. Cada um deles foi entrevistado, assim como seus subordinados diretos, e submetido a uma bateria de testes quantitativos. Os relatórios gerados confirmavam algumas previsões, mas continham também algumas surpresas. Sobretudo, eles apontavam para um sucessor que cinco anos antes não constava do radar da empresa. De fato, ao ser entrevistado, esse candidato me disse que assumir o cargo de diretor-geral era algo que ele nunca havia considerado seriamente.

Em paralelo, Novis contratou uma empresa especializada para levantar potenciais candidatos do mercado. A lista de nomes apresentada foi analisada de modo a oferecer alternativas caso o processo interno não apontasse um sucessor aprovado pelos acionistas.

Marcello Moraes foi finalmente o diretor-geral recomendado e aprovado pelos acionistas. Ele vinha da área de operações, com experiência em suprimentos e logística, sem nenhuma vivência em cargos editoriais. Foi por suas competências de liderança que foi escolhido, e isso constituiu mais um símbolo. Ele era apaixonado por Cultura e gostava de gerenciar pessoas. Seu departamento consistentemente aparecia nos primeiros lugares no *ranking* das pesquisas de satisfação dos funcionários. Ele praticava o seu discurso, muito alinhado com o que a organização precisava se tornar. Ele estava mais comprometido com a Cultura desejada do que qualquer outro candidato interno ou externo. Embora no passado pudessem ter sido feitas escolhas instintivas baseadas em valores culturais, esta foi a primeira vez que um extensivo programa de avaliação foi conduzido e no qual os valores e a Cultura desejados estavam claramente no topo dos critérios de seleção.

"Infuturo": definindo a estratégia do futuro

Se anteriormente, como já mencionei, eles construíram um "Mapa de Aprendizado" para apresentar a visão de futuro, era chegada a hora de elaborar algo semelhante, que permitisse à empresa apresentar aos funcionários um quadro atualizado dos desafios do futuro. O grupo gestor do projeto analisou algumas alternativas e concluiu pela necessidade de elaborar um documento que mapeasse os principais movimentos do mercado nacional e internacional. Quem contratar para fazer esse levantamento? Quais as consultorias disponíveis? Finalmente, tomou-se uma decisão inovadora. Por que não formar um grupo de trabalho interno para conduzir os trabalhos? E quem melhor que os seus próprios jornalistas para realizar um trabalho investigativo? Assim, foi solicitado às redações que apontassem alguns de seus membros para se dedicar em tempo integral à tarefa. Dessa forma, foi constituído o Projeto Infuturo, uma junção dos nomes Infoglobo e Futuro. Marcello Moraes foi estrategicamente apontado para coordenar os trabalhos, também em tempo integral.

Os resultados desse projeto apontaram ser impossível uma previsão exata das rápidas mudanças tecnológicas que viriam a impactar leitores e anunciantes. Assim, cinco diferentes cenários foram descritos, e a prioridade da Infoglobo seria construir as competências que lhe permitissem ter sucesso em cada um deles. Qual tinha maior probabilidade de acontecer era algo fora do controle da empresa, mas construir a Cultura e a flexibilidade necessárias estava totalmente em suas mãos. As competências para qualquer futuro resumiam-se em estar próximo aos clientes, em um ambiente de trabalho cooperativo, com humildade e disposição para aprender, nunca assumindo que tivessem todas as respostas.

Estrutura organizacional

Outra iniciativa que eles conduziram em paralelo foi a montagem de um grupo de trabalho composto por Novaes e Marcello, coordenado pessoalmente por Novis e apoiado por uma consultoria especializada. Com base nos cenários apresentados no Projeto Infuturo, discutiram-se o melhor formato de organização e o perfil dos executivos que deveriam conduzir as entregas do plano estratégico. Uma nova estrutura foi desenhada e colocada em prática.

Quando Marcello se viu na posição de Novis, o cenário estava pronto. Ele tinha um plano e sabia o que teria de fazer. Contava com uma diretoria comprometida e organizada de forma eficiente. Cabia a ele usar suas competências de gestor e conduzir o processo de evolução.

Terceiro estágio 2011 – Uma nova era

Marcello não sabe nem ao menos quantos produtos a Infoglobo publica atualmente. Há dez anos eram menos de meia dúzia. Hoje cada título está disponível em múltiplas plataformas e cada produto é distinto, desenhado tendo o cliente e a plataforma em mente. A competição é agora infinita, pois tudo disputa a atenção dos leitores. Se antes as pessoas dedicavam uma hora para ler o jornal, hoje elas navegam entre vários sites e podem dedicar menos de um minuto para olhar uma notícia. A medida de audiência tornou-se não apenas o número de leitores, mas também o seu engajamento, ou seja, o tempo que o leitor permanece no site antes de pular para outro qualquer. A mais notável mudança tem sido o número de pessoas envolvidas no lançamento ou na produção de um novo produto. Marketing, tecnologia, redação e comercial trabalham em conjunto para fazer as coisas acontecerem. As pessoas não se associam com um único produto, mas com a Infoglobo como produtora de conteúdo. Já aconteceram grandes mudanças na Cultura, mas Marcello sabe que ainda há muito a ser feito.

Ele sabe que o seu trabalho é principalmente focar as lideranças. Nos seus primeiros 18 meses no cargo, isso significou os 84 gestores no topo da hierarquia. Ele precisa estar seguro de que esse grupo está totalmente comprometido, que eles compreendem os seus papéis como líderes e entendem a Cultura que eles coletivamente têm de construir. Ao se dedicar pessoalmente a essa prioridade, ele escolheu duas iniciativas no seu primeiro ano como diretor-geral.

Construindo o time de liderança

Paulo Novis desafiou a organização a pensar em novos caminhos, alterando radicalmente o "ser uma empresa jornalística" para "ser uma empresa de conteúdo". Quando Marcello assumiu, não havia um alinhamento completo sobre o significado dessa expressão. Seu primeiro trabalho foi desenvolver a equipe ideal para o futuro. Ele trouxe novos membros. Alinhou a equipe sobre as novas maneiras de fazer as coisas. Quando teve a certeza de que a diretoria estava começando a enviar as mensagens corretas sobre o que era esperado, ele voltou sua atenção para uma população de líderes mais ampla. Para construir a Cultura que a organização necessitava, a influência desses líderes era essencial.

No início, as expectativas de Marcello eram desafiadoras, mas em algumas questões ele assumiu uma posição firme. O glossário deste livro foi um ponto de referência importante. "Comportamentos, Símbolos e Sistemas" tornou-se algo a que o grupo se referia frequentemente. Avaliação em 360 graus era inquestionável. O time tinha de praticar o seu discurso e assim, paulatinamente, assumir os papéis de comportamento desejados para a organização do futuro.

Reuniões individuais com cada líder

Ao longo deste livro eu enfatizei o poder dos símbolos em enviar mensagens sobre a firmeza de intenção de praticar o seu discurso. Como você emprega o seu tempo é um dos mais controláveis e poderosos símbolos. Marcello realizou um movimento importante nesse sentido. Ao longo de um ano, ele se reuniu por duas horas com cada um dos 84 gerentes. Ele dedicou todas as tardes das segundas-feiras a essa tarefa. Essa inciativa teve um profundo impacto.

Em primeiro lugar, é um reflexo do estilo pessoal de Marcello e do estilo de liderança que ele está incentivando os outros a adotar. Esse estilo diz que "eu não tenho todas as respostas"; demonstra humildade, desejo de aprender e reflete a crença de que, se você dá às pessoas a oportunidade de falar abertamente, elas contribuirão de forma significativa. O pessoal de RH comentou que alguns gerentes, após serem convidados para essa reunião, ligavam preocupados querendo saber o que significava aquele convite. Eles recebiam como resposta que aquilo não era nada mais nada menos do que o que parecia. Marcello simplesmente queria saber o que estava funcionando e o que poderia ser melhorado na empresa, e sobre isso ele gostaria de ouvir uma avaliação pessoal e sincera de cada um deles.

Em segundo lugar, Marcello soube de muitas coisas sobre a empresa que ele não teria descoberto por qualquer outro meio. Ele soube onde residiam as tensões entre os diversos departamentos, quais os elos quebrados e os que estavam funcionando bem. Ele fez apontamentos em cada uma dessas reuniões e, posteriormente, compilou os retornos obtidos em um documento que, então, discutiu com os diretores. Quando alguma coisa lhe era reportada por várias pessoas, ele poderia concluir que se tratava seguramente de algo que necessitava reconhecimento ou atenção. As pessoas frequentemente tendem a se relacionar para cima de modo diferente do que se relacionam para baixo. Assim, ao saltar um nível da hierarquia e falar diretamente com os subordinados diretos de seus diretores, ele pôde construir uma percepção mais acurada do negócio.

Finalmente, ele conheceu melhor seu grupo de líderes-chave. Ele soube como eles entendiam seus papéis e também que essas percepções estavam, em sua maioria, bastante alinhadas ao seu próprio entendimento. Apenas um pequeno grupo não entendia o que se esperava deles – por exemplo, não entendiam como de sua responsabilidade o desligamento de alguém no seu grupo que não tivesse bom desempenho –, achavam que isso deveria ser feito pelo RH. Marcello também encontrou um pequeno grupo – quatro ou cinco executivos – que sabia o que se esperava deles, mas não estavam dispostos a fazê-lo. A este grupo ele dizia claramente que "você então não pode estar nessa posição, porque esse é o trabalho que eu quero que você faça".

Assim, ele pôde rapidamente estabelecer as normas e os padrões que esperava e ganhar credibilidade da organização por reconhecer onde as coisas não funcionavam e tomar as ações corretivas adequadas.

A escolha e a comunicação dos quatro comportamentos fundamentais

O grupo gestor selecionou os quatro comportamentos fundamentais que seriam a base do processo da mudança cultural. Estes foram incorporados aos processos de treinamento, avaliação de liderança e comunicação. A consistência desses quatro é forte. São eles:

- Alinhamento.
- Proatividade.
- Comunicação.
- Liderança.

Simples e poderoso. E baseados nas características mais críticas para o sucesso da mudança cultural.

Um programa de treinamento da liderança acompanhado pessoalmente
Marcello deu início a um trabalho com a liderança no qual espera realizar a cada ano um programa de treinamento de líderes. Ele assumiu pessoalmente a responsabilidade de supervisionar esse programa. Usando como suporte recursos de consultores externos, ele aprova cada elemento do programa que será ministrado aos líderes. Dessa forma, ele é capaz de controlar e influenciar as mensagens que deseja, assim como reforçar as áreas mais importantes. Ao tempo em que escrevo, o primeiro ano desse programa já está completo, e o segundo, em andamento.

Esse programa foi individualizado para cada área da organização. A redação recebeu atenção especial, pois nesse negócio essa área foi sempre considerada a mais influente. Uma mudança aí teria grande impacto na organização como um todo.

O conceito essencial "acima e abaixo da linha" continua em uso pela Infoglobo em suas iniciativas com a liderança. É uma referência aos comportamentos de Vítima e Protagonista e representa muito bem o que se espera hoje de seus líderes. Se estes se colocarem "abaixo da linha", dizendo coisas como "o nosso problema é que o mercado mudou", não serão capazes de realizar as mudanças necessárias. A mentalidade precisa ser "nessa situação de mercado, como podemos nos adaptar e continuar a ser importantes para nossos leitores e anunciantes?".

Responsabilidades matriciais

A Infoglobo também criou uma inciativa não usual para fortalecer o conceito "Um Só Time" no nível de diretoria. Cada linha de despesa do orçamento corporativo foi atribuída a um dos diretores como uma responsabilidade pessoal. Assim, por exemplo, o diretor de marketing foi designado como responsável pela linha de despesas de viagem, e o diretor de recursos humanos, pela linha de despesas de comunicação. Isso significa envolver os executivos em assuntos corporativos com os quais não tinham familiaridade. Os diretores têm de procurar a colaboração de seus pares para desenvolver alternativas de redução de custos com um olhar inovador. O que era anteriormente considerado uma área sob o domínio da Controladoria passa a estar aberta a todos. Como resultado, os diretores aprendem a estender sua visão para fora de suas áreas, tornando-se mais aptos a entender o conjunto da organização. Marcello Moraes considera essa iniciativa uma importante mudança no escopo das responsabilidades, funcionando como um símbolo que reforça os objetivos do trabalho em equipe.

A contribuição do negócio para o trabalho de Cultura

Eu realizei as entrevistas dentro da Infoglobo para este livro no início de 2013. Soube que um considerável progresso havia sido realizado. Dos quatro elementos identificados na Cultura original na avaliação de 2008, transformações já haviam ocorrido em dois: Colaboração e Foco do Cliente. A organização já não trabalha em silos como no passado. Colaborações significativas permitiram que muitos produtos fossem lançados rápida e eficientemente.

O Foco do Cliente permitiu que a voz dos novos leitores esteja agora presente e ativa na organização. Um grupo de seis leitores jovens, membros da geração acostumada a receber notícias digitalmente, tornou-se um importante fator no projeto de novos produtos, atuando como "consultores internos". Isso permitiu o desenvolvimento de verdadeiros produtos novos, concebidos para serem utilizados em novos dispositivos, com base no modo como os usuários utilizam esses aparelhos. A Infoglobo não está produzindo jornais adaptados para tablets ou celulares, está produzindo conteúdo para usuários de tablets e celulares. Os grupos de jovens foram autorizados a criticar o conteúdo, e as chefias editoriais mais experientes levam em conta essas sugestões. Essa combinação de foco no leitor e colaboração teve profundo impacto na habilidade com que o negócio enfrenta a transição digital para, assim, continuar a manter o sucesso do passado.

Em 2013, somente 5% dos leitores usavam os meios digitais como fonte primária de informação. Mas com a tendência de celulares e outros dispositivos se tornarem mais acessíveis e utilizados por crescentes segmentos da população, a Infoglobo sabe que isso mudará. Em outras partes do mundo, para certas publicações, essa penetração já chega a 50%. É provavelmente uma questão de tempo no Brasil. Na verdade, a mais importante realização do processo de mudança cultural da Infoglobo é que eles acreditam já terem construído muitos dos elementos da Cultura desejada.

Uma Cultura adequada facilita a adaptação e o sucesso em qualquer cenário do futuro.

Esse é o mais importante objetivo, aquele que vai assegurar a perenidade da empresa.

O caminho adiante

É claro que há muito por fazer. Dos quatro desafios culturais identificados, Marcello considera que dois ainda estão impregnados na Cultura e precisam mudar: uma tendência à arrogância e uma atitude paternalista. Esses são os que estão agora no centro de sua atenção.

Na perspectiva centrada no cliente, mais atenção será dada ao anunciante enquanto cliente, na esteira do progresso feito com os leitores. A Infoglobo vê muitas oportunidades de trabalhar com os anunciantes, que, por sua vez, também sentiram o forte impacto da ascensão da mídia digital. Por exemplo, na criação de projetos especiais que reconheçam a complexidade da distribuição de suas verbas publicitárias entre as múltiplas fontes de informação.

Para a Infoglobo, tornar-se mais aberta e colaborativa com seus anunciantes é uma importante contribuição para o seu sucesso financeiro.

A história da Infoglobo é uma boa ilustração do poder de focar os elementos de Cultura um de cada vez. Colaboração foi absolutamente essencial no desenvolvimento de produtos digitais. Foco do Cliente é essencial para capturar toda uma nova geração de leitores digitais. Com a ascensão desses dois elementos, a equipe de liderança pode voltar sua atenção aos elementos de arrogância e paternalismo. A jornada cultural é lenta, por esse motivo é preciso comemorar cada etapa alcançada, de modo a manter acesa a chama de determinação, para prosseguir a caminhada.

16

A VIAGEM PARA O FUTURO

Prevejo que nos próximos dez anos haverá um crescimento espetacular da importância da Cultura nas organizações. A distância aumentará entre aquelas com Cultura de vanguarda e aquelas cuja Cultura limita seu desempenho e resulta em lugares depressivos e frustrantes para se trabalhar. Aquelas que não conseguiram enfrentar suas Culturas em tempo hábil vão ficar cada vez mais para trás. Culturas avançadas atraem os melhores profissionais, enquanto Culturas retrógradas perdem a luta por talentos e por investimentos. Sua capacidade de crescimento e renovação será prejudicada e seu desempenho sofrerá.

Há muitas razões que levam a essa conclusão.

DADOS COMPARATIVOS DE CULTURA

Atualmente, há mais acesso a dados comparativos sobre boas e más Culturas. Pesquisas globais avaliam muitas organizações utilizando as mesmas perguntas; esses dados, embora confidenciais, devem passar para domínio público. Assim como os movimentos de direitos dos consumidores nos anos 1960 e 1970 nos proporcionaram comparações objetivas sobre produtos, comparações objetivas sobre Culturas estarão em breve disponíveis. Existem hoje na internet sites em que as pessoas podem discutir abertamente sobre organizações, suas forças e fraquezas, o que seria considerado inimaginável anos atrás. Até o momento, a mídia não abordou amplamente essas comparações e não trata dados sobre empregados como faz com dados financeiros ou salários de executivos. Neste momento, se eu quiser trabalhar em uma companhia de petróleo, por exemplo, não encontro dados objetivos que me informem qual das dez maiores tem a melhor Cultura, tornando-se a estimulante, divertida e com melhor clima de trabalho. Mas isso está mudando rapidamente. A mídia já usa amplamente a palavra "Cultura" para descrever organizações, e suas fontes estão se tornando mais informadas.

Imaginem se fosse de conhecimento público que o pessoal da sua empresa não é valorizado, sua opinião não levada em conta, sua contribuição não valorizada. Ou que 70% dos projetos iniciados morrem sem ter entregado os resultados do seu plano de negócios. Ou que é um procedimento normal que o pessoal de outro departamento boicote os esforços dos seus colegas. Ou que existem reuniões sem fim, mas o pessoal não faz nada do que foi combinado. Quem decidiria trabalhar lá, quando existe outra próxima onde acontece tudo ao contrário? Quando escrevi a primeira edição deste livro em 2004, isso era uma visão futurista; mas agora a mídia social a tornou uma realidade.

MOBILIDADE DA FORÇA DE TRABALHO

As pessoas se movem entre organizações muito mais rapidamente do que no passado. Gente boa não tem medo de tomar essa decisão. Conforme se movimentam, elas comparam as experiências em trabalhar em cada uma delas. Aqueles que têm empregabilidade vão refinar seus critérios e incluir a Cultura. Os que estão em uma Cultura frustrante e depressiva se moverão em uma velocidade ainda maior do que agora.

Com as pessoas se movimentando, as empresas vão se tornar especializadas em contratar novas pessoas e ajudá-las a se tornarem produtivas muito depressa. No caso de empreiteiras, equipes inteiras são contratadas e precisam trabalhar quase que imediatamente.

Culturas boas, fortes e eficazes enviam mensagens sobre comportamentos esperados no mesmo dia em que as pessoas entram. Esses comportamentos têm padrões elevados. Elas rejeitam pessoas que não se adaptam facilmente. Elas possuem tal ritmo que não podem se sujeitar a serem refreadas por recém-chegados cujo comportamento seja defensivo, egoísta ou não baseado em valores sólidos.

A QUALIDADE DE VIDA TERÁ MAIS PRIORIDADE

Culturas pobres necessitam de mais tempo para apresentar resultados. Elas fomentam a Cultura machista de levar vantagem que exige que todos trabalhem até mais tarde para mostrar comprometimento e bom desempenho. Gostam de mudanças de último minuto ou de enormes esforços para "aparecer bem na foto", tais como apresentações longas e sofisticadas. São exigentes e insensíveis de uma forma que em nada contribui para o desempenho; são a reação de indivíduos que procuram atender aos seus próprios interesses em detrimento de outros. Não possuem um conjunto de valores que representem os comportamentos desejados.

Sempre me surpreende o quanto as pessoas suportam. É fácil ser absorvido por essa rotina, acordar vinte anos mais tarde e perceber que se dedicou uma boa parte da vida para uma organização desse tipo. Conheço muitos líderes que permanecem porque pensam que podem fazer diferença, e espero que este livro possa lhes dar algumas estratégias para fazer isso. Outros permanecem por temer não encontrar outra colocação. Ou porque acreditam que todas as organizações são a mesma coisa.

No entanto, há uma tendência crescente de pessoas que decidem que isso não é suficiente. Se essa tendência se fortalecer, as Culturas de ponta serão mais valorizadas pelos empregados. As organizações que acreditam em uma abordagem de trabalho que permita uma alta qualidade de vida tanto no trabalho como na vida particular serão aquelas que as pessoas vão escolher.

AUMENTO DA CONSCIÊNCIA CULTURAL NA COMUNIDADE MAIS AMPLA DE NEGÓCIOS

Observamos em anos recentes alguns desastres em corporações de alto nível em que a reputação de suas marcas foi afetada severamente, talvez de modo irreparável. A mídia e os analistas têm se perguntado como esses exemplos de fraude, tomada exagerada de riscos e danos à comunidade e consumidores podem ocorrer dentro de organizações aparentemente tão respeitáveis. A Cultura tem sido apontada por auditorias posteriores aos desastres como a causa dos comportamentos responsáveis por grandes perdas financeiras, algumas vezes levando à quebra da organização inteira.

A continuar esse estado de coisas, Conselhos, analistas e governos procurarão maneiras de assegurar que a gestão está efetivamente gerenciando a Cultura. Embora no momento as técnicas existentes de avaliação não sejam muito eficientes, isso vai mudar. Uma grande quantidade de especialistas deverá surgir, eles poderão avaliar a Cultura de fora e saberão as perguntas a fazer para determinar se existe risco para a companhia.

Há um debate em andamento discutindo se, quando indivíduos, ou equipes, dentro de uma organização se comportam de modo fraudulento, isso seria um ato isolado ou um indicativo de um defeito cultural mais amplo. Eu acredito que, com o tempo, a comunidade de negócios vai se tornar mais experiente em lidar com Cultura; assim, deverão chegar à conclusão de que uma boa Cultura reduz significativamente os riscos de que tal incidente possa acontecer. Mas, se ocorrer, constituirá um forte indicador de que algo similar poderá acontecer em outra parte da organização.

Uma comunidade de investimento mais experiente concluirá que boas Culturas têm mais chance de entregar bons resultados e com um risco menor de um desastre do que aquelas com Culturas mais pobres. Quando isso for provado, ou seja, quando for possível uma objetiva avaliação da Cultura por meio de dados públicos, as organizações com Culturas saudáveis serão mais atrativas para investimentos, o que permitirá que cresçam mais do que os concorrentes.

AUMENTO DE CONSCIÊNCIA DOS CLIENTES

Os clientes sempre foram os prejudicados por Culturas pobres. É quase impossível que uma Cultura desse tipo consiga entregar consistentemente bons produtos e serviços. Mas a maioria dos clientes não é capaz de estabelecer a relação direta entre a satisfação com uma empresa e a Cultura que está por trás do que a empresa entrega a ele. No entanto, à medida que o tema Cultura passar a ser mais divulgado, os clientes passarão a fazer essa relação com mais naturalidade. Particularmente, nas relações entre empresas, os clientes terão mais familiaridade com o tema e evitarão correr os riscos associados a uma Cultura não adequada.

Por outro lado, eles entenderão melhor que, quando estão lidando com uma organização com Cultura adequada, ela estará em melhor posição para antecipar e atender às suas necessidades futuras, quaisquer que sejam, assim como atender aos seus atuais compromissos.

O IMPERATIVO CULTURAL

Você precisa acelerar sua jornada cultural se quiser evitar que sua empresa seja conhecida como uma empresa de Cultura pobre pela comunidade dos investidores, dos clientes ou de seus funcionários. Levará três anos para conseguir realizar uma mudança sólida, e, após esse tempo, esse tema estará bem mais conhecido do que hoje. A publicidade em torno da Cultura resultará em expectativas não realistas sobre a rapidez do processo de mudança. A característica do ser humano exige um ritmo para a mudança, como foi descrito neste livro, e esse ritmo é quase impossível de ser modificado. O que trabalha a seu favor é o ponto de inflexão. É o momento em que a coletividade se move a seu favor, e quando isso acontece, muitos dos que esperavam para ver se era sério começam a mudar seus comportamentos. Tenho esperança de que os gestores ganhem, com o tempo, mais coragem para agir em Cultura, em particular nos indivíduos cujos comportamentos estão emperrando o progresso.

Então a minha mensagem é: comece a se mexer, e se mexer rápido!

BENEFÍCIOS MAIS AMPLOS PARA A COMUNIDADE

O movimento de mercado em direção à melhoria na Cultura das empresas traz uma possibilidade de que isso se reflita em benefícios mais amplos para a comunidade. Quando uma pessoa muda, no seu nível SER, essa mudança afeta toda a sua vida. Por exemplo, se eu passo a valorizar mais as pessoas no trabalho, estou predisposto a levar esse valor para a minha vida pessoal, minha casa e minha comunidade.

Conquistas com Cultura resultam em grandes grupos de pessoas que operam em uma base de valores que aprenderam a ser fiéis a valores, mesmo em tempos de adversidade, quando existe a tentação de se dobrar ao egoísmo ou se contentar com uma opção mais confortável. Há uma grande satisfação pessoal resultante em agir dessa maneira. Uma vez que experimentam, as pessoas não querem voltar atrás. Nesse sentido, é uma experiência transformacional, da qual não há retorno.

É minha esperança que um número suficiente de organizações comece a operar dessa maneira, em que os funcionários possam fazer a diferença no nível de consciência da comunidade como um todo. A liderança baseada em valores é necessária em vários aspectos da vida. Pessoas que passaram no trabalho por uma jornada cultural pessoal, por meio de iniciativas culturais, realmente se tornam mais conscientes. Elas estão cientes das escolhas comportamentais que fazem e, conforme seus valores se fortalecem, com mais frequência elas escolhem uma opção que leva em conta o todo, e não somente suas necessidades pessoais. Essas pessoas se tornam ótimos líderes.

As técnicas que eu descrevi para mudar a Cultura organizacional podem ser aplicadas para mudar a Cultura de qualquer grupo. Cada comunidade tem uma Cultura que leva as pessoas a se comportar de determinada maneira. Povos, grupos de adolescentes, uma comunidade na prisão, um time esportivo, uma liga profissional, uma família, um grupo religioso, todos recebem mensagens sobre como se comportar naquele grupo. Essas mensagens vêm por meio de comportamentos, símbolos e sistemas. Em cada caso, os modelos de comportamento serão diferentes e os mecanismos sistêmicos, únicos. Contudo, os princípios são os mesmos: planejar e implantar maneiras de mudar as fontes dessas mensagens. Ao fazê-lo, mudam também as normas de comportamento. Em cada caso, isso requer um grupo de líderes que esteja preparado para pôr em prática o seu discurso e para investir de modo coordenado na implantação do plano. Você pode usar essas técnicas em qualquer comunidade em que tenha funções de liderança.

SUA PRÓPRIA JORNADA

Acima de tudo, você descobrirá que esta jornada vai mudar a si mesmo. Isso é o melhor de tudo. Uma vez que você decida assumir responsabilidade pessoal, *viver acima da linha* e operar ao mesmo tempo na plateia e no palco, você se perguntará como foi possível ter vivido até aqui sem essas habilidades. Você será capaz de causar mudança em circunstâncias e pessoas à sua volta, mudando a sua maneira de agir. Ghandi costumava dizer:

Seja a mudança que você quer ver no mundo.

Isso é pôr em prática o seu discurso! Começa com você. Boa sorte.

Se você precisar de ajuda, envie um e-mail para:
carolyn.taylor@walkingthetalk.com e eu vou colocá-lo
em contato com pessoas que poderão ajudá-lo.

FSC
www.fsc.org
MISTO
Papel produzido a partir de fontes responsáveis
FSC® C133282

Esta obra foi composta em Adobe Garamond Pro 12 pt e impressa em papel Offset 75g/m² pela gráfica Paym.